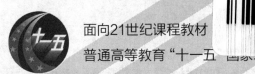

面向21世纪课程教材

普通高等教育"十一五"国家级规划教材

FUWU
YINGXIAOXUE

高等学校市场营销专业主干课程系列教材

服务营销学

（第三版）

叶万春　王　红　叶　敏　张　莉　主编

高等教育出版社·北京

内容简介

　　本书是教育部"高等教育面向 21 世纪教学内容和课程体系改革计划"的研究成果,是面向 21 世纪课程教材,也是普通高等教育"十一五"国家级规划教材,同时还是高等学校市场营销专业主干课程教材。 服务营销学为迅速蓬勃发展的服务业和产品营销日益成为竞争焦点的服务提供理论依据和实战指南,是市场营销学内容的衍生与拓展。 全书共十七章,详尽地阐述了服务营销与市场营销的联系与区别、服务营销学的兴起与发展、服务市场、服务消费行为、服务企业定位、服务理念创新、服务营销规划、服务营销的 7 种变量组合策略以及服务文化、网上服务、服务绩效评估等内容,是一本适应知识经济发展的需要、推动第三产业发展的新书。

　　本书以致力于研究市场营销的研究生、本科生以及企业服务营销经理们为主要对象。本书既着眼于服务业,也兼顾了一般生产企业,其思想方法及操作规程具有普遍的启发性和指导作用。

图书在版编目(C I P)数据

　　服务营销学 / 叶万春等主编. 3 版. 北京:高等教育出版社,2015.5(2019.6重印)
　　ISBN 9787040424188

　　Ⅰ.①服… Ⅱ.①叶… Ⅲ.①服务营销高等学校教材　Ⅳ.①F713.50

　　中国版本图书馆 CIP 数据核字(2015)第 068126 号

| 策划编辑　童　宁 | 责任编辑　童　宁 | 封面设计　赵　阳 | 版式设计　马敬茹 |
| 插图绘制　杜晓丹 | 责任校对　陈旭颖 | 责任印制　赵义民 | |

出版发行	高等教育出版社	网　　址	http://www.hep.edu.cn
社　　址	北京市西城区德外大街 4 号		http://www.hep.com.cn
邮政编码	100120	网上订购	http://www.landraco.com
印　　刷	固安县铭成印刷有限公司		http://www.landraco.com.cn
开　　本	787mm × 1092mm　1/16		
印　　张	21.25	版　　次	2001 年 5 月第 1 版
			2015 年 5 月第 3 版
字　　数	460 千字		
购书热线	01058581118	印　　次	2019 年 6 月第 7 次印刷
咨询电话	4008100598	定　　价	42.00 元

总 前 言

面向 21 世纪市场营销专业主干课程是由教育部立项、甘碧群教授总负责的"市场营销专业主要教学内容改革研究和实践"项目组，根据 5 年来对学科发展、教学需要、社会经济对人才需求等方面的考察和研究提出的，共 13 门。在本专业主干课程和主要教学内容确定后，由教育部高教司、高等教育出版社组织全国有关专家共同编写审定了各门课程的相应教材。考虑到《市场营销学》作为工商管理类专业（包括市场营销专业）的核心课程教材已先期编写，这里只编写了余下 12 门主干课程的教材：《国际市场营销学》、《市场营销调研》、《消费者行为学》、《销售管理》、《分销渠道管理》、《产品管理》、《广告策划与管理》、《服务营销》、《绿色营销》、《关系营销》、《电子商务》和《营销风险管理》。另外，鉴于各校对案例教学的需要，我们还编写了专门的案例教材《中国企业营销案例》。各校在市场营销专业教学中可结合本校实际情况开设全部或其中大部分课程。

市场营销学是一门建立在经济学、行为科学及现代管理理论基础上的综合性的边缘应用学科。20 世纪 50 年代后，市场营销学从传统市场营销学演变为现代市场营销学。随着市场营销学应用的深化与扩大，一方面市场营销学拓展为产业营销、国际营销、服务营销、绿色营销、关系营销，甚至社会营销、政治营销等；另一方面，基础市场营销又发展为各自独立的部分，诸如市场调研、消费者行为学、产品管理、分销管理、广告管理、销售管理、营销风险管理和营销审计等等。现代营销理论的深化和拓展对于培养 21 世纪市场营销高级人才以及指导与推动我国企业营销的发展具有重要的意义。上述主干课程教材就是为适应 21 世纪经济全球化、知识经济的特点及其对市场营销专业人才培养的需要而编写和出版的，是高等教育"面向 21 世纪市场营销专业主要教学内容改革研究和实践"项目的重要成果。其主要特色是：

1. 系统性。本系列教材系统和深入地拓展了基础市场营销各组成部分，诸如市场调研、消费者行为学、产品管理、分销管理、销售管理和广告管理等理论与方法的研究。同时，对市场营销学的重要分支，诸如国际市场营销学、服务营销和绿色营销等进行了系统、深入的探索。还结合 21 世纪新时代特点，从战略观念的高度来研究关系营销和营销风险管理。

2. 前瞻性。本系列教材不仅主要涵盖了市场营销专业所应掌握的基本知识点、基础理论与基本技能，并介绍了 21 世纪某些营销理论的新领域与新观念，诸如服务营销、绿色营销、关系营销、电子商务及营销风险管理。

3. 实践性。本系列教材除专设《中国企业营销案例》供开展案例教学外，其余主干教材中，每章除设有小结及习题外，还附有案例及案例分析讨论题。这既有助于学生通过案例与习题加深对有关营销理论的理解，同时有利于培养学生分析问题及解决问题的能力。

　　本系列教材主要供全国高校市场营销专业本科学生使用，同时也适用于经济类、管理类的学生，还可供广大企业营销管理人员阅读。

　　在这套主干教材的编写过程中，除得到来自主编所在的 10 所高校的大力支持外，还得到暨南大学何永祺教授、广东商学院罗国民教授、中南财经政法大学彭星闾教授、周肇先教授、颜日初教授、余鑫炎教授、林友孚教授，北京大学涂平教授，西安交通大学李祺教授，武汉理工大学万君康教授、汪兴民教授，北京工商大学贺名仑教授，华中科技大学田志龙教授、中国矿业大学陶树人教授等的具体指导，他们分别担任教材的主审，提出了许多精辟的见解和有益的修改意见。高等教育出版社在整个教材的编写过程中给予全面的支持和帮助。在此，我们表示衷心的感谢。

教育部"市场营销专业主要教学
内容改革研究和实践"项目组
2000 年 11 月 30 日

第三版前言

2011 年 12 月，国务院办公厅颁布《关于加快发展高技术服务业的指导意见》，服务业得到了长足的发展。2013 年年底，服务业在国民经济中的占比提高到 46.1%，首次超过工业。2014 年一季度，中国服务业增加值比重继续提高到 49%。服务业已经成为了中国经济结构转型、推动中国经济增长和创造就业的重要抓手。研究服务营销的新发展、适时更新服务营销学教材，促进服务业健康发展已成为当务之急。

《服务营销学》2001 年由高等教育出版社出版，2007 年经修订后出版了第二版。本书在此基础上，根据当前服务业的新发展、新趋势进行了修订。本次修订主要围绕以下几方面的问题展开：

1. 引进了新的理念——社会责任理念。我国加入 WTO 以来，已愈来愈深地融入到经济全球化浪潮中。作为"世界工厂"，中国已成为全球资本和产业链中的重要一环。作为全球化浪潮的产物，国际社会责任运动也同样对我国社会产生巨大冲击。有鉴于此，在我国服务企业中推行社会责任理念有助于我国更好地融入国际社会。

2. 增强了测评指标和方法的科学性。对原第八章服务质量、第十六章服务绩效评估的内容结合实际进行了大幅修改，新增了评价方法、评价工具、设计平衡计分卡的步骤、服务绩效的控制等内容，使其更具有可操作性。

3. 增加了新内容。对于原第十五章服务营销文化、第十七章网上服务等发展较快、变化较大的内容也进行了大幅度的修改。增加了服务营销文化的含义、服务营销文化发展三个层次（"洋葱模型"）、网络时代顾客服务新规则、网上服务策略、售后服务云平台、微博微信服务等新内容。

4. 更新了案例和数据资料。修订过程中对各章后面的案例进行了更新，反映了服务营销学在中国的新的实践和应用。对于所涉及的数据资料也尽可能地进行了更新。试图为读者提供服务营销及其相关领域的最新信息。

5. 对于部分内容进行了适当删减。如原第七章中服务新产品开发的内容与市场营销学教材中的相关内容重复，第十八章的内容与前面各章重复。因此，做了删减，使教材更为精炼。

本书共十七章，分为四个部分：

第一部分（第一章）为导论部分，着重阐明服务营销学的学科性质、研究对象、服务营销学产生的缘起，与市场营销学的联系与区别等。

第二部分（第二章至第六章）为分析规划部分，分析服务业、服务市场、服务消费行为、服务理念创新、服务市场定位和服务营销规划等。

第三部分（第七章至第十四章）为营销策略部分，着重阐明服务营销组合的 7P 策略，即产品策略、定价策略、分销渠道策略、促销策略、有形展示策略、人员策略和过程策略等。

第四部分（第十五章至第十七章）为管理创新部分，着重阐明服务营销文化、服务绩效评估、网上服务等。

随着服务业的蓬勃发展，服务营销已受到政府相关部门、营销学人、服务从业者们的共同关注。本书的问世，企望能为五彩缤纷的服务业，添上一笔绚丽的色彩。

作　者
2014 年 11 月

第二版前言

本书是 2001 年由高等教育出版社出版的《服务营销学》的修订版。本次修改主要围绕以下几方面的问题展开：

1. 突出在中国推广服务营销学的重大现实意义。随着我国三次产业结构的优化和升级，到 2005 年为止，我国服务业（第三产业）在国民经济中的比重已上升至 40.3%，服务业的巨大发展使服务营销学的普及与推广成为必要与可能。本书在分析我国服务业突飞猛进发展的基础上，深入阐释了适时地推广服务营销学的重大现实意义。

2. 进一步明确阐释了服务营销学的研究对象。服务营销学缘于市场营销学，但市场营销学不能替代服务营销学。市场营销学以物质产品生产企业的整体营销为其研究对象，服务营销学则以现代服务企业的整体营销为研究对象。如果说市场营销学承担的是工业经济的使命的话，那么，服务营销学承担的则是服务经济或称知识经济的历史使命。

3. 援引了国家有关划分三次产业的最新政策和服务业在国内生产总值中的上升比重的最新数据，使服务营销学在中国得以发展的背景更加清晰。服务营销不仅适用于中国现实国情，而且有助于推动中国服务业乃至于整个国民经济的发展。

4. 对个别章节的内容进行了大幅修改。如对第一版中第十六章服务绩效评估的内容，结合实际进行了大幅修改，新增了评价方法、评价工具、服务绩效的控制等内容，使其更具有可操作性。

5. 更新了部分案例。修订过程中对各章后面的案例进行了审核，调整或撤换了部分案例。

6. 对全书的结构体系进行了微调。对第一版的第七章、第十三章、第十四章中的个别节、目进行了调整、合并，使其在结构体系上更为合理。

服务营销学传承市场营销学理论联系实际、操作性强的优良传统，并在理论创新、教材具有中国特色和现代色彩、引导读者扩大知识视野、采用生动的语言元素等方面突出了自身的特点。

本书仍为十八章，分为四个部分：

第一部分（第一章）为导论部分，着重阐明服务营销学的学科性质、研究对象，服务营销学产生的缘起，与市场营销学的联系与区别等。

第二部分（第二章至第六章）为分析规划部分，分析服务业、服务市场、服务消费行为、服务理念创新、服务市场定位和服务营销规划等。

第三部分（第七章至第十四章）为营销策略部分，着重阐明服务营销组合的 7P 策略，即产品策略、服务质量、定价策略、分销渠道策略、促销策略、有形展示策略、人员策略和过程策略等。

第四部分（第十五章至第十八章）为管理控制部分，着重阐明服务营销文化、服务绩效评估、网上服务及服务业发展前景等。

我国服务业的发展起于 20 世纪 90 年代，与此相伴，服务营销学的发展也只有十几年的历史，缤纷复杂的服务业各呈特色，方兴未艾的服务营销学更是具有无穷的生命力和万花筒般的变幻魔力，深入地探究它莫不是我们学人的幸事。

叶万春

2006 年 10 月

第一版前言

　　服务营销学是市场营销学的姊妹篇。西方发达国家在 20 世纪 60 年代便开始开设服务营销课程。中国将开设服务营销课程提到议事日程则是 90 年代的事。

　　服务营销学的开设完全是适应我国社会主义市场经济条件下服务业蓬勃发展和产品营销中服务活动成为竞争焦点的需要。服务营销学就其思想体系和教材编写体例来看，完全出于传统市场营销学；但就其研究的内容而言，则是对市场营销学的发展、充实、延伸和丰富。但服务营销学不止于市场营销学，仅仅视服务营销学为市场营销学的衍生还不够，必须认清服务营销学与市场营销学之间存在着某种明显区别，才能使服务营销学成为独立的学科。亦即是说，服务营销学之所以成为独立的学科，毋庸置疑地表明，它拥有自身的特色。这些特色主要表现为：

　　1. 浓烈的时代色彩

　　21 世纪是知识经济如日东升的新时代，知识经济是建立在知识和信息的生产、分配、交换和使用基础上的经济。知识经济一方面以巨大的能量势如破竹地改造传统经济，使传统服务业脱胎换骨形成新时代的服务业；另一方面将催动新的服务业如雨后春笋般发芽、成长。应该说，新的世纪也是服务业及服务活动为主导的世纪。在新的世纪，信息产业、咨询服务业、调研策划业、旅游服务业、科技教育保健业、环保服务业等各种形式的服务业及服务活动将得到大力发展，并逐步上升为国民经济的主导产业。服务营销学将充分显示并指导人们认识时代的这一变化，鞭策和引导人们去适应、推动知识经济时代的发展。

　　2. 强烈的历史使命感

　　如果说 Marketing 承担的是工业经济的历史使命，那么 Services Marketing 所承担的则是 21 世纪知识经济的历史使命。历史车轮滚滚向前，世纪变化有鲲鹏。据世界银行 1998 年发表的《知识促进发展》的报告报道，发达国家以知识为基础的行业的产值已占 GDP 的 50%，其中高技术产业的产值占 25%。在新的世纪，以知识为主导的服务业的发展必将以锐不可当的乘数发展态势迅速成为各国 GDP 的主要份额。服务业的发展无疑已突破传统 Marketing 的研究视野，而适应和推动服务业及服务活动发展的历史重任理当由新的营销理论——Services Marketing 来承担。服务营销学将完成传统市场营销学难以承担的新的历史使命。

　　3. 领域开阔、色彩缤纷、富有创新性

　　服务营销学由于研究的对象是服务业及服务活动，因而涉及的领域、行业更广泛、更富有色彩。从家政服务到全球网络营销，上天入地，纵横捭阖，有研究不完的新课题，涉及不完的新领域。加上服务业营销活动中，国际社会及各国不断推出色彩缤纷的"游戏规则"和竞争策略，给人以智慧的启迪和昂然奋进的动力。服务营销学从思维方式、营销理念到操作方法、策略技巧都有适合新领域、新行业的诸多创新。

服务营销学教材的编写力图保留市场营销学理论联系实际、图文并茂、操作性强的优良传统，并在理论创新、使教材具有中国特色和现代色彩、引导读者扩大知识视野、采用新鲜生动的语言元素等方面突出了自身的特点。

服务营销学共十八章，分为四个部分：

第一部分（第一章）为导论部分，着重阐明服务营销学的学科性质、研究对象、服务营销学产生的背景、与市场营销学的联系及区别等。

第二部分（第二章至第六章）为分析规划部分，分析服务市场、服务消费行为、服务理念创新、服务市场定位和服务营销规划等。

第三部分（第七章至第十四章）为营销策略部分，着重阐明服务营销组合的7P策略，即产品策略、定位策略、分销渠道策略、促销策略、人员策略、过程策略和有形展示策略等。

第四部分（第十五章至第十八章）为管理控制部分，着重阐明服务营销文化、服务绩效评估、网上服务及服务业的发展前景等。

创建中国特色的服务营销学目前尚处于"绿柳才黄半未匀"的境界，但我们毕竟挽来了一缕春色，我们满怀信心地相信，随着我国服务业及服务活动的进一步发展，"待到上林花似锦，出门俱是看花人"的胜景必然出现，服务营销学就如市场营销学一样会越来越多地为人们所赏识、热爱并引以为用。

作 者

2000 年 4 月 12 日

目　　录

第一章
服务营销与服务营销学

在社会经济活动中，随着服务业的发展和产品营销中服务活动所占比重的提升，将服务营销从市场营销中独立出来加以专门研究已成为必要。服务营销学既是从市场营销学中衍生出来的，又是对市场营销学的拓展。服务营销学对服务营销行为的专门研究是新世纪知识经济发展的需要，并必将成为推动第三产业（即服务业）发展的动力和理论依据。

本章知识结构图

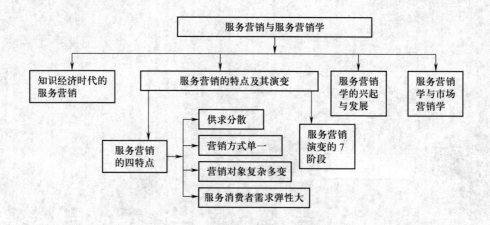

第一节　知识经济时代的服务营销

一、知识经济是以服务业为主导的经济

知识经济是相对于农业经济、工业经济而言的。知识经济是建立在知识和信息的生产、分配、交换和使用基础上的经济。知识用于经济，知识成为经济发展的主要动力。

知识经济时代突出表现为以下特征：

- 知识成为主导资本；
- 信息成为重要资源；
- 知识的生产和再生产成为经济活动的核心；
- 信息技术是知识经济的载体和基础；
- 经济增长方式出现了资产投入无形化、资源环境良性化、经济决策知识化的发展趋势。

知识经济一方面促进世界新时代的到来，加速经济全球化的进程，使知识化取代工业化；另一方面促使全球面临新的国际分工，知识经济发达国家将成为"头脑国家"，而知识经济发展滞后者将沦为"躯干国家"，听"头脑国家"驱使。知识经济发展直接的变化，即促使服务业成为国民经济的主导行业。据世界银行1998年发表的《知识促进发展》报告的报道，发达国家以知识为基础的行业的产值已占国内生产总值（GDP）的50%，其中高技术产业的产值占25%。在新的世纪，以知识为主导的服务业的发展将以锐不可当的乘数发展态势迅速成为GDP的主要份额。

知识经济将以巨大的能量一方面势如破竹地改造传统经济，包括传统的生产、分配、交换和消费都将从方式到结构上发生改变，形成新的适应新时代的服务业；另一方面将催动新的服务业如雨后春笋般生长、壮大。知识经济时代无疑是服务业大发展并成为经济主导的时代。知识经济时代为服务营销迅猛发展开辟了广阔的天地。

知识经济时代将催动以下服务业大发展：

1. 信息产业

随着信息技术成为知识经济的主要载体和基础，信息的硬件、软件的发展将以突飞猛进的态势进行。不仅发达国家（如美国、欧盟各国、日本）会有更大的作为，而且发展中国家也会有一些国家迎头赶上。例如，印度软件和服务业企业协会（NASSCOM）发布报告称，2013 财年（2013 年 4 月—2014 年 3 月），印度 IT – BPM 业务总收入为 1 090 亿美元。2005 年 4 月 28 日，信产部电子信息产品管理司副司长丁文武在第九届中国国际软件博览会新闻发布会上说，2004 年中国软件产业规模为 2 300 亿元，比五年前增长了 2.8 倍，已经超过了印度和韩国。2013 年全国规模以上软件和信息技术服务企业达 33 335 家，同比增长 14.1%；共完成软件业务收入 30 587 亿元（折合 4 938.97 亿美元），同比增长 23.4%。软件业务收入占电子信息产业比重 25%，比上年提高 2.3 个百分点。

信息产业的发展将带动一系列的经济革命，如购销方式将向无纸化、电子化发展；库存管理将在追求零库存的条件下实行信息控制；生产工艺和控制手段将成为生产高质量产品的保证；企业决策向程序化、规范化、智能化发展；人事管理将依据客观标准进行数据控制等。

2. 咨询服务业

各种生产、流通、技术、法律、环保、卫生等涉及广泛领域的咨询业将得到全面发展。

3. 调研策划业

各类市场调研、分析，营销策划，企业形象策划组织将伴随着知识经济时代企业对信息、知识的需求而相继得到发展，成为服务中颇富活力的力量。

4. 旅游服务业

随着知识经济时代人们消费水平的提高和生活质量的改善，人们用于国内与国际旅游的需求将会与日俱增，以适应这种需求而兴起的旅游业将得以迅速发展。成为各国 GDP 中占有较大比重的行业。据世界旅游组织预测，2020 年将有 1.37 亿国际旅游者到中国旅游，中国将成为第一大旅游目的地国。整个东亚及亚太地区接待国际旅游人数可达 4.38 亿，中国在这一区域市场上占有 31% 的份额。全球旅游总收入可达 2 万亿美元。

5. 科技教育保健业

各个领域的科技开发将出现强劲发展态势，尤其是航空航天、生物医药、海洋工程等领域将会发生前所未有的突破性进展。与科技领域发展的需要相匹配，教育将以产业发展的态势进入快车道。医疗、卫生、全民保健服务业的发展也会开创新的天地。

6. 环保服务业

全球经济的可持续发展要求世界各国重视并加强环保服务业投入。治"三废"、防污、处理垃圾、绿化美化、市政管理、资源开发控制、空气监测、防灾减灾等领域将成为各国社会经济发展中重要的组成部分而获得全面发展。

从以上诸方面可以看出，知识经济时代是服务业大发展并上升成为国民经济主导产业的时代。服务业的发展促使服务营销学成为在更广泛的领域和行业发挥巨大功能作用的新型学科。

二、服务营销学与经济全球化

知识经济时代是加速经济全球化进程的时代。在知识经济条件下，服务营销的理论和实践必然突破疆域国界的限制，成为具有跨国性、普遍性、通用性的学科。服务营销既是经济全球化中的行为，又是推动经济全球化的因素。

经济全球化的表现之一是各国经济的互相渗透、互相依存，其中国际贸易的迅猛发展是重要的表现。在国际贸易中，服务贸易的发展尤为突出。

2013 年全球国际贸易总额为 34.67 万亿美元，占世界国民生产总值的 46.3%。中国国际贸易总额为 4.16 万亿美元，占全球的 12%，服务进出口总额占对外贸易比重有所提升。2013 年，我国服务进出口总额达 5 396.4 亿美元，比上年增长 14.7%，居世界服务进出口的第三位。其中服务出口位列世界第五，服务进口位居世界第二。全年服务进出口总额占我国对外贸易总额的比重为 11.5%，同比提升 0.7 个百分点。

其中，咨询、计算机和信息服务、金融服务、专有权利使用费和特许费等高附加值服务进出口增幅分别为 19.9%、17%、66.2%、16.7%。

值得注意的是，高附加值服务出口出现较快增长。2013 年，我国高附加值服务出口继续呈现稳步增长势头，成为服务贸易结构调整的重要推动力。其中，咨询出口比上年增长 21.2%；计算机和信息服务出口增长 6.8%；金融服务出口增速居首，达 54.2%；保险服务出口增长 20%。

传统服务出口占比则出现小幅下降。2013 年，运输服务、旅游、建筑服务出口总额分别为 376.5 亿美元、516.6 亿美元、106.6 亿美元，在服务出口总额中的占比达 47.5%，比上年下降 5.6 个百分点。旅游出口总额居各类服务之首，同比增长 3.3%，在我国服务出口总额中的占比由上年的 26.3% 回落至 24.5%；运输服务出口位居第二，同比下降 3.2%，占比由上年的 20.4% 降至 17.9%；建筑服务出口同比下降 13%，占比为 5.1%，比上年回落 1.3 个百分点。高附加值服务贸易的快速增长培育了资本技术密集型企业，推进了科技进步与创新，优化了贸易结构。

经济全球化推动了服务营销在更大范围、更多领域的发展；反过来，服务营销的兴盛与发展也有利于促进经济全球化的实现。

服务营销学将以它科学的、系统的、完备的营销管理理论指导服务业的营销活动实践，从而推动服务业由传统向现代、由国内向国际、由自发向自觉的发展，并为服务业企业的成长和国际化进程、为服务业的营销活动和商品营销中的服务提供充分的、明确的理论依据。

服务营销学将推动全球资源的优化配置和国际协调型开发。服务营销学通过对服务营销方式、战略规划、策略措施等问题的研究，推动技术专利转让，全球金融的有序融通和信息的良性、均衡发展，为服务业在国际市场上遵循合理的"游戏规则"，并推行适合现代消费潮流的营销理念、方式、方法、技巧而提供有效的理论服务。

服务营销学以其鲜明的营销管理文化特色推动服务企业的管理文化建设。服务业只有进行管理文化建设，其行为才不致沦为盲目，才不致在发展过程中迷失方向或误入歧途，才能防止或克服传统企业易犯的营销近视症。

第二节　服务营销的特点及其演变

一、服务营销的特点

新世纪服务营销将成为举世瞩目的焦点。服务营销比起一般有形产品的营销具有自身的特点。

1. 供求分散性

服务营销活动中，服务产品的供求具有分散性。不仅供方覆盖了第三产业的各个部门和行业，企业提供的服务也广泛分散，而且需方更是涉及各种各类企业、社会团体和千家万户不同类型的消费者。由于服务企业一般占地小、资金少、经营灵活，往往分散在社会的各个角落；即使是大型的机械服务公司，也只能在有机械损坏或发生故障的地方提供服务。服务供求的分散性，要求服务网点要多而分散，并尽可能地接近消费者。

2. 营销方式单一性

有形产品的营销方式有经销、代理和直销多种营销方式。有形产品在市场可以多次转手，经批发、零售多个环节才使产品到达消费者手中。服务营销则由于生产与消费的统一性，决定其只能采取直销方式，中间商的介入是不可能的，储存待售也是不可能的。服务营销方式的单一性、直接性，在一定程度上限制了服务市场规模的扩大，也限制了服务业在许多市场上出售自己的服务产品，这给服务产品的推销带来了困难。

3. 营销对象复杂多变

服务市场的购买者是多元的、广泛的、复杂的。购买服务的消费者的购买动机和目的各异，某一服务产品的购买者可能牵涉社会各界各业各种不同类型的家庭和不同身份的个人；即使购买同一服务产品，有的用于生活消费，有的却用于生产消费，如信息咨询、邮电通信等。

服务产品营销对象的多变性表现为不同的购买者对服务产品需求的种类、内容、方式经常变化。影响人们对服务产品需求变化的因素很多，如产业结构的升级、消费结构的变化、科学技术水平的提高等都会导致服务需求变化。像文化艺术服务、休闲娱乐服务、旅游服务、保健服务、环保服务、科教服务等服务产品的市场吸引力将会越来越大。

4. 服务消费者需求弹性大

根据马斯洛需求层次原理，人们的基本物质需求是一种原发性需求，人们对这类需求易产生共性，而人们对精神文化消费的需求属继发性需求，需求者会因各自所处的社会环境和各自具备的条件不同而形成较大的需求弹性。同时，对服务的需求与对有形产品的需求在一定组织及总金额支出中相互牵制，也是形成需求弹性大的原因之一。另外，服务需求受外界条件影响大，如季节的变化、气候的变化，而科技发展的日新月异等对信息服务、环保服务、旅游服务、航运服务的需求会造成重大影响。需求的弹性是服务业经营者最棘手的问题。

二、服务营销的演变

发达国家成熟的服务企业的营销活动一般经历了 7 个阶段，这 7 个阶段依次是：

1. 销售阶段

该阶段的表现是：

- 竞争出现，销售能力逐步提高；
- 重视销售计划而非利润；
- 对员工进行销售技巧的培训；
- 希望招徕更多的新顾客，而未考虑到让顾客满意。

2. 广告与传播阶段

该阶段的表现是：

- 着意增加广告投入；
- 指定多个广告代理公司；
- 推出宣传手册和销售点的各类资料；
- 顾客随之提高了期望值，企业经常难以满足其期望；
- 产出不易测量；
- 竞争性模仿盛行。

3. 产品开发阶段

该阶段的表现是：

- 意识到新的顾客需要；
- 引进许多新产品和服务，产品和服务得以扩散；
- 强调新产品开发过程；
- 市场细分，强大品牌的确立。

4. 差异化阶段

该阶段的表现是：

- 通过战略分析进行企业定位；
- 寻找差异化，制定清晰的战略；
- 更深层的市场细分；
- 市场研究、营销策划、营销培训；
- 强化品牌运作。

5. 顾客服务阶段

该阶段的表现是：

- 顾客服务培训；
- 微笑运动；

- 改善服务的外部促进行为；
- 利润率受一定程度影响，甚至无法持续；
- 得不到过程和系统的支持。

6. 服务质量阶段

该阶段的表现是：

- 服务质量差距的确认；
- 顾客来信分析、顾客行为研究；
- 服务蓝图的设计；
- 疏于保留老顾客。

7. 整合和关系营销阶段

该阶段的表现是：

- 经常地研究顾客和竞争对手；
- 注重所有关键市场；
- 严格分析和整合营销计划；
- 数据基础的营销；
- 平衡营销活动；
- 改善程序和系统；
- 改善措施保留老顾客。

到了 20 世纪 90 年代，关系营销成为营销企业关注的重点，并把服务营销推向一个新的境界，见图 1 - 1。

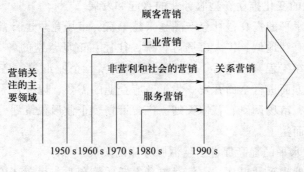

图 1 - 1 营销重点的变化

第三节 服务营销学的兴起与发展

一、服务营销学的兴起

服务营销学于 20 世纪 60 年代兴起于西方。1966 年，美国拉斯摩（John Rathmall）教授首次对无形服务同有形实体产品进行区分，提出要以非传统的方法研究服务的市场营销问题。1974 年由拉斯摩所著的第一本论述服务市场营销的专著面世，标志着服务市场营销学的产生。在该著作中，作者明确指出仅把市场营销学的概念、模型、技巧应用于服务领域是行不通的，必须建立服务导向的理论架构。视服务营销学为市场营销学的衍生还不够，必须认清服务营销学与市场营销学之间存在着某种明显的区别才能使服务营销学成为独立的学科。在服务营销学的形成中，北欧以格隆鲁斯（Christopher Gronroos）和赫斯克特（James Heskett）为代表的诺迪克学派（Nordic School）起了巨大的推进作用。他们的服务质量理论及服务营销管理理论成为服务营销学的重要理论支柱。

服务营销学的兴起缘于服务业的迅猛发展和产品营销中服务日益成为焦点的事实。随着经济的发展，服务业（或称第三产业）在国民经济中的比重日益扩大，产业升级与产业结构优化的直接结果必然导致服务业的强劲发展和产品营销中服务成为企业竞争焦点的局面。具体而言，服务业的发展与下述因素有密切的关系：

1. 科学技术的进步和发展是服务业扩展的前提条件

科学技术的进步和发展一方面推动劳动力密集型产业向知识技术密集型产业转化，另一方面滋生出许多新型的服务业。例如，电子计算机的出现为信息咨询、电子商务、网络营销、电信服务等行业提供了物质和运作手段，从而促成新的服务行业的产生。

2. 社会分工和生产专门化使服务行业独立于第一、第二产业之外

随着生产力水平的提高，社会分工越来越细，产业及行业的专门化程度越来越高。在第一产业和第二产业发展的进程中，流通业、运输业、仓储业、包装业、通信服务业、交通服务业等行业相继独立成为第三产业，并日渐成为国民经济中具有特色且具有一定比例的新的产业群，即服务业群。

3. 市场环境的变化推动新型服务业的兴起和发展

随着生产力水平的提高，社会产品越来越丰富，市场竞争也日益加剧，企业为使自己抢占竞争的有利地位、扩大市场占有率，往往在市场营销的各个环节上下功夫，在现代社会尤其在工程（或产品）设计、管理创新、企业形象、广告促销、市场调研、营销网络等方面进行全面开发。为了适应企业的需要，以专业服务为特色的工程咨询、管理咨询、市场调研、营销策划、广告策划、企业形象策划、经纪公司等新型服务行业便应运而生了。

4. 人们消费水平的提高促进了生活服务业的发展

随着人们消费水平的提高，人们对提高生活质量和改善生存环境的要求将越来越迫切，人们不仅要求满足物质生活需求，而且对精神生活的需求更为突出。这样，音像、电视、多媒体等文化娱乐服务业，美容、按摩、健美等保健服务业，外卖、送货、家政等生活服务业以及各种以维护环境、保护生态平衡为己任的环保监测、保护、处理服务行业也会越来越壮大。

服务业的兴起和发展是社会经济所要解决的主要矛盾决定的，是社会经济发展规律使然。在前工业社会，社会经济发展的主要矛盾表现为人与自然的矛盾，建筑业、农业等第一产业的发展得以发展；在工业化社会阶段，冶金、机械、石化、纺织、电子等第二产业的各种行业得到全面发展；自20世纪60年代以来，发达国家相继进入后工业社会的历史发展阶段，后工业社会是面对社会各层面的相互沟通的人际关系为

主要矛盾的社会，服务业的异军突起是新时代的需要。

中国第三产业的发展和产品营销中服务活动的日渐突出决定中国导入服务营销学的必要。新中国成立60多年特别是改革开放30多年来，中国经历了由忽视甚至限制服务业发展到大力促进第三产业发展的转变；进入20世纪90年代以后，第三产业的增加值以10.5%的速度递增，服务业也由20世纪50年代占国民经济总产值比重的28.6%上升到2012年的44.6%（图1-2），到2013年上升到46.1%。2013年，第三产业增加值占比首次超过第二产业。

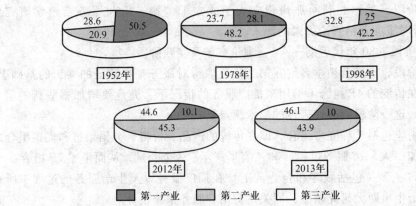

图1-2　服务业（第三产业）在国民经济中所占比重变化（%）

资料来源：根据统计年鉴资料整理.

同时，企业在进行有形产品营销时，服务已成为销售的重要手段，成为企业间进行市场竞争的焦点，并日益成为产品市场竞争的主角。企业营销及市场竞争不仅需要市场营销学作为理论基础，而且需要服务营销学作为行动指导。中国服务营销学的兴起和广泛传播将是继市场营销学蓬勃发展之后掀起的又一个高潮。

二、服务营销学的发展

服务营销学脱蜕于市场营销学，在自己的空间得以茁壮成长。科特勒曾指出，服务代表了未来市场营销管理和市场营销学研究的主要领域之一。不少学者敏锐地指出，服务营销学的兴起和发展标志着市场营销领域的服务革命。在欧美地区，服务营销学正蓬勃地发展起来。自20世纪60年代以来，服务营销学的发展大致上可分为以下3个阶段：

1. 第一个阶段（60年代—70年代）：服务营销学的脱胎阶段

这一阶段是服务营销学刚从市场营销学中脱胎而出的时期。这一阶段主要研究的问题是：

- 服务与有形实物产品的异同；
- 服务的特征；
- 服务营销学与市场营销学研究角度的差异。

2. 第二阶段（80年代初期—中期）：服务营销的理论探索阶段

这一阶段主要探讨服务的特征如何影响消费者购买行为，尤其集中于消费者对服务的特质、优缺点及潜在的购买风险的评估。这一阶段具有代表性的学术观点主要是：

- 顾客的评估服务如何有别于评估有形产品；
- 如何依据服务的特征将服务划分为不同的种类；
- 可感知性与不可感知性差异序列理论；
- 顾客卷入服务生产过程的高卷入与低卷入模式；
- 服务营销学如何跳出传统的市场营销学的范畴而采取新的营销手段等。

在这一阶段，美国亚利桑那州州立大学成立了"第一跨州服务营销学研究中心"，标志着对服务营销理论探索的深入。

3. 第三阶段（80 年代后期—　）：理论突破及实践阶段

在这一阶段，市场营销学者们在第二阶段取得对服务基本特征的共识的基础上，集中研究了在传统的 4P 组合不够用来推广服务的情况下，究竟要增加哪些新的组合变量的问题。这一阶段具有代表性的学术观点是：

服务营销应包括 7 种变量组合，即在传统的产品、价格、分销渠道和促销组合之外，还要增加"人"、"服务过程"和"有形展示"3 个变量，从而形成 7P 组合。

（1）由"人"（包括顾客和企业员工）在推广服务以及生产服务的过程中所扮演的角色，衍生出两大研究领域，即关系营销和服务系统设计。

（2）服务质量的新解释，确认服务质量由技术质量和功能质量组成，前者指服务的硬件要素，后者指服务的软件要素。服务质量的标准可以可靠性、应对性、保证性和移情性为据。

（3）提出了服务接触的系列观点，包括服务员工与顾客相互之间沟通时的行为及心理变化，服务接触对整项服务感受的影响，如何利用服务员工及顾客双方的"控制欲"、"角色"和对投入服务生产过程的期望等因素来提高服务质量等问题。

（4）从对 7P 研究的深化，到强调加强跨学科研究的至关重要，服务营销学强调从人事管理学、生产管理学、社会学以及心理学等学科领域观察、分析和理解服务行业中所存在的各种市场关系。

（5）特殊的服务营销问题，如服务价格理论如何测定、服务的国际化营销战略、信息技术对服务的生产、管理及市场营销过程的影响等。

服务营销学的发展过程也是服务营销学跨地域、跨国界的传播过程。

中国有条件、有必要推进服务营销学的广泛传播和应用。中国推广服务营销学的必要性和紧迫性在于：

（1）中国服务业亟待加快发展且有广阔的发展空间。据世界银行统计，发达国家服务业生产总值占国民生产总值的 70% 以上，中等发达水平国家的服务业产值平均亦为国民生产总值的 50% 左右。如前所述，中国 2012 年只占 44.8%，差距较大，发展空间较大，有必要通过服务营销的传播推动服务业的发展。

（2）中国劳力的富余急切需要开辟更多的就业渠道。发展服务业是投入小、见效快的最有利的途径。中国目前在服务业领域就业的人数，只占社会总就业人数的

20%左右，而发达国家服务业从业人数占社会就业总人数的60%，一些发展中国家也达到40%，中国发展服务营销学对于推动服务业领域就业人数的增加也会起推动作用。

（3）传统服务业亟待进行改革，新型服务业则需要新的理论武装，发展服务营销学是新旧服务行业发展的共同需要。服务业的行当范围广阔，涉及的领域众多，对于这些千姿百态的服务行业的除旧布新需要理论指导，中国在新世纪全面推进服务营销学是为适时。

中国推广服务营销学的条件业已成熟，这些条件是：

（1）中国自20世纪中期导入市场营销学后，已形成了一支强大的理论队伍，这支队伍活跃在大专院校和企业营销活动的第一线，不仅充实和丰富了市场营销理论，而且积累了大量的实践经验，他们熟悉市场、熟悉产业、熟悉企业，既懂经济、又懂管理，这对于理性地接受、传播、发展服务营销学具有组织基础和理论保证。

（2）中国政府对国民经济的宏观管理过程中，十分重视对服务业的规范管理并积极推进服务业的发展，为中国服务营销学的扎根奠定了基础。国务院在1985年即批准了国家统计局《关于建立第三产业统计的报告》，对中国三大产业做出了按国际通行的分类法进行分类的决定。按照新的分类法，将中国国民经济的各部门分成三大产业，第一产业指农业（含畜牧业、渔业和林业）；第二产业指工业（含采掘业、制造业、自来水、电力蒸汽、热水和煤气）、建筑业；第三产业则是指除了上述各业外的其他产业（具体分类见第二章）。中国政府对第三产业的界定与服务业的内涵完全一致，可以说服务业即第三产业。中国政府对服务业的规范管理是推广服务营销的基本保证。

1992年6月，中共中央、国务院做出了《关于加快发展第三产业的决定》，在1995年召开的中国共产党第十四届五中全会上，明确指出"第三产业的兴旺发达，是现代经济的一个重要特征"。"发展第三产业，不仅有利于缓解资金、资源供求矛盾和就业压力，优化产业结构，而且有利于提高整个经济的效益，促进市场的发育。"党和国家对发展服务业的高度重视为服务营销学的发展指明了方向。

（3）服务业自身成长、发展以及提高竞争力的需要，使服务业产生了理论渴求感，广大服务业的迫切期待为服务营销学的广泛传播提供了博大的空间。我国服务业不仅面对国内同行业的竞争，而且面对国际强大的服务企业的严峻挑战，服务业亟须战斗的思想武器和竞争手段，服务营销学可说是具有雪中送炭之功。

第四节　服务营销学与市场营销学

一、服务营销学的研究视角

服务营销学把现代服务企业的市场营销活动作为研究对象。服务与实物产品本来是相伴而生的，起初并无严格界限，正如斯密所说："没有任何评价标准可以明确地分开这两种产业（产品和服务）。"产品和服务之间存在着向两端发展的连续谱系关系，如图1-3所示。

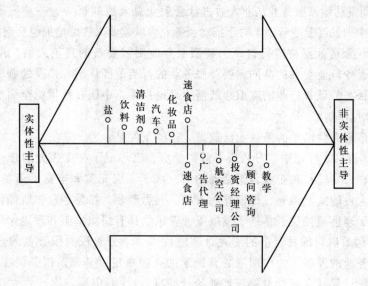

图 1 – 3   产品/服务连续谱系图

从本质上看，产品和服务都是提供满足和利益，产品和服务都是"产品"，正像商品和货币都是商品一样。从营销的视角看，消费者购买的商品和服务都具有实体性和非实体性两种成分。只不过购买商品时，实体成分占主导地位；购买服务时，则以非实体占主要成分。服务业显现的特征以及在市场销售中的客体地位，只是表明在服务产品的名称下对非实体属性的偏重。服务是产品，但又不同于一般产品而是特殊产品，产品营销与服务营销之间并没有不可逾越的鸿沟，不存在本质上的差异，但存在着营销领域、程度和重心上的不同。

既然服务与产品之间存在着营销领域、程度和重心的不同，那么服务营销活动与产品营销活动就会存在着诸多的不同。服务营销学作为专门研究服务营销活动的学科，自然有独立存在的必要。

服务营销学从两个角度切入：一是研究现代服务企业的整体市场营销活动，二是服务行业的市场营销活动。

服务业是泛指第三产业的各个行业，其社会覆盖面相当宽阔，包括生产性服务业、生活性服务业、流通性服务业、知识性服务业及社会综合服务业等，各类服务业分别包含众多的服务企业，其跨度之广、情况之复杂，非第一、二产业可比。但不管哪类服务行业或企业，其市场营销行为均是服务营销的研究对象。

实物产品市场营销中的服务亦是服务营销学所关注的对象。服务已成为实物产品市场竞争的重要手段，而且它提供了形成产品附加价值和巨大竞争优势的潜力。实物产品市场营销活动中的服务同样是十分宽泛的，包括：

- 延期付款或提前交付订金；
- 租赁服务系统；
- 技术培训、营销案例、管理培训；
- 商务谈判、合同签订；

- 代顾客存储零配件；
- 咨询服务；
- 售后调试、维修、保养、送货服务；
- 信息发布与回收服务；等等。

服务的方方面面之所以成为产品制造业竞争的焦点，其原因在于：

（1）传统产品生产领域的需求已被拉平。

（2）国际竞争跨入国内，国内竞争受国际竞争的巨大影响。

（3）产品的技术或营销方式的特征优势是短暂的，易为竞争对手模仿。

（4）服务所形成的附加价值构成了潜在的利润领域。

在当代社会，许多传统意义的产品制造商已经以这种或那种形式深深地投入到服务中去。例如：

- 通用汽车承兑公司的金融服务业占据了该公司 1986 年 2.9 亿美元盈利的 41%；
- IBM 的计算机租赁、维修和软件等服务收入占其总收入的 33%；
- 美国数字设备公司 1987 年 90 亿美元收入的 1/3 来自其计算机的维修合同。

在产品制造业从事研究、后勤、维修、产品设计、会计、金融、法律和私人事务等服务的人员一般为该行业的 65% ~ 76%。

服务业的专业化、扩张化和制造业业务的服务化是现代商品服务市场的潮流。由于竞争方式的相互攀比和模仿的泛滥，服务成为企业产生差异性的主要手段。不仅服务业应形成自己的服务特色，而且产品制造业也必然会在严酷的竞争中逐步学会形成自己的服务特色和竞争优势。

在社会大系统中，服务业与制造业、制造业中的产品生产和社会服务彼此交织、互相推动，从而使制造产品与服务之间的界限很难割清。服务与制造之间的互动关系见图 1 - 4。

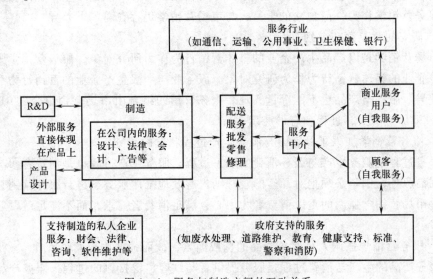

图 1 - 4　服务与制造之间的互动关系

服务与制造已经卷入高度相关和补充的阶段，图1-4表明了服务与制造部门间经济效益的流动和密切的互动性。

实物产品市场营销活动中的服务是现代产品营销竞争的焦点。随着消费水平的提高，消费者对产品的附加价值的要求越来越高，而产品附加价值的集中体现就是技术含量、服务含量。服务质量的高低从某种意义上决定了产品附加价值的大小，故而研究服务成为现代商品竞争中提高竞争力的重要方面。服务营销学要在建立顾客服务系统、培养顾客忠诚度、推行让客价值、加强服务人员内部管理和服务过程管理上全面开展研究。

服务业的市场营销活动虽有许多与产品营销相同之处，但也有自己的特色，这些特色是产品营销中难以囊括的。关于营销理念、营销战略选择、营销环境分析等问题，产品营销与服务营销是相通的，但在市场分析的侧重点、营销规划的着眼点、制定企业战略及其方针选择以及营销策略组合等方面，服务营销有其独特的考虑和要求。

服务营销学的研究视点要集中从服务业的无形性、不可分离性、不可贮存性等基本特征出发，只有扣住了服务业的这些本质特征，服务营销学的研究才凸显了学科的特色，才有助于解决服务业市场营销活动中的营销目标、营销战略、营销策略、营销组合等一系列问题。

我们无须强行地将服务营销学与市场营销学对立起来，或人为地割裂开来。服务营销学与市场营销学在原理上、学科性质和特色上并没有根本区别。我们要重点关注的是服务营销学与市场营销学在研究内容上的不同。

二、服务营销学与市场营销学的差异性

服务营销学是从市场营销学中派生的，服务营销学从理论基础到结构框架都脱胎于市场营销学，读者在论及服务营销学与市场营销学时，可从这个基本点出发。

服务营销学作为一门独立的学科，与市场营销学仍存在着如下差异：

1. 研究的对象存在差别

市场营销学是以产品生产企业的整体营销行为作为研究对象，服务营销学则以现代服务企业的整体营销行为作为研究对象。服务业与一般生产企业的营销行为存在一定的差异。服务与产品也不能等量齐观。服务营销的组合由市场营销组合的4P发展为7P，即加上了人、过程和有形展示3P。

2. 服务营销学加强了顾客参与服务生产过程状况的研究

服务过程是服务生产与服务消费的统一过程，服务生产过程也是消费者参与的过程，因而服务营销学必须把对顾客的管理纳入有效地推广服务、进行服务营销管理的轨道。市场营销学强调的是以消费者为中心，满足消费者需求，而不涉足对顾客的管理内容。

3. 服务营销学强调人是服务产品的构成因素，故而强调内部营销管理

服务产品的生产与消费过程是服务提供者与顾客广泛接触的过程，服务产品的优劣、服务绩效的好坏不仅取决于服务提供者的素质，也与顾客行为密切相关，因而研

究服务员工素质的提高、加强服务业内部管理及顾客的服务消费行为十分重要，因为人是服务的重要构成部分。市场营销学也会涉及人，但在市场营销学中，人只是商品买卖行为的承担者，而不是产品本身的构成因素。

4. 服务营销学要突出解决服务的有形展示问题

服务产品的不可感知性，要求服务营销学要研究服务的有形展示问题。服务产品有形展示的方式、方法、途径、技巧成为服务营销学研究的系列问题。这也是服务营销学的突出特色之一。市场营销学不需要涉及这方面问题的研究。

5. 服务营销学与市场营销学在对待质量问题上也有不同的着眼点

市场营销学强调产品的全面营销质量，强调质量的标准化、合格认证等。服务营销学研究的是质量的控制。质量控制问题之所以成为服务营销学区别于市场营销学的重要问题之一，就在于服务的质量很难像有形产品那样用统一的质量标准来衡量，其缺点和不足不易发现和改进，因而要研究服务质量的过程控制。

6. 服务营销与市场营销在关注物流渠道和时间因素上存在着差异

物流渠道是市场营销关注的重点之一，而由于服务过程是把生产、消费、零售的地点连在一起来推广产品，而非表现为独立形式，因而着眼点不同。对于时间因素的关注，产品营销虽然也强调顾客的时间成本，但在程度上还不能与服务营销相比。服务的推广更强调及时性、快捷性，以缩短顾客等候服务的时间。顾客等候时间过长会给顾客购买心情造成破坏，从而产生厌烦情绪，进而影响企业的形象和服务质量，因而服务营销学更要研究服务过程中的时间因素。

服务营销学与市场营销学还存在其他的差异，这表明服务营销学有独立存在的必要。

三、服务营销学与相关学科

服务营销学是一门新型学科，它是市场营销学系列中别具特色的学科，它与姊妹学科有一定的关联。服务营销学与本丛书的其他各学科构成了完备的学科系统，各学科彼此补充、互相衔接，各自独立而又浑然一体。

服务营销学与服务贸易相比，其共性都是以服务业为研究对象，但二者研究的视角不同。服务贸易是以研究国内外服务业的交换关系、服务资源配置以及服务交易理论、政策为主的经济学科。服务营销学则是研究服务业的整体营销行为及战略、策略为主的集经济学、行为学特色于一体的边缘管理学科。

服务营销学与关系营销学之间则是互相交叉、互相渗透的关系。服务营销学要研究在服务企业与顾客之间如何建立与保持长远的关系，并构建关系营销系统，确立顾客满意理念，实施让客价值；但关系营销只是服务营销全面研究实施7P策略中有关顾客与过程策略中的一个部分。关系营销学研究企业与顾客、中间商、竞争对手之间的关系，也包含着对服务业面临的相同关系的研究；然而，关系营销学也不限于对服务业的营销研究，它还包括从有形产品的关系营销这个更大的范围来研究关系营销。

服务营销学与消费者行为学也互有交叉。服务营销学不可避免地要涉及消费者对服务的消费行为，包括购买时的心理分析、行为决策过程、消费行为的变化等。消费者行为学是从消费者的行为共性出发展开研究的。共性中蕴含个性，服务消费行为也必然是消费者行为学研究中的应有之义。这种交叉点分别是两个学科各自构造体系的有机组成部分，对于各自都是不可分的。由于这种不可分性，使这种交叉的存在成为必要，而不会让人产生重复之嫌。

服务营销学具有广阔的发展前景。随着新世纪服务业在国民经济中地位的提升和新型服务业的崛起，服务营销学从适用性和研究范围两个方面都将大大拓展，它必将在广集博纳中进一步丰富和发展起来。

服务营销学以政治经济学、商品流通经济学和市场营销学作为先修课程。政治经济学在经济理论上为服务营销学打基础，商品流通经济学和市场营销学则在专业基础理论上为服务营销学奠定基石。商品流通经济学揭示了流通领域的运行机制、资源配置及一般规律，引导学生认识流通、市场、流通领域，并建立一般概念；市场营销学以鲜明的学科特色研究产品的市场规划、市场细分、目标市场、营销理念、市场营销组合、市场定位、营销策略等特殊范畴，是构成营销学特色的基本元素，同样也是服务营销学借以组装的基本零部件。服务营销学是在市场营销学规范的理论框架下的延伸和发展，学习服务营销学不能不以市场营销学作为前提和基础。

小资料

2014 年我国服务业发展前景分析

国务院总理李克强于 2014 年 5 月 14 日主持召开国务院常务会议，部署加快生产性服务业重点和薄弱环节发展，促进产业结构调整升级。会议指出，要更多依靠市场机制和创新驱动，重点发展研发设计、商务服务、市场营销、售后服务等生产性服务，促进提升国民经济整体素质和竞争力。会议强调，要继续大力发展生活性服务业，在抓紧落实健康、养老服务和信息消费等方面支持政策的同时，围绕群众迫切需要，采取有力措施，丰富文化、医疗、旅游等服务供给，提高服务水平，使生活性、生产性服务业协同并进，为经济社会持续健康发展打造新引擎。

中国报告大厅、宇博智业市场研究员表示，在中国经济下行压力之下，服务业已经成为中国经济结构转型、推动中国经济增长和创造就业的重要抓手。2010 年 7 月国家发改委开始提出要研究推进高技术服务业发展的政策，2011 年 10 月，联合十部门下发《关于促进战略性新兴产业国际化发展的指导意见》，明确七大战略性新兴产业国际化推进的重点，之后更是修改产业指导目录，取消众多投资限制，推动技术引进。同年 12 月，国务院办公厅公布《关于加快发展高技术服务业的指导意见》，明确要重点推进研发设计服务、知识产权服务、检验检测服务、科技成果转化服务、信息技术服务、数字内容服务、电子商务服务、生物技术服务八个领域的高技术服务业加快发展。而高技术服务业正是"中国制造"向"精细制造"转型的关键。2012 年服务业实际使用外资 538.4 亿美元，占全国总量的 48.2%。2013 年年底，服务业占比提高到 46.1%，首次超过工业。2014 年一季度，中国服务业增加值比重继续提高到 49%。

全球产业结构呈现出高增值环节正在向前端的研发设计和后端的营销服务集中的态势。

事实上，美国的经验也表明就业和产业升级主要靠服务业拉动。当前的美国制造业劳工数量大致和 70 年前相同，但企业服务业就业增长了 8 倍。

相对于生活性服务业，目前中国的生产性服务业发展滞后。2014 年以来，李克强总理已经三次在公开场合提出，要加快发展生产性服务业。3 月 5 日，李克强总理在《政府工作报告》中提出，优先发展生产性服务业，推进服务业综合改革试点和示范建设。3 月 21 日，李克强总理在节能减排及应对气候变化工作会议上提出要"着力发展服务业，特别是生产性服务业"。4 月 10 日，李克强总理在博鳌亚洲论坛 2014 年年会开幕式上的演讲中再次强调，加快弥补服务业这块"短板"，用税收等杠杆来培育壮大生产性和生活性服务业。此次常务会为进一步加快发展生产性服务业指明了方向。

资料来源：www.chinabgao.com.

讨论题：
1. 生产性服务业包含哪些方面？
2. 如何推进生产性服务业的发展？
3. 生产性和生活性服务业相比，哪个更重要？

小　结

服务营销将是 21 世纪的主导，服务营销会极大地推动知识经济时代的进步和经济全球化进程。服务营销将以其自身的特点为世人所瞩目。服务营销的演变经历了 7 个阶段，服务营销学从市场营销学中脱胎出来，但又与市场营销学存在着明显的差异性和独特的研究视角。服务营销学作为一门新型学科与市场营销学系列中的其他学科既有联系，又别具特色，并将与其他学科彼此补充、相互衔接。21 世纪中国的服务营销学科要研究的是加快弥补服务业这块"短板"，用税收等杠杆来培育壮大中国的生产性和生活性服务业。

习　题

1. 为什么说知识经济时代更需要服务营销学？
2. 为什么说知识经济时代更有利于服务营销学的发展？
3. 服务营销学与经济全球化如何融合发展？
4. 服务营销具有哪些特征？

5．成熟的服务企业的营销活动经历了哪几个演变阶段？

6．服务营销学是怎样兴起和发展的？

7．中国将如何运用服务营销学来加快发展服务业？

8．服务营销学的研究对象与市场营销学有什么异同？这两门学科存在着哪些差异性？

9．服务营销学与哪些学科具有相关性？它们如何衔接？

第二章

服务市场

　　服务业即第三产业在国民经济中比重的上升标志着现代经济的发展。现代服务业走出传统的限制后，呈现出千姿百态的繁荣兴旺局面。国际服务业的蓬勃发展构成了国际服务市场，中国服务市场的开放与发展必然形成与国际服务市场相互渗透、互相交织的趋势。发展服务业与开放服务市场是相辅相成的，开放、开发国内的服务市场与拓展国际服务市场亦具有一致性。

本章知识结构图

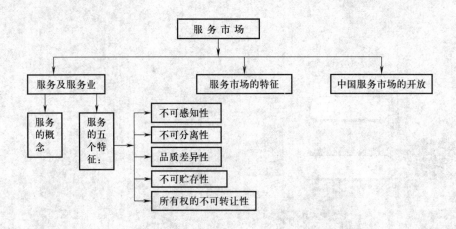

第一节　服务及服务业

一、服务的本质与服务产品

服务作为本学科的核心概念需要首先予以界定。世界各国有关服务概念的界定不下几十种，其中有代表性的有如下几种：

1960 年 AMA（美国市场营销学会）的定义为："用于出售或者是同产品连在一起进行出售的活动、利益或满足感。"

1963 年著名学者里甘（Regan）的定义为："直接提供满足（交通、房租）或者与有形商品或其他服务（信用卡）一起提供满足的不可感知活动。"

1990 年北欧学者格隆鲁斯（Gronroos）的定义为："服务是指或多或少具有无形特征的一种或一系列活动，通常（但并非一定）发生在顾客同服务的提供者及其有形的资源、商品或系统相互作用的过程中，以便解决消费者的有关问题。"

A. 佩恩在分析了各国营销组织和学者对服务的界定之后，对服务做出这样的界定："服务是一种涉及某些无形性因素的活动，它包括与顾客或他们拥有财产的相互活动，它不会造成所有权的更换。条件可能发生变化，服务产出可能或不可能与物质产品紧密相连。"

综合以上各种定义，可将服务定义为：服务是具有无形特征却可给人带来某种利益或满足感的可供有偿转让的一种或一系列活动。

服务和产品由交融在一起到彼此分离呈现 4 种状态，即：

（1）纯有形商品状态。如香皂、牙膏、盐等，产品本身没有附带服务。

（2）附有服务的商品状态。如计算机、家电产品等，附有服务以提高对顾客的吸引力。

（3）附有少部分商品的服务状态。如空中旅行的头等舱，除提供服务外，还附食品、报纸杂志等。

（4）纯服务状态。如心理咨询、家政服务等服务者直接为顾客提供相关的服务。

服务是无形的，但研究服务时往往对服务所依托的综合要素进行研究，并以"服务产品"的特定概念予以表达。服务产品是服务劳动者的劳动以活劳动的形式所提供的服务形成的，它结合服务场所、服务设施、服务方式、服务手段、服务环境等属于劳动资料、劳动对象的范畴要素综合构成的。显然，服务产品既有物的要素，也有非物的要素；既有有形要素，也有无形要素。在服务产品的交换中，因只有部分要素改变其所有权，而另一部分要素只出售使用权，因此同一服务产品可以不间断地多次出售。

服务产品的流通方式不是产品向消费者的运动，而是消费者向产品的运动。大部分服务产品的分销受到地域的限制，进行远距离推销难以奏效。

服务与产品之间只在于有形性程度的不同，从高度无形到高度有形之间存在一个连续谱，如图2-1所示。

服务在社会经济活动中的重要性是与日俱增的，社会经济越发达，服务的地位越突出。服务既是企业间竞争的焦点，也为企业的发展提供机遇，不论是服务业还是以产品营销为主体的企业，服务将成为企业价值和利益的核心。服务的这种突出的核心地位是由市场驱动和技术驱动这两个原因决定的：一方面，顾客已经不满足于用技术手段解决需求问题，顾客需求企业提供更多的形象价值、人员价值、超值服务，尽量减少顾

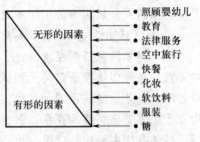

图2-1 服务与产品——无形与
有形的连续谱

客的时间成本、精神成本、精力成本，这迫使企业向顾客增加服务；另一方面，技术的发展，尤其是信息技术领先发展的条件下，企业的创新服务变得更加便捷，使企业的服务高性能化、智能化。显然，现代社会企业间的竞争实质上是服务的竞争。服务竞争的成功是企业成功及发展的金钥匙。

服务竞争的过程也是企业核心价值集中于服务的过程。在这个转移中，企业将获得服务机遇。服务机遇是顾客与企业各种资源相互作用而使企业形成的商机和发展因素。例如，在航空旅行中服务机遇就产生于下述情况：

- 乘客电话询问航班信息；
- 乘客向航空公司预订航班机票；
- 乘客抵达机场服务台；
- 乘客排队等候登机；
- 售票员接待乘客；
- 售票员办理票务；
- 乘客寻找登机通道；
- 导乘员指示登机通道；
- 乘客在候机室等待飞机起飞；
- 检票人员检票；

- 乘客登机后所受到的接待；
- 乘客寻找自己的座位；
- 乘客安放自己的行李；
- 乘客就座及其他事项。

在上例中可见，企业的任何营销活动都存在着创造和提供优质服务的条件和机遇，成功的企业就是善于捕捉和运用服务机遇，做好服务工作，从而形成竞争优势。服务是使企业做得与众不同的基础，也是获取竞争优势的基本条件，因而企业树立服务导向观念是非常重要的。管理者树立服务为先的导向后，他们就会认真思索服务特有的本质属性，就会在管理中采用新的营销方式和服务方式。

二、服务的特征

为了分清服务与商品这两类概念的区别，学术界对绝大多数服务的共同特性进行了探索和研究，从而形成了服务具有 5 种特征的共识。

1. 不可感知性（intangibility）

不可感知性包括两层含义：① 服务与实体商品相比较，服务的特质及组成服务的元素，在许多情况下都是无形无质的，让人不能触摸或凭视觉感到其存在；② 消费者消费服务后所获得的利益也很难被察觉，或是要经过一段时间后，消费服务的享用者才能感觉出利益的存在。服务的这一特征决定消费者购买服务前，不能以对待实物商品的办法去触摸、尝试，也不能用嗅觉、聆听等方法去判断服务的优劣，而只能以搜寻信息的办法，参考多方意见及自身的历史体验来做出判断。

正因为服务的不可感知性，许多服务业为了变不可感知为可感知，常常通过服务人员、服务过程及服务的有形展示，并综合运用服务设施、服务环境、服务方式和手段等来体现。

服务的不感知性只是用以区别实物商品，其意义在于提供一个视角分清服务与实物商品。服务有时是需要一定载体的，如录音磁带、录像带等可作为音乐、电视服务的载体。载体有效性的强弱体现了服务质量的高低，如优质磁带声音清晰，使人欣赏音乐的质量得以提高；相反，劣质磁带的服务效果就差。

服务的不可感知性要求服务业提供服务介绍和承诺。服务介绍的诚实性与准确性是服务质量所要求的。服务承诺的针对性与周到性及服务履约的及时性、兑现性，也是服务质量水平的体现。

2. 不可分离性（inseparability）

服务的不可分离性是指服务的生产过程与消费过程同时进行，服务人员提供服务于顾客之时，也正是顾客消费、享用服务的过程，生产与消费服务在时间上不可分离。由于服务是一个过程或一系列的活动，故而在此过程中消费者与生产者必须直接发生联系，消费者不参与服务生产过程，即不能享受服务。这一特征要求服务消费者必须以积极的、合作的态度参与服务生产过程，只有参与才能消费服务，否则便不能消费服务。例如医疗服务，病人在接受治疗时，只有主动地诉说病情，医生才能做出诊断，并对症下药。

服务的这一特征有别于产品质量及营销管理的地方主要在于：

（1）服务营销管理将对顾客参与生产过程纳入管理，而不只局限对员工的管理。因而对顾客宣传其服务知识，提高顾客参与服务生产过程的水平十分重要。服务营销就是要妥善地引导顾客参与服务生产过程，并要及时沟通服务人员与顾客之间的关系，促使顾客在服务生产过程中扮演好自身的角色，以保证服务生产过程亦即顾客的服务消费过程高质量地完成。

（2）服务的这一特征表明服务员工与顾客的互动行为既是服务质量高低的影响因素，也是服务企业与顾客之间关系的影响因素。服务质量管理是服务业的生命。服务质量管理应包括对服务生产全过程中对员工和顾客的双重管理，要促进服务员工与顾客的良性互动，两好相合，以全面提高质量，树立企业的形象。服务员工与顾客的良性互动的关键是沟通，适时恰当的沟通是全面推行服务质量管理的中心环节。

3. 品质差异性（heterogeneity）

服务品质差异性是指服务的构成成分及其质量水平经常变化，难于统一认定的特性。服务的主体和对象均是人，人是服务的中心，而人又具有个性，人涉及服务方和接受服务的顾客两个方面。服务品质的差异性既由服务人员素质的差异所决定，也受顾客本身的个性特色的影响。不同素质的服务人员会产生不同的服务质量效果；同样，同一服务人员为不同素质的顾客服务，也会产生不同的服务质量效果。全国劳动模范李素丽的售票服务不仅给人购买车票的方便，还使乘客感受到自尊、温暖、体贴和愉悦；相反，素质低下的售票员会给人带来烦恼、冷淡、不安全感。顾客的知识水平、道德修养、处世经验、社会阅历等基本素质，也直接影响服务质量效果。如同为听课，有人津津有味，受到巨大的启发，产生丰富的联想；有人则昏昏欲睡、收获甚微。同是旅游，有人乐而忘返，有人则败兴而归。

服务品质的差异性会导致"企业形象"混淆而危及服务的推广。同一企业的若干分店，如果是销售产品，易于统一企业形象；如若销售服务，则会产生各分店服务质量优劣不等的差异性。由于这种差异性的存在，提供劣质服务的分店对整个企业带来的负面影响，将大大盖过大多数优质服务分店所形成的良好企业形象，并产生负面效应。

4. 不可贮存性（perishalility）

服务的不可贮存性是指服务产品既不能在时间上贮存下来，以备未来使用，也不能在空间上将服务转移回家去安放下来。如不能及时消费，即会造成服务的损失，如车船、电影院、剧院的空位现象。其损失表现为机会的丧失和折旧的发生。

服务的不可贮存性是由其不可感知性和服务的生产消费的不可分割性决定的。不可贮存性表明服务无须贮存费用、存货费用和运输费用，但同时带来的问题是：服务企业必须解决由于缺乏库存所引致的产品供求不平衡问题。服务业在制定分销战略、选择分销渠道和分销商等问题时将有区别于实体商品的不同做法。

服务的不可贮存性也为加速服务产品的生产、扩大服务的规模提出了难题。服务业只有在加大服务促销、推广优质服务示范上积极开发服务资源，才能转化被动服务需求状态。

5. 所有权的不可转让性（absence ownership）

服务所有权的不可转让性是指服务的生产和消费过程中不涉及任何东西的所有权的转移。服务在交易完成后便消失了，消费者所拥有的对服务消费的权利并未因服务交易的结束而产生像商品交换那样实有的东西，服务具有易逝性。如银行存款，并未发生货币所有权的转移；空中飞行服务，只是解决乘客由此地到彼地之需，也未形成任何东西所有权的转移。

这一特征是导致服务风险的根源。由于缺乏所有权的转移，消费者在购买服务时并未获得对某种东西的所有权，因此感受到购买服务的风险性，从而造成消费心理障碍。为了克服消费者的这种心理障碍，服务业的营销管理中逐渐采用"会员制度"，以图维系企业与顾客的关系。顾客作为企业的会员可享受某些优惠，从而在心理上产生拥有企业所提供的服务的感觉。

在上述 5 种特征中，不可感知性是最基本的特征，其他的特征都是由这一基本特征派生出来的。服务的这 5 个特征从各个侧面表现了服务与实体商品的本质区别。服务的特征可以图 2 - 2 显示。

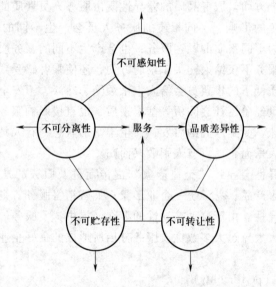

图 2 - 2　服务特征示意图

三、服务的分类

服务依据不同的划分标准可以进行不同的分类，这里介绍 3 种分类法。

（一）服务推广顾客参与程度分类法

此法依据顾客对服务推广的参与程度，将服务分为以下 3 大类。

1. 高接触性服务

高接触性服务是指顾客在服务推广过程中参与其中全部或大部分的活动，如电影院、娱乐场所、公共交通、学校等部门所提供的服务。

2. 中接触性服务

中接触性服务是指顾客只是部分地或在局部时间内参与其中的活动，如银行、律师、地产经纪人等所提供的服务。

3. 低接触性服务

低接触性服务是指在服务推广中顾客与服务的提供者接触较少的服务，其间的交往主要是通过仪器设备进行的，如信息、邮电业等提供的服务。

这种分类法的优点是便于将高接触性服务从中低接触性服务中分离出来、凸显出来，以便采取多样化的服务营销策略满足各种高接触性服务对象的需求；其缺点是过于粗略。

（二）综合因素分类法

此法从服务的综合因素着手，分别从不同的侧面进行分类。

1. 依据提供服务工具的不同分两类

（1）以机器设备为基础的服务，如自动售货机、自动化汽车刷洗等。

（2）以人为基础的服务，包括非技术性、技术性和专业性服务，如会计审计服务、旅行服务等。

2. 依据顾客在服务现场出现必要性的大小分为两类

（1）必须要求顾客亲临现场的服务，如身体检查、理发美发、按摩美容等。这样的服务要考虑环境卫生、设施等因素。

（2）不需要顾客亲临现场的服务，如汽车修理、成衣整烫等。

3. 依据顾客个人需要与企业需要的不同分两类

（1）专对个人需要的专一化服务。

（2）面对个人需要与企业需要的混合性服务。

4. 依据服务组织的目的与所有制分4类

（1）营利性服务，以盈利为目的服务。

（2）非营利性服务，以社会公益服务为目的服务。

（3）私人服务，其所有制为私人所有的服务。

（4）公共服务，以社会主义全民所有制和集体所有制为主体、面对全社会公益事业的服务。

这种分类法综合考虑了各类因素，对其客观状态进行了分类，包容性较广，但从服务营销管理角度考虑不够，与对服务业的管理不太协调。

（三）服务营销管理分类法

此法吸收了前几种分类法的优点，并重点结合对服务业的管理过程进行分类。

1. 依据服务活动的本质分4类

（1）作用于人的有形服务，如民航、理发服务等。

（2）作用于物的有形服务，如航空货运、草坪修整等。

（3）作用于人的无形服务，如教育、广播等。

（4）作用于物的无形服务，如咨询、保险等。

2. 依据顾客与服务组织的联系状态分4类

（1）连续性、会员关系服务，如银行、保险、汽车协会等。

（2）连续性、非正式关系的服务，如广播电台、警察保护等。

（3）间断的、会员关系的服务，如电话购买服务、担保维修等。

（4）间断的、非正式关系的服务，如邮购、街头收费电话等。

3. 依据服务方式及满足程度分 4 类

（1）标准化服务，选择自由度小，难以满足顾客的个性需求，如公共汽车载客服务等。

（2）易于满足要求，但服务方式选择自由度小的服务，如电话服务、旅馆服务等。

（3）提供者选择余地大，但难以满足个性要求的服务，如教师授课等。

（4）需求能满足且服务提供者有发挥空间的服务，如美容、建筑设计、律师和医疗保健等。

4. 依据服务供求关系可分为 3 类

（1）需求波动较小的服务，如保险、法律、银行服务等。

（2）需求波动大而供应基本能跟上的服务，如电力、天然气、电话等。

（3）需求波动幅度大并会超出供应能力的服务，如交通运输、饭店和宾馆等。

5. 依据服务推广的方法可分为 6 类

（1）在单一地点顾客主动接触服务组织，如电影院、烧烤店。

（2）在单一地点服务组织主动接触顾客，如出租汽车等。

（3）在单一地点顾客与服务组织远距离交易，如信用卡公司等。

（4）在多个地点顾客主动接触服务组织，如汽车维修服务、快餐店等。

（5）在多个地点服务组织主动接触顾客，如邮寄服务。

（6）在多个地点顾客和组织无距离交易，如广播站、电话公司等。

由于服务内涵的复杂性，决定了人们考察服务时从不同视点的介入，因而导致不同的分类法。服务的分类是为认识不同行业、不同部门服务的特征服务的，它是制定服务营销战略的基础。

四、服务业

服务业亦称第三产业，它是国民经济中除了第一产业、第二产业之外的其他产业的总称。服务业是现代经济的一个重要产业。2013 年 5 月第二届京交会暨全球服务论坛北京峰会上，李克强指出要最大限度"松绑"服务业。世界贸易组织在《服务贸易总协定》中认定，服务贸易分为 12 大类：商业性服务（包括法律、工程设计、城市规划、公共关系等专业服务以及计算机、研究与开发、不动产、设备租赁等方面的服务）；电信服务；建筑服务；销售（分销）服务；教育服务；环境服务；金融服务；健康与社会服务；旅游及相关服务；文化、娱乐及体育服务；交通运输服务；其他服务。

1985 年 5 月，中华人民共和国国务院办公厅转发国家统计局的报告，将服务业分为两大部门、4 个层次，见表 2 - 1。

表 2 – 1 服务业分类简表

流通部门	第一层次	—	交通运输业、邮电通信业、商业饮食业、物资供销与仓储业
服务部门	第二层次	为生产、生活服务的部门	金融业、保险业、地质普查业、房地产业、公用事业、居民服务、旅游业、咨询信息服务业、各类技术服务业
	第三层次	为提高科学文化素质服务的部门	教育、文化、广播、电视、科研、卫生、体育、社会福利
	第四层次	为社会公共需要服务的部门	国家机关、政党机关、社会团体、军队、警察

从 2003 年起国家统计局不再对第三产业划分层次。根据《国民经济行业分类》（GB/T 4754—2002），中国国家统计局印发了《国家统计局关于印发〈三次产业划分规定〉的通知》（国统字〔2003〕14 号）。该规定在国民经济核算、各项统计调查及国家宏观管理中得到广泛应用。

2012 年，根据国家质检总局和国家标准委颁布的《国民经济行业分类》（GB/T 4754—2011），中国国家统计局再次对 2003 年《三次产业划分规定》进行了修订。新的三次产业的划分如下：

第一产业是指农、林、牧、渔业（不含农、林、牧、渔服务业）。

第二产业是指采矿业（不含开采辅助活动），制造业（不含金属制品、机械和设备修理业），电力、热力、燃气及水生产和供应业，建筑业。

第三产业即服务业，是指除第一产业、第二产业以外的其他行业。第三产业包括：批发和零售业，交通运输、仓储和邮政业，住宿和餐饮业，信息传输、软件和信息技术服务业，金融业，房地产业，租赁和商务服务业，科学研究和技术服务业，水利、环境和公共设施管理业，居民服务、修理和其他服务业，教育、卫生和社会工作，文化、体育和娱乐业，公共管理、社会保障和社会组织，国际组织，以及农、林、牧、渔业中的农、林、牧、渔服务业，采矿业中的开采辅助活动，制造业中的金属制品、机械和设备修理业。

除这种官方分类法以外，学术上经常从服务营销的角度将服务业按以下 3 个方面分类：

（1）卖方相关分类法（表 2 – 2）。

表 2 - 2　卖方相关分类法

企业性质	服务功能	收入来源
民间·营利	通信业	取自市场
民间·非营利	顾问咨询	市场 + 捐赠
国有·营利	教育	纯捐赠
国有·非营利	金融	税收
	保健	
	保险	

（2）买方相关分类法（表 2 - 3）。

表 2 - 3　买方相关分类法

市场类型	购买服务的途径	动　机
消费者市场	便利性服务	工具型（达成目的手段）
工业市场	选购服务	表现型（目的本身）
政府市场	专卖服务	
农业市场	非寻找服务	

（3）服务相关分类法（表 2 - 4）。

表 2 - 4　服务相关分类法

服务形态	人基础/器械基础	高接触度/低接触度
规格服务	以人为主的服务	高接触度服务
定制服务	以器械为主的服务	低接触度服务

国际标准化组织制定的 ISO 9000 中对服务业的分类按以下序列展开：

- 接待服务，即餐馆、饭店、旅行社、娱乐场所、广播、电视和度假村；
- 交通与通信，即机场、空运、公路、铁路和海上运输、电信、邮政和数据通信；
- 健康服务，即医疗所医生、医院、救护队、医疗实验室、牙医和眼镜商；
- 维修服务，即电器、机械、车辆、热力系统、空调、建筑和计算机；
- 公用事业，即清洁、垃圾管理、供水、场地维护、供电、煤气和能源供应、消防、治安和公共服务；
- 贸易，即批发、零售、仓储、配送、营销和包装；
- 金融，即银行、保险、生活津贴、地产服务和会计；
- 专业服务，即建筑设计、勘探、法律、执法、安全、工程、项目管理、质量管理、咨询和培训与教育；
- 行政管理，即人事、计算机处理、办公服务；
- 技术服务，即咨询、摄影、试验室；

- 采购服务，即签订合同、库存管理与分发；
- 科学服务，即探索、开发、研究和决策支援。

在服务营销管理活动中，基于人们对复杂服务业的管理需要，通常将其分类予以简化，形成简便、通行的服务业分类法，具体的分类详见表2-5。

表2-5 服务业分类一览表

1. 公用事业	经销商和代理	研究服务
煤气	4. 保险、银行和金融	6. 娱乐与休闲业
电力	保险业	电影和剧院
供水	银行业	运动和娱乐
2. 运输与通信	金融业	旅馆、汽车旅馆、餐馆
铁路	产权服务业	咖啡厅
乘客陆运	5. 工商服务，专业性、科学	公共产地和俱乐部
货品陆运	化服务	伙食包办业
海运	广告	7. 杂项服务
空运	顾客咨询	修理服务
邮政	营销研究	整发
电信	会计	私人家政
3. 分销业	法务	洗熨业
批发	医药和牙医	干洗店
零售	教育服务	

在人们的经济交往活动中，常依据服务业的经济性质，把服务业划分为5类：

1. 生产服务业

生产服务业指直接和生产过程有关的服务活动行业，包括：

（1）厂房、车间、机器等劳动手段的修缮和维护，作业线的装备，零部件的转换，机器的擦拭、喷漆、涂油和保养等。

（2）经营管理活动，如生产的组织、工时的运筹、劳动力的调整以及计划、进度、报表的编制等。

2. 生活性服务业

生活性服务业是指直接满足人们生活需要的服务活动行业，包括：

（1）加工性质服务，具有提供一定物质载体的特点，如饮食、缝纫、家用器具的修理等。

（2）活动性服务，即不提供物质载体，而只提供活动，如旅店、理发、浴池等。

（3）文化性服务，如戏剧、电视、电影、音乐和舞蹈等文化娱乐活动及旅游活动中的服务。

3. 流通服务业

流通服务业是指商品交换和金融业领域内的服务行业，包括：

（1）生产过程的继续，如保管、搬运、包装等。

（2）交换性服务业，如商业的销售、结算等商业活动服务。

（3）金融服务业，如银行、保险、证券和期货等行业。

4. 知识服务业

知识服务业是指为人类的生产和生活提供较高层次的精神文化需求的服务业，包括：

（1）专业性服务业，如技术咨询、信息处理等。

（2）发展性服务业，如新闻出版、报纸杂志、广播电视、科学研究和文化教育等。

5. 社会综合服务业

社会综合服务业是指不限于某个领域的交叉性服务活动行业，包括：

（1）公共交通业，如运输业、航运业等。

（2）社会公益事业，如公共医疗、消防、环境保护和市政建设等。

（3）城市基础服务，如供电、供水、供气、供暖和园林绿化等。

21 世纪以来，我国服务业高速发展，服务业的地位和作用日益提高。2007 年，我国服务业在 GDP（国内的生产总值）中的比重占不到 40%，而美国高达 80%，印度也高达 50%。

2012 年，服务业吸收外资占全国实际使用外资总额的 48.2%，连续第二年超过制造业，比 2007 年提高 7.2 个百分点。高端产业吸收外资明显增加。2012 年，我国服务业在 GDP 中的比重已占到 44.6%，与工业 45.3% 的份额相差无几，而在 2013 年，第三产业（服务业）增加值占 GDP 比重提高到 46.1%，首次超过第二产业。服务业的增长速度不断加快。

第二节　服务市场的特征

一、服务市场的范畴

服务市场是指提供劳务和服务场所及设施，不涉及或甚少涉及物质产品交换的市场形式。传统的服务市场是狭义概念，即指生活服务的经营场所和领域，主要指旅社、洗染、照相、饮食和服务性手工业所形成的市场。

现代服务市场是一个广义的概念，所涉及的行业不仅包括现代服务业的各行各业，而且包括物质产品交换过程中伴生的服务交换活动。现代服务市场所涉及的服务业的范围包括下述方面：

- 金融服务业，如银行、金融、信托等；
- 公用事业，如供水、供电、供气、电话、电信和水陆空运输；
- 个人服务业，如理发、美容、照相、洗染、修补、旅游、医疗保健、音乐、电影、电视、文艺和殡葬等；
- 企业服务，如情报资料、技术咨询、广告业务和设备租赁等；

- 教育慈善事业，如宗教及其他非盈利企业所提供的服务，体育、卫生、社会福利等；
- 各种修理服务，如修理各种日用品；
- 社会公共需要服务部门，如国际组织、社会团体等；
- 其他各种专业性或特殊性的服务行业。

服务产业与第三产业是基本吻合的，但服务市场的范畴与第三产业的外延并不完全吻合。有些范畴如国家机关、军队、警察被划归第三产业，但这些内容并不构成服务市场的范畴；抑或说，这些特殊的第三产业不构成服务市场交换的对象。

服务市场是伴随商品市场出现的，但服务市场的发展却在第二次世界大战以后的几十年间，尤其是在20世纪的后20年间。纵观服务市场的发展变化过程，显示出如下的趋势：

1. 服务市场规模扩大快，服务营销发展速度高

国际服务市场在20世纪后期得到迅速拓展。1970年国际服务贸易的出口额仅有71亿美元，到2010年即增长到36 650亿美元，40年间增长了500多倍，平均每年增长1倍多，高于国际货物商品出口总额的增长速度。服务贸易在整个国际贸易中所占比重迅速提高，约占1/5。进入21世纪，服务营销将成为国际市场的主要对象和内容，尤其是世界上一些高度发达的国家，服务经济将进入全盛时期。届时，在美国经济结构中，制造业只占10%，其余全是服务业，见表2-6和表2-7。

表2-6　世界服务贸易出口占世界贸易总出口的比重　单位：10亿美元

年份	世界货物出口总额	服务贸易出口额	服务贸易出口额占世界贸易出口额的比重（%）
2000	6 186	1 435	18.8
2001	5 984	1 460	19.6
2002	6 272	1 570	20.0
2003	7 294	1 795	19.7
2004	8 907	2 125	19.3
2005	10 159	2 415	19.2
2006	12 083	1 755	18.6
2007	13 950	3 290	19.1
2008	16 070	3 780	19.0
2009	12 490	3 350	21.1
2010	15 238	3 665	19.4
2011	18 220	4 149	18.5
2012	18 323	4 345	19.2

资料来源：根据世界贸易组织2000—2012年国际贸易统计数据整理.

表 2-7 2000—2012 年世界服务贸易与货物贸易增长变化

类别	2012 年贸易额（10 亿美元）	出口年均增长率（%）						
		2005—2012 年	2007 年	2008 年	2009 年	2010 年	2011 年	2012 年
世界服务贸易	4 345	9	20	13	−11	10	11	2
世界货物贸易	18 323	8	16	15	−23	22	20	0

资料来源：同表 2-6.

2. 服务领域不断拓宽，服务市场结构日臻完善

第二次世界大战以前，国际服务市场主要项目是劳务输出，其他服务业的国际交换发展缓慢，所占比重也很低。第二次世界大战以后，随着发达国家三次产业革命的完成，电信、金融、运输、旅游、各类信息业、知识产权等迅速发展，国际服务市场迅速向这些领域扩张。在国际服务市场上，一般将服务市场划分为国际运输服务市场、国际旅游服务市场和其他国际服务市场，这 3 类服务市场所占比重在发生明显的变化，见表 2-8。

表 2-8 2000—2012 各类服务占世界服务出口总额的比重　　　单位:%

	2000 年	2007 年	2008 年	2009 年	2010 年	2011 年	2012 年
世界服务贸易	100.0	100.0	100.0	100.0	100.0	100.0	100.0
国际运输服务市场	23.4	22.9	23.7	20.9	21.4	20.6	21.4
国际旅游服务市场	32.1	25.7	25.1	26.0	25.5	25.6	25.4
其他国际服务市场	44.5	51.4	51.1	53.1	53.1	53.7	54.1

资料来源：同表 2-6.

上述比例变化表明，国际服务市场上的第 3 部分子市场（即其他国际服务市场）呈上升的趋势，这部分子市场包括金融、保险、信息、商贸等领域的服务营销，这些领域在 20 世纪 70 年代尚处于弱势状态，到 90 年代则变成强势，这反映发达国家的服务营销中资本密集、技术密集、知识密集的服务业所占比重的提高，同时也表明国际服务市场的结构正发生变化，整体经济发展水平在提高。

3. 国际服务市场中依然存在着区域间的差异，发达国家的领先地位与发展中国家的滞后状态形成反差

国际服务市场受世界整体经济的影响，是一个发展不平衡的市场。发达国家服务营销的发展遥遥领先，发展中国家服务营销实力弱小。服务贸易主要在欧美发达国家中进行，发展中国家只能在国际缝隙中求生存、求发展。

二、服务市场的运行机制

（一）服务市场运行的特点

服务市场或称服务产品市场，是服务产品交换关系的集合。它既是市场体系的一

个组成部分，又是商品市场形成、发展和完善的条件或经济环境。"任何时候，在消费品中，除了以商品形式存在的消费品以外，还包括一定量的以服务形式存在的消费品"。① 在传统经济条件下，服务市场伴随着商品市场而存在；在现代经济条件下，服务市场迅猛拓展，成为独立于实物商品市场之外的有机部分，并充当市场体系中具有生命活力的组成因素。

服务市场运行中的供求机制有别于商品市场。其突出特点是，服务产品的生产能力与购买能力之间的矛盾在通常情况下难以暴露，只有在矛盾相当尖锐激化的时候才反映出来。在一般情况下，人们不大注意也不太关心服务市场的供求关系，这表明服务市场的供求弹性大，服务市场运行的自由度高。例如，海港由于泊位少、装卸能力不足，在平时难以觉察，直到压船压港、问题积压严重时，才暴露了海港泊位少、装卸能力不足的矛盾。

服务市场运行机制中的这一突出特点是由以下原因形成的：

（1）服务设施、设备的设计能力与实际能力是不同的量，实际能力大于设计能力。例如，火车的实际能力可以通过增加车皮、车次的方法来提高，火车的实际能力的提高可以缓解火车载重服务供应不足的问题，从而化解运输活动中的供求矛盾。

（2）自我服务和社会服务处于相互转换之中，社会服务不足，可转向以自我服务为主；社会服务发展，自我服务可相对减少。例如，外卖服务加强，许多家庭会停止或减少自炊自食的家务活动；相反，各家各户可用自炊自食的自我服务抵消社会外卖服务的不足，从而使服务的供求矛盾得以解决。

（3）服务产品与一般实物商品可以相互替代，也起到了化解服务供求矛盾的作用。例如，对于修理、干洗、整烫等服务活动，消费者可通过购买新的商品而免除对旧商品的整理服务。

服务市场的运行对于推动实物商品市场具有积极作用，或者说，服务市场同时为实物商品市场提供各方面的服务，即：

（1）为消费者购买消费品提供基本保障服务。

（2）为商品的空间转移和时间停滞提供服务。

（3）为实物商品提供信息、广告、通信、咨询等多种服务。

（二）服务市场运行的规则

全球服务贸易自由化是服务市场运行的目标。为了推动这一目标的实现，世界贸易组织的前身关贸总协定于第八次谈判（即乌拉圭回合）缔结了《服务贸易总协定》（GATS）。该协定全面规定了服务市场运行的条件、内容和原则。

1.《服务贸易总协定》的主要内容

《服务贸易总协定》包括 3 个方面的内容：

（1）GATS 的基本原则和条款规定。

（2）GATS 的附件规定的部门协议。

---

① 《马克思恩格斯全集》，北京，人民出版社，1999，第 26 卷，第 149 页.

（3）各缔约方在服务贸易市场准入承诺的减让表。

以上内容由序言和6个部分29个条款以及7个附录构成。

序言：阐明发展服务贸易的重要性，发展服务贸易的目的及实现的途径以及对最不发达国家的特殊考虑。

正文分6个部分：

第一部分（含第1条）范围和定义；

第二部分（第2～15条）一般责任和纪律；

第三部分（第16～18条）承担特定义务；

第四部分（第19～21条）逐步自由化；

第五部分（第22～26条）制度；

第六部分（第27～29条）最后结尾。

附录分别为：

- 关于免除第2条的附录；
- 根据本协议，自然人提供服务活动的附录；
- 空中运输服务；
- 多种服务；
- 海运服务谈判；
- 电信服务；
- 基础电信谈判的附录。

2.《服务贸易总协定》的基本原则

（1）最惠国待遇原则。GATS第2条规定："有关本协议的任何措施，每一成员方给予任何成员方的服务或服务提供者的待遇，应立即无条件地以不低于前述待遇给予其他任何成员方相同的服务或服务提供者。"这一原则既是世贸组织多边贸易体制的基础，也是国际服务市场多边服务贸易的基础。这一原则的核心是体现公平竞争精神，保证各缔约方的服务和服务提供者在享受他国服务贸易市场开放的利益时，能够与其他成员的服务和服务提供者处于同等的竞争条件。

（2）透明原则。GATS第3条规定："除非紧急情况下，每一成员方应迅速将涉及或影响本协议实施的所有普遍适用的措施，最迟在它们生效以前予以公布，如果它是涉及或影响服务贸易的国际协定签订国，则该项协定也必须予以公布。"

（3）发展中国家更多参与原则。GATS第4条第1款规定："通过发展中国家国内服务业力量的加强及其效率和竞争力的提高，特别是在通过引进商业性技术方面，在促进销售渠道和信息网络的改善方面，对各部门市场准入的自由化及对发展中国家有利提供服务出口的方式方面"，促使发展中国家更多地参与国际服务贸易。

（4）市场准入原则。GATS第16条第1款规定："在有关通过本协议第1条所认定的服务提供方式的市场准入方面，每一成员方给予其他成员方的服务和服务提供者的待遇，应不低于根据其承担义务计划中所同意和规定的期限、限制和条件。"同时，还具体做出了若干规定措施。

（5）国民待遇原则。GATS 第 17 条第 1 款规定："每一成员应在其承担义务计划表所列的部门中，依照表内所述的各种条件和资格，给予其他成员方的服务和服务提供者的待遇，就影响服务提供的所有规定来说，不应低于给予其本国相同的服务和服务提供者。"

（6）逐步自由化原则。逐步自由化原则为：一是要求所有成员方应就旨在使服务贸易自由化逐步达到较高水平问题进行连续多轮谈判，以提高进入市场的有效性并减少不利影响；二是要给发展中国家更多的灵活性，自由化进程要取决于各成员方相应的国家政策目标，各成员方包括它的整体和个别服务部门的发展水平。

中国作为世界贸易组织（WTO）的成员国，其服务市场的运行不能不受到 GATS 的制约，中国服务市场不能不引以为机制，以便融入国际服务市场系统。

第三节 中国服务市场的开放

一、中国服务市场开放的背景

1. 国际服务业的发展和各国间服务贸易的激增要求中国服务市场的开放

如前所述，各国服务业的发展迅猛，服务业的产值占国内生产总值的比重提升很快。各国间的服务贸易额激增，发展服务业成为各国推动国民经济良性发展的主导行业。以美国为例，美国是最发达的国家，也是当今最大的服务贸易国，目前美国服务业的产值占 GDP 的 75%，提供的就业岗位占总数的 80%。在 1996 年美国经济创造的 260 万个就业岗位中，服务部门提供的就业岗位竟达 240 万个，占 90% 以上。

我国香港地区也是服务业高度发达的地区。1996 年香港服务业收益占 GDP 的 84%，服务贸易出口达 388.5 亿美元，进口 221.6 亿美元。过去十年香港服务贸易平均增长率为 16%，服务出口收益年平均增长率为 17%。这表明，服务贸易的主导性和国际化成为时代潮流，预示着世界经济发展沿着提升服务产业比重的历史方向发展，中国不能背离这一历史规律。

2. 中国经济对外开放的历史进程已将服务市场的开放提到新的议程

自 1978 年中国实行改革开放至今已 30 多年了，中国的对外开放经历了三个相互联系的阶段：

- 第一阶段。以第一产业和第二产业市场的开放为主，辅之以第三产业即服务业市场的开放。
- 第二阶段。以第三产业（服务业）市场的开放为主，辅之以第一产业和第二产业市场的开放。
- 第三阶段。以资本市场开放为主，辅之以第一、二、三产业市场的开放，这既是时间上先后继起的三个阶段，也是各具特色、各有偏重的三个阶段。近 30 年来，各国服务市场的开放程度见表 2-9。

表 2-9　各国服务市场开放程度比较

发达国家	总分数	发展中国家	总分数
美国	384	阿根廷	208
日本	408	巴西	156
欧盟	392	中国	196
加拿大	352	埃及	104
澳大利亚	360	印度	132
新西兰	276	印度尼西亚	140
瑞士	400	韩国	311
奥地利	412	马来西亚	256
瑞典	320	墨西哥	252
		泰国	260
		菲律宾	160
		巴基斯坦	108

资料来源：杨圣明. 服务贸易：中国与世界，北京：民主与建设出版社，1999.

从表 2-9 的资料可知，中国服务领域的开放程度同发达国家相比还显得偏低，但与发展中国家相比并不太低，处于中等程度，见表 2-9。所以，在服务贸易的开放上，尤其在金融和电信的开放上，应按照我们自己的时间表行动。只要我们与大多数发展中国家同步开放，就比较稳妥。

服务贸易开放度的测量是学者豪克曼（Hodkmon）提出的，他先把各国的开放程度区别为三类：完全自由化、不开放、其他。每一类的计分为：1，0，0.5。然后，他又把《服务贸易总协定》框架使用的服务部门分类目录（共 1552 页）中每一项分别以服务贸易 4 种提供方式做出减让①，总计应该有 620 项（155×4）减让。最后，对 620 项分别按三类不同的计分（1，0，0.5）进行累计加总，求出一国的得分总数，即服务的自由化程度（又称对外开放度）。总分数越大，开放程度越高；反之，开放程度越低。

中国服务业开放的过程就是不断改革服务业国内规制、降低和削减服务贸易和投资壁垒以促进服务要素自由流动的过程。中国服务业开放主要通过给予外国服务提供商国民待遇、减少服务提供商的市场准入限制、放松国内规制、增强服务贸易政策透明度等措施以增进服务业竞争和提升服务业效率，并根据本国服务业发展水平选择开放服务部门的次序和程度，最终通过服务市场开放和服务贸易自由化促进本国的服务业水平提升。

中国服务业在开放的时序选择上，基本分为三个阶段：

"整固开放"阶段（2001—2005 年）。主要是完善国内服务业管理体制，规范国内服务业市场发展，逐步推进开放进程。这个阶段的服务业开放以积累经验为主，不断矫正国内服务业市场规范发展的制度性缺陷，完善服务业立法、行政与司法体系，

---

① 服务贸易的四种提供方式是跨境提供、国外消费、商业存在、自然人存在.

造就一个公开、公正、有序竞争的市场自律机制和法律环境，推动国内服务业市场按照国际惯例规范地发展，最终目标是实现国内市场与国际市场的自然接轨，使中国服务业全面国际化。

"有限开放"阶段（2006—2008年）。主要是由适度保护向实行国民待遇过渡，扩大开放的领域和方位，放宽外资企业的持股比例和参与限制，进一步开放国内服务业市场。通过进一步培育和发展国内服务业市场，鼓励不同服务业提供主题参与国内竞争，从而实现国内服务业市场一体化。同时不断完善中国企业的海外投融资体制，提高我国服务业企业在海外的知名度，促进中国服务业企业的国际化经营。

"全面开放"阶段（2009年至今）。按照国民待遇和最惠国待遇原则，允许国内服务提供商与外国服务提供商平等竞争。这一阶段主要目标是实现国内和国际市场广泛连接，使得中国服务市场成为国际性市场，并进一步健全市场监管体系，以维护国内服务市场国际化的健康发展。同时随着国内服务市场统一和不断成熟，实现与国际服务市场更紧密的连接，最终实现中国服务业全面开放的最终目标。

3. 中国加入世界贸易组织后发展国际贸易必然要推动服务营销活动的开展

中国自始至终都是乌拉圭回合的服务贸易谈判的参加国。1994年乌拉圭回合谈判结束后签订了《服务贸易总协议》，1997年世界贸易组织（WTO）又通过3项重要的服务贸易方面的协议，即《基础电信协议》、《信息技术协议》和《金融服务贸易协议》，这些协议都将推动国际服务贸易与商品贸易并重发展，甚至达到以服务贸易为主、商品贸易为辅的格局。中国要融入国际大市场不能不推进服务市场的对外开放。

由于科技、经济及服务业发展的不平衡，世界各国的服务贸易水平及在国际服务市场上的竞争实力相差悬殊，服务贸易发展的地区不平衡性突出，预计这种不平衡性将在较长时间内存在。从地区结构看，世界服务贸易主要集中在欧洲、北美和亚洲三大地区（表2-10）。

表2-10 2012年世界服务贸易进出口额前十位排名

位次	出口国/地区	出口额（10亿美元）	占比（%）	位次	进口国/地区	进口额（10亿美元）	占比（%）
1	美国	614	14.1	1	美国	406	9.9
2	英国	278	6.0	2	德国	285	6.9
3	德国	255	5.9	3	中国	281	6.8
4	法国	208	4.8	4	英国	176	4.3
5	中国	190	4.4	5	日本	174	4.2
6	印度	148	3.4	6	法国	171	4.2
7	日本	140	3.2	7	印度	125	3.0
8	西班牙	140	3.2	8	新加坡	117	2.8
9	新加坡	133	3.1	9	荷兰	115	2.8
10	荷兰	126	2.9	10	爱尔兰	110	2.7

资料来源：同表2-6.

二、中国服务市场开放的战略选择

（一）中国服务市场开放的战略步骤

中国服务市场开放的战略设想是：根据 GATS 确定的"发展中国家可以根据其经济发展水平，适度开放服务市场，逐步实现服务贸易自由化"的原则，实行坚持开放的指导思想和对外开放适当控制的方针，并在开放事务活动中遵循积极开放的原则、对等的原则、对不同行业和不同地区采取分步骤的原则和适当保护的原则等。中国服务市场开放的步骤是：

（1）从区域规划上，先沿海地区，尤其是北京、上海、广州等重要城市，然后逐渐扩展到其他地区。

（2）从行业规划上，先开放销售、旅游等传统服务业，然后开放金融、电话等服务业。

（二）中国（上海）自由贸易区试验区的设立

2013 年 8 月 30 日第十二届全国人民代表大会常务委员会第四次会议通过了《全国人民代表大会常务委员会关于授权国务院在中国（上海）自由贸易试验区暂时调整有关法律规定的行政审批的决定》，决定在自由贸易试验区内暂停三类外资企业的部分审批，改为备案制度。中国（上海）自由贸易试验区建设是国家战略，是先行先试、深化改革、扩大开放的重大举措，意义深远。这项重大改革是以制度创新为着力点，重在提升软实力，各项工作影响大、难度高。

自由贸易试验区或将成为中国主动开放市场，尤其是开放服务市场和资本市场的先行者。此前，国务院总理李克强在上海考察期间为自由贸易试验区划定了范围。李克强表示鼓励支持上海积极大胆探索，在自由贸易试验区内进一步扩大开放，推动完善开放型经济体制机制。

《中国（上海）自由贸易试验区总体方案》包括：

（1）在上海自贸区先行先试人民币资本项目下开放，并逐步实现可自由兑换等金融创新；

（2）未来企业法人可在上海自贸区内完成人民币自由兑换，个人则暂不施行；

（3）上海自贸区也很可能采取分步骤推进人民币可自由兑换的方式，比如先行推动境内资本的境外投资和境外融资；

（4）上海自贸区在中国加入环太平洋伙伴关系协定（TPP）谈判中也将起到至关重要的作用，并有望成为中国加入 TPP 的首个对外开放窗口。

（三）中国服务市场的开放行业

目前，我国服务市场虽有不同程度的开放，但较之发达国家而言，我国服务市场开放的程度仍很低。20 世纪 80 年代中期以来，我国先后对餐饮、饭店、房地产业、交通运输、能源、金融保险、分销、民用航空、专业和商业服务等陆续予以开放，各主要部门开放的具体情况如下：

1. 金融服务业

截至 2011 年年底，我国已有 40 家外资银行法人机构、387 家营业性机构和 209

家外资银行代表处。外资银行在我国27个省（自治区、直辖市）50个城市设立机构网点，较2003年年初增加30个城市。此外，还有6家外资法人银行获准在外向型企业密集的市县开设支行。14个国家和地区的银行在华设立37家外商独资银行（下设223家分行）、2家合资银行（下设6家分行，1家附属机构）、1家外商独资财务公司。截至2010年年底，44家外国银行分行、35家外资法人银行获准经营人民币业务，56家外资银行获准从事金融衍生产品交易业务。银监会最新公布的数据显示，截至2011年9月末，外国银行在华已设立39家外资法人银行（下设247家分行）、1家外资财务公司、93家外国银行分行和207家代表处。与加入WTO前相比，外资银行分行数增加175家，支行数则从6家增加到380家。

《外资保险公司管理条例》于2002年2月1日起实施，该条例明确了外商向保险业投资的资格条件、设立程序、业务范围、法律责任；保险业的进一步开放，将严格按照中国在入世服务贸易减让表中的承诺在入世2～3年内逐步实施。从2004年12月1日起，中国银监会允许外资金融机构将经营人民币业务的地域扩大到昆明、北京、厦门、西安、沈阳，使开放人民币业务的城市从13个增加到18个。《国务院关于修改〈中华人民共和国外资保险公司管理条例〉的决定》，自2013年8月1日起施行。《条例》规定，申请设立外资保险公司的外国保险公司，应当具备经营保险业务30年以上、在中国境内已经设立代表机构2年以上、提出设立申请前1年年末总资产不少于50亿美元、符合所在国家或者地区偿付能力标准等条件。

上海自贸区的设立也为金融业的进一步改革开放提供了更好的政策支持。自贸区金融领域的试点内容涉及金融方面包括利率市场化、汇率自由汇兑、金融业的对外开放、产品创新等，也涉及一些离岸业务。

2. 电信业

2001年12月，经国务院批准，信息产业部和外经贸部联合颁布了《外商投资电信企业管理规定》，明确了外商投资设立电信企业的条件、程序，并在2002年4月修订的《外商投资产业指导目录》中取消了外商投资于电信运营业的禁令；2002年3月22日，美国AT&T公司和上海市电信公司、上海信息投资股份有限公司合资成立的我国第一家电信运营企业——上海信天通信有限公司在上海正式开业。中国国务院总理温家宝在2008年9月10日签署第534号国务院令，公布了《国务院关于修改〈外商投资电信企业管理规定〉的决定》。2010年，有19家外商投资电信企业（FITE）获得许可在增值电信部门（VATS）从事业务，与之相比，有超过20 000家的中国增值电信从业许可者。这些企业在增值电信服务部分可以享受有限的优惠待遇。

3. 旅游业

1998年以前，中国只允许在国家级旅游度假区内设立中外合资的旅行社。1998年年底，对外贸易经济合作部与国家旅游局联合颁布了《中外合资旅行社试点暂行办法》，进一步扩大了旅行社的对外开放，改变了过去外商只能在12个国家级旅游度假区设立合资旅行社的状况。2002年1月，国务院公布了《旅行社管理条例》，进一步降低了合资旅行社的注册资本金标准（外商投资旅行社的注册资本最低限额为人民币 400 万元），取消了一家外国投资者只能设立一家旅行社的要求。中外双方只要符合《旅行社管理条例》中规定的条件，即可申请设立合资旅行社，经营入境旅游业务和国内旅游业务。与此同时对外贸易经济合作部又进一步研究制定了相关政策，在部分地区试点，允许外资设立独资旅行社。新的《旅行社管理条例》（也称《旅行社条例》）自 2009 年 5 月 1 日起施行，进一步加强了对旅行社的管理，保障了旅游者和旅行社的合法权益，维护了旅游市场秩序，促进了旅游业的健康发展。

4．商业零售业

2004 年年底我国零售业已全面开放。我国商业领域利用外资从 1992 年开始，截至 2003 年 9 月，全国累计实际利用外资约 30 亿美元，批准设立外资商业企业 264 家，分店 2 200 多个，其中绝大部分为新型流通业态。外资的进入，对于迅速提高我国流通现代化起到了重要作用。同时国内的流通企业也学到了世界上最先进的管理经验、营销技术和业态，促进了国内流通企业的发展。截至 2005 年，经国家批准的合营商业零售企业共计 49 家，商业批发企业 1 家。上述 49 家企业共设立分店 482 家，项目总投资 29.38 亿美元，累计注册资本总额 6.03 亿美元，其中外方累计注册资本总额 5.14 亿美元。欧美著名的跨国连锁企业，如沃尔玛、麦德龙、欧尚、百安居等均已在华投资设店，开展连锁经营，其中美国沃尔玛已在华设立了 13 家分店，德国麦德龙设立了 15 家分店，法国欧尚设立了 4 家分店，英国百安居设立了 12 家分店。2010 年，沃尔玛等主要 5 家外资大型超市新增店铺 140 家，新开店数比上年增加了 22%。2011 年，外资在大型超市的市场份额已经逼近 47%。

我国将坚持"抓大放小"原则，大力引进新型业态，提高整体水平和竞争力。积极发展连锁经营、代理配送、电子商务等新的流通组织形式和服务方式。规范发展商品期货、旧货调剂、租赁等行业。运输业要加快发展公路运输、铁路快速客运、航空运输、集装箱多式联运，改进运输方式，多方位、多层次地开拓运输业务。加快综合运输体系建设，进一步提高交通设施和运输设备的技术水平。

除上述服务领域以外，运输及国际货运代理、会计服务、法律服务、资产评估、出版、印刷、建筑、房地产及物业管理、音像制品、餐饮及娱乐、维修、咨询、广告、医疗、教育、租赁、商检、工程设计等领域均已不同程度地向外商开放，而且凡是对外资准入有限制的领域均已制定相应法规，中国已建立起服务业外资准入的法规体系。由此可见，我国服务业的对外开放已由过去的个别领域、少数部门发展到了多领域、多部门，基本形成了整体开放的新格局。

三、中国服务市场开放的影响因素

中国服务市场开放的战略选择受多种因素的影响，其中主要因素有以下几点。

1．经济发展阶段及经济结构状态的影响

人类社会经历了三次大分工，形成了农业、工业和服务业三大部门，各国经济发展阶段相应出现农业经济社会、工业经济社会和服务业经济社会，中国尚处于从农业经济社会向工业经济社会发展的阶段，服务业的发展尚未构成主导，三次产业的结构比尚处于 12.4：47.3：40.3 （2005 年），未进入产业结构的优化、高级化状态。国民经济总体发展水平与服务市场的开放程度必然会存在一定的对应关系。当我国经济发展水平尚处于不高的情况下，服务市场的开放也会受到一定的制约。

2. 服务业所属行业的发展规模和竞争力的影响

服务市场的开放靠的是服务业的竞争力和市场吸引力。现代服务市场最具吸引力的是金融市场、电信市场、旅游市场、运输市场等。中国这些行业的行业质量（即行业在国民经济中的地位及对国民经济影响的重要程度）决定了我国在进行服务市场开放时，要考虑国家经济安全而不能随心所欲地、简单地进行。行业的规模（即行业在国民经济中所占比重）也是影响因素，因为必须从国家财政收入和安排就业人数方面进行考虑。行业的竞争力弱小，开放度就不宜过大；当行业竞争力得到提高后，开放度才能相应地扩大。

3. 比较成本和资源禀赋因素的影响

国际贸易中的比较成本和资源禀赋学说适用于指导中国服务市场的开放。中国服务市场的开放必须考虑市场开放后是否有利于形成和发挥技术优势、资金优势和资源优势，是否有利于降低成本而获取比较成本利益。任何国家都不可能在服务业的各个行业都具有比较成本和资源优势，这就决定了中国服务市场的开放要有所选择。

4. 服务营销行为方式的影响

服务营销的行为方式包括对开放活动的谈判策略、企业在服务业的进口或出口上的不同立场、服务营销的策略措施等。企业服务营销的行为方式决定了中国服务市场开放的实现程度。

小资料 1

2010 年后十大热门职业排行榜

1. 同声传译

年进账三四十万元没问题的同声传译员被称为"21 世纪第一大紧缺人才"。随着中国对外经济交流的增多和奥运会带来的"会务商机"的涌现，需要越来越多的同声传译员。"同传的薪金可不是按照年薪和月薪来算的，是按照小时和分钟来算的，现在的价码是每小时 4 000 元到 8 000 元。"相关人士告诉记者。"4 年之后入驻中国和北京的外国大公司越来越多，这一行肯定更吃香，一年挣个三四十万元应该很轻松的。"中华英才网的相关人士表示。

2. 3G 工程师

3G 工程师基本年薪为 15 万元至 20 万元。计世资讯发布的相关研究报告称，估计国内 3G 人才缺口将达到 50 万人以上。由于目前 3G 人才比较少，尤其是复合型人才奇缺，预计 4 年之后 3G 工程师的基本年薪会在 15 万元至 20 万元。"从目前的一些趋势来看，在无线增值服务行业里的一些精通 2.5G 技术的人才年薪都在 10 万元左右，3G 到来之后这些人才的收入应该会更高。"空中网的相关人士表示。

3．网络媒体人才

年收入在 10 万元至 12 万元。目前，类似于在新浪和搜狐的网络编辑的月薪都在 5 000 元左右，中等职位的收入在 8 000 元至 10 000 元。"相信 4 年之后整个网络媒体的广告收入越来越多的时候，从业人员会有一个更好的回报。"新浪网的一位编辑对自己所从事的行业颇有信心。据预测，年收入应在 10 万元至 12 万元。

4．物流师

现在 1 年就能挣 10 万元的物流人才的需求量为 600 余万人。相关统计显示，目前物流从业人员当中拥有大学学历以上的仅占 21%。许多物流部门的管理人员是半路出家，很少受过专业的培训。相关人士透露，壳牌在国内招聘的应届大学生目前的薪金是每月 6 000 元到 8 000 元，在一年之后还会有相当大的提升空间。

5．系统集成工程师

一名刚刚毕业，毫无经验的大学生应聘系统集成工程师之后的薪金是年薪 8 万元，这是记者从智联招聘网获得的消息。用户对系统集成服务的要求不断提高，从最初的网络建设到基于行业的应用，再到对业务流程和资源策略的咨询服务。未来系统集成工程师应该是一路走高的职业。据招聘网站人士预测，系统集成工程师在未来的年薪估计会在 10 万元至 20 万元。

6．环境工程师

相关资料显示，目前我国环保产业的从业人员仅有 13 万余人，其中技术人员 8 万余人。按照国际通行的惯例计算，我国在环境工程师方面的缺口在 42 万人左右。记者从相关途径获悉，随着国内房地产行业的发展，国内园林设计师、景观设计师的月薪都在七八千元。据预测，年收入应在 8 万元至 10 万元。

7．精算师

我国被世界保险界认可的精算师不足 10 人，"准精算师" 40 多人，在当今的国内人才市场上，精算师可谓凤毛麟角。随着国际保险巨头在中国开拓市场以及国内企业的需要，精算师是几年后保险业最炙手可热的人才，目前在国外的平均年薪达 10 万美元，国内目前月薪也在 1 万元以上。4 年以后，随着人们对于保险认识的加强，保险行业的兴起必然会需要更多精算师。

8．报关员

报关员年挣 10 万元很轻松。"入世"以来，我国的对外贸易的迅速增长使得对报关员的需求增加。中华英才网、智联招聘网显示的资料表明，报关员目前的收入每月在 5 000 元至 8 000 元，目前在贸易发达的珠三角地区报关员月薪都在七八千元。未来几年内，就业市场对报关员的需求将有数十倍的增长。报关员的工资涨幅一般在每年 10% ~ 20%，到那时一年挣个十几万元几乎不是问题。

9．中西医师/医药销售

"医学院校毕业的学生有三条路可以走，一是进入医院，急救医生、产科医生、妇科医生、眼科医生、儿科医生及牙医和理疗医师都将十分吃香；二是进入医药生产流通企业；三是继续深造。"中华英才网校园部总监孙卓表示，这个行业的特点是越老越值钱，目前的医药行业月薪水平在 3 000 元到 5 000 元，相信 4 年之后会有一个更好的薪金水平。据预测，年收入至少应有 6 万元。

10．注册会计师

根据中国经济高速发展的需要，至少急需 35 万名注册会计师，而目前实际具备从业资格的只有 8 万人左右，其中被国际认可的不足 15%。每年包括德勤、毕博在内的四大会计师事务所都会在高校招收毕业生，专业涵盖统计、法律、数学等。而进入四大会计师事务所的应届毕业生月薪大都在五六千元，再加上每年丰厚的奖金，收入会超过 10 万元。

讨论题：

1．2010 年后的十大热门职业中大部分是服务业，对此你有何感想？

2．2010 年后服务业的发展趋势是什么？除了这些热门职业还可能有哪些服务职业会成为热门职业？

小资料 2

咨询服务业

咨询产业在纵向可以划分为三个层次，即信息咨询业、管理咨询业和战略咨询业。在每一个层次上又可以从横向分为不同的业务领域，下面重点介绍信息咨询业和管理咨询业。

1．信息咨询业是咨询产业的基础

在信息咨询层次上的咨询公司主要从事市场信息调查、收集、整理和分析业务，为企业决策提供准确、完善的辅助信息。著名的咨询公司如"盖洛普（中国）咨询"、"零点调查"、"华南国际市场研究"、"慧聪信息"、"浩辰商务"等。

信息咨询业的特点是企业对信息咨询业服务的需要一般以年为周期，如每年年底请专业咨询公司组织市场调查和分析，了解企业产品在市场上所占的份额、客户对产品的满意度等。

2．管理咨询业是咨询产业的核心

在管理咨询层次上的咨询公司主要按照企业管理的各个层面划分为专业业务领域，这些领域一般包括：投融资咨询、财务会计咨询、税收咨询、市场营销咨询、人力资源咨询、生产管理咨询、工程技术咨询、业务流程重组与管理信息化咨询等。

人力资源咨询主要围绕企业的人力资源管理，如岗位人才结构设计、工资结构设计与工资水平设置、人员工作绩效评价、人力资源培训等开展咨询。在人力资源培训领域，人们最熟悉的就是"猎头"公司。目前，我国市场上已出现不少人力资源咨询公司。

财务会计咨询主要是为企业提供会计、审计、纯粹评估和税务等方面的咨询服务。它主要以会计师事务所为主，如国际著名五大会计师事务所：安达信（已并入普华永道）、普华永道、毕马威、德勤、安永。

管理信息化咨询是对企业管理进行一次全方位的系统改造，主要涉及企业管理模式设计、业务流程重组、管理信息化解决方案设计与管理软件系统的实施应用，最后还要帮助企业利用电子信息建立绩效分析与监控体系。该领域国际上最著名的咨询公司就是安盛（Anderson Consulting）以及其他国际五大会计公司的管理咨询部。目前国内从事管理信息化咨询业务的公司还不多，其中最具有影响力的咨询公司就是汉普咨询，其在全国主要城市都设立了咨询公司。

讨论题：
1. 咨询服务业的服务核心是什么？
2. 咨询服务业的服务工作可以在互联网上进行吗？如何运用互联网？

小　结

随着社会经济的不断发展，服务与服务业在各国经济、生活中的重要性与日俱增。服务作为整体产品概念中的一个部分，与产品的特征相比具有其自身的特点：不可感知性、不可分离性、品质差异性、不可贮存性、所有权不可转让性。服务业作为第三产业，中国国家统计局在 2012 年做了最新的分类，服务业呈现出千姿百态的繁荣兴旺局面。服务业的发展同时推动了服务市场的拓展和国际间服务市场的相互渗透。服务市场的运行机制、运行规则都具有自身的特点。中国服务市场的开放与发展必然形成与国际服务市场相互渗透、互相交织的趋势。发展服务业与开放服务市场是相辅相成的，开放开发国内的服务市场与拓展国际服务市场亦具有一致性。中国（上海）自由贸易试验区的设立和建设是中国国家战略，自由贸易试验区或将成为中国主动开放市场，尤其是开放服务市场和资本市场的先行者。

习　题

1. 解释下列概念
　　服务　服务业　服务市场　服务市场运行机制　服务机遇　服务贸易开放度
2. 如何认识服务的本质？
3. 服务具有哪些特征？试加以具体说明。
4. 服务如何分类？
5. 服务业有哪些分类方法？2012 年中国国家统计局发布的三次产业的范围是

什么?

6. 服务市场包括哪些领域?

7. 服务市场的发展趋势怎样?

8. 服务市场运行机制的突出特点是什么? 为什么?

9. 服务市场运行的目标及规划各是什么?

10. 中国为什么要开放服务市场? 中国服务业在开放时序上的三个阶段是什么?

11. 中国 (上海) 自由贸易试验区的范围是什么?

12. 中国 (上海) 自由贸易试验区的设立在中国开放服务市场中的地位怎么样?

第三章

服务消费行为

服务消费行为及消费者的心理活动是企业有效地制定服务营销战略和开展推广活动的重要依据。服务消费行为不同于有形产品的消费行为。服务购买过程及其决策过程受消费者购买服务时心理状态的影响，也有别于一般有形产品的购买过程及决策过程。研究服务消费行为及心理活动是服务企业及一般企业营销活动中不可忽视的重要环节。

本章知识结构图

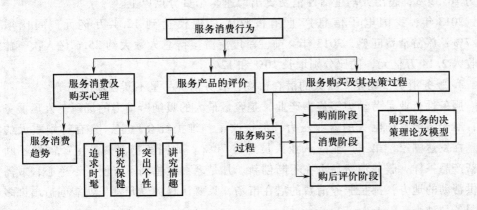

第一节 服务消费及购买心理

一、服务消费趋势

21世纪，随着社会经济的发展和人民生活水平的提高，服务消费呈下述发展趋势。

1. 服务消费在消费结构中所占的比例呈上升趋势

与我国城乡居民的恩格尔系数下降的趋势相一致，人们用于基本物质消费的比重呈下降的趋势，而用于服务消费的比重呈上升的趋势。

据中国国家统计局2014年发布的最新数据显示，2013年，中国城镇居民人均可支配收入为26 955元，比上年名义增长9.7%。全年城镇居民人均可支配收入中位数24 200元，比上年名义增长10.1%。2013年农村居民恩格尔系数为37.7%，比上年下降1.6个百分点；城镇居民恩格尔系数为35.0%，比上年下降1.2个百分点。

现在，我国大部分地区尤其是城市已基本实现小康。与温饱型消费不同，小康型消费的消费结构、高生活质量的需求日益旺盛，老百姓逐步成为服务消费的主体。就普通家庭而言，日常的服务消费就相当可观：一部电话，月支出几十元；请个保姆或钟点工几百元；请家教，又是一笔开销；把液化气罐扛上楼，多数是请人代劳。还有如休闲、娱乐、旅游、保健等开销，都属于服务消费。随着人们生活水平的不断提高，老百姓的服务消费开销会越来越大，需求越来越多样化。

2. 服务消费的领域呈多元化扩大的趋势

服务消费已经不仅仅局限于购买产品的过程或之后所享受的种种待遇，也不只停留在传统的服务业所提供的消费，而是扩大到社会各种领域，包括社会文化娱乐、人际交往、社会组织系统、高新科技领域等。1985—2012年，城镇居民人均消费性支出年均增长12.62%，其中医疗保健、交通通信、文教娱乐这三大类支出的年均增速为16.69%，超过人均消费性支出增速4个百分点以上；这三大类消费支出占人均消费性支出的比重从1985年的12.79%上升到2012年的33.3%。在农村居民方面，

1985—2012 年，农村居民人均生活性消费支出年均增长 11.44%，这三项支出年均增速为 16.59%，超出人均生活性消费支出增速 5 个百分点以上。

2013 年，我国电子信息产业销售收入总规模达到 12.4 万亿元，同比增长 12.7%；旅游消费旺盛，2013 年，前三季度旅游接待总人数大约 25.6 亿人次，旅游总收入 2.14 万亿元，同比分别增长 10% 和 12%。

3. 服务消费市场是个巨大的潜在市场，服务消费品呈不断创新的趋势

服务性行业是劳动力密集型产业，是容量最大的吸纳劳动力的场所。发展服务消费，对于缓解目前巨大的就业压力，促进改革、维护社会稳定，具有特别重大的意义。在发达国家，第三产业的从业人员超过 70%。如同实物消费品生产需要不断开发新产品一样，服务消费品也在不断创新。凡是老百姓感到不方便、不称心，或需要提供帮助的地方，都是服务消费的潜在市场，只要认真加以开发，就能创造出许多新的服务品种来。

未来 5~8 年，是服务业加快发展的重要阶段，这将有效缓解服务业供给缺口，释放居民被抑制的消费需求。例如，目前，我国健康产业仅占国内生产总值的 5% 左右，而美国 2009 年就达到了 17.6%。如果我国健康产业占比达到 10%，按 2012 年经济总量估算，也将有 2.6 万亿元的增量空间。再例如，当前，我国潜在的文化消费能力是 4 万多亿元，2013 年仅为 1.6 万亿元左右，大约有 3 万亿元的空间没有释放出来。未来 20 年，我国人口老龄化日益加重，到 2030 年全国老年人口规模将翻一番。随着老龄人口的增多，老年服务业的需求也必将提高。

2014 年消费热点带动作用也在逐步增强。网络购物快速发展，智能手机、平板电脑、智能家电等新型产品持续热销，大众化消费的加快发展，休闲旅游、文化娱乐等服务消费的持续活跃，都将为消费增长提供新的支撑。

4. 服务消费正在向追求名牌的境界发展

随着消费者自我保护意识的增强，服务消费进入了追求名牌服务产品消费的阶段。现在，服务消费市场秩序较乱，缺乏规范，欺诈性行为时有发生，严重损害了消费者利益，以致让消费者望而生畏。这种现象在娱乐业尤为突出。这个问题不解决，服务消费就不可能有大的发展。物质产品要创名牌，服务产品也要提倡创名牌。许多企业正借鉴国外服务企业的先进管理经验和经营方式，努力提高从业人员的素质，逐步形成一批服务规范、信誉好、消费者信得过的名牌服务企业，以推动整个服务消费市场向更高境界发展。

二、服务消费者的购买心理

消费者日益提高的生活质量和消费水平导致消费者对商品及服务的需求、购买心理多样化，呈现出下述基本特征。

1. 追求时髦，喜欢新奇

在一般情况下，人的心态是"喜新厌旧"的，企业的商品要经常翻新，就算是一成不变，也必须更换包装，加上一个新字，否则便没人买。现代人对"旧"和"老"都很忌讳。他们不仅对服务内在质量要求高，而且喜欢服务的新奇。随着云计

算、互联网、物联网的超速发展，催化了家庭智能需求的大爆发，例如：会扫地的机器人、会洗碗的机器人、红外线防盗系统、智能穿戴产品等都是广大消费者所追求的。

2. 讲究保健，崇尚自然

现代社会，不仅老年人重视健康投资，就是中青年也相当重视健康投资。市场上的健康食品、保健饮料、健身器具、旅游物品等成为消费商品中的新宠儿。同时，由于人们生活在机械化时代，四周很多人造的东西，许多食物都是加工的。对此，他们一般有逆反心理，要返璞归真，要回归自然。因而，近年天然食品商店生意兴隆，这些天然食品需要通过企业周到的服务让消费者接受。

3. 突出个性，倾向高档

现在，中青年一代消费者喜欢在生活上表现出自己的个性。对于市场上的消费品来说，每年差不多都有新的流行款式，尽管大众化的流行款式不会消失，但现在越来越多的人喜欢按照自己的观念进行消费，以表现出与众不同。由于他们收入相对较高、教育水准也较高，因此对高档商品有较大的购买欲望，从而使一些名牌服饰、手表、珠宝、高档食品等都占有很高的市场份额。

4. 注重方便，讲究情趣

根据现代生活节奏快速化的趋势，生产厂商在开发商品时也越来越注重如何使消费者节约时间，如快餐业的兴起。同时，消费品轻、薄、短、小也是消费品的一般潮流。例如，节油车、超薄型照相机、小包装方便食品都受到人们的青睐。现代社会人们由于工作过于繁忙，日常生活像机器运转一般，刻板而缺乏乐趣。因此，大多数人热衷于追求生活情趣，以使自己成为有情趣的现代人。

产品及服务市场上消费者表现的上述种种心理状态是多样的、变化的，服务营销的决策者、管理者及营销人员要善于具体问题具体分析，并采取针对性的措施。

第二节 服务产品的评价

一、服务评价的依据

消费者购买服务产品一般是理智行为，即购买前要对有关信息进行收集、评价、比较和选择。这个全过程与购买有形产品没有什么区别，但两者在依据条件和具体评价程序及把握上存在着明显的差异。总的说来，对服务产品的评估较之对有形产品的评估复杂而困难，这是由服务产品的不可感知性决定的。区分消费者对服务过程和有形产品评价过程的不同，主要依据以下 3 个特征：

- 可寻找特征；
- 经验特征；
- 可信任特征。

可寻找特征是指消费者在购买前就能够确认的产品特征，比如价格、颜色、款式、硬度和气味等。像服装、家具和珠宝等产品有形有质，具有较强的可寻找特征；

像度假、理发、餐饮则不具备可寻找特征而只具备经验特征。

经验特征是指那些在购买前不能了解或评估，而在购买后通过享用该产品才可以体会到的特征，如产品的味道、耐用程度和满意程度等。饮食只有品尝后才知其味，理过发后才知理发师的技术和服务水平，听过课后才了解教师的水平和能力。

可信任特征是指消费者购买并享用之后很难评价，只能相信服务人员的介绍，并认为这种服务确实具有为自己带来期望获得的技术性、专业性好处的服务特征。比如，诉讼寻找律师，投诉者无法判断律师的服务水平，只能听信律师的分析，其他技术性、专业性服务如家电维修、汽车修理、保健等都具有这类特征。

消费者对从有形产品到无形服务的评价过程有一个从易到难的变化序列，这个变化序列表现为图3-1。

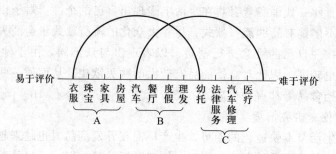

图3-1 消费者评价产品、服务序列

从图3-1可见，从有形产品到无形服务，是一个从易于评价到难于评价的序列。易于评价的有形产品位于图中A段，有较多的可寻找性特征，消费者易于对这类产品进行评价；图中B段即部分有形产品和无形服务，其感知性逐步降低，不具备可寻找特征，消费者购买时只能按照经验特征估计产品的质量；图中C段则是不可感知性的服务产品，消费者评价此类产品时需要依赖其可信任特征的考察，才能辨别产品的优势。

二、产品与服务评价过程的差异

消费者购买产品和服务的评价过程的差异性主要表现为以下几个方面。

1. 信息搜寻

消费者购买有形产品通常从两类渠道获取信息：一是人际渠道；二是非人际渠道，即产品本身、广告、新闻媒介等。消费者购买服务产品则更依赖于人际来源，原因有3点：

● 大众媒体多适合于传递有关有形产品可寻找特征方面的信息，服务产品多为经验特征和可信任特征，只适合于消费者向社会相关群体获取；

● 服务提供者往往是独立机构，它们不会专为生产者产品做经验特征的广告，而生产商与中间商所采用的联合广告往往侧重于产品本身的性能、质量，而不会专门为服务做广告；

● 消费者在购买服务之前很难了解到服务的特征，为了避免购买的风险，他们乐意接受相关群体口头传播的信息，以为这样的信息可靠性强。

服务信息的收集并不完全排斥非人际来源，如音像、电视、电影、戏剧等文化服务，广告及其他新闻媒体的宣传往往是消费者采取购买行动的重要原因。

2. 质量标准

在购买有形产品时，消费者可以凭借产品的款式、颜色、商标、包装和价格等多种标准来判断产品的质量，而购买服务时，消费者只局限于价格和各种服务设施等方面。在管道维修、楼房管理、草坪剪修等服务行业，消费者在购买服务之前只能获得价格方面的信息，只能通过价格的高低来判断服务的质量；而对于理发、法律咨询和健身等服务，消费者则要根据有形的服务设计（包括办公室、场所、人员及其设备等）来判断产品质量。

毋庸讳言，服务质量判断标准的单一性或连带性容易造成假象，对消费者形成误导。在许多情况下，服务质量不一定与价格成正比关系，服务场所的设计和设备也不一定形成良好的服务质量。

3. 选择余地

消费者购买服务的选择余地较之购买一般消费品小，这是由于以下原因造成的：

- 服务品牌单一，它不像零售店陈列的消费品那样琳琅满目；
- 在同一个区域中，限于需求的有限性，不可能同时有很多的提供同种服务的不同企业可以选择，如银行、干洗店、画廊等都很有限；
- 消费者在购买服务前所获得的相关信息也是有限的，这也限制了选择余地。

4. 创新扩散

创新扩散的速度取决于消费者对创新特征的认识，创新特征包括相对优势、兼容性、可沟通性、可分离性和复杂性。一般而言，一个创新产品比现有产品具有较高的比较优势和兼容性，并且容易演示和介绍，其扩散速度就会快；反之，一个产品的结构和性能若较为复杂和难以操作，则它的扩散速度就会慢一些。由于服务具有不可感知的特征，很难被演示、讲解和相互比较，而且每一个消费者对同一服务的看法和感受又各不相同，所以服务比较复杂，也难以沟通。再者，新的服务可能同消费者现有价值观和消费行为不可兼容，因为许多消费者可能已习惯于自我服务。例如，一家幼儿园开展对孩子们提供早餐服务。然而，许多家庭不会采用这项服务，因为这些家庭习惯于为自己的孩子烹制早餐，而要改变这些家庭的习惯是十分困难的。

5. 风险认知

消费者购买商品和服务都要承担一定的风险，相比之下，消费者购买服务所承担的风险更大。消费者对风险的认知更难，这是因为：

- 服务的不可感知性和经验性特征，决定消费者在购买商品之前所获得的有关信息较少，信息越少伴随的风险会越大；
- 服务质量没有统一性标准可以衡量，消费者在购买产品过程中的不确定性增强，因而风险更大；
- 通常情况下，服务过程没有担保和保证可言，即使顾客在消费过程中或消费后感到不满意，也会因为消费过服务而无法重新更改或退换；

- 许多服务都具有很强或较强的技术性或专业性，有时即使在享用过服务之后，消费者也缺乏足够的知识或经验来对其进行评价。

6. 品牌忠诚度

消费者购买服务较之购买商品对品牌忠诚度更高。这取决于以下因素：

- 转移品牌的成本；
- 替代品的适用性；
- 购买风险；
- 以往的经验。

消费者购买服务受获取服务信息困难的影响，难于全面了解到有关替代品的情况，对替代服务能否比现有服务更能增强满意度亦无把握，因而不如仍选择原有的服务。同时，消费者转移对服务产品品牌的选择也会增加更多的费用支出。例如，病人到第一家医院看病可能首先要对身体进行系列检查，如果中途想换另一家医院，那家医院可能又要重新做一次身体检查，这样就使消费者增加了不必要的开支。而且，消费者知道，购买服务将要承担更多的风险，他们当然不会轻易转换品牌，而只能忠实于原有服务品牌。在消费服务过程中，消费者往往心存由于老顾客的身份而获取更多优惠的侥幸。服务提供者要充分利用消费者的这种心理来稳定老顾客，与顾客建立良好的合作关系。

7. 对不满意的归咎

消费者对购买的商品不满意，不是归咎于中间商，就是归咎于生产厂商，一般不会归咎于自己。但是，若购买服务则不然，由于顾客在很大程度上参与服务的生产过程，消费者会觉得自己对服务后果的不满意负有一定的责任，或是自悔选择对象不当，或是自责没给服务提供者讲清要求，或是为没能与对方配合好而自咎。服务质量既是服务提供者的事，又取决于消费者的认同与看法，这为企业引导和调动消费者配合完成服务过程提出了更高的要求。

第三节　服务购买及其决策过程

一、服务购买过程

服务企业要想有效地推广其服务，除了要了解消费者购买、评价行为的特征之外，还必须从具体的购买过程来把握其消费行为特点。大体上，消费者购买服务的过程可以分为 3 个阶段，即购前阶段、消费阶段和购后评价阶段。

1. 购前阶段

购前阶段是指消费者购买服务之前的一系列活动。当消费者意识到有某种服务需求时，这一阶段就开始了，随着这种需求不断增强，促使消费者着手准备购买。这时，消费者开始从各种渠道搜集有关信息，他们首先会回忆以往所了解或者体验到的有关知识，试图从中找到解决办法，同时向亲戚、朋友和邻居征求意见和建议，或者翻阅报章杂志、向专家咨询等，最后将确定出最佳的选择方案。

以一个顾客选择餐馆吃午饭为例。他面临的第一个问题是"在什么场合下吃饭"。无疑，不同的餐馆适合不同的顾客。他单独一人吃与同朋友一起吃可能有不同的要求。如果一个人吃饭，像麦当劳、肯德基一类的快餐店兴许就可以了。如果是和朋友一起吃，则会选择较好一些或者是上档次的餐馆。吃饭的场合确定下来之后，紧跟的问题是"哪些餐馆可以选择"。从理论上讲，顾客可选择的餐馆有很多，而事实上，他通常根据以往的经验和知识只选择有限的几家。不过，究竟他会选择哪一家还要考虑一系列因素。这一过程通常是很难描述出来的。

2. 消费阶段

经过购买前的一系列准备，消费者的购买过程进入实际购买和消费阶段。对于有形产品而言，消费过程通常包括购买、使用和废物处理等不同过程；然而，由于服务具有生产和消费同时进行的特点，消费者购买服务的过程也就是其消费服务的过程。在这一过程中，顾客不是同其消费客体打交道，而是表现为同服务提供人员及其设备相互作用的过程。

有形产品的使用是完全独立于卖方影响的，至于消费者何时使用、怎样使用以及在哪里使用都是他们自己的事，同产品的提供者没有任何关系。对于服务来讲，则有着不同的情形。

服务生产与消费同时进行的特征意味着服务企业在顾客享用服务的过程中将起到重要作用。离开服务提供者，服务的消费过程是无法进行的，因为服务提供者同顾客一道构成了消费过程的两大主体。同时，各种服务设施的作用也不容忽视，这些设施是服务人员向顾客提供服务的工具，它们给顾客的印象还将直接影响到顾客对企业服务质量的判断。

此外，由于服务传递过程的延长，顾客对产品的评价不单单是在购买之后的阶段，而是在消费过程中就已经发生。

事实上，顾客在同服务人员及其有关设备打交道的过程中，已经开始对企业的服务进行评价。从企业的角度看来，服务消费过程的这种特点为企业直接影响顾客对产品的判断提供了便利，而这对有形产品的生产者来说是不大可能的。

3. 购后评价阶段

让顾客满意是企业营销过程的最终目的，而顾客的满意度则来自于他们对服务质量的评价。在提高服务质量一章中，我们将研究影响顾客评价服务质量的各种因素，顾客对服务质量的判断取决于体验质量和预期质量的对比，而预期质量受市场沟通、企业形象、顾客口碑及其需求的影响。

从购买过程的层面上看，服务的消费过程有别于有形产品的消费过程，因为后者一般包括购买、使用和处理3个环节，而且这3个环节的发生遵循一定的顺序并有明确的界限。

比如，顾客从超级市场购买一瓶洗涤剂，在洗衣服时使用，当所有的洗涤剂用光之后就把空瓶子扔掉。而服务的消费过程则有些不同：一方面，在服务交易过程中并不涉及产品所有权的转移，因此服务的消费过程也就没有明显的环节区分，这些所谓的环节都融合为顾客与服务人员互动的过程；另一方面，服务不可感知（无形性）的特点，使得废物处理的过程同整个消费过程没有关系。

所以，服务的购后评价是一个比较复杂的过程。它在顾客做出购买决策的一刹那间就开始了，并延续至整个消费过程，顾客的评价不仅受到前述因素的影响，而且一些来自社会和环境方面的因素也将起很大作用。从某种意义上说，顾客的评价如何将取决于企业能否善于管理顾客与顾客、顾客与员工、顾客与企业内部环境以及员工与内部环境之间的关系。

二、购买服务的决策理论及模型

购买服务的决策理论包括风险承担论、心理控制论和多重属性论。这些理论是西方学者于 20 世纪 60 年代提出来的。这些理论为服务营销决策和消费者购买服务的决策行为提供了理论依据。

1. 风险承担论

风险承担论就是用风险认知的概念来解释消费者购买行为。所谓风险承担是指消费者在购买服务的过程中较之购买商品具有更大的风险性，因而消费者的任何行动都可能造成自己所不希望或不愉快的后果，而这种后果则由消费者自己承担。消费者在进行购买服务的决策中要尽可能降低风险、减少风险、避免风险。

消费者作为风险承担者要面临 4 个方面的风险，即财务风险、绩效风险、物质风险和社会风险。

- 财务风险是指由于消费者决策失当而带来的金钱损失；
- 绩效风险是指现有服务无法像以前的服务一样能够达到顾客的要求水准；
- 物质风险是指由于服务不当给顾客带来身体或随身携带的用品的损害；
- 社会风险则是指由于购买某项服务而影响到顾客的社会声誉和地位。

风险承担论认为，购买服务的风险大于购买商品的风险原因出于服务的不可感知性、不可分离性和服务质量标准的难以统一等。消费者在购买服务时：一要有承担风险的心理素质；二要有规避风险的意识。消费者规避风险或减少、降低风险主要采取以下策略：

（1）忠诚于满意的服务品牌或商号。根据自身经验，消费者对购买过程中满意的服务品牌或商号不随意更换，不轻易去否定或背离自己认为满意的服务品牌或商号，不贸然去承受新的服务品牌带来的风险。

（2）考察服务企业的美誉度和信誉度。优质服务企业往往会形成好的口碑，口碑是社会消费群体对企业服务的评价。好的口碑即是企业信誉度和美誉度的体现。消费者无法去测定企业的信誉度和美誉度，但可借助消费群体的口碑去判断其服务风险的大小。好的口碑，尤其是从购买者的相关群体获得的信息，对购买者具有参考价值和信心保证。

（3）听从正面舆论领导者的引导。正面舆论领导者通常是一个群体中能够给人以较好意见的人。正面舆论领导者是具有相关知识、对社会消费行为负有责任感，并在社会消费活动中有影响力的专家。听从舆论领导者的引导意见有助于消费者减少、降低购买服务的风险。

（4）对于专业技术性服务，购买者降低风险要从内部和外部两个层面来分析，要通过加强调查研究、借助试验、大量收集服务企业的内部和外部的信息等方式避险。

风险承担论一方面客观地正视了消费者购买服务的风险性的事实，另一方面明确地为消费者规避、减少、降低风险提供了依据。这一理论为密切服务企业与消费者的关系，化解在服务购买过程中可能出现的矛盾具有理论指导意义。

2. 心理控制论

心理控制论是指现代社会中人们不仅是为满足基本的生理需求，而要以追求对周围环境的控制作为自身行为驱动力的一种心理状态。这种心理控制包括对行为的控制和对感知的控制两个层面。

行为控制表现为一种控制能力。在服务购买过程中，行为控制的平衡与适当是十分重要的。如果控制失衡就会造成畸形，损害一方利益。如果消费者的控制力强，则服务企业的经济地位势必受到损害，因为消费者讨价还价能力强，则意味着企业利润的相对减少；如果服务人员拥有较多的行为控制权，则消费者会因为缺乏平等的交易地位而感到不满意，对于服务企业而言，其经营效率会随之下降。

在服务交易过程中，并不只表现为行为控制这一个层面，我们还要从深层次的认知控制加以分析。服务交易过程中的行为控制是交易双方通过控制力的较量和交易，以消费者付出货币和控制权而换得服务企业的服务为目标。交易双方都在增强自己的控制力，在彼此趋近于平衡的状态下取得成交。但由于交易双方对服务质量标准认知的不一致性，导致交易双方对交易结果难于获得十分满意的最佳感受。这是感知控制层面所要解决的问题。

感知控制是指消费者在购买服务过程中自己对周围环境的控制能力的认知、了解的心理状态。消费者对周围环境及其变化状态感知控制越强，则对服务的满足感越强，对企业的满意度也就越高。

服务交易过程既是交易双方行为控制较量的过程，又是感知控制竞争的过程。从本质上讲，服务交易的成败，顾客满意度的高低，主要取决于服务企业对感知控制的能力和举措。企业服务人员的感知控制能力与其工作的满意度具有正相关关系，也与消费者的满意度具有同样的正相关关系。

心理控制论尤其是感知控制对于企业服务和服务企业具有重要的管理意义。这一理论要求企业在服务交易过程中，应该为消费者提供足够的信息量，尽可能让购买者对服务提高认知度，使购买者在购买过程中感觉到自己拥有较多的主动权和较大的控制力，充分地了解服务过程、状态、进程和发展，以减少风险忧虑，增强配合服务过程完成的信心。例如，民航服务活动中，如若飞机误点，航空公司应该及时解释飞机为何误点、何时起飞、食宿安排等相关问题，以使乘客能提高认知控制能力，减少埋怨，配合服务。

3. 多重属性论及其模型

多重属性论是指服务业除具有明显性属性、重要性属性及决定性属性等多种属性之外，同一服务企业由于服务环境和服务对象的差异性，其属性的地位会发生变化。明显性属性是引起消费者选择性知觉、接受和贮存信息的属性；重要性属性是表现服务业特征和服务购买所考虑的重要因素的属性；决定性属性则是消费者实际购买中起决定作用的明显性属性。服务的这三重属性是依次递进的。决定性属性一定是明显性属性，但对某服务而言不一定是最重要的属性，重要的属性不一定是决定性的属性。

例如，旅馆的多重属性分别如下：

- 旅馆的明显性属性，店址、枕边放一枝花、商号和建筑物特征等；
- 旅馆的重要性属性依次为安全、服务质量、客房及浴室的设备、食品及饮料的质量、价格、声誉、形象、地理位置、环境安静程度、令人愉快舒适的物品、餐馆服务、额外享受、保健设施和建筑物艺术风格。
- 旅馆的决定性属性可能为服务质量、安全、安静程度、预订服务、总服务台、客房及浴室的状况、形象、令人舒适愉快的物品、高档服务、食品与饮料的价格及质量、地理位置、声誉、建筑艺术、保健设施和客房特点等。

决定性属性是决定消费者选择结果的那些属性，这些属性与消费者偏爱和实际购买决策关系最为密切，尽管决定性属性不一定是最重要的属性，但它必须是区别于同类企业的属性。安全是民航服务中最重要的属性，但对于每个乘客来说，安全并不是决定乘客选择哪个航运公司的决定原因。

服务的决定性属性是选择服务企业的最主要属性，其权重要高，重要性属性是消费者选择服务的重要因素，其权重虽略低于决定性属性但不能拉开距离过大。消费者对服务的选择就是依据多重属性论对服务属性进行综合考察而得出最佳选择，从而建立多重属性模型。

服务的多重属性模型又称消费者对服务的期望值模型，可用下式来表示：

$$A_{jk} = \sum_{i=1}^{n} W_{ik} B_{ijk}$$

式中，A_{jk} 代表 K 消费者对品牌 j 的态度；W_{ik} 代表 K 消费者对 i 品牌属性给予的权重；B_{ijk} 代表 K 消费者对 j 品牌所提供的 i 属性的信念强度；n 代表属性数。

多重属性模型可用来测算消费者所选择的服务对象的综合服务能力或服务质量，具体测算办法是：

- 初步选取若干个条件基本接近的服务对象，假定为 A、B、C、D、E 五家服务公司；
- 根据各属性在服务交易中的重要程度分别给予权数，各权数的总和应为 1；
- 通过调查，让消费者给这几个服务对象分别予以评估，评分按 100 记；
- 根据评分结果，对五家公司的综合能力或综合服务质量进行计算；
- 将五家公司的计算结果进行比较，从而决定选取积分最多的企业作为选择对象。

例如，某乘客决定进行国际旅游，要对所熟悉的五家航空公司状况进行比较，即可采用此法，为简便起见，列表示意，见表 3 - 1。

表3-1　五家航空公司多重属性模型

属性＼公司	A	B	C	D	E	权　重
安全性	100	100	90	80	90	0.5
正点程度	100	80	70	60	80	0.2
价　格	90	90	100	100	90	0.1
机　型	100	100	90	80	70	0.1
空姐仪表	90	90	100	60	100	0.1

根据表3-1，可计算出消费者对每一家航空公司的评价，具体计算如下：

A $= 100 \times 0.5 + 100 \times 0.2 + 90 \times 0.1 + 100 \times 0.1 + 90 \times 0.1$
　$= 50 + 20 + 9 + 10 + 9 = 98$

B $= 100 \times 0.5 + 80 \times 0.2 + 90 \times 0.1 + 100 \times 0.1 + 90 \times 0.1$
　$= 50 + 16 + 9 + 10 + 9 = 94$

C $= 90 \times 0.5 + 70 \times 0.2 + 100 \times 0.1 + 90 \times 0.1 + 100 \times 0.1$
　$= 45 + 14 + 10 + 9 + 10 = 88$

D $= 80 \times 0.5 + 60 \times 0.2 + 100 \times 0.1 + 80 \times 0.1 + 60 \times 0.1$
　$= 40 + 12 + 10 + 8 + 6 = 76$

E $= 90 \times 0.5 + 80 \times 0.2 + 90 \times 0.1 + 70 \times 0.1 + 100 \times 0.1$
　$= 45 + 16 + 9 + 7 + 10 = 87$

测算结果，A航空公司综合评分最高，应为首选对象。

小资料1

做一个明智的消费者的基本原则

我们每天都在扮演消费者的角色，这种切身利益的角色经营的好坏直接影响我们的主观幸福感。消费所涉及的领域很广，有衣食住行等，那么所彰显的明智面也各有千秋。我们将如何做一个明智的消费者的基本原则归纳如下。

1. 保持清醒的头脑，不要丧失警惕性

单纯认为驰名商标的质量就有保证是不明智的。消费者在对商品品质的确定上要客观理性，应仔细检查产品及其相关信息。

2. 量入为出，理性消费

居民的消费受收入的影响，并且是呈正相关的。因此在消费时要结合我们的收入做一个计划表或简单地计算用在消费上的支出金额以避免入不敷出的局面。每月坚持下来，会发现采购的消费品在无形中变得合理起来，那些当时喜欢其实效用不大的商品买得少了，增强了消费的自信心。

3．购买前做足功课

在购买比较贵重或持久使用的消费品前，要参考各种指南，了解清楚所选产品的市场行情、价位，进行对比后，做出适合自己的消费决策。特别在高度同质化的时期，进行这种课前准备是至关重要的。

4．明智选择商业信用

商业信用包括企业推出的VIP卡、会员卡、分期付款、保险业务及各种商业承诺等。在遇到消费纠纷时，商业信用最好使用书面的形式确定而不是口头承诺；合理使用好各会员卡，用企业提供的优惠来赢得自己消费上的胜利；由于提前消费而出现的分期付款，应妥善运用好。

5．加入消费者组织，学习消费者权益保护知识

在消费者组织中，学习消费者权益保护的知识，有利于维护自己权益不受侵害。从某种意义上讲，如果整体消费者的权益意识增强，市场风气也会有所提高，不良企业也会因畏惧而规范起来。

做一个明智的消费者，明智的消费方式养成后，相信那些丧失诚信道德意识的企业也会为之畏惧的。

讨论题：

1．明智的消费者应如何对待奢侈品的消费？

2．明智的消费者在消费过程中应如何维权？

小资料2

做互联网时代的明智消费者

1．一个不可回避的事实：所有企业营销成本的承担者都是消费者

从产品的研发、生产、广告、销售、物流、售后服务，甚至工人的工资和福利，企业的资产等，都要分摊在消费者头上，你一旦购买某种商品，你就要付给公司这些费用。

我们每个人从出生到死亡，注定要做消费者，这是一个不争的事实。既然我们没法改变这个事实，我们需要从消费中做点什么。这就是本文分享的主题——消费创富。

2．消费创富是时代的趋势

这是一个商品过剩的时代，消费者有了更多选择。

第一，企业是商品的生产者，企业越来越多，产品越来越丰富，品类越来越细化，越来越满足每个人的个性需求。一个简单的数字：星巴克现在至少拥有19 000种产品，不是星巴克的老板自己要开发这些产品，也不是星巴克的专业人员有额外的能力来开发这些产品，而是消费者有这方面的需求，需要这些产品，如果他们不做的

话，其他企业就会赶超上去。

沃尔玛的成功经验：分销。企业应对消费导向——让消费者也有赚钱的机会。

很多企业必须面对这个问题，才会持续发展——没有消费就没有最终的盈利，消费是生产力中最重要的一个因素，让消费者从消费中获利，才会把商品流通过程完善起来。

对那些大型企业，生产能力是一方面，另一方面就是，它们为了把这些产品推送到消费者面前，需要选择一些渠道，最好的方法就是调动消费者的参与，比如：特许经营，分销，连锁加盟，销售联盟，直销，消费者联盟，互惠营销，联惠商家等，这给消费者一个消费创富的机会。

第二，互联网平台使产品有了极大的被开发的可能。越来越多的客户通过搜索引擎找到自己需要的产品。

第三，天生我"财"必有用！作为一个消费者，你有机会在消费中赚到钱。越消费越便宜，推荐朋友消费还可以赚钱。这就是消费创富。

3. 消费创富：穷人愈穷，富人愈富的秘密

消费也是一种生产力！消费者得到的不应该只是单一的商品。

拥有生产消费者思维模式的消费者在消费的同时积累了自己的财富，你会发现，改变思维，会出现遍地都是黄金的局面。

"生产消费者"这个词是由生产者和消费者这两个词合并而来的。生产者赚钱，消费者花钱，生产消费者在花钱的同时赚钱。

生产消费者是一个已被证实的，存在多年，却被人们忽视的概念。越来越多的人明白这个道理，并把它教给别人，正在通过消费赚取财富。

富人总能明白生产消费的力量。他们明白投资（金钱增长）和花费（金钱减少）的差别。富人在他们花钱的时候寻找赚钱的机会。一句话，百万富翁是具有生产消费者思维模式的人！

君子爱财，取之有道。此道就是商道。一个人创富有三种选择：造船（自己投资开一家盈利的公司），买船（加盟一家星巴克，或者沃尔玛超市），借船（加盟安利，完美直销，或者科士威网上直销，或者申请获得一家特惠店）。

4. 消费者的话语权越来越重要

当你想购买一部手机的时候，你可能不会像以前那样，看电视广告里说的什么手机好就买什么，你可能会到百度里输入"苹果手机怎么样？"或者"在哪里买手机便宜？"这时会跳出来成百上千个结果，大多数是一些手机用户（消费者）的评论。这就是消费者的话语权，他们会影响你的购买决定。

当有人想做一个"在家创业"的项目，他会在百度里搜索一下"科士威是传销吗？""维迈的免费店是不是真的？""一个菜鸟怎么通过互联网做直销？"如果你在从事这样的事业，而且有一些经验分享出来，如果你的博客的相关话题正好在百度的首页出现，你就会吸引到这些人的关注，然后同你联系。

一个消费者分享的话题，有时候比官方网站上的咨询更让人容易接受，这就是互联网带给我们的机会。

5．消费市场两重天：富人消费市场和穷人消费市场

20%的富人占据80%的消费额，80%的穷人的消费额只占据20%。

富人市场特色：高价值，耐用，品质优秀，关注未来趋势。

穷人市场特色：低价值，生活必需品，假冒伪劣产品、次品充斥其间。

6．特惠店的互惠营销：先进创新的共赢计划，建立消费导向的网络营销

维迈店两大经营理念：为消费者提供"物美价廉的优质产品"；只要你愿意，就让你赚钱。

每个人都是消费者，不到特惠超市消费，也会到其他超市消费，其他超市能给你的仅是商品，而维迈超市能给你的不仅是物美价廉的产品，还可以给你一个成功创富、享受财务自由的机会。你只需要把原来花在其他超市的钱，花到特惠超市，并且把你使用产品的感受告诉给更多的人，你就有机会建立一个不断增大的消费者网络，当这个网络持续不断地消费，你就拥有持续不断的收入。

特惠的这种经营理念，正是真正从客户的利益和立场来架构，"以消费为导向"来确立互惠营销的模式，让顾客和业主的消费获得最大的便利和返利，它与传统直销"以销售为导向"的出发点有天壤之别。

7．在家轻松拥有自己的网上沃尔玛——电子商务的直销事业：科士威

科士威是一家会员制的超市，每一个人到科士威超市购物都必须要有会员编码，并且要成为科士威的会员必须由已经是会员的人士作为介绍人，这样当你的顾客去办了会员卡之后，他拿着自己的会员卡消费的时候都跟你是有关系的，包括他们以后介绍去的顾客的消费也都是跟你有关系的。

科士威不自己生产，全部商品由世界各地的大厂商供货，所以可以保证跟其他超市一样种类繁多，同时也能够保证每一款产品的优质性（不好就不会采购）。所以，科士威不是做直销，而是做通路。

8．运用互联网，建立自己的财富管道，倍增财富，达至财富自由

互联网改变了人们的生活，百度改变了网民的生活，每一个人都可以通过百度影响到其他人，只要你愿意下定决心来研究网络营销，并且了解搜索引擎优化SEO的工作原理。

让我们想象一下，如果在百度的搜索结果中，你的关于"维迈"、"连锁加盟店"、"在家创富"等关键词的一篇博客文章，要比官方网站上相关资讯排名更靠前，而且维持很长时间，这意味着，你的观点会影响到很多人，你会吸引到很多维迈的潜在客户同你合作。

总结：仅抓住趋势性的机会，这远远不够，做未来趋势的管理者。

1975年的《大众电气》上的阿尔泰微型计算机引起数十万美国人的关注，也有数以千计的人看到并抓住了个人计算机要流行这个趋势。但是做到世界首富的只有比尔·盖茨一个人。他就是一个未来趋势的管理者——对未来趋势的预想。

亨利·法约尔说过："管理的过程就是预想、计划、组织、指挥、协调、控制的过程。管理意味着预见未来。"这是一个书呆子成功的时代，只要你拥有知识和梦想，你就会在消费中建立自己的财富。

资料来源：根据百度文库资料改编．

讨论题：

1. 互联网时代的消费理念与原来有什么不同？
2. 如何形成互联网时代的健康、成熟、理智的消费心理和行为？

小　结

随着中国城镇居民人均可支配收入的增加，以及人们消费水平的提高和恩格尔系数的下降，服务消费在人们消费结构中呈逐年上升趋势，消费者购买服务的心理呈现出多样化的特征，特别是在互联网时代，消费者的购买服务的心理纷繁复杂，随着云计算、互联网、物联网的超速发展，催化了家庭智能需求的大爆发。消费者购买服务和购买产品的全过程在评价条件和评价程序上有差异性。服务产品评价的依据是：可寻找特征、经验特征和可信任特征 3 个特征。从实物产品到服务产品之间存在着易于评价到难于评价的序列。

服务购买过程可以分为购前阶段、消费阶段和购后评价阶段 3 个阶段。购买服务决策理论包括风险承担论、心理控制论和多重属性论。消费者对服务的选择可依据多重属性论建立消费者期望值模型展开。企业对消费者服务消费行为和心理活动的分析，是企业制定营销规划和具体策略的依据。

习　题

1. 解释下列概念

可寻找特征　经验特征　可信任特征　风险承担论　心理控制论　多重属性论
明显性属性　重要性属性　决定性属性

2. 分析互联网时代我国服务消费的新特点。
3. 具体分析人们购买服务时的心理状态。
4. 购买服务产品评价的依据是什么？
5. 服务产品评价与实物产品评价过程的差异性有哪些？
6. 服务购买过程包括哪几个阶段？
7. 购买服务的决策理论包括哪些内容？
8. 试以一项服务活动为例，说明消费者购买服务的期望值模式。
9. 互联网时代，如何做一个明智的消费者？
10. 互联网时代，企业如何抓住消费者的心理和对服务的需求来扩大市场？

第四章

服务营销理念

企业营销的成败受经营理念的支配。经营理念是企业的经营哲学，是企业制定营销规划的基本出发点和依据。经营理念要顺应时代的发展潮流而不断创新。在 21 世纪，服务营销要围绕树立关系营销、顾客满意、超值服务等理念而努力。理念是企业行为的指南，是企业的灵魂。只有新的理念才能产生新的行动。服务营销的创新首先应该是服务营销理念的创新。

本章知识结构图

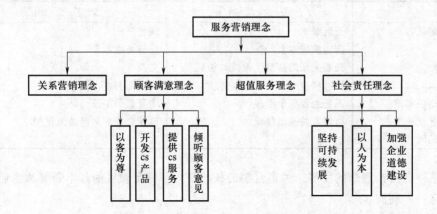

第一节 关系营销理念

一、关系营销理念及其指导作用

（一）关系营销理念的核心

服务企业的营销活动经历了 7 个阶段，而关系营销理念是把服务营销活动推向新的境界的关键。关系营销理念是 21 世纪服务营销活动的首要理念。

关系营销是社会营销大系统中的一个子系统。社会营销是对市场营销的发展，它是企业从控制顾客转向真心实意地满足顾客需求并同时兼顾社会整体利益的新的营销理念和方法。现代社会是以人为核心的社会，以人为核心可以衍生出 4 种关系：人与自然的关系、人与社会的关系、人与人的关系、人与自我的关系。关系营销就是从研究关系出发来探讨营销制胜的理论。

关系营销（relationship marketing），亦称咨询推销、关系管理、人际管理市场营销，它是交易市场营销的对称，是企业与顾客、分销商、经销商、供应商等建立、保持并加强关系，通过互利交换及共同履行诺言，使有关各方实现各自的营销目的、营销行为的总称。菲利普·科特勒称之为"双方之间创造更亲密的工作关系与相互依赖关系的艺术"。关系营销理念即是企业以关系营销的理论来指导自己的行动所形成的指导思想及经营哲学。

关系营销与交易营销存在着本质差异性。关系营销包括两个基本点：首先，在宏观上认识到市场营销会对范围很广的一系列领域产生影响，包括顾客市场、劳动力市场、供应市场、内部市场、相关市场及影响者市场（也就是政府和金融市场）等；其次，在微观上，认识到了企业与顾客关系的性质在不断改变，市场营销的核心从交易转到了关系。两者的区别见表 4 - 1。

关系营销是在 20 世纪 90 年代发展起来的，为什么此时关系营销得到发展呢？其原因是：

表 4 – 1 关系营销与交易营销比较

	关 系 营 销	交 易 营 销
适合的顾客	长远眼光	眼光短浅
	高转换成本者	低转换成本者
核心概念	长期关系的建立、保持与加强	交换
着眼点	长远利益	中近期利益
对价格的态度	不是主要竞争手段	主要竞争手段
营销管理的追求	与对方关系最佳化	单项交易的利润最大化
市场风险	小	大

第一，营销理念的发展。关系营销的核心是为了满足顾客的基本需要和企业的基本目标——利润。

第二，满足顾客需要，又不给顾客增加负担。产品成千上万，顾客的需求多种多样；此时，消费者往往不知如何选择商品，多姿多彩的市场与商品反而成为顾客很大的负担。因此，当前是设法让顾客用最小投入得到需求满足，这是营销活动的关键。

第三，对消费者的忠诚度至关重要。顾客与企业之间的关系应该是朋友，这是营销所追求的目标；但是，顾客不能永远是朋友，因为他的需求是变化的，有时是难以满足的。

第四，企业之间的密切合作。关系营销不仅要强调与顾客的关系，还要强调与企业的伙伴关系，合作的好坏是关系营销的重要内容，特别是生产合作伙伴之间的密切合作，尤为重要。

（二）关系营销在企业营销活动中的指导作用

企业是社会经济大系统中的一个子系统，企业营销目标的实现要受众多外在因素的影响。关系营销以系统论为基本指导思想，将企业置身于社会经济大环境中来考察企业的市场营销活动。它认为企业营销乃是一个与消费者、竞争者、供应商、分销商、政府机构和社会组织发生互助作用的过程，正确处理与这些个人和组织的关系是企业营销的核心，是企业成败的关键。关系营销将建立与发展相关个人及组织的关系作为企业市场营销的关键变量，把握住了现代市场竞争的特点，被西方舆论界视为"对传统营销理论的一次革命。"

关系营销对企业营销活动的指导作用集中体现在以下两个方面：

1. 建立并维持与顾客的良好关系，为企业营销成功提供基本保证

顾客是企业生存和发展的基础，市场竞争实质上就是争夺顾客。要建立与维持同顾客的良好关系，首先必须真正树立以消费者为中心的观念，一切从消费者出发，将此观念贯穿到企业生产经营的全过程中。曾几何时，市场营销逐渐升级为一场企业之间的战争，消费者渐渐地被排除在这一竞争之外而受到冷落。而今实行关系营销，使以消费者为中心的观念得以回归。其次，切实关心消费者利益，提高消费者的满意程度，使顾客利益落到实处。最近在西方国家普遍流行的电话热线服务就很有代表性。不少企业设立了服务热线电话，任何顾客只要拨通热线电话，就可以得到与公司有关

的一切服务。这种电话是免费的，即费用由企业总付。据美国电报电话公司统计，美国使用此种电话服务的顾客每年达 80 亿人次。为了保证电话服务的顺利进行，企业对从事电话服务的员工有着非常严格的要求。例如，美国通用电器公司的 150 位从事电话服务的工作人员都具有大学学历和一定的销售经验，上岗后还要接受为期 6 个星期的强化训练。他们不仅能及时妥善处理顾客投诉、提供正确的产品使用方法及完成小修理的指导，而且能从数以万计的电话内容中分析、发现有关的市场信息，预测顾客需求变化的趋势及产品的改进与开发的线索。该公司每年耗费在电话服务上的费用高达 1 000 万美元，但是公司从增加的销售额得到的回报是这个数字的两倍以上。消费者愿意以高出同类产品 40 美元的价格购买公司的冰箱，因为消费者与公司之间已建立了良好的合作伙伴关系。

此外，关系营销加强了与顾客的联系，密切了双方感情。质量、功能、价格等固然是吸引消费者购买产品的重要因素，但是情感在消费者购买决策中的影响作用亦不容忽视。我国南方一家电冰箱生产企业的方法值得借鉴。该公司在产品包装内附带一份用户意见卡，要求顾客认真填写后及时寄回企业，同时换取产品保修单。然后，公司将每一位用户的情况存入计算机及时安排人员解决顾客的问题。在春节前夕，公司根据计算机储存的信息，向每一位新用户寄上一封热情洋溢的感谢信和一份精致的小礼物，用户在心理上有了新的满足，这种富有人情味的营销手段收到了很好的效果，不少购买者津津乐道，在亲朋好友面前大加赞赏。

2. 有利于协调与政府的关系，创造良好的营销环境

政府对经济生活进行干预是当今世界各国通行的做法，出于国家整体利益的考虑，政府要通过立法、行政和经济等手段对社会经济活动实行宏观调控和管理。因此，企业的营销活动必然受到政府有关规定的影响。在处理与政府的关系上，企业应持积极的态度，遵循国家的法规，协助研究国家所面临的各种问题的解决方法和途径，保证企业营销的成功。如果企业界能和政府积极地合作，树立共存共荣的思想，那么国家就可制定出明确的营销政策，这将有助于国家对营销活动调节的合理化，避免相互矛盾的现象，帮助企业营销人员创造和分配价值，而不是阻碍营销活动的进行。企业与政府的密切合作，要求所有企业的一切活动必须有助于实现政府宏观调控的目的，而政府的宏观调控又要有利于企业开拓市场，促进社会经济的发展。

协调与政府的关系，获得本国政府的支持和帮助，对企业成功地开展国际市场营销有十分重要的意义。自 20 世纪 80 年代以来，国际市场上贸易摩擦加剧，国际贸易保护主义回潮，除关税壁垒外，又筑起了诸如配额制度、进口许可证、包装条例、安全标准等非关税壁垒，服务企业开拓国际市场困难重重。在这种形势下，密切与政府的关系，通过政府的力量去敲开国际市场的大门，改善营销环境就更加显得重要。关系营销在一定程度上反映了国际经济变化的特点，它对我国服务企业进入国际市场具有指导作用。

二、关系营销的目标与途径

（一）关系营销的目标

关系营销的目标也就是同顾客结成长期的相互依赖关系，发展企业及其产品与顾

客之间连续性的交往，以提高品牌忠诚度和巩固市场、促进销售。

例如，美国金百利尿布生产厂花费 1 亿美元建立了一个包括美国 75% 孕妇的资料库，这些准妈妈们在怀孕期间就收到了公司寄来的杂志和信件，新生儿落地后，公司带电脑条码的折价券即送到产妇手中，凭此可获取优惠供应的纸尿布，公司通过此折价券可追踪顾客的购买情况，并继续追踪顾客持续使用该产品的变化情况。

法国的化妆业巨子伊夫·罗歇，每年要向顾客投寄 8 000 万封函，信件写得十分中肯，无招徕顾客之嫌，而且他还编写《美容大全》，提醒大家有节制地生活比化妆更重要，成为妇女心中的美容导师，因此他得到广大消费者，尤其是妇女的信赖，其事业的发展也就自然而然地蒸蒸日上。

企业实施关系营销最重要一点就是企业要与顾客、供应商、分销商等建立良好的关系，这也正是关系营销的关键。营销关系的建立使企业形成一个营销网络，企业、供应商、分销商和顾客共同构成了网络成员，各网络成员彼此建立了牢固和互相依赖的商业关系。

（二）企业与顾客的关系

企业由于条件不同、生产产品不同，一般与顾客的关系可以分为 5 种不同的水平。

1. 基本关系

这种关系是指企业销售人员在产品和服务销售后，不再与顾客接触。

2. 被动式关系

企业的销售人员在销售产品和服务的同时，鼓励消费者在购买产品和服务后，如果发现产品和服务有问题或不满时及时向企业反映，如通过打电话。

3. 负责式关系

企业的销售人员在产品和服务售后不久，就应通过各种方式了解产品和服务是否能达到消费者的预期，并且收集顾客有关改进产品和服务的建议以及对产品和服务的特殊要求，再把得到的信息及时地反馈给企业，以便不断地改进产品。

4. 主动式关系

企业的销售人员经常与顾客沟通，不时地打电话与消费者联系，向他们提出改进产品和服务使用的建议，或者提供有关新产品的信息，促进新产品的销售。

5. 伙伴式关系

企业与顾客持续合作，使顾客能更有效地使用其资金或帮助顾客更好地使用产品，并按照顾客的要求来设计新的产品。

在实践中，企业因产品和市场的不同，可以分别建立不同水平的营销关系。一般来讲，如果企业的产品有众多的顾客，且单位产品的边际利润很低，则宜采用最基本的关系，实际上大多数企业都采用的是最基本的关系。如生产日常用品的企业一般都采用最基本的关系，企业所要做的只是建立售后服务部，搞好产品的售后服务工作，对顾客在使用产品中提出的问题进行解答并帮助解决。如果企业的顾客很少，且边际利润很高，则宜采用伙伴式的营销关系。如对生产大型产品和特殊产品的企业，则要与顾客加强联系，按照用户的需要进行产品的开发与生产，并保证能满足用户的要求，像波音公司就与它的客户保持紧密的伙伴关系，既满足了客户的需要，又取得了企业的发展。

（三）企业建立营销网络的途径

服务企业建立和发展关系的过程即是建立服务营销网络的过程。企业在建立营销网络时主要有 3 种途径。

1. 企业在向客户提供产品基础上提供附加的经济利益

企业向经常使用和购买本企业产品和服务的用户或顾客提供额外的利益，如航空公司向经常乘坐本公司班机的旅客提供奖励，饭店向老顾客提供更多的服务和奖励，零售商向经常光顾的消费者提供额外的利益等等，从而使企业与顾客之间建立起某种关系。然而，这种方法通常也很容易被竞争者所模仿，难以形成永久的差异。

2. 企业在提供附加的经济利益的基础上向顾客提供附加的社会利益

企业的营销人员在工作中要不断增强对消费者所应承担的社会责任，通过更好地了解消费者个人的需要和欲望，使企业提供的产品或服务个性化和人格化，更好地满足消费者个人的需要和要求，使消费者成为企业忠实的顾客。如对消费者的选择表示赞赏，向消费者提出使用更好的产品和服务的建议，不回避产品使用中的问题，勇于承担责任并通过有效的方法解决等等。

3. 企业在提供附加的经济利益和社会利益的同时，建立企业与顾客或客户之间的结构性纽带

企业可通过向顾客或客户提供更多的服务来建立结构性的关系，如帮助网络中的成员特别是一些较小的成员提高其管理水平，合理地确定其进货时间和存货水平，改善商品的陈列，向网络中的成员提供有关市场的研究报告，帮助培训销售人员；建立用户档案，及时向用户提供有关产品的各种信息等。

（四）保证营销网络发展的措施

企业的营销网络一旦建立，为了保持良好的营销关系和保证这种关系不断地发展，企业主要应加强 3 个方面的工作。

1. 保证产品的质量

产品的质量是建立营销关系的基础。如果不能保证产品的质量，产品的质量不能满足客户的要求，或是产品的质量随时间的推移有所下降，即使建立起某种营销关系，这种关系也是脆弱的，很难维持下去，因为它损害了客户的利益，损害了网络的整体利益和效益。所以企业要建立良好的营销关系，就应保证产品的质量，并不断地提高产品的质量，使营销关系建立在坚实的基础上。

2. 加强产品的服务工作

搞好产品的售前、售中、售后服务，不断提高企业的发展水平。加强服务可以说是营销关系的强化剂，企业应建立和完善自己的服务队伍，及时了解和帮助客户解决在产品使用过程中遇到的问题，赢得客户对产品的满意和对企业的信任。

3. 制定合理的价格水平

企业不能见利忘义，在保证企业盈利的条件下，要兼顾客户的利益，兼顾网络中各成员的利益，使得在企业营销网络中的每一个成员都能互惠互利，取得共同的发

展。"互惠互利"可以说是企业进行关系营销的核心，只有这样，客户的利益才能得到满足，才能成为企业的忠实顾客，企业的关系营销网络才能真正发挥作用。

三、关系营销的 6 个市场领域

关系营销所涉及的市场领域除了现有的和潜在的顾客市场之外，还包括中介市场、供应商市场、招聘市场、影响市场和内部市场，如图 4 - 1 所示。

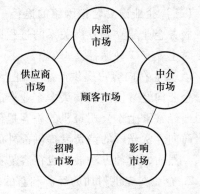

图 4 - 1　6 个市场模型：扩大的营销理念

(一) 顾客市场

当然，顾客是营销活动的主要关注领域；然而，"交易营销"对此的关注要少些，只强调一次性地销售和俘获新顾客，而关系营销则是建立与顾客的长久关系。这两种方法可做以下对比：

交易营销	关系营销
● 专注一次销售；	● 专注保留顾客；
● 产品特征取向；	● 产品效益取向；
● 时标短；	● 时标长；
● 不重视顾客服务；	● 非常强调顾客服务；
● 有限的顾客承诺；	● 很多的顾客承诺；
● 接触顾客适中；	● 高度接触顾客；
● 质量首先是生产关心的事。	● 专注所有质量。

当一些服务企业充分采纳关系营销时，其他企业却十分缺乏。某些发展滞后的企业只习惯于将投资都用在赢得新顾客上，一旦成功，就转向下一个目标，很少在保留顾客上花力气。

今天，企业已开始认识到现有顾客是更容易销售的对象，而且往往是更有利可图。但是，当管理者理智上认同这个观点时，常常把更多的注意力和资源花到吸引新顾客上，而把现有顾客认为是理所当然的。只有在服务质量上出了事，顾客离开了或者有某些背叛，现存顾客才显得重要。

并不是说新顾客或新委托人不重要——他们对多数服务业务的未来确实相当重要。然而，需要努力在现有顾客和新顾客间达到一种平衡。图 4 - 2 显示出强调顾客忠诚这一点上关系营销的梯子。很显然，多数机构把他们的重点放在低梯级上（识别可能的顾客并企图把其变成顾客），而不是放在更高关系和最终更多奖励的梯级（使顾客变成固定的委托人，然后是强大的支持者，最终是公司和产品的积极拥护者）。但是，向上移动顾客忠诚的梯子并不简单。机构需要非常明确地知道和深刻地了解每个顾客在购买什么——而每个顾客是不一样的——如何能持久地贡献额外的满足而使贡献差异化。基本上把某人从顾客变成拥护者的唯一办法是：通过贡献超出预期的服务质量，以顾客欣喜代替顾客满意。

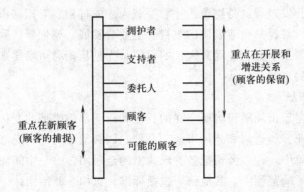

图 4-2　顾客忠诚的关系营销梯子

（二）中介市场

服务营销的优劣是由该企业所拥有顾客的多少来体现的。企业拥有的顾客越多，表明该企业服务营销效果好、质量优；反之为效果差、质量劣。服务营销活动中，顾客是构成中介市场的资源但不是唯一资源。顾客作为中介市场是通过顾客的口传并进而形成口碑来体现的。然而，任何服务企业都不能仅仅靠顾客的口传、口碑来扩大拥护者，它们还要同中间商、代理商、联系人、增值者等诸多社会力量建立关系，这些社会力量构成了中介市场。

以银行为例。银行的中介资源包括：保险公司、房地产中间商、会计师事务所和律师事务所等。这些社会组织扮演双重角色，一方面是银行的现有顾客，另一方面又是银行关系营销网中的内部中介人。这些中介人的行为对银行的影响至关重要，它们可以通过一些专业性的会议左右银行业务活动的开展，也可以通过介绍或者阻止某些重要的中间商同银行发生业务关系。所以，银行要重视对中介资源市场的开发，要深刻认识其潜在的重要性。为此，银行应制定相应的开发计划，即使在较长时间内难见效益也要进行必要的投入。

（三）供应商市场

企业既要与顾客建立良好的买卖关系，又要与供应商建立合作关系。在美国，企业对供应商的关系被称为"反向营销"；在欧洲，这种关系被称为"共同制造关系"或"卖主伙伴关系"。

不论是制造企业还是服务企业，都离不开供应商。企业应本着双赢的理念，在市场寻求共同的商机和合作开发的契机。只有与供应商的亲密合作才能谋求低成本、高效益和建立长期的业务往来关系。

许多企业只重视顾客而忽视与供应商的关系。我们应认识到，在现代营销的条件下，供应商也应该纳入关系营销圈，在企业营销的成败上，妥善安排和处理与顾客、与供应商的关系是同等重要的。

（四）招聘市场

招聘市场实质上涉及企业员工的来源及其素质问题。对众多的具有竞争意识的企业来说，最缺乏的关键资源不再是资本或原材料，而是有技能的熟练人才，这些人才在为顾客服务的活动中是活跃的甚至是最为活跃的因素。

招聘市场的开发过程就是物色人才、罗致人才的过程。对招聘市场的重视即是对企业人才的重视，对提高企业素质的重视。企业要发展、要创新，就要不断地引进人才，招贤纳士以图创新。企业优秀人才的聚集首先是从招聘市场得来的，忽视招聘市场即堵塞了人才的来源。

（五）影响市场

影响市场倾向于市场随机构所存在的行业和行业部门类型的变化而变化。参与销售基础设施的企业，如通信和公用事业，会把它们必须面对的政府部门和管制实体高高地放在市场名单中。许多公司把各种形式上的金融团体——中间商、分析人员、金融记者等等放到影响范围中。其他例子包括标准化机构、政治团体、消费者协会、贸易协会、活动分子团体和环境控制当局等。

（六）内部市场

内部市场包含两个主要概念：一是机构里每个职员和每个部门都是内部的顾客和内部的供应商。当每个人和每个部门都提供和接受最好的服务时，可以确保机构最佳运转。二是确保全体员工以同机构阐明的任务、战略和目标一致的方式共同工作。这一点的重要性在服务企业特别明显，其与顾客有着非常密切的界面。

内部营销被看作是发展专注顾客的机构一个重要的活动。在实践中，内部营销是有关交流和有关发展反响、责任感和目的一致的活动。内部营销的基本目的是发展内部和外部的顾客意识，并消除机构有效性功能上的障碍。

当有关内部营销的实践很少被总结时，那么考虑内部市场是很有必要的。内部营销关系着顾客取向的发展，内外营销的结盟保证了连贯的关系营销。职员的流动和保留也起着重要作用。在这方面，在过去的 5 年中已引起相当的注意，有必要研究辨别，特别是在结构、系统和人员方面成功的因素和障碍。

6 个市场——顾客、中介、供应商、招聘、影响和内部没有必要都做出各自的正式书面营销计划，虽然有些机构发现这会对其有所帮助。但是，企业需要为每一个市场制定形式上的营销策略。采纳关系哲学作为关键战略问题比书面计划更为重要。例如，一个内部市场的正式营销计划可能会没多大价值，假如顾客联系人员没被激励，并且没有被授权交付所要求服务质量的水平，所有这些市场成员的需求都需要以与顾客市场相同的方式明确地提出来，高层次的服务质量对确立和维护与他们的关系是必要的。

但是，不是所有的市场都需要同等层次的注意和资源。在适宜层次上进行专注的决定可通过以下步骤达到：

- 识别每个市场的关键参与者；
- 研究并搞清关键参与者的期望和要求；
- 考察每一市场现有的和设想的重点层次；
- 形成所期望的关系战略并确定是否需要一个正式的市场计划。

四、关系营销的实施步骤

关系营销的实施可采取以下步骤：

（1）筛选并找出值得和必须建立关系的顾客。顾客对于任何企业来说都是至关重要的，公司时刻关注着吸引更多的新客户。但是，很多公司认识不到吸引某些关键的客户比吸引大量普通的客户更有用。

正如公司关注着战略关系一样，公司也应关注"战略客户"。一个能使人留下深刻印象的客户名单可以给人一种印象，即革新者或技术带头人。Tanden 公司是"不停歇"计算机的先驱，它把它的第一代产品系统卖给了纽约的花旗银行。对外界来讲，这一消息再明确不过了，花旗银行能信任 Tanden 公司就说明它一定是个成功者。很快，《商业周刊》发表了关于花旗银行青睐 Tanden 的文章。

关键客户在其他方面也会有帮助。他们会反馈给公司有价值的信息，向公司建议如何改进产品。更重要的是，关键客户会把生产商的情况口头宣传出去。如果一个关键客户只把公司的情况传递给两个人，这两个人又分别告诉另外两个人……以此类推，结果可想而知。

（2）指派专人负责，明确职责范围，可设关系经理，规定其对象、目标、责任和评估效果的标准。

（3）制定长期及短期（年度）计划，列入计划期目标、策略、方案和所需资源，要针对不同的顾客分别设计，同时应组成多种战略关系。

要想创造行业领导地位、保持顾客忠诚并使自己的产品和服务很快被接受，就必须实行成功的关系营销。虽然说建立牢固、持久的关系是一项艰难的工作，而且很难维持下去，但既然顾客有这么多的选择，那么即使在一个很狭窄的产品—市场分区，建立个人关系也是保持顾客忠诚的唯一办法。

在许多变化极快的行业中，这些关系正变得比以前任何时候都重要。由于技术发展得异常迅猛且相互交织，没有哪家公司能拥有充分的专业技术知识，通过及时和有效的方法把产品引入市场。举例来说，要制造一台个人电脑，公司需要精通以下这些领域：半导体技术、显示器技术、磁盘驱动技术、网络技术、软件应用、通信和系统一体化，没有哪家公司能仅靠自己的力量在所有这些领域处于领先的地位。

结果是公司之间纷纷进行合作，很多发展很快的公司过去常常闹独立，如今也开始组成各种联盟——甚至是与它先前的竞争对手。每一个小公司几乎都在寻找"赞助商"，而大公司也在尽量联合一些新兴企业。

处于发展迅速行业中的公司，它们由于很多原因需要组成战略关系：

第一，要想在当今的市场竞争中取胜，公司需要应用许多技术，计算机和通信技术的结合日益紧密，顾客希望产品的功能适应力强，但没有哪个公司能只靠自己的力量开发所有必要的技术。

第二，开发新技术的费用增长太快，公司若想生存下去，必须与他人共同负担这些费用。

第三，全球性的竞争要求公司为了进入和扩展市场，必须抛弃旧的民族主义的贸易争端。美国公司正面临着来自日本、德国和韩国公司的日益激烈的竞争，但为了尽快地占领市场和降低资金成本，许多美国公司也同一些外国公司组成联盟。

第四，技术比以前任何时候更新得都快。曾几何时，一家公司可以在许多不同技术领域居于领先地位，但现在，这已变得越来越困难了。

第五，小公司需要管理人才、销售力量和资金，以保证能在竞争中站稳脚跟，这一切只有通过建立战略关系才能实现。

第六，战略关系虽然不总是很明确，但它确实很重要，可以为公司增加可信度，所以一定要慎选战略伙伴。

许多战略关系都是由一家小公司和一家大公司组成的，这种关系是使每个公司均能从中受益。正在发展中的小公司通过和有声望的大公司进行合作，可以为公司增加可信度，大公司可以充当可信参考，告诉市场：这家小公司经营得很成功。对于小公司来讲，这种合作关系有利于它从风险投资机构获得资金。假如某家小公司有诸如 IBM、SONY、MICROSOFT、APPLE 这样的公司作后盾，顾客便愿意同它打交道。

同时，大公司也可借此了解新技术。一般来说，小公司在开发新技术方面要比官僚作风较严重的大公司行动得更快。所以，通过和小公司建立联系，大公司可以很快地生产出一些创新性的产品并投放到市场上。制药行业的公司在这方面已有多年的经验。对于开发新产品和新市场，小公司相对而言要快捷、节约一些，小公司所做的便是生产一些创新性的产品并发掘新的市场机会。

（4）进行反馈和追踪，测定顾客长期需求情况，了解顾客对产品的兴趣和需求，监控和评估每一顾客的购买行为，分析各项关系费用的投资效益。美国金百利公司尿布生产厂的统计证明，美国每一婴儿使用纸尿布的金额约为 1 400 美元。

第二节　顾客满意理念

一、顾客满意理念的目标指向

（一）顾客满意理念是对传统经营理念的发展

顾客满意理念即 CS 理念（customer satisfaction），是指企业的全部经营活动都要从满足顾客的需要出发，以提供满足顾客需要的产品或服务为企业的责任和义务，并将满足顾客需要、使顾客满意作为企业的经营目的。

CS 理念是对 20 世纪 50 年代形成的"以消费者为中心"理念的发展。"以消费者为中心"理念中分清了"以企业自我为中心"与"以消费者为中心"的界限，扭转了传统企业以自我为中心的偏向，进而实现向以消费者为中心的转变。CS 理念则在此基础上要求企业把顾客的现实需求与潜在需求作为企业开发产品和服务项目的源头，并在市场营销全过程及其各个环节中都要尽最大可能满足消费者需求。并且，企业要及时跟踪研究顾客的满意度，据此设立改进项目和目标，调整企业的经营环节，以此稳定老顾客、扩大新顾客群。

CS 理念也是对 20 世纪 70 年代风靡世界的 CI 理念的补充。CI（corporate identity）即企业形象识别理念，是指企业凭借系统地设计或改变企业形象，注入新鲜感，使企业对内形成凝聚力，对外形成吸引力，从而达到提高企业经营业绩目的的一种理念。CI 系统是由 MI（理念识别）、BI（行为识别）、VI（视觉识别）等 3 个子系统构成的。CI 理念的主要功能是体现其识别、促销和凝聚三大功能。

CI 的目标指向是试图将企业的经营理念及企业精神，通过系统的视觉传达设计，渗透到一切经营服务活动中去，从而对内达成意志统一与共识，对外建立企业独特的形象识别与社会认同。CI 无疑是企业美化和强化自我的理念和行为。CI 理念的侧重点在企业自我，CS 理念则强调营销对象——顾客的满意，这构成了互补性。

CS 理念与传统经营理念存在着延续性、互补性，但在文化品位和对企业发展战略的影响上则具有更高境界。

（1）CS 理念的目标指向是通过建立完善的顾客满意系统来更好地为顾客服务，获得顾客的满意感。这体现了"以消费者为中心"在更高层次上的企业理念。

（2）CS 理念明确地把产品满意和服务满意引入自身系统，从而强化企业与顾客之间的紧密联系，充实了"以顾客为中心"的内容，弥补了 CI 只围绕自身的形象进行设计的片面与不足。

（3）在理论的涵盖面和价值层次上，CS 理念也超过了传统理念。CS 所提出的"服务"、"满意"，不是局限对顾客个人，而是将"社会满意"作为最高层次目标，从而将"顾客满意"扩大到社会和全体公众的层面，这就更突出了企业的社会价值，它使企业的经营活动更有助于维护社会稳定、推动社会生态平衡和道德进步等方面的协调发展。

（4）在评价和度量标准方面，CS 引入了顾客满意级度和顾客满意指标的坐标系，使企业更加具体而准确地把握顾客需要与追求的脉搏。

（5）CS 理念体现的是社会营销理念体系阶段的新思维，它反映了企业从市场营销导向向社会营销导向转化的需要和水平。社会营销导向与市场营销导向在性质和水平上存在着较大的区别，具体表现在企业的市场占有率和顾客满意率并不构成正比关系、企业的知名度与美誉度也不完全一致性上。

CS 引入企业营销管理始于 1986 年，这年美国市场调查公司制定了顾客满意考核指标体系，为汽车行业的企业进行顾客满意度的调查。这份调查表设计了 150 个分值，包括 36 个细目供评分，大项目有以下 6 类：

- 顾客对象的特征；
- 所购汽车的一般情况；
- 所购汽车的使用状况；
- 对所购车辆的评价，包括期望值的相对评价、经受的困扰与处理方式等；
- 对经销商的评价包括营业所的气氛、服务人员的态度、购买价格、售后服务、故障处理、回应难易、维修费用等；
- 下次购车意向书（是否购买同一品牌，是否介绍亲友购买等）。

美国市场调查公司的这一顾客满意度评价指标体系很快为全美汽车行业普遍参与和采用，并于 1989 年传播到瑞典等国。1990 年日本丰田、日产两大汽车公司也导入 CS，并将此年定为"顾客满意之年"。接着，日本家电、计算机、机械制造等行业纷纷效法，随后还扩及银行、证券、交通、休闲服务等行业。索尼公司还成立了以总经理主持的"顾客满意委员会"；JR 东日本铁道公司还把 CS 系统划分为观念强化系统、员工规范系统、意见征询系统，创设"顾客意见箱"、"绿色窗口"、"绿色沟通系统"以全面推进 CS 的贯彻与实施。其他的国家也有类似的举措。

CS 的兴起已引起世界的关注并成为各国不约而同响应的行动，这表明 CS 的兴起有其必然性，其原因在于：

（1）市场竞争打破了地域、时空局限，形成了高强度、全方位之势，各种战略变幻莫测，而 CS 则是从最终效果入手，有助于企业赢得顾客。

由于市场竞争的深化，企业的竞争优势构成因素在发生重大改变。这些变化表现为：

- 前工业社会重视技术实际，以土地作为主要资源，土地是竞争优势构成因素；
- 工业社会重视技术实际，以机器作为主要资源，机器优劣是企业竞争优势构成因素；
- 后工业社会重视社会实际，依靠信息，以服务为基础，服务成为企业竞争优势构成因素；
- 卖方市场条件下，企业竞争优势的构成因素是生产率与产品质量带来的；买方市场条件下，生产出现均质化，服务比生产或销售更重要，服务是制胜法宝。服务竞争取代质量、价格竞争是发展趋势。"再次光临的顾客可为公司带来 25% ~ 85% 的利润，而吸引再来的因素中首先是服务质量，其次是商品本身，最后是价格。"[1]

（2）顾客消费趋势起了重大的变化，使企业意识到从自身出发来保持技术上的领先和生产率领先已不能占据市场优势，而必须转向从顾客出发、使顾客满意才能巩固市场阵地。

世界消费的发展变化一般有 3 个阶段：

- 数量满足阶段，追求拥有商品；
- 质量满足阶段，追求拥有优质商品；
- 感情满意阶段，追求产品和服务的满足。

产品和服务的满足就是物质上的满足、拥有，感情满足则是精神的满意。这一阶段的突出特点是顾客消费的个性不断增强。"当今的潮流就是没有潮流"，德国企业家吕布克的这句话就是对当今消费状态的概括。针对不同顾客而采取不同的营销产品和营销手段，提供最适宜的服务是企业必须采取的行动步骤，顾客满意度的调查正是所需要的。

（3）科学技术的发展尤其是信息电子业的发展为建立顾客信息数据库提供了条件，数字化设备、程序技术、计算机辅助技术、机器人操作等一系列新科技的普及应用，为满足顾客特殊需求、实行个性化需求服务提供了必要手段。

（二）顾客满意服务的内涵

顾客满意服务是个系统，它包括纵向的 3 个递进层次和横向的 5 个并列层次。

1. 纵向递进层次

（1）物质满意层次，即顾客对企业服务产品的核心层（如服务产品的功能、品

---

[1] 哈佛商业杂志 1991 年报告.

质、品种和效用）感到满意。

（2）精神满意层次，即顾客对服务方式、环境、服务人员的态度、提供服务的有形展示和过程感到满意。

（3）社会满意层次，即顾客对在企业产品和服务的消费过程中所体验的社会利益维护程序感到满意，顾客在消费产品和服务的过程中，充分地感受到企业在维护社会整体利益时所反映出的道德价值、政治价值和生态价值。

2. 横向并列层次

（1）企业的经营理念满意，即企业经营理念带给顾客的满足程度。经营理念包括经营宗旨、经营方针、经营哲学和经营价值观等方面以及各个不同阶段的具体理念。

（2）企业的营销行为满意，即企业的运行状态给顾客的满足程度。企业营销行为包括企业的行为机制、行为规则、行为模式和行为实施程序等。

（3）企业的外在视觉形象满意，即企业具有可视性的外在形象给顾客的满足程度。其外在视觉形象包括标志、标准字、标准色、企业外观设计、企业环境和企业的各种应用系统等。

（4）产品满意，即企业的实物产品和服务产品载体带给顾客的满足状态。产品包括实物产品的质量、功能、设计、包装、品位、价格和服务产品载体相应因素。

（5）服务满意，即企业服务带给顾客的满足状态。服务业的服务是服务产品本身，实物产品的服务是产品的延伸，都必须从服务的完整性和方便性、绩效性、保证体系的完备性、时间的节约性和文化氛围的高品位等方面体现出来。

顾客满意理念是以培养和提高顾客的忠诚性为目标的。顾客忠诚是指顾客对某一企业、某一品牌的产品和服务形成偏爱并长期持续重复购买的行为。国外曾做过这样的统计：

- 从一个爱吃意大利馅饼的人身上可获得的终生收入是 8 000 美元；
- 从一位卡迪拉克园主身上可获得 332 000 美元的收入；
- 从一个商用客机的企业购买者身上可获得数十亿美元的收入。

在一般情况下，顾客对企业及产品、服务的忠诚状态有如下 4 种：

忠诚型表现为　　A　A　A　A（忠于 A）

交替型表现为　　A　B　A　B（A、B 交替）

排斥型表现为　　B　C　E　F（排斥 A）

不定型表现为　　B　C　A　D（无序状）

推行 CS 理念就是要争取交替型、排斥型、不定型的顾客群向忠诚型转化。培养忠诚型顾客即可产生下述积极效应：

- 重复购买者增加，企业提高销售额；
- 招徕顾客的费用减少，降低经营成本；
- 产生口碑效应，便于吸引和增加新顾客；
- 企业服务于熟顾客便于服务效率的提高；
- 形成企业良性循环，即忠诚度高——企业效益好——员工条件得以改善——

员工忠诚度相应提高——工作效率得以提高——降低人员聘用费用——减少员工流失——企业信誉度高——顾客忠诚度随之提高。

顾客忠诚度的衡量可以从以下方面予以考核：

- 重购数量。重购数量与顾客忠诚度成正比，重购数量越多，忠诚度越高。
- 挑选时间。挑选时间与顾客忠诚度成反比，挑选时间越短，忠诚度越高。
- 对价格敏感程度。顾客对价格的敏感程度与顾客忠诚度成反比，顾客对价格变化的承受力越强，即反应越小，则顾客忠诚度越高。
- 对竞争对手的态度。顾客对企业竞争对手的态度越冷淡，则对本企业越忠诚。

二、顾客满意理念指导下的企业营销策略

现代企业实施顾客满意的服务战略的根本目标，在于提高顾客对企业生产经营活动的满意度，而要真正做到这一点，则必须切实可行地制定和实施如下关键策略：

1. 塑造"以客为尊"的经营理念

"以客为尊"的企业服务经营理念，是服务顾客最基本的动力；同时，它又可引导决策，联结公司所有的部门共同为顾客满意目标奋斗。比如美国新港造船和码头公司的创办人杭亭顿之所以成为市场的大赢家，就是因为他亲身认识到一个重要的事实："以客为尊"才是一家公司欣欣向荣的基本要素。麦当劳成功的要素就是它始终重视顾客，千方百计让顾客满意，它的整体价值观念是质量、服务、卫生和价值。

2. 开发令顾客满意的产品

顾客满意战略要求企业的全部经营活动都要以满足顾客的需要为出发点，把顾客需求作为企业开发产品的源头。所以企业必须熟悉顾客、了解用户，即要调查他们现实和潜在的要求，分析他们购买的动机和行为、能力、水平，研究他们的消费传统和习惯、兴趣和爱好。只有这样，企业才能科学地顺应顾客的需求走向，确定产品的开发方向。

3. 提供令顾客满意的服务

热情、真诚为顾客着想的服务能带来顾客的满意，所以企业要从不断完善服务系统，以便利顾客为原则，用产品具有的魅力和一切为顾客着想的体贴去感动顾客。售后服务是生产者接近消费者直接的途径。它比通过发布市场调查问卷来倾听消费者呼声的方法要有效得多。由此不难看出，今后企业的行为必须以"消费者满意"为焦点。

4. 科学地倾听顾客的意见

现代企业实施顾客满意战略必须建立一套顾客满意分析处理系统，用科学的方法和手段检测顾客对企业产品和服务的满意程度，及时反馈回企业管理层，以便企业不断改进工作，及时、真正地为满足顾客的需要服务。目前，很多国际著名企业都试图利用先进的传播系统来缩短与消费者之间的距离。像日本的花王公司可以在极短的时间内将顾客的意见或问题系统地输入电脑，以便为企业决策服务。美国的 P&G 日用化工产品公司首创了"顾客免费服务电话"。顾客向公司打去有关产品问题的电话时，一律免费，不但个个给予答复，而且进行整理与分析研究。这家公司的许多产品

改进设想正是来源于"免费电话"。

21 世纪将是以服务取胜的年代，这个时代企业活动的基本准则应是使顾客感到满意，不能使顾客感到满意的企业必无立足之地。因为在信息社会，企业要保持技术上的优势已越来越不容易，企业必须把工作重心转移到顾客身上；从某种意义上说，使顾客感到满意的企业，将是成功的企业。

实施顾客满意的服务战略，要在顾客满意的服务调查和顾客消费心理分析的基础上，建立企业的服务理念满意系统、行为满意系统、视听满意系统、产品满意系统和服务满意系统等五大子系统。

（1）服务理念满意系统的建立，其核心在于确立以顾客为中心的企业理念，它要具体地表现和反映在企业的经营宗旨、经营方针和经营哲学上，并贯穿于企业的质量观念、服务观念、社会责任观念和人才观念等诸种经营观念中。

（2）行为满意系统的建立，要通过企业的行为机制满意、行动规程满意和行为模式满意来予以保障。

（3）视听满意系统的建立，即指企业视听识别系统要使顾客满意，它包括对企业标志（名称和图案）、企业标准字和标准色的视觉满意、视觉整合体系满意以及对公司歌曲和广告宣传的音响效果等的听觉满意。

（4）产品满意系统的建立，指的是企业在产品质量、性能及价格方面，以实际行动满足顾客的要求，使顾客对企业的产品基本认可的企业营销手段。

（5）服务满意系统的建立，这要通过树立顾客至上的服务观念、建立完整的服务目标、服务满意级度考察和强化服务满意的行为机制来实现。

在以上 5 个子系统中，企业的服务理念满意系统居于核心和统帅地位，它指导并制约着其他子系统的运行和实施。

在顾客满意的服务理论中，为建立顾客满意系统而进行的顾客满意度调查以及检验顾客满意系统的运作及其结果，需要通过顾客满意级度和顾客满意指标来进行测量和评价。顾客满意级度是顾客在消费了企业的产品或服务之后所产生的满足状态的等级，通常分为 7 个级度，即很不满意、不满意、不太满意、一般、较满意、满意和很满意。顾客满意指标是指用以测量顾客满意级度的项目因子或属性。如企业产品的顾客满意指标可以概括为 7 项：品质、数量、设计、时间、服务、价格和品位。企业服务的顾客满意指标可概括为 5 项：绩效、保证、完整性、便于使用和情绪环境。

第三节　超值服务理念

一、超值服务及其系统

（一）超值服务的概念

现代企业以超值服务的观念经销自己的产品，使顾客对企业的服务感到意外，超越他们对企业的期望，让顾客真正地认可，从而在激烈的市场竞争中不断发展，这将是企业实施全新经营战略和成功的保障。

　　超值服务就是用爱心、诚心和耐心向消费者提供超越其心理期待（期望值）的、超越常规的全方位服务。

　　比如小鸭集团努力使"超值服务"成为员工的一种价值观，进而成为一种企业文化，并成为集团经营的指导思想，成为全体员工的行为准则。这种理念要求在对用户服务中实现7个超越。

　　1. 超越用户的心理期待

　　一般而言，用户对产品的选择是建立在品牌信任和外观满意基础之上的，用户对产品无形部分的期望，仅限定在国家"三包"规定的范围内。小鸭集团不仅能够向用户提供技术先进、质量上乘、外形美观的有形产品，而且在坚决执行国家"三包"规定的前提上，主动拓展了产品的无形部分，实施了"超值服务工程"。消费者一旦选择了小鸭产品，不但能够获得技术先进、质量上乘、外形美观的洗衣机，而且能够享受到超出自己心理期望值的超值服务。

　　2. 超越常规

　　超值服务就是超越常规的服务。常规服务主要是指"三包"服务，小鸭集团的超值服务在种类、质量和方式上都超越了"三包"的要求。

　　3. 超越产品的价值

　　小鸭集团通过人的服务，使用户能够享受长期的、多种形式的高质量服务，用户购买小鸭产品便可获得享受小鸭集团超值服务的权利。

　　从产品的整体概念可以看出，产品的总价值是有形产品的价值同服务价值之和。随着生产力的发展，产品成本越来越低，有形产品的价值占总价值的比例越来越小，服务价值越来越重要。

　　4. 超越时间界限的服务

　　超值服务是不受时间限制的，它无时不在，一天24小时伴随着用户；它无处不在，产品销售在哪里，服务就跟到哪里。小鸭集团拥有遍布全国的138个服务网点，能随时随地为用户提供安装、调试、咨询和维修服务。

　　5. 超越内外界限

　　小鸭集团像对待内部员工一样对待小鸭的用户，为用户建立档案。在小鸭集团看来，用户购买了小鸭产品，就等于在小鸭集团投了资；因此，用户是小鸭集团的"投资者"、"债权人"、"股东"或"老板"，是小鸭集团的主人，而不是外人，因而小鸭集团的超值服务是自觉自愿的、充满义务感的服务。

　　6. 超越部门界限

　　小鸭集团的超值服务要求企业上下左右各个部门、各个成员都动员起来投入到超值服务链上。它超越传统的部门界限，要求各部门都要为超值服务做出应有的贡献。

　　7. 超越经济界限

　　超值服务是需要付出代价、耗费成本的，但是这部分代价和成本，小鸭集团绝不向用户收取，而是消化在向用户尽义务、献爱心的生产经营过程中。此超值服务创造的不是一般的经济价值，而是超越经济的社会价值和审美价值。它超越等价交换的经济范畴，把物质的东西融化到精神范畴中去。

（二）超值服务系统

超值服务是贯穿科研、生产、销售全过程的。也就是说，要"以顾客为导向"，向用户提供最满意的产品、最满意的服务。超值服务是由售前超值服务、售中超值服务和售后超值服务 3 个子系统构成的服务体系。这 3 个子系统又是相互关联、互为条件的，并共同完成超值服务的任务。

（1）售前超值服务就是要按严格的要求和规范做好售前培训、售前调研、售前准备和售前接触四大环节的工作。

（2）售中超值服务就是服务人员与客户或用户进行交际、沟通和洽谈的过程，主要包括操作规范、语言规范和姿势规范。

（3）售后超值服务主要是采用一系列服务（如服务制度、用户沟通制度、员工服务规范、事前培训制度和奖惩制度）来实现，具体内容如下：

第一，服务制度由上门服务制、全天候服务制、产品终身服务制、免费服务制四大要素构成。不管是安装、调试、保养还是维修，小鸭集团一律采取上门服务制，这种上门服务制是 24 小时全天候的，是产品使用寿命时间内终身的服务，是一律免收服务费的。

第二，用户沟通制由用户访问制、用户档案制、用户投诉制、服务网点制四大要素构成。例如，从购物的第一天起，小鸭集团用户的档案就由各微机终端输入到服务中心的档案管理系统，为定期走访用户提供前提条件。用户投诉制是小鸭集团超值服务的有效监督。

第三，员工服务规范包含了员工语言规范、员工行为规范和超值服务纪律三大要素。例如，小鸭集团人员上门安装、上门保养、上门维修时严格遵守"七个一"规范，即"穿一套标准工作服；进门前说一句'对不起……给您添麻烦了'；带一双自备鞋套；带一块垫布和抹布；不喝用户一口水；不吸用户一支烟；请用户填一张'服务监督卡'"。

第四，员工培训制度坚持对服务人员技能和素质进行经常的培训，员工的素质为超值服务的实施提供了有效的保证。

第五，奖惩制包含了激励机制和处罚机制的各项细则，是超值服务的有效组成部分。

（三）超值服务的延伸和发展

在超值服务理念的指导下，新产品的开发管理从一开始就追求向多维发展，即开发性能卓越、适合不同消费层次的产品，而不是一味追求复杂的、高档次的产品。1993 年，松下电器公司通过客户调查了解到，松下电器令人眼花缭乱的性能和不断翻新的产品有 9% 是客户所不需要的。丰田公司的调查也得出了同样的结论。那些用户不需要的多余功能，对用户来说，既是一种浪费，又是一种剥削。小鸭集团在产品开发过程中，新开发了功能简单、价格较低的洗衣机，保护了消费者。

中国地域辽阔，消费层次多，对中、高档滚筒洗衣机的需求也很大。小鸭集团在科技开发过程中，针对不同的层次，先后开发出了阳光系列、博士系列、小保姆系列等四大系列 30 多个品种。针对有些大城市居住面积小、结构不合理的状况，分别开发出了超薄型和上开门型洗衣机；针对滚筒洗衣机活动不便的状况，开发出了带活动轮的洗衣机；针对用户对不同色彩的喜爱，更改洗衣机白色天地的状况，推出彩虹系列洗衣机，而带臭氧、磁化水功能的洗衣机，不但可提高洗净度，还具有消毒、灭菌功能，超越用户对洗衣机的"洗衣"专一功能的心理期待。还有，小鸭集团在产品开发过程中，不管是高档、中档，还是低档产品，设计时都要坚持一个原则，即不设计多余的功能，不给消费者造成浪费。

首先，以超值服务的理念，将质量管理同生产过程联系起来，建立严格的质量奖惩制度和严格的质量管理体系，在经济责任制中明确质量否决权，每个部门、每位员工都承担各自的质量指标，严格贯彻实施国家质量标准，组成了严密的质量网，也就是企业内部的顾客服务网络。

这种管理模式体现了企业内部也是一个社会，也需要不折不扣地实施超值服务工程。在这个理念指导下，小鸭集团还模拟国家质量监督部门的职能，建立了质量监督站。企业质量监督站代表消费者，对每天已经查验合格的产品，按一定比例抽查，出具检查合格证才准入库销售。按国际标准，如出现不合格，当天产量全部退回本车间重新检查返修，一切费用均由车间承担。

其次，充分考虑消费者的利益，加强销售过程质量管理，即超值服务管理。服务质量超值服务的重要内容，是质量管理再延伸。对咨询维修服务人员的工作质量，按照经济责任制进行严格考核，所有服务中心都严格落实了咨询记录、维修记录，建立了用户档案制度；同时紧靠用户，重视对质量信息的收集，及时反馈到质管部门，质管部门每日将反馈信息进行数据汇总处理，为质量控制提供依据。

最后，把质量管理同提高员工的素质结合起来，重点抓员工质量意识的提高。根据质量管理的特点，采取集中与分散相结合、专业与岗位相结合、重点与一般相结合、理论与实践相结合的形式，对不同岗位的员工采取不同的培训方式，提高全体员工的质量意识。仅 1996 年，济南洗衣机厂就进行质量教育 144 000 学时，受教育者达 1 200 人次。小鸭集团超值服务是一个系统工程，要求集团全体部门、全体员工，在追求用户满意这一共同目标的基础上，全部投入到"超值服务链"上，这条服务链是小鸭集团的脊梁，是小鸭集团运营的一条主线，各个部门都必须在超值服务这一认识上统一起来，团结协作，在超值服务的旗帜下，统一理念，统一行动。

二、顾客附加价值与理想服务

（一）顾客附加价值

顾客附加价值亦称让客价值、让渡价值，它是顾客总价值与顾客总成本之间的差额，即

$$顾客附加价值 = 顾客总价值 - 顾客总成本$$

这种理论的基本假设是：顾客是理性的经济人，他总是追求"顾客附加价值"最大的产品或服务。产品的"顾客附加价值"即顾客购买某一产品后所获得的附加价值。对一个特定顾客而言，其购买的顾客附加价值越大，顾客满意度就越高。诚然，不同的产品有不同的价值，即便有相同的产品，它对不同顾客的价值也不一样。

一枚罕见的古铜钱对古董收藏家是无价之宝，对买菜的老太太却可能分文不值。因此，这里强调的是产品的顾客相对价值。

营销是个交换过程，参加交易的双方通过交换来取得自认为更有价值的东西，没有这一点，交易就不会发生。换言之，交易是为了获取额外的价值，或称附加价值。买方支付一定数额的货币来换取产品，实质上是为了换取产品的顾客价值。在顾客看来，他所获得产品的顾客价值（也就是顾客自己认定的产品价值）高于他所支付的货币价值。顾客获取的价值与让渡的价值之间的差值，就是该顾客实现的顾客附加价值。

由此可知，产品的顾客附加价值即为产品的顾客总价值与产品的顾客总成本之差值。产品的顾客总价值包括产品本身的价值，购买过程厂家为顾客提供的服务（称服务价值），产品对顾客具有的某种特殊意义的价值（称个人价值）及产品的购买行为给顾客形象带来的价值（称形象价值）等。产品的顾客总成本是顾客获取此产品所付出的总代价，它包括货币成本和非货币成本，非货币成本又包括顾客为获得此产品所付出的时间代价（称时间成本），所花费精力的代价（称精力成本）和心理代价（称心理成本）等。因此，产品的顾客附加价值理论可以用下面的等式做一形象表达：

$$产品的顾客附加价值 = 产品的顾客总价值 - 产品的顾客总成本$$
$$= （产品价值 + 服务价值 + 个人价值 + 形象价值） -$$
$$（货币成本 + 时间成本 + 精力成本 + 心理成本）$$

这里的所有价值和所有成本都是针对某一个特定顾客购买某一特定产品或服务而言的，因为不同顾客购买同一产品其价值项目和成本项目中的大部分都是各不相同的。

附加价值理论给我们的启示是：产品的顾客附加价值越大，顾客满意程度越高；当顾客为获取产品所付出的顾客总成本超过所得到的顾客总价值，也就是产品的顾客附加价值为负值时，顾客不满意就发生了。因此，厂家只有努力提高其产品的顾客附加价值，才能提高顾客的满意度。

从竞争角度考虑，企业应该努力向顾客提供其顾客附加价值高于竞争对手的产品或服务。该理论也表明，企业可以从 3 个思路来提高产品的顾客附加价值，提高顾客满意度。

（1）增加产品的顾客总价值，包括产品价值、服务价值、个人价值和形象价值等。

（2）降低产品的顾客总成本，包括货币成本、时间成本、精力成本和心理成本等。

（3）双管齐下，既努力提高产品的顾客总价值，又努力降低产品的顾客总成本。

（二）理想服务产品

理想服务产品是指顾客满意度与实际服务产品的吻合程度的关系，即

$$顾客满意度 = 理想服务产品 - 实际服务产品$$

这种理论的基本假设是：顾客满意程度是由顾客对其购买产品的预期（或者说

"理想产品") 与顾客购买和使用后对产品的判断（或者说"实际服务产品"）的吻合程度来决定的。

"理想服务产品"是顾客心中预期的一种概念性产品，即顾客认为自己支付了一定数量的货币，应该购买到具有一定功能、特性和达到质量标准的产品；而"实际服务产品"是顾客得到产品后，在实际使用过程中对其功能、特性及其质量的体验和判断。如果"实际服务产品"劣于"理想服务产品"，那么顾客就会产生不满意甚至抱怨；如果"实际服务产品"与"理想服务产品"比较吻合，顾客的期望得到验证，那么顾客就会感到满意；如果"实际服务产品"优于"理想服务产品"，那么顾客不仅会感到满意，而且会产生惊喜、兴奋。有些国外厂家就宣称其目标不是"顾客满意"，而是"顾客惊喜"。例如，一位旅客奔忙一天回到饭店，意外地发现他房间里摆着饭店送给他的庆贺生日的蛋糕和鲜花，其惊喜不言而喻。

这一理论给我们的启示是："理想服务产品"是由顾客根据自身的经验，加上从各种渠道收集到的信息形成的对产品的一种抽象性预期。

企业推出产品时对自己产品的介绍也是顾客形成"理想服务产品"的信息源之一，因此企业对顾客的"理想服务产品"的形成也具有一定的影响力和控制力，尤其是在顾客对产品不熟悉的情况下，这种影响力和控制力会影响到顾客的满意度。如果企业言过其实地宣传自己的产品或服务，结果导致顾客的"理想服务产品"超过"实际服务产品"，顾客一旦发现自己吃亏上当，必然产生严重的不满；如果企业实事求是地宣传自己的产品或服务，顾客的"理想服务产品"必然接近于"实际服务产品"，由于感觉到企业是说实话的，顾客不仅对产品实体感到满意，而且对企业行为也感到满意，从而增强了对企业的信任；如果企业"言不及实"地宣传自己的产品或服务（也就是介绍时"留有余地"），那么"实际服务产品"必然超过顾客的"理想服务产品"，惊喜情况就会发生，顾客对企业就会格外信任。

第四节 社会责任理念

自 20 世纪 90 年代初国际上形成了一个声势浩大的社会责任运动的浪潮，各国无不感受到它的巨大影响，国际标准化组织已决定逐步提出一种国际标准来作为社会责任的指导方针。服务企业当不失时机地确立社会责任理念以应对国际社会责任大潮。

一、"社会责任"兴起的背景

社会责任包括两个层面：有的将社会责任仅限定于企业，即企业社会责任（CSR）；有的将社会责任扩大到包含企业在内的所有组织，即社会责任（SR）。社会责任的定义难以统一，主要是因为当前社会责任的概念深深受到可持续发展概念的影响，其外延非常广泛，内涵也相当复杂，不过其核心仍是企业社会责任。

尽管如此，通过归纳现有社会责任定义及标准内容，可见社会责任主要包含：遵纪守法、保护环境、保护消费者权益、劳工准则和劳资关系、人权、职业健康安全、伦理、反腐败、团体关系、慈善事业和积极进取等。

目前，国际社会责任运动的推动方式主要以社会责任标准作为其实施和验证的工具和手段。有关社会责任的标准形形色色、数量繁多，归纳起来主要分为三大类：通过代表制程序制定的政府及政府间组织的标准，包括国际劳工组织的有关公约、联合国人权宣言等；非政府组织制定的民间标准，包括联合国全球契约（GC）、道德贸易行动（ETI）准则、SA8000 等；各跨国公司自身制定的供应链行为准则，这些公司有迪斯尼、沃尔玛、耐克、宜家等。

现代企业社会责任运动的兴起和进一步发展，有着深刻的国际政治经济发展背景：经济全球化对当今国际政治经济的发展产生了极其重要而深远的影响，使世界各地日益紧密地联系在一起；国际消费者组织、环保组织、人权组织、工会组织和宗教组织及其他非政府组织在发起和推动现代社会责任运动中充当了日益重要的角色；可持续发展理念已成为各国一致认可的基本价值观，从某种意义上说，企业的社会责任可描述为"企业为可持续发展所作出的贡献"。

作为全球最具权威的标准化组织，国际标准化组织（ISO）也感受到了社会责任运动的巨大影响。鉴于国际上要求制定统一的社会责任国际标准的呼声越来越高，ISO 于 2002 年专门成立了社会责任顾问组，就 ISO 制定社会责任国际标准进行系统的可行性研究。2004 年 4 月，社会责任顾问组完成了可行性研究，并向 ISO 技术管理局（TMB）提交了一份长达 90 页的《社会责任工作报告》，同时向全球发布以征求意见。该工作报告是迄今为止对国际社会责任运动的一次最全面的调查和总结。

2004 年 6 月 21 日至 22 日，ISO 社会责任标准国际研讨会在瑞典斯德哥尔摩举行，来自全球 66 个 ISO 成员（其中包括 33 个发展中国家）的 355 名代表参加了此次研讨会。围绕社会责任顾问组提交的工作报告，代表们进行了广泛深入的研讨。大多数发展中国家在此次会议上对 ISO 制定社会责任国际标准持非常积极的态度。

在随后召开的 ISO/TMB 会议上，ISO/TMB 就社会责任国际标准化作出了相关决议：ISO 将立即开始准备制定正式的社会责任国际标准，但该国际标准将不用于合格评定目的；对于 ISO 将要开展的社会责任国际标准化活动，其范围将予以严格限定，避免涉及仅通过政治程序即可解决的问题；ISO 将成立专门工作组负责社会责任国际标准的起草工作，该工作组将直属 TMB，并保证充分考虑发展中国家对其活动的实质参与。

SR 不同于 SA8000。SA8000 是一种认证标准，而国际标准化组织将要制定的这种国际标准不用于认证，这是最根本的区别。认证标准是强制性的。国际标准化组织顾问团关于社会责任的报告以及 6 月斯德哥尔摩会议期间的讨论表明，利益相关群体在很多基本问题上还未形成国际共识。国际标准化组织之所以在社会责任方面不设定强制要求而力求形成有关指导性原则的共识，这是原因之一。

正如全球化浪潮不可阻挡一样，国际社会责任运动就目前发展趋势来看，也是任何力量都无法阻挡的，尽管存在这样那样的反对呼声，尽管它夹带着我国反对的贸易和劳工标准挂钩的问题。面对国际社会责任运动浪潮，就目前发展形势来看，我国的唯一选择就是承认现实并积极应对。

二、服务营销中社会责任理念的履行

我国加入 WTO 以来，已愈来愈深地融入到经济全球化浪潮中。作为"世界工厂"，中国已成为全球资本和产业链中的重要一环。作为全球化浪潮的产物，国际社会责任运动也同样会对我国社会产生巨大冲击，这是我国正在面对且不可回避的客观现实。目前这种冲击在我国已初见端倪，并呈扩大之势。

（一）国际社会责任运动的冲击

对于国际社会责任运动的冲击，我们应从以下两方面来辩证地看待其作用和意义：

从积极意义上说，社会责任运动确实有利于促进我国企业改善劳工的基本生产和生活条件、加强安全生产管理、关注社会慈善事业、建立良好商业道德意识、加强环境保护，使企业的生产活动建立在可持续发展基础之上并健康发展。这些作用不仅与我国的国家政策和长远目标完全一致，而且能更好地促进我国诸如劳动法、安全生产法、职业病防治法、环境保护法等一系列与社会责任有关的法律法规在企业内部得到切实贯彻实施。

从消极意义上说，社会责任运动确实给我国某些中小型劳动密集型出口企业带来了巨大的生存压力：一方面须在本已微薄的利润中拿出部分利润去改善劳工工作条件和待遇；另一方面须维持企业的正常运转并进一步发展。此外，社会责任运动还传播着西方社会的价值观，而这些价值观与我国现行的政治法律制度不一致，有些甚至冲突，我国并没有签署和承认与此相关的许多国际公约和文件。

（二）应对国际社会责任运动的冲击的策略

在机遇和挑战并存的情况下，面对国际社会责任运动的冲击，我国应采取"政府引导、妥善应付、稳步推进、和谐发展"的策略，趋利避害，为我所用。具体来说，可以包含以下几方面：

（1）积极参与 ISO 社会责任国际标准化活动，以便尽可能地发挥我国的作用和影响，使未来制定的社会责任国际标准尽可能避免出现与我国政治法律制度相违背及与我国国情不相符的内容。例如，国家标准化管理委员会积极组织国内专家主动参与 ISO 社会责任标准研讨会等。

（2）在政府的领导下，组织各有关方面专家开展相关对策研究，包括制定我国社会责任国家标准的可行性研究。例如，国家标准化管理委员会已委托中国标准化研究院组成了"社会责任标准化研究"项目组，全面开展相关对策研究。该项目组成员分别来自我国各有关部门（如国家认证认可监督管理委员会、劳动社会保障部、商务部等）、科研教育机构及其他有关组织（如中华全国总工会、中国企业联合会）等。

（3）加强国家对企业的监管，包括：打击假冒伪劣、反欺诈、反贿赂、取缔不符合基本安全生产条件的企业，严厉查处违反我国劳工、环保等社会责任方面的法律法规的企业行为，建立良好健康的社会经济秩序。

（4）在全社会倡导关心慈善事业、关爱社会弱势群体的企业公民意识，崇尚具有良好商业道德的行为，构筑一个符合我国文化传统和国情的企业社会责任价值体系。

（三）服务营销中履行社会责任理念的措施

服务营销中社会责任理念的履行应采取以下措施：

（1）重视环境保护工作，坚持可持续发展。企业营销活动要以"为环境而设计"的理念进行，并通过对自身运作的管理和对营销对象的管理来实现既定的目标。其环境保护措施贯穿于营销活动的始终，从服务产品的设计到服务过程中的有形展示，每一个环节都充分考虑环保因素，从而使服务产品实现最高的环保效率，材料和能源消耗保持在最低水平，再循环利用达到最大化。

（2）以人为本，强化内部管理，保障员工福利。服务企业重视人本管理，在选人用人、招聘和雇佣员工的政策、做法和程序中实行机会均等，任何员工不会因信仰、民族、年龄、性别、婚姻状况等因素受到不公正待遇。同时，企业在用人时，根据员工的个人能力、业绩及企业盈利情况制定奖励方案，为员工创造充分发挥其潜能并能得到公正奖励的机会，从而创造积极向上、努力进取的工作环境。形成深入人心的企业文化，以及相互尊重、追求成功和不断创新的开放气氛，使每一名员工都充分发挥自己的潜能，并能充分享受工作的乐趣。

（3）严格企业自律，加强企业道德建设，争做模范社区成员。服务企业要不断提升企业形象，努力与社会团体、工会、消费者和其他利益相关者建立伙伴关系，积极投身社会公益活动和慈善活动等。

案例

宾至如归的"家"文化服务理念
——如家快捷酒店

如家酒店集团创立于 2002 年，2006 年 10 月在美国纳斯达克上市。作为中国酒店业海外上市第一股，如家始终以顾客满意为基础，以成为"大众住宿业的卓越领导者"为愿景，向全世界展示着中华民族宾至如归的"家"文化服务理念和民族品牌形象。2012 年 12 月 4 日，获得 2012 年中国饭店业最佳连锁品牌奖。

如家酒店集团旗下拥有如家快捷酒店、和颐酒店两大品牌，截至 2012 年年末已在全国 279 座城市，拥有连锁酒店 2 013 家，形成了遥遥领先业内的国内最大的连锁酒店网络体系。

经济型连锁酒店品牌——如家快捷酒店，提供标准化、干净、温馨、舒适、贴心的酒店住宿产品，为海内外八方来客提供安心、便捷的旅行住宿服务，传递着适度生活的简约生活理念。

中高端商务酒店品牌——和颐酒店，旨在满足境内外中高级商务及休闲旅游人士的需要，以精致时尚的环境设计、舒适人性的客房设施、便捷高效的商务配套、恰到好处的热情款待，带领宾客体验前所未有的旅行新乐趣。

1. 如家的经营理念

生活理念：倡导"适度生活，自然自在"的生活理念。

服务理念：

便捷：便捷的交通，使您入住如家从此差旅无忧。

温馨：亲切的问候和照顾，让您仿佛置身温馨的家庭氛围。

舒适：在意每一个细节，专业服务为您带来舒适的住宿感受。

超值：贴心的价格，高品质的服务，选择如家，超值就是这么简单。

如家的使命：用我们的专业知识和精心规划，使我们的服务和产品的效益最高，从而为我们的客户提供"干净、温馨"经济型酒店产品；要让我们的员工得到尊重，工作愉快，以能在"如家"工作而自豪；同时使得投资者能够获得稳定而有竞争力的回报；由此创造我们的"如家"品牌。

2. 倡导绿色生活，如家荣获"绿色责任奖"

2010年9月22日，由上海环保局、上海世博局和美国环保协会主办，绿色出行基金承办的"低碳世博、中华风韵——中秋文艺晚会"暨"世博绿色出行中秋之夜"年度盛典在世博中心隆重举行。鉴于如家在绿色出行、低碳减排、建设节约型社会方面的努力，主办方授予如家酒店集团"低碳责任奖"。

2010年4月22日，全球首款世博低碳交通卡——"世博绿色出行低碳交通卡"在上海正式发布，如家酒店集团现场认购首批世博绿色出行低碳交通卡1 200张。世博绿色出行低碳交通卡最大的亮点是含有经过认证的二氧化碳指标。如家认购的1 200张"世博绿色出行低碳交通卡"，其碳指标经济利益回馈四川广元及苏北当地农民，为发展当地经济建设起到了很大的作用。

"我们整体的理念是适度生活、自由自在。如家的出现，也是市场发展到一定阶段的需要，它给大家倡导一种新的生活方式，不一定要去消耗那么多东西。所以说，我们本身就是资源节约型和环保理念型的公司。对于如家来说，倡导绿色出行，购买碳排量是切实地为低碳经济的发展贡献力量，这种形式应该可以令更多的企业、不同的行业和领域联合起来共同推进'节能减排'和'绿色低碳'社会的发展。"如家酒店集团 CEO 孙坚表示。

资料来源：根据实际调研和百度文库资料改编.

讨论题：

1. 如家的经营理念与其他经济型连锁酒店有什么不同？

2. 如家的超值服务可以增加些什么服务要素来吸引顾客？

3. 绿色如家还可以有哪些布局？

小　结

服务营销活动或行为是在正确的、先进的营销理念的指导下进行的。关系营销理念、顾客满意理念和超值服务理念从不同角度对服务营销活动或行为予以了指导。

关系营销的目标是同顾客结成长期的相互依赖关系，建立营销网络，关系营销的实施分4步进行。

顾客满意理念是对传统经营的发展，它指导企业实施顾客满意的服务战略和策略。包括纵向的3个递进层次和横向的5个并列层次。

超值服务理念要求企业对用户实现7个超越。超值服务系统是由售前、售中、售后超值服务3个子系统构成的服务系统。超值服务就是要为顾客提供附加价值，使附加价值与理想服务产品、顾客满意度构成一定的关系。

社会责任是20世纪90年代兴起的国际潮，其势不可逆转，服务营销必须融入其间，企业在从事服务营销活动时应该以社会责任理念为指导，充分履行社会责任。

习 题

1. 解释下列概念

关系营销　顾客满意理念　超值服务　顾客附加价值　理想服务产品　实际服务产品　社会责任

2. 关系营销的核心是什么？关系营销与交易营销有哪些区别？

3. 关系营销理念在服务营销活动中有怎样的指导作用？

4. 企业与顾客的关系有哪几种不同水平的关系？

5. 试分析关系营销的6个市场领域及实施步骤。

6. CS理念的目标指向是什么？为什么说CS与CI存在着互补性？

7. 顾客满意服务包括哪些纵向层次与横向层次？

8. 超值服务要实现哪些超越？

9. 如何认识超值服务系统及其延伸？

10. 试分析顾客满意度与理想服务产品、实际服务产品的关系。

11. 社会责任的国际潮是在怎样的背景下出现的？

12. 服务企业履行社会责任理念要采取哪些措施？

第五章

服务营销规划

服务营销规划是对服务企业战略行为的谋划。服务企业与有形产品企业一样，其成长过程必然经历幼稚期、成长期、成熟期和衰退期等几个发展阶段。要保证服务企业健康而迅速地成长，就必须对企业行为进行理性的、长远的、整体的谋划。服务企业千姿百态，就各个企业的个性而言，其战略方针的选择和营销组合的安排会有差别；但就其共性而言，服务企业选择战略方针及进行营销组合配搭方式则是有一定规律的。本章研究的正是服务企业具有共性的规划程序。

本章知识结构图

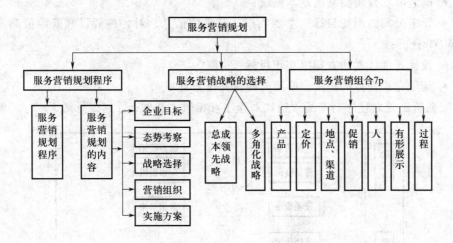

第一节　服务营销规划程序

一、服务营销规划的程序

　　服务营销的决策者在确立了明确的营销理念后，就要把理念转化为行动，将营销的构想付诸实现，这是一个系统过程，这个过程由 9 个步骤组成，见图 5 - 1。

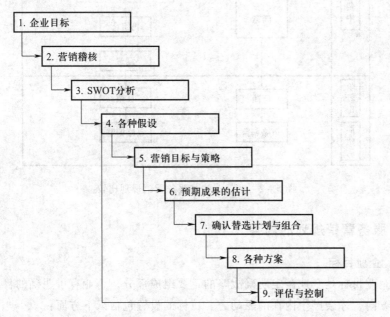

图 5 - 1　服务营销规划程序

营销规划过程可分述如下：

- 从外在环境及组织内部收集信息；

- 确认企业的主要优势和弱点、外在机会和威胁（SWOT 分析）；
- 确定成功营销要素的基本假设；
- 设定公司的市场目标：主要依已获得的信息、对各种假设和既定策略所做的 SWOT 分析；
- 设计详细计划和方案以实现目标；
- 衡量完成任务的进度，必要时检讨并修正计划。

服务营销规划程序与产品营销规划程序有相似之处也有区别，见图 5 - 2。

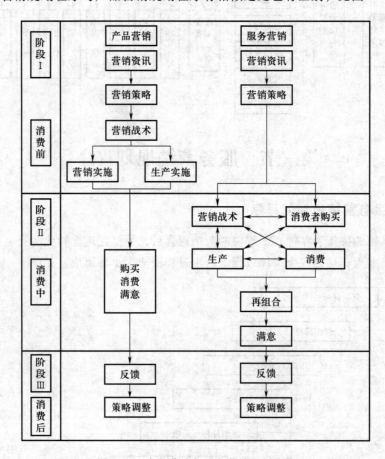

图 5 - 2　产品营销与服务营销规划比较

二、服务营销规划的内容

（一）企业目标

确定企业目标是企业制定明确战略的重要组成部分，企业有了明确的目标，才会有明确的方向，才会产生内在的驱动力。目标的设置包括以下方面：

1. 市场地位

- 服务产品的销售额；
- 企业所占的市场份额；

- 服务质量应达到的水平；
- 服务拓展的可行性。

2. 创新目标

- 服务营销方式上的创新；
- 服务营销手段上的创新；
- 服务营销理念上的创新。

3. 生产率水平

- 服务劳动效率；
- 资本产出率。

4. 资源开发利用

- 建筑物、设备的利用率；
- 技术开发目标；
- 原材料和部件成本的减缩。

5. 利润率

- 利润及利润率的预期；
- 利润的使用与扩大投入；
- 风险奖励；
- 吸引新资本。

6. 管理者的业绩和发展

- 管理者业绩的目标与具体指标；
- 管理者培训、学习和晋级。

7. 职工的业绩和态度

- 职工业绩的目标和指标；
- 职工服务态度规范。

8. 公共责任

- 对社会发展和公益事业的贡献；
- 对社会生态环境保护的贡献。

不同的服务行业应设置不同的具体目标。例如，银行可设置以下目标：

- 利润率；
- 增长率；
- 吸纳资金；
- 市场份额；
- 员工素质；
- 股东价值；
- 服务组合；
- 服务效率；
- 企业形象；
- 市场运作；

- 多种经营；
- 技术改进；
- 管理发展；
- 关系市场。

企业目标有的可以通过量化的方法来体现。例如，一个银行表达其企业目标可以这样：

- 利润——到 2015 年盈利翻一番；
- 增长——到 2012 年年收入增加一倍；
- 创新——每两年开发一个新的服务项目，而且它将占用启用后两年内至少 10% 的全部销售年收入；
- 形象——提升知名度和美誉度，到 2015 年知名度提升到 50%，美誉度提升到 30%；
- 服务——增加咨询和延伸服务的附加值，到 2015 年年总收入由 15% 增长到 25%；
- 员工——新增员工 20%，综合素质提高 20%。

（二）态势考察

态势考察是对企业所处的环境、内在条件和发展态势的评审和分析。

1. 营销评审

营销评审的目的是收集所有必要数据，从而确定如何在所选择参与竞争的每个营销细部获得成功。数据收集包括两类：企业外部环境的评价和内部评估。这些数据与现有情况和未来可能发展趋势相关联。为营销评审所做的分析分类如图 5-3 所示。

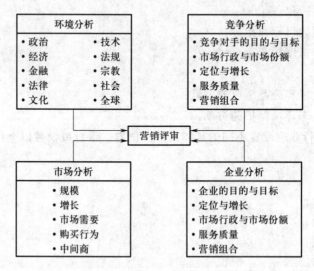

图 5-3 营销评审

营销评审包括对图 5-3 所列 4 个分类的综合全面和有系统的考察及分析。在每一个分类中还可以再划分为若干个细目。例如，经济变量可以划分为通货膨胀、收入、价格、存款和贷款限制等。

2. SWOT 分析

SWOT 分析的目的是把营销评审中有意义的数据分出来，从而发现必须通过怎样的管理才能最佳地满足在所选择的每个市场的各个环节内顾客的需要，识别那些对企业营销战略形成和实施有潜在影响的趋势、力量和条件。具体分析方法见本章第二节。

3. 关键假设条件

关键假设条件的目的是从态势考察角度辨别那些对营销战略的成败至关重要的因素，具体包括：国内生产总值的变化；经济形势；预计需求水平；通货膨胀率；利率变化等。

对关键假设条件的变化，企业要制定应急的方案，以保证原有规划的顺利实施。

（三）战略选择

战略选择在本章第二节展开表述。

（四）营销组织

营销组织在本章第三节展开表述。

（五）实施方案

实施方案是对企业实施营销规划的具体时间安排核定活动纲要以及每一阶段所要达到目标的统筹性的、粗略的、具体的安排。

例如，某公司导入 CI 实施方案可做如下安排：

某公司导入 CI 的实施方案

（一）组织机构

1. 导入 CI 领导小组

由公司主要负责人牵头，成立 CI 领导小组，全面负责 CI 战略的贯彻实施工作。

2. CI 办公室

抽调 5 ~ 9 名骨干成立 CI 办公室，负责 CI 战略实施的检查落实和日常工作。

3. 导入 CI 顾问组

由专业策划组担任该公司导入 CI 的顾问组，协助领导小组工作。

（二）实施推广程序

1. 召开新闻发布会，宣传公司导入 CI 的举措

2. 系统培训

部门经理 CI 研讨班（2 周）；各部门员工 CI 研讨班（2 周）；员工礼仪训练（1 个月）；技能、素质培训（3 ~ 5 年）。

3. 战略计划的制订及实施

- 企业业务发展战略；
- 市场拓展战略；
- 广告、公关宣传计划；
- 各部门战略计划；
- 个人规划。

4. 各类规章制度的制定和落实

（三）导入 CI 实施推广活动的内容及安排（见表 5 - 1）

表 5 – 1　某公司导入 CI 实施推广活动进度表

序号	活　　动	起止时间	负　责　人
1	CI 策划方案及 CI 手册的策划与制作	2012 – 11—2013 – 09	策划组
2	导入 CI 新闻发布会	2013 – 10	CI 领导小组
3	CI 研讨班	2013 – 10—2013 – 12	CI 领导小组
4	视觉应用系统制作（含广告牌）	2013 – 05—2013 – 10	策划组
5	企业发展战略研讨会	2013 – 10—2013 – 12	CI 办公室
6	规章制度修订	2013 – 12—2014 – 02	CI 领导小组
7	员工礼仪及素质培训	2013 – 12—2013 – 12	CI 领导小组
8	外部关系的建立与联系制度	2013 – 09—2014 – 02	CI 领导小组
9	外部公益活动计划及实施	2013 – 09—2014 – 12	公司主管部门
10	公共宣传计划及实施	2014 – 01—2014 – 12	公司主管部门
11	岗位培训及达标考核	2014 – 01—2014 – 12	公司主管部门
12	"从我做起"活动计划及考核	2014 – 01—2014 – 12	公司主管部门

第二节　服务营销战略的选择

一、服务营销战略分析

　　服务营销战略是指服务企业为了谋求长期的生存和发展，根据外部环境和内部条件的变化，对企业所做的具有长期性、全局性的计划和谋略。服务营销战略是企业在组织目标、资源和它的各种环境机会之间建立与保持一种可行的适应性的管理过程。营销战略被认为是最佳管理七要素（战略、结构、系统、作风、技能、人员和价值观）之首，是企业竞争与成长的利器，制定营销战略实质上就是根据情况选择做最恰当的事，"做恰当的事比恰当地做事更为重要"。

　　服务营销战略分析是制定营销战略的重要组成部分和先决条件。其分析方法可采用 SWOT（strength、weakness、opportunity、threat）分析法，此法即是对服务企业的内因分析（优势 S、劣势 W）和外因分析（机会 O、威胁 T），从而确定应选择的战略方针的方法。

　　优势是指能使企业获得战略领先并进行有效竞争，从而实现自己的目标的某些强而有力的内部因素和特征；劣势则与其相反。服务企业的优劣势分析一般围绕下述问题展开：

- 企业在行业中的地位；
- 企业的资本状况及融资渠道；
- 企业的目标市场顾客的信赖度、忠诚度；
- 企业服务产品进入市场的难易度；
- 企业竞争对手的状况；
- 企业决策者、管理者、员工素质；

- 企业与社会有关部门的关系；
- 企业服务产品开发空间的大小等。

机会是指企业营销行为富有吸引力的领域，在这一领域中，该企业将拥有更多的发展空间和优势。威胁则是指环境中对企业不利趋势所形成的挑战，面对这些挑战，企业若不采取趋利避害的营销决策，则会导致企业市场份额被侵蚀。服务企业的营销机会与威胁分析一般围绕以下问题展开：

- 是否有新的商机或新的竞争对手入侵；
- 是否创新替代服务产品或被替代服务产品所取代；
- 国际、国内市场的变化是否有利于服务企业的环境；
- 各类环境的变化对服务企业的发展是利还是弊；
- 企业的定位是否得当等。

服务营销战略分析可用图 5 - 4 显示。

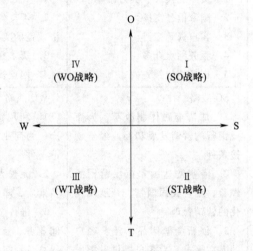

图 5 - 4 服务营销战略分析图

图 5 - 4 表示，服务企业制定营销战略时，可将企业的内因（优势、劣势）和外因（机会、威胁）进行综合分析，形成上述四象限简图，分别表示不同的战略选择。其中：

Ⅰ（SO 战略）即扩张性战略，企业内部拥有优势，而环境又提供了机会，这是理想的最佳状态。

Ⅱ（ST 战略）即分散化战略，企业内部拥有优势而外部则受到威胁，关键在于善于运作。

Ⅲ（WT 战略）即退出性战略，企业内部处于劣势而外部又处于威胁状态，要果断撤离。

Ⅳ（WO 战略）即防卫性战略，内部条件已处劣势，但外部环境尚有机会，企业要趋利避害。

扩张性战略可以采取以下具体措施：

- 外延扩张式，即扩大目标市场范围和领域，增设服务网点，拓宽服务渠道，扩大营销队伍；

- 内涵积累式，即通过技术改进、成本降低，以追求高收益率；
- 资本营运式，即通过资本营运，实行特许经营、兼并、联合等方式加以扩张。

分散化战略主要是采取多元化战略，多元化战略包括同心多角化、水平多角化、跨领域多角化等。分散化战略的目的在于分散营销风险。是采取关联性多角化还是非关联性多角化要依据企业的情况而定，不能不顾前提地认定孰优孰劣。

防卫性战略的最主要举措是不断利用环境提供的市场发展机会，引入创新机制，不断推出新的服务产品，淘汰陈旧过时的服务产品。

例如，某国有商业银行的 SWOT 分析可以这样进行，见表 5－2。

表 5－2　某国有商业银行的 SWOT 分析

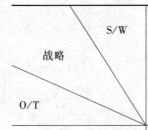	优势因素（S） 1. 资本规模大、实力雄厚 2. 国家信誉支撑 3. 客户资源广泛 4. 服务网点众多 5. 市场地位领先	劣势因素（W） 1. 冗员众多，使经营成本增加 2. 不良资产的消化问题影响经济效益的实现 3. 资本充足率低，管理难度大 4. 网点管理不健全
机会因素（O） 1. 更多的金融服务需求，市场潜力巨大 2. 利好政策将增强国有银行国际竞争力 3. 加入 WTO 带来了先进的营销理念和管理经验，促进其市场化进程	SO 战略 1. 加快金融体制改革，为商业银行的营销发展和混业经营创造条件 2. 借鉴发达国家市场营销的经验，结合我国国情，开展现代化的营销管理 3. 创新金融产品，开发客户的潜在需求，为客户提供一揽子服务	WO 战略 1. 利用政策尽快剥离不良资产，为商业银行开展市场营销创造条件 2. 完善人才培养机制，提高人员素质，降低经营管理成本 3. 进行金融产品创新，发展中间业务，逐步提高资本充足率，提高盈利能力 4. 加大营销投入，加强宣传
威胁因素（T） 1. 行政干预影响了银行的自主营销管理 2. 国际竞争经验不足，压力较大 3. 分业经营、分业监管的限制是成为全能银行的障碍 4. 金融立法不及时、不健全	ST 战略 1. 逐步建立混业经营制度，加快利率市场化进程，逐步减少行政干预 2. 建立、完善银行市场营销的法律、规范银行行为 3. 实施差异化定位 4. 加快学习发达国家商业银行的先进经验，抓住重点客户、优质客户，开展适合中国国情的市场营销 5. 开放新的金融产品、培育金融创新能力	WT 战略 1. 尽量回避与发达国家商业银行直接竞争，在为个人客户服务好的基础上，开发重点企业客户，如为中小企业提供针对性较强的服务 2. 利用现有市场的忠诚度，为现有客户提供服务

资料来源：韦恒. 中国论文网（有改动）.

二、服务营销战略类型的选择

服务营销战略同产品营销战略一样，共有两种战略可供选择：

（一）总成本领先战略

总成本领先战略是一种内涵积累式战略。其内容是：通过降低成本的努力，使成本低于竞争对手，以便在行业中赢得总成本领先的优势，获得高于行业平均水平的收益。

实施总成本领先战略必须具备 3 个基本前提条件：

- 服务产品的品质相同；
- 企业资金实力雄厚；
- 服务功能相同。

实施总成本领先战略可以采取以下途径：

- 调整企业资产结构和服务产品结构；
- 压缩费用，减少支出；
- 改善分销渠道和促销措施；
- 在高成本、劳动密集型的活动中实现自动化。

总成本领先战略具体表现为：

1. 特色经营战略

特色经营战略亦称为差异性战略。其内容是：通过企业形象、产品特色、客户服务、技术特点和客户网络等形式，努力形成一些在全行业范围内具有特色的东西，使用户建立起品牌偏好和忠诚。

特色经营战略的企业必须具备以下前提条件：

- 强大的市场营销能力；
- 创造性的眼光；
- 服务方面享有盛誉；
- 拥有传统的优质技能；
- 销售渠道的合作伙伴强有力的合作。

2. 集中化战略

集中化战略亦称为专业化战略。其内容是：企业将全部资源集中使用于最能代表自身优势的某一技术、某一市场或某一品牌的服务产品上，并取得成本领先优势。这既是企业逐渐分离成许多独立的子企业的过程，又是同类服务由生产趋向集中的过程。

集中化战略的实施必须具备以下条件：

- 市场需求具有较大规模并具有明显的不同的顾客群；
- 服务特点适宜于专业化经营；
- 适合于按标准化管理的企业。

集中化经营的积极意义在于：资源的相对集中，能保证成本领先优势；活动范围的缩小，促使企业采取科学管理方式；企业经营方向和目标十分明确，风险较小。其局限性在于，企业竞争范围狭窄，企业的应变能力削弱。

（二）多角化战略

多角化经营是市场经济发展的必然产物，它自 20 世纪 50 年代提出，至今已有 60 多年的历史。多角化经营战略理论，最早由美国经济学家安索夫（Ansoff. H. I.）提出，根据安索夫的理论，开发新产品、进入新市场的行为即为多角化。日本的三菱、美国的宝洁等世界著名公司借助于多角化经营，取得了令人瞩目的业绩。自 90 年代中期以来，多角化经营被我国的企业所吸收、运用。

多角化战略亦称为多元化战略。其内容是：一个企业同时经营两个以上行业的服务产品的市场经营战略。多角化经营是在企业内部各项功能高度分化和专业化，并拥有协调方式的情况下采取的分散风险战略。

实施多角化战略的前提条件是：

- 所有服务产品都处于市场生命周期的同一阶段；
- 所有服务产品都是风险产品或滞销产品；
- 所有服务产品都存在对某种资源的严重依赖。

就世界范围而言，多角化经营经历了 4 个发展阶段：

1. 发展阶段

20 世纪 50—60 年代。企业跨行业经营，出现混合型企业。如当时美国有 8 家食品、机电企业渗透到 244 个行业之中，其中有 107 家企业的产值占同行业总产值的 30% 以上。

2. 组合阶段

20 世纪 60—70 年代。市场营销投资组合的波士顿矩阵被发明，并成为帮助企业进行资源配置的重要依据和工具。1979 年，《财富》杂志对美国 500 家企业进行调查，结果表明有 45% 的企业采用了波士顿组合矩阵。

3. 核心业务论阶段

20 世纪 80—90 年代。一些企业在实施多角化战略时，由于经营不善、效益不高，造成组织成本过高，于是纷纷剥离辅业，人们的认识重新着眼于核心业务的阶段。

4. 核心业务集中化阶段

20 世纪 90 年代至今。1995 年、1998 年、1999 年，多次掀起世界性的、大规模的兼并、联合、重组的高潮，理论界顺势提出了企业的核心能力、协同整合、优势逻辑等一系列新的理论，从而对多角化经营提出了挑战。多角化经营从普遍采用逐步趋向慎重采用的变化。

企业多角化经营的形式多种多样，但主要可归纳为以下四种类型：

（1）同心多角化经营战略（concentric diversification），也称集中化多角化经营战略。指企业利用原有的生产技术条件，制造与原产品用途不同的新产品。如汽车制造厂生产汽车，同时也生产拖拉机、柴油机等。

同心多角化经营的特点是，原产品与新产品的基本用途不同，但它们之间有较强的技术关联性。

（2）水平多角化经营战略（horizontal diversification），也称为横向多角化经营战略。指企业生产新产品销售给原市场的顾客，以满足他们新的需求。如某食品机器公司，原生产食品机器卖给食品加工厂，后生产收割机卖给农民，以后再生产农用化学品，仍然卖给农民。

水平多角化经营的特点是，原产品与新产品的基本用途不同，但它们之间有密切的销售关联性。

（3）垂直多角化经营战略（vertical diversification），也称为纵向多角化经营战略。它又分为前向一体化经营战略（forward diversification）和后向一体化经营战略（backward diversification）。前向一体化多角经营，是指原料工业向加工工业发展，制造工业向流通领域发展，如钢铁厂设金属家具厂和钢窗厂等。后向一体化多角经营，指加工工业向原料工业或零部件、元器件工业扩展，如钢铁厂投资于钢矿采掘业等。

垂直多角化经营的特点，是原产品与新产品的基本用途不同，但它们之间有密切的产品加工阶段关联性或生产与流通关联性。一般而言，后向一体化多角经营可保证原材料、零配件供应，风险较小；前向一体化多角经营往往在新的市场遇到激烈竞争，但原料或商品货源有保障。

（4）整体多角化经营战略，也称混合式多角化经营战略。指企业向与原产品、技术、市场无关的经营范围扩展。如美国国际电话电报公司的主要业务是电讯，后扩展经营旅馆业。整体多角化经营需要充足的资金和其他资源，故为实力雄厚的大公司所采用。例如，由广州白云山制药厂为核心发展起来的白云山集团公司，在生产原药品的同时，实行多种类型组合的多角化经营。该公司下设医药供销公司和化学原料分厂，实行前向、后向多角化经营；下设中药分厂，实行水平多角化经营；下设兽药厂，实行同心多角化经营；还设有汽车修配服务中心、建筑装修工程公司、文化体育发展公司、彩印厂、酒家等实行整体跨行业多角经营。

除了上述分类之外，西方学者鲁梅尔特（R. R. Rumelt）采用专业比率、关联比率、垂直统一比率等三个量的标准和集约—扩散这一质的标准，将多角化经营战略分为专业型、垂直型、本业中心型、相关型、非相关型五种类型。

（1）专业型战略。企业专业化比率很高（95%以上），称为专业型多角化战略，这是把已有的产品或事业领域扩大化的战略，如由超级商场分化而来的自我服务廉价商店、小型零售店、百货店等。

（2）垂直型战略。某种产品的生产，往往只取从原材料生产到最终产品销售整个系统中的一个阶段，而每个阶段都有其完整的生产体系。垂直型战略就是或向上游发展，或向下游渗透。如一个轧钢厂生产各种钢材。采取垂直型战略，进一步向上游发展，投资发展炼钢、炼铁，甚至采矿业。

（3）本业中心型战略。企业专业化比率较低的多角化战略（在70% ~ 95%之间），称为本业中心型战略。即企业开拓与原有事业密切有联系的新事业同时仍以原有事业为中心的多角化战略。

（4）相关型战略。企业专业化比率低（低于70%），而相关比率较大的多角战略，一般来讲，其多角化战略的核心是经营资源。实行相关型多角化战略就是利用共同的经营资源，开拓与原有事业密切相关的新事业。

（5）非相关型战略。企业相关比率很低，也就是企业开拓的新事业与原有的产品、市场、经营资源毫无相关之处，所需要的技术、经营资源、经营方法、销售渠道必须重新取得。

第三节 服务营销组合

一、服务营销组合的七要素

服务营销组合是服务企业依据其营销战略对营销过程中的七要素变量进行配置和系统化管理的活动。

营销组合是为了便利管理者控制所有的变数条件并使之系统化，因为这些变数会影响到市场交易。服务市场营销组合的形成过程，大致与其他形态的市场相似。其过程主要是：

（1）将产品分解成部分或细节组合。

（2）将各细节组合调整成为营销组合。

每一公司所采用的独特营销组合应随条件（如需求水平、服务提供的时代）的变化而变化，营销组合过程也是随着变动的市场状况和需求不断修正和调整其构成要素的。

不可避免的，营销组合各种不同成分之间会有所重复且相互关联。因为在做决策时，我们在考虑组合中的一项内容时，不可能不考虑到它对其他组合项目的牵制和影响，见表5－3。

表5－3 服务业的营销组合（7Ps）

要　素	内　容
1. 产品（product）	1. 领域（range），2. 质量（quality），3. 水准（level），4. 品牌名称（brand name），5. 服务项目（service line），6. 保证（warranty），7. 售后服务（after sales service）
2. 定价（price）	1. 水准（level），2. 折扣（discounts，包括折让 allowances 及佣金 commissions），3. 付款条件（payment terms），4. 顾客的认知价值（customer's perceived value），5. 质量/定价（quality/price），6. 差异化（differentiation）
3. 地点或渠道（place）	1. 所在地（location），2. 可及性（accessibility），3. 分销渠道（distribution channels），4. 分销领域（distribution coverage）
4. 促销（promotion）	1. 广告（advertising），2. 人员推销（PS），3. 销售促进（SP），4. 宣传（publicity），5. 公关（PR）
5. 人（people）	1. 人力配备（personnel）：（1）训练，（2）选用（discretion），（3）投入（commitment），（4）激励（incentives），（5）外观（appearance），（6）人际行为（interpersonal behavior）；2. 态度（attitudes）；3. 其他顾客：（1）行为，（2）参与程度（involvement），（3）顾客/顾客之接触度

要　素	内　容
6. 有形展示（physical evidence）	1. 环境：（1）装潢（furnishings），（2）色彩（color），（3）陈设（layout），（4）噪音水准（noise level）；2. 装备实物（facilitating goods）；3. 实体性线索（tangible clues）
7. 过程（process）	1. 政策（policies），2. 手续（procedures），3. 器械化（mechanization），4. 员工裁量权（employee discretion），5. 顾客参与度（customer involvement），6. 顾客取向（customer direction），7. 活动流程（flow of activities）

营销管理者在制定服务业市场营销组合时，必须格外注意的某些重点、每项要素将在以后章节里有较详细的分析。

1. 产品

服务产品所必须考虑的是提供服务的范围、服务质量和服务水准，同时还应注意的事项有品牌、保证以及售后服务等。服务产品中，这些要素的组合变化相当大，这种变化可以从一家供应数样菜色的小餐馆和一家供应各色大餐的五星级大饭店相比较之后看出来。

2. 定价

价格方面要考虑的因素包括：价格水平、折扣、折让和佣金、付款方式和信用。在区别一项服务和另一项服务时，价格是一种识别方式，因此顾客可从一项服务获得价值观。而价格与质量间的相互关系，在许多服务价格的细部组合中，是重要的考虑对象。

3. 地点或渠道

提供服务者的所在地以及其地缘的可达性在服务营销上都是重要因素，地缘的可达性不仅是指实物上的，还包括传导和接触的其他方式。所以，销售渠道的形式以及其涵盖的地区范围都与服务可达性的问题有密切关系。

4. 促销

促销包括广告、人员推销、销售促进或其他宣传形式的各种市场沟通方式，如公关。

以上四项是传统"组合"要素；但服务营销人员显然有必要增添更多的要素，如人、有形展示和过程。

5. 人

博登在设计营销组合时，曾将人的要素包括在内，不过只限于人员推销的情况。因此，他的设计中有关人的要素至少还有两项被忽略：

第一，在服务业公司担任生产或操作性角色的人（如在银行做行员或在餐馆做厨子），在顾客眼中其实就是服务产品的一部分，其贡献也和其他销售人员相同。大多数服务公司的特色是操作人员可能担任服务表现和服务销售的双重任务。换言之，在服务业公司的服务执行者工作得如何，就像一般销售活动中销售能力如何一样重要。正如布伦戴奇（J. Brundage）和马歇尔（Christy Marshall）所指出："在服务业公司，服务的销售和递送之间是不易区分的……换言之，服务本身就是一件产品；同时，在服务被递送的同时，顾客所能见到的所有功能都成为服务产品的一部分。由于顾客一直能接触到服务公司的所有部分，所以无论操作、产品、销售或营销人员都和服务的售出关系密切……"

据此，营销管理必须和作业的处理工作方面协调合作，才能影响并控制顾客和公司工作人员之间的某些关系层面。公司工作人员的任务极为重要，尤其是蔡斯（Pichard B. Chase）所说的"高接触度"的服务业务方面，即营销管理者也应注意雇用人员的筛选、训练、激励和控制。戴维森（David S. Davidson）也指出，"在服务业，成功的秘诀在于认清：与顾客接触的工作人员才是公司最关键性的角色。"

第二，对某些服务业而言，顾客与顾客间的关系也应重视。因为一位顾客对一项服务产品质量的认知，很可能是受到其他顾客的影响。例如，一旅行团中的特殊成分结构，或者一家餐厅的其他食客的行为都可能影响顾客所得到的服务产品；在这种情况下，管理者应面对的问题，是在顾客与顾客间相互影响方面的质量控制。

6. 有形展示

在市场交易上没有有形展示的"纯服务业"极少，因此有形展示的部分会影响消费者和客户对于一家服务营销公司的评价。有形展示包括的要素有：实体环境（装潢、颜色、陈设和声音）以及服务提供时所需要的装备实物（比如汽车租赁公司所需要的汽车），还有其他的实体性线索，如航空公司所使用的标示或干洗店将洗好的衣物加上的"包装"。

7. 过程

人的行为在服务业公司很重要，而过程也同样重要，即服务递送过程。表情愉悦、专注和关切的工作人员，可以减轻顾客必须排队等待服务的不耐烦感觉，或者平息技术上出问题时的怨言或不满。但工作人员的良好态度，对出现的问题是不可能全部补救的。整个体系的运作政策和程序方法的采用、服务供应中器械化程度、雇用人员裁量权用在什么情况、顾客参与服务操作过程的程度、咨询与服务的流动、订约与待候制度等都是经营管理者要特别关注的事情。

在许多服务经营上，表现、人和过程是密不可分的。营销管理者必须重视服务表现和递送的过程顺序，在营销组合中也应包括。对于从事服务业营销活动的公司机构，这方面也是相当重要的。将生产或操作角色分开的传统作风，现在可能已经不合适了。从事服务业经营的管理者们，通常都扮演综合性的经营角色，即人事、生产、营销和财务等功能可说是无所不包。

二、服务营销组合的特殊性

服务营销组合较之产品营销组合的特殊性，首先表现为服务营销组合包括7项要素而不是4项要素。产品、定价、渠道、促销四要素的传统式组合结构是适用于有形产品营销的营销策略，这样的组合结构已不为服务业实用了，而必须采用新的营销组合要素及结构，这是由以下原因决定的：

（1）4Ps的营销组合，是根据制造业的情况确定的。由于服务业产品的非实体性特征，决定了适宜于实物产品的营销组合并不能适应服务业的需要。在服务领域，有许多属于政府管理的事业型服务组织，如公共事业部门，保健、教育和休闲等并不像制造业那样具有一般性的利润目标，所以服务营销组合不能像传统 4Ps 组合的出发点那样，把营销组合作为企业成本管理的重要手段。

（2）服务业的营销实务从事者认为营销组合内容不足以涵盖服务业的需要。在实践中，服务业管理者发现，若与制造业公司相比，他们必须要应付一些显然不同性质的问题。例如：

- 维持服务质量的问题；
- 从事服务人成为"产品"的一部分；
- 服务不能申请专利；
- 服务产品不能库存。

（3）越来越多的证据显示，营销组合的层面和范围不适于服务业管理。有足够的证据说明，有必要重新制定营销组合以适应服务营销。例如，以现有的结构和背景，提供或从事服务的人并没有想到现有布局、气氛和陈列方式的问题，但这些问题可能对于某些服务的购买具有重要影响。事实上，有一系列的要素（如人员、有形展示和过程）是传统营销组合框架所未能涵盖的。

服务营销组合的特殊性还表现为服务营销组合是一种艺术也是一种科学，建立营销组合的步骤是人的直觉和理性研究的结果，服务营销组合的步骤如图 5 – 5 所示。

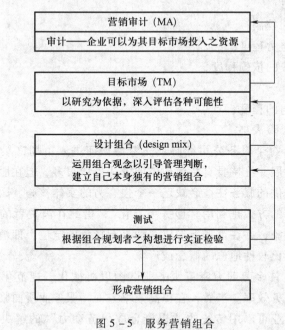

图 5 – 5　服务营销组合

服务营销组合的特殊性也是服务业营销策略制定上的特殊性的集中反映。

服务业营销策略的制定不能不考虑以下因素：

（1）业种问题。业种即行业的种类。服务业可依据其经营方式划分若干个业种。

业种的区分和描述是制定营销策略的依据。例如，以"设备基础"还是"人为基础"区分服务。依此区分，"设备基础"服务行业可能是自动化的（如自动洗车）、由非专门技术人员操作的（如干洗店等）或者由专门技术人员操作的（如电脑）；"人为基础"服务行业包括使用技术性劳力的（如家电修理）、非技术性劳力的（清洁服务）或者专业性劳务的（会计等）服务。以此种方式区分服务业，关键是回答下列两个问题：

- 这项服务如何实现？
- 什么样的设备或人来进行这项服务？

从这个例子可以发现"人为基础"的行业在拟定策略时，必须注重卖主和买主间的互动关系；可能的话，应通过维护与强化交易关系上的个人因素，促成两者之间关系更密切，在专业性服务业方面，这点尤为重要。

（2）购买动机。策略制定的一个重要步骤是确认目标市场、了解顾客需求以及顾客购买动机。显然，像这些问题是所有营销导向的企业都会面临的，不过服务公司的问题可能稍有不同。例如，对于消费者行为，虽然做出了许多理论上的解释，可是很少有人探讨消费者对服务的决策和基本选择模式。有人对于特定类别服务业做过专门的研究，并有所发现：专业服务的买主是"购买"卖主的才能，因此当买主在做决定时，他可能会去评估服务公司的业主或代表人的行为和个性。此外，他也要评估该公司本身，即所在地、声誉和外观等，包括：

- 所需时间总量；
- 顾客对情境的控制；
- 顾客所需的努力程度；
- 顾客对分阶段的依赖程度；
- 服务的效率；
- 与人接触参与的程度；
- 发生意外的风险大小。

（3）竞争反应。每个服务公司都必须先考虑如何进入市场，然后如何建立并维持其竞争地位。要发展并维持具有特色地位的方法虽然很多，但在服务业中实行起来并不容易，因为所提供的服务往往会缺乏一个强有力的实体核心。因为要建立坚强的竞争地位，一个重要的方式是利用"服务差异化"，借此在消费者的眼中创造服务公司及其服务的鲜明形象，并在市场上形成一种具有特色的定位，即消费者对服务产品和服务企业在市场上比较性地位的概念或形象。

（4）业务效率。许多劳动力密集服务业试图以机械化、规范化和利用各种科技及系统方法来提高业务效率。当然，在提高效率方面，服务业所面临的问题比制造业更多。虽然有些服务业可以用传统的"以资金取代劳动力"的解决方式，但并不是在所有的服务业领域中都行得通，尤其是"以人的要素为基础"的服务业，是不能以资金取代劳动力来解决问题的。各种策略性的挑战，在服务业市场总是与其他市场有所不同的。

（5）产品开发。产品规划和开发对服务业公司而言是一个重要问题，因为要建立一个具有防卫性的竞争地位是很不容易的，尤其对于服务业而言，更为抽象和不易掌握。另外，为了要向顾客提供搭配均衡的服务类别，产品规划也很重要。一般而言，服务业公司在研究与开发和产品规划方面的发展都不如制造业。不过，服务公司没有理由不去采取有系统的方式从事研究开发工作。当然，要测试、开发和规范化服务产品有一定的困难，尤其是所谓的"以人为基础"的服务业，往往缺乏真正的创新，而以模仿居多（如航空公司和银行业的服务）。

因此，服务公司在策略上受到的挑战，包括如何导入更系统的新服务产品开发程序以及如何设计高度非实体及创意性服务。服务产品的开发可以采用收购方式，不过是否适合采用收购方式，则因业种而定，若与制造业的收购相比较，则可能必须用不同的标准来评价。以收购方式追求增长，对服务业而言，是一个风险性问题，不过风险性因情况而异。越偏重于以人为基础的服务，风险就越大。而在以人为基础的服务中，凡是由专业人才或高度技术性人员提供的服务，风险性就更大，因此任何公司要收购服务业的话，必须有办法能争取到熟练的服务导向的经理来经营才行。

（6）对其他决策的影响。在服务业公司中，生产策略和人事策略是分不开的。不同部门所做的替代性决策及其产生的互动效应必须取得谅解。事实上，公司不同功能部门的相互关系，在服务业中会较为密切。

例如，在服务公司为提高生产效率而用设备取代人力时，反而可能降低营销效率。因为顾客可能会视这种改革为：个人服务的量减少后，服务质量便会全面降低。这种后果可能会加剧，顾客们也会认为这种改变是服务本身性质的改变，他们会重新考虑这种服务满足其需要的程度。在服务公司功能性策略之间很容易产生冲突，如生产决策往往造成营销上的不利后果，反之亦然。以上这些要害问题都能解决以后，营销策略规划将进入新的阶段，即开始制定"营销组合"。

案 例

古纳亚尔集团的经营战略：多角化经营

创建于1948年的古纳亚尔集团，是欧洲最大的杂志出版商，拥有众多的国际知名杂志品牌，其业务遍及全球。古纳亚尔出版公司又名古纳亚尔集团，或古纳亚尔公司（下文简称古纳亚尔）。隶属于贝塔斯曼集团麾下，它在全世界24个国家出版有约300种杂志，拥有员工超过14 000人。古纳亚尔的经营理念主要表现就是多角化经营。

1. 水平多角化——杂志产品的系列化经营

古纳亚尔的水平多角化策略指的是在杂志业务范围内进行多品种经营。古纳亚尔在长期的经营中，不断细分读者市场，针对不同目标受众制作不同类型的杂志，以保持杂志主题范围的广泛性，从而避免过于依赖某一类杂志而造成经营风险。目前，古纳亚尔几乎在每一个杂志细分市场都有领先刊物。如在德国拥有包括财经杂志《资本》、社会话题杂志《明星周刊》、女性杂志《布吉里特》、家居生活杂志《SCHOENERWOHNEN》、地理类杂志《GEO》等名刊，还拥有美国《国家地理》杂志欧洲版各种版本。

除了加大对名牌期刊的品牌维护外，古纳亚尔每年还不断推出新的杂志。如2006年，在德国推出定位为女性心理情感问题的杂志《EMOTION》，在中国推出科普杂志《新知客》。2007年，与全球最大的网上拍卖公司eBay合作推出《E－BAY》杂志，这是著名的互联网公司和传统杂志公司的第一次合作。同年，在法国推出宠物杂志《DOGS》，在澳大利亚推出新的杂志《FIRST》。2003年至2007年，古纳亚尔一共推出60多种杂志，约占其遍布全球的300多种杂志的1/5。

2. 同心多角化——以内容生产为核心开展多媒体经营

古纳亚尔在经营中，不断将其在杂志出版中所形成的核心竞争力移植到其他与内容有关的行业领域。目前，它已经从一个纯杂志出版商发展成为一个多媒体内容提供商。在报纸领域，古纳亚尔与英国培生传媒集团建立合资企业，获得金融时报德国版的经营权。此外，古纳亚尔还经营多种德国本土报纸。随着数字媒体的不断发展，人们的媒体使用习惯发生了巨大的改变。古纳亚尔针对这一变化，不断改进杂志的内容和形式，以满足读者新的需求。

在网络领域，古纳亚尔为旗下的众多杂志建立了网站，一方面以网络电视的形式为读者提供更丰富的资讯，另一方面开辟网络社区服务，加强与读者之间的互动与沟通。网络电视是古纳亚尔当前经营的一个重点项目。2007年，古纳亚尔专门建立了一个发展音频及视频图片内容的部门。食物类杂志《ESSEN&TRINKEN》在其网站上为读者提供500多个烹饪视频；布吉里特的网站为读者提供关于化妆及发型设计的众多小建议；GEO网络社区为读者提供出版旅行见闻、讲演及图片等服务；GALA网站上的"GALA之夜"版块，每天为浏览者提供不同的视频专题内容。

3. 垂直多角化——沿企业价值链上、下游扩张

古纳亚尔的垂直多角化策略指的是通过自建或并购的方式，对企业价值链的上游环节（印刷厂）及下游环节（分销商）的控制，实现杂志的产业化经营。这种策略可以将企业外部交易内部化，达到减少交易成本、提高企业效率的目的。1979年，古纳亚尔购买了美国布朗印刷公司，开始进军美国印刷市场。目前，布朗印刷公司已经成为全美第四大杂志与目录印刷商。基于布朗印刷公司近年来在美国市场上的良好发展态势，古纳亚尔加大对其投资，总投资资本达到5 500万美元，进一步巩固了其在美国印刷市场上的地位。

除了对杂志出版上游环节印刷的控制，古纳亚尔还通过自建发行渠道来负责旗下部分产品的销售。2005年以前，古纳亚尔的杂志及报纸销售均由发行商DPV控制，2005年年底，古纳亚尔建立了自己的销售部，其经营收入与利润逐年增长。2007年，自建的销售部还负责GEO的百科全书及布吉里特电子系列书的销售。

古纳亚尔的多角化战略是建立在其核心业务——杂志基础上的相关多角化。这一战略有利于古纳亚尔获得范围经济和战略协同等竞争优势，使其成为欧洲最具国际化

的杂志出版商。但是，它的多角化战略也存在一些弊端，古纳亚尔进军美国市场后，在妇女杂志这一细分市场上曾取得过辉煌的业绩，一度成为美国第二大杂志出版商。后来，由于实施多角化策略，盲目收购其他杂志，最终不得不卖掉旗下美国出版公司的杂志，退出美国市场。此外，古纳亚尔进军的欧洲印刷市场，也面临着激烈的价格战，加上前期巨额的投入成本，使得子公司出现连连亏损的状况。针对这些不利因素，古纳亚尔建立了新的发展战略，大力推广其品牌形象，试图依托品牌的力量，整合旗下多种杂志出版资源，该战略目前已经取得了初步成效。

资料来源：根据《出版参考》朱丹的论文和搜狗百科资料改编.

讨论题：

1. 哪些企业适合运用多角化战略进行经营管理工作？
2. 古纳亚尔集团运用多角化战略的优势和劣势是什么？
3. 除了多角化战略，古纳亚尔集团还可以运用哪些战略？

小 结

　　服务营销要通过对企业营销活动的规划将理念转化为行动。服务营销规划按一定的程序进行，一般分 9 个步骤。服务营销规划包括确定企业目标、对企业态势的考察、战略选择、服务营销组合、实施方案等内容。

　　服务营销战略分析是制定营销战略的重要组成部分和先决条件。一般采用 SWOT 分析法。总成本领先战略和多元化战略选择应依据企业拥有的内在条件和所处的外部环境来确定。

　　服务营销组合是人的直觉和理性研究的结果，较之产品的市场营销组合因素多了人、过程和有形展示 3 个因素。服务营销组合实施的成败对企业营销规划的实施和完成具有至关重要的影响。

习 题

1. 解释下列概念

态势考察　营销评审　SWOT 分析法　服务营销战略　服务营销组合

2. 简述服务营销规划的程序。
3. 服务营销规划与产品营销规划有何异同？
4. 服务营销规划的重点内容有哪几部分？
5. 服务营销战略分析有什么意义？
6. SWOT 分析法如何展开？分别形成哪些战略？
7. 根据国有商业银行的 SWOT 分析，试说明其他行业或者企业的 SWOT 分析法的运用。

8. 服务业选择发展战略应如何决策？

9. 多角化战略的形成本身经历了怎样的发展过程？

10. 企业多角化经营的形式有哪四种类型？

11. 服务营销组合具有哪些特殊性？为什么？

第六章
服务市场定位

服务市场表现为服务消费需求的总和，它包含着各种各样的、千差万别的需求形态。任何一个服务企业，无论其规模有多大，它所能满足的也只是市场总体需求中十分有限的部分，而不可能满足所有需求。因此，服务企业在进入市场之前，必须先寻找其目标市场，并确定自己在市场中的竞争地位。本章所讨论的市场定位和市场细分就是围绕这一内容展开的。

本章知识结构图

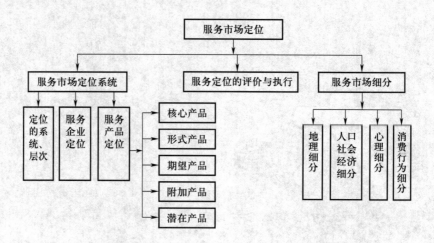

第一节　服务市场定位系统

一、服务市场定位的系统性与层次性

市场定位这一概念是在商品经济高度发达情况下应运而生的。在卖方市场下，商品供不应求，卖方主导市场，根本不需要考虑占领消费者心理的问题。随着生产力的不断提高，商品日益丰富，在市场有限、消费能力有限的情况下，丰富的同类商品不可避免地带来同行业之间的竞争。企业要想战胜竞争对手，唯一的办法就是占领消费者的心理位置，成为消费者钟情的企业或首选的商品，这就是市场定位。

严格地说，市场定位有广义与狭义之分。广义的市场定位是指企业的战略谋划行为，企业的成败得失往往取决于企业市场定位的正确与否。作为战略意义的市场定位包括企业的市场细分、确定目标市场、进行产品定位和企业定位等一系列具体行为。狭义的市场定位仅指产品定位或企业定位某一具体行为。企业进行产品定位或企业定位，是在企业依据总体定位思想和战略对市场进行细分，从而确定目标市场后的水到渠成的行为。

从 20 世纪 80 年代开始，定位的战略意义逐渐为一些领先的服务企业所认知，因为它给不可触摸的服务产品增加了一个实在的框架。服务定位的具体含义是，企业希望能够知道它的核心细分市场内的目标顾客如何看待企业提供的服务，这些服务能否满足他们的愿望，又如何能区别于竞争者的同类产品。进入 90 年代，定位对服务企业更为重要了。在我们身边，彼此竞争的航空公司用同样的飞行总里程优惠飞同样的路线；大部分的银行也提供非常类似的利率和服务。企业处在这样的环境中，怎样才能脱颖而出，在消费者心中树立差别化形象呢？唯有进行市场定位、提供别出心裁的服务才能保证企业与众不同，让消费者比较容易识别本企业的服务产品。

所谓服务市场定位，是指服务企业根据市场竞争状况和自身资源条件，建立和发展差异化竞争优势，以使自己的服务产品在消费者心目中形成区别并优越于竞争者产品的独特形象。当企业选择了目标市场并遇到竞争对手时，自然而然要做市场定位分析。比如，企业需要了解在这一细分市场上，顾客心目中所期待的最好服务是什么？竞争对手所能够提供的服务的程度怎样？本企业提供的服务理念是否同顾客的需求相吻合？如果顾客的期望尚未或很少被满足，那么企业应该采取怎样的措施使自己的产品能够达到顾客期望的水平，等等。定位为服务差异化提供了机会，每家服务企业及其产品在顾客心目中都占有一席之地，形成特定的形象从而影响其购买决定。定位可以不经计划而自发地随时间形成，也可以经规划纳入营销战略体系，针对目标市场而进行。

市场定位是一个系统而不是孤立的问题。人们习惯上提到的定位多指由服务企业提供的产品和服务的定位。事实上，市场定位作为一个系统有好几个层次，一般地讲，可以从以下几个层次考虑定位：

（1）行业定位——即把整个服务行业当做一个整体进行定位。

（2）企业（机构）定位——把机构、组织作为一个整体进行定位。

（3）产品组合定位——把组织提供的一系列相关产品和服务进行定位。

（4）个别产品和服务定位——即定位于某种特定产品和服务。

在考虑企业定位以及产品定位之前，服务企业必须首先考虑自己所在的行业在整个服务产业中的位置如何。图6-1显示了部分服务行业的相对位置。

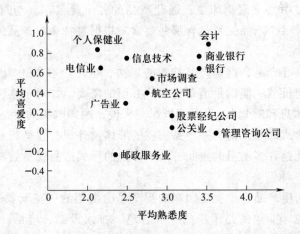

图 6-1 部分行业的相对位置图

企业并不需要在上述所有层次进行定位。比如出租车公司和饭店，只需要在企业层次和个别服务层次定位就可以了，而且定位策略也相对简单。但对于一些规模大、开展多种业务的服务机构，组织定位、产品组合定位和个别定位3个层次的定位都是必要的。但是，有两点需要明确：一是企业（机构）定位和个别定位必须有清晰的相关性，并有内在的逻辑关联；二是品牌既可以产生于产品组合层次，又可以产生于个别产品层次。

市场定位是对消费者心理的占领。要实现这个目标，使本企业的产品真正进入人的心里，却是相当困难的。企业不仅要针对消费者的心理空间塑造产品形象，还要用有效的途径传达到这块领域，使消费者产生心理共鸣。由于广告具有其他方式所无法比拟的传播沟通优势，因而定位概念最早出现于广告宣传上。随着定位理论与实践的不断发展，定位理论也不断延伸，如今早已超越了广告而进入更为广阔的营销活动中，其内容也从产品定位扩展到品牌定位及企业定位上，成为市场营销理论的核心部分。

二、服务产品定位

服务产品定位是将某个具体产品定位在消费者心中，无论何时何地，只要消费者产生了相关需求，就会自动地首先想到这种服务产品，达到先入为主的效果。服务产品定位是服务企业定位的基础，因为企业最终销售出去的是服务产品，没有产品在消费者头脑中的鲜明形象，就不用奢谈企业在消费者头脑中的鲜明形象了。

许多创业者都有一种不切实际的想法，他们希望在服务产品推出之前，就让市场承认新公司"享有盛誉"。事实上，一家新开张的公司毫无建树，人们对它没有丝毫印象，就凭一些广告建立起自己的声誉，怎么可能做到呢？服务企业的地位是不能凭空确立的，必须先确立服务产品的地位，只有首先有了一个或一系列好产品，且服务产品在市场上获得好声誉后，才能确立服务企业的地位。

服务产品往往是无形的东西，如美容、音乐会、教育等；也可以是有形的产品，如饭店的顾客需要的是高质量的食品。服务定位的目的就是让这些有形和无形的服务产品在消费者心目中留下深刻印象，因此产品的各个要素都要与这一定位形象相符合。我们先来看看一个产品究竟包含哪些要素。根据科特勒对产品的分析，一个产品应该包含 5 个层次：

第一层次是核心产品，这是产品基本的层次，也是顾客真正购买的服务或利益，它体现产品的使用价值，能满足消费者某些方面的需要。如对于旅店来说，晚间的顾客购买的就是"休息和睡觉"；而对于电影院来说，顾客购买的就是"娱乐"。

第二层次是形式产品，指的是产品实在的形体及外观，它是核心产品的载体。如旅店的形式产品就是许多出租的房间，而电影院的形式产品就是放映电影的场所和设施等。

第三层次是期望产品，也就是顾客购买产品时期望的一整套属性和条件。例如，对旅店的客人来说，期望的是干净的床、香皂、排水设施、电话、衣橱和安静的环境，大多数旅店都能满足这种最低限度的期望。

第四层次是附加产品，指购买这种产品的顾客所得到的附加利益和服务，如使用说明、质量保证等。对于旅店来说，可以通过提供电视、香波、鲜花、快速结账服务、美味餐饮和优质房间服务来增加其产品的内涵。

第五层次是潜在产品，也就是该产品将来可能的所有增加和改变。这一层次消费者现在可能体会不到，将来在条件改善以后才能享有。

服务产品定位是服务市场定位的第一步，为了取得强有力的地位，企业必须围绕其产品的 5 个层面做文章，务必使自己的产品与市场上所有的其他同类产品有所不同，它应该在 5 个层面上具有一个或几个特征，看上去好像是市场上"唯一"的。这种不同可以体现在许多方面：技术含量、质量、价格和销售方式等。与其他同类产品的差异越多越好，但也不一定非要在几个方面同时表现出差别，有时仅在一个方面有所不同就行了，如"高质量"、"技术领先"等这种不同之处应该非常鲜明突出，并将之深深印入顾客的头脑中，变成顾客的一种感觉和印象。

三、服务企业定位

企业定位处于定位阶梯的高层。服务企业必须首先定位它们的产品，然后才能在公众中树立起企业的美好形象。而作为定位的最后一步，服务企业定位对前一步起着强化的作用。一旦企业获得较高的社会声誉，即企业定位好，则企业的产品定位也会相应的得到持续巩固，还会使企业产生长期效益。

没有好的产品定位，企业地位难以树立起来，但企业定位的内容和范围比前者要广得多。一个良好的企业形象和较高的社会地位不仅应得到消费者的认可，而且应得到与企业有关的所有人员和机构的认可，包括供应商、股东、银行、政府、新闻机构、经济分析员、律师、产业界知名人士和有关专家教授等。几乎所有的环节——产品、财政、广告、价格和公共关系等，都会对企业定位产生影响。

企业要树立美好形象，必须具有良好的财政状况。如果企业是盈利的，则"一俊遮三丑"，企业的其他失误不是被遗忘，就是被原谅。但是，一旦发生亏损，企业的美好形象也就随之遭到毁灭性的打击。市场地位与企业的财政力量是相互依赖、相辅相成的。具有强有力财政力量的企业，容易筹到利率较低的资金；资金充足的企业，比较容易确立它的市场地位。

此外，企业领导人的形象也至关重要。如果企业有一位声誉卓著的领导人，或者董事会是由一班团结一致、朝气蓬勃的创业者所组成，这班人被舆论界看好，就有助于确立强有力的地位。通常，人们喜欢在强有力的领导人手下工作，这样的企业也容易招聘到优秀的雇员，而优秀的雇员又能带来良好的声誉和干劲，形成良性循环。强有力的领导还容易与金融机构建立联系，那些金融界人士总是喜欢支持有远见卓识、经营有方的企业家。

企业定位可根据自身的资源优势和在市场上的竞争地位做出如下选择：

● 市场领先者，即在行业中处于领先地位。

● 市场追随者，即在市场上居于次要地位，一时不能建立领导者地位，而采取与市场领先者拉在一起，造成"我也是"的平起平坐的企业定位。依据追随领先者的程度可分为紧紧追随者和保持距离的追随者、选择性追随者三种定位。

● 市场挑战者，即在同行业中虽居于次要地位，但却发起与领导者的竞争并且迅速后来居上的企业定位。

● 市场补缺者，即适应于力量单薄的企业在市场中的某些部分实施专业化经营，以避免与主要企业发生冲突和重叠而求偏安一隅。仅为市场提供某些有效的专业化服务的企业定位。

企业定位一般采取以下方法：

1. 以服务特色进行企业定位

企业的服务特色是构成服务产品名牌效应的重要因素。企业的服务特色与企业的名气、商誉是一致的。此种方法的定位可以造成服务产品带动企业，企业托起服务产品特色的互动效应，使消费者通过接受优质服务的过程来接受企业。

2. 以企业形象设计、整合、宣传进行企业定位

企业通过设计、整合、宣传崭新的企业形象来扩大影响，深入人心，通过企业形象的魅力和张力确定自身的定位。

3. 以企业的杰出人物定位

企业的杰出人物在社会上易产生轰动效应，消费者的心理容易产生爱人及物的连带效应，由对杰出人物的崇敬和爱戴而产生对企业的好感，从而在公众心目中确立企业的位置。

4. 以公共关系手段进行企业定位

企业以社会名流的视察、赞颂，或以承办某些大型公益性、娱乐性活动，或通过展示会、研讨会等形式，强化企业在社会公众中的影响，以确定企业在消费者中的位置。

市场定位像一根无形的线索，从上到下贯穿企业所有的部门，企业各部门人员都必须服从市场定位策略，围绕它开展各项工作，为实现企业总目标而协同努力。

第二节 服务定位的评价与执行

一、服务定位的评价

（一）成功定位应遵循的原则

市场定位的最终目的是提供差异化的产品或服务，使之区别和优越于竞争对手的产品和服务，而不论这种差异化是实质性的、感觉上的还是二者兼有。虽然服务产品的差异化不如有形产品那样明显，但是每一种服务都能让消费者感受到互不相同的特征。既然如此，企业进行定位时必须尽可能地使产品具有十分显著的特色，以最大限度地满足顾客的要求。通常，在评价差异化特征时有以下几个标准可供选择：

（1）重要性——该差异所体现出的需求对顾客来说是非常重要的。

（2）显著性——企业产品同竞争对手的产品之间具有明显的差异。

（3）沟通性——这种差异能够很容易地为顾客所认识和理解。

（4）独占性——这种差异很难被竞争对手模仿。

（5）可支付性——目标顾客认为因产品差异而付出额外花费是值得的，从而愿意并有能力购买这种差异化产品。

（6）盈利性——企业能够通过实行产品差异化而获得更多的利润。

（二）成功定位必备的特征

1. 定位应当是有意义的

如苹果公司一直把自己树立成一种年轻的、具有自由精神的、立志于改变世界的硅谷公司形象，这种形象在家庭和教育市场上颇受欢迎，但在相对保守的市场上表现

平平。最近，苹果公司开始注意致力于解决顾客所遇到的实际问题，在市场宣传中也注意强调务实这一点，从而使定位具有实际意义。

2. 定位应当是可信的

许多公司声称能为所有的人提供所有的服务，显然这是难以令人信服的。实际生活中，行业中的领先者往往并非那些声称无所不能的企业，而是集中于某一专业区域的可信任企业。如有的会计师事务所宣称能够承担任何管理咨询服务：在战略咨询方面——比如像麦金西公司（McKinsey & Company）、贝恩和波士顿咨询集团（Bain & BCC）；在人力资源方面——比如像海协会（Hay Associates）。听起来让人难以置信，事实也并非如此。有趣的是，进入咨询业最成功和最大的会计师事务所——阿瑟·安德森（Arthur Andersen）多年来主要集中在一个特定领域——信息系统。

3. 定位必须是独一无二的

企业需要发掘这样一种定位——使自己在既定的目标市场上一直保持领先地位。

市场上存在许多不同的差异化途径能够使企业成为领先者，表6-1列出了12种领先方式以及各自的内涵，即12种定位选项。企业应当根据自身和竞争者的实际状况加以选择。

表6-1 定位方式

定 位 选 择	含 义
• 市场份额领先者	最大的规模
• 质量领先者	最好的或最可信的产品和服务
• 服务领先者	最迅速地为顾客解难
• 技术领先者	最早发明新技术
• 创新领先者	在技术运用上最具创造性
• 灵活领先者	最具适应性
• 关系领先者	在致力于顾客服务方面最成功
• 声誉领先者	最具排斥力、独一无二
• 知识领先者	具备最好的功能和技术
• 全球领先者	在国际市场上占据最佳位置
• 折扣领先者	最低的价格
• 价值领先者	最好的价格/性能比

企业在考虑定位选项哪一个最合理时，应当回答以下问题：
- 哪一种定位最能体现企业的差异化优势？
- 主要竞争对手采用的是哪种定位？
- 哪些定位对每个目标细分市场最有价值？
- 哪些定位聚集着众多竞争者？
- 哪些定位目前竞争尚不激烈？
- 哪些定位最适合于企业的产品和产品组合定位战略？

二、服务定位的执行

企业和服务的定位需要通过它所有的与顾客隐性和显性的接触来传达出去，即意味着公司的职员、政策和形象都应当反映类似的形象，传递期望中的市场定位。事实上，企业期望的定位和实际传递的定位往往不相一致。比如，英国航空公司曾自称服务周到，但旅客的实际感受并非如此，为此公司需要做大幅度内部调整，其中包括职员必须真正想顾客之所想，而经理对职员也要采取关怀的态度。在广告战略上，公司大胆放弃沿用很久的"我们关心你"，转而从具体行动上体现公司的特色。可见，成功的定位取决于协调的、整体的内部和外部营销策略。

如果目标细分市场的顾客对企业提供的服务反应冷淡，那么定位就很有可能失败。反应冷淡的原因主要是企业的服务毫无特色，与竞争者相比没有明显的优越性。为此，企业的定位战略必须要求突出本企业服务与众不同，而这些不同之处正是顾客所看中、渴望的。因此，企业必须经常考察其定位战略，使之不至于过时，或者脱离目标顾客所需。市场营销组合是执行定位战略的关键所在，执行定位的市场营销组合必须基于与目标细分市场相关的关键的、突出的特性。确立这些特性应该分析竞争者的位置以发现其弱点所在。市场营销组合代表着实施定位的无限机会。下面说明每一组合因素如何支持服务企业的定位。

1. 服务产品

服务产品本身能够传递定位。例如，巴克莱（Barclay）联系卡就帮银行定位为具有创造性的革新者。这种卡可充当多种角色：现金提取、支票担保、维萨卡（Visa）的使用直接记入现有支票账户方及储蓄卡等。

2. 价格

零售商和连锁酒店非常清楚价格在定位中的作用。价格以及一定价格带来的服务质量的改变有助于企业进行重新定位。

3. 服务的便利性和地理位置

有些银行把自己定位为更加接近顾客。它们的成功有赖于新技术的采用——广泛安置自动柜员机（ATM）的可行性，同时还延长了银行的营业时间。

4. 促销

促销和定位的联系十分紧密，因为正是广告和促销方案使得定位得以传播。以下所列的定位主题或"鲜明特征"有助于强化企业期望的定位。

IBM："每时每刻为每个顾客快速可靠地服务"。

美洲航空公司（American Airline）："我们为专业旅行者设立航线"。

联邦快递（Federal Express）："完全彻底不分昼夜地递送"。

塞恩斯伯里（Sainsbury）："好食物在塞恩斯伯里花得更少"。

5. 职员

职员对定位起着关键作用。如果某企业的定位是"我们会更加努力"，那么它必须设法保证每个职员确确实实地为服务顾客而付出更大的努力。企业在传递其定位之前，首先要对员工进行培训以提高其服务表现。

6. 顾客服务

顾客对自己直接接受的服务质量的高低最有感触，因此可以把它作为一个竞争者不易模仿的武器来使用，以获取竞争优势。它是公司定位战略中创造差异化的一种重要方法。

第三节　服务市场细分

市场细分就是根据消费者明显不同的需求特征将整体市场划分成若干个消费者群的过程，每一个消费者群都是一个具有相同需求和欲望的子市场。通过市场细分，企业能够向目标市场提供独特的服务产品及其相关的营销组合，从而使顾客需求得到更为有效的满足，并确保顾客的保有和忠诚。

市场细分对于服务企业具有极为重要的意义，随着服务市场上新竞争对手的不断加入和服务产品项目的增多，企业之间竞争日益加剧，市场细分将有助于企业投资于能够给其带来经济效益的领域，从而避免因盲目投资而造成的资源浪费。同时，市场细分将有助于企业通过产品的差异化建立起竞争优势。即使在较为成熟的行业里，市场机会仍然存在。企业通过市场调查和市场细分将会发现尚未被满足的顾客群体，如果企业能够根据这一顾客群体的需求特征设计出具有特色的服务产品，肯定会获得巨大成功。比如，在金融服务市场上，信用卡提供给顾客的是信誉、便利和声望。美国运输公司就瞄准了旅游和消闲市场，向商业人士和拥有较高社会地位的人士提供价格高昂的运通卡。这种信用卡实际上同 Visa 卡与 Mastercard 卡没有什么区别，但由于它更强调信用卡使用者的声望而倍具吸引力。

服务市场的购买者往往在一个或几个方面存在差异，如在购买要求、购买态度和购买习惯方面等，我们可以根据这些变数来细分市场。服务市场细分与有形产品市场细分有许多相似性。因此，在以下的论述中，我们将结合有形产品的市场细分情况进行详细的阐述。

一、细分市场的依据

细分市场主要依据地区特征、人口特征等展开。

（一）按地理因素细分

这是根据消费者工作和居住的地理位置进行市场细分的方法，即将市场分为不同的地理单位，如国家、省（州）、地区、县、城市或居民等。由于地理环境、自然气候、文化传统、风俗习惯和经济发展水平等因素的影响，同一地区人们的消费需求具有一定的相似性，而不同地区的人们又形成不同的消费习惯和偏好。因此，地理因素得以成为市场细分的依据。由于这种方法比较简单明了，为许多服务企业所偏爱，如提供饮食服务的企业必须要考虑当地人们的口味状况。服务策划者可以决定在一个或几个经营地区开展经营活动，但要注意各地区的偏好和差异。

（二）按人口和社会经济因素细分

人口细分是根据消费者的年龄、性别、家庭规模、家庭生命周期、收入、职业、宗教、种族以及国籍等因素将市场细分为若干群体。人口细分是区分顾客群体最常用的方法之一，原因主要有两个：

（1）消费者的需求、偏好以及对服务产品的使用状况常常与人口因素有密切关系。

（2）人口因素比其他因素更易衡量。即使是用非人口统计的术语描述目标市场，也必须联系到人口统计的特征。

这里我们想要说明的是如何使用一些人口因素来细分市场。

（1）年龄与生命周期阶段，消费者的需要和购买量的大小随着年龄而异，即使是6个月的婴儿与3个月的婴儿在消费潜力上也有差异。

（2）性别，性别细分早就在服装、美发、化妆品和杂志等中使用了。

（3）收入，收入细分在汽车、游艇、化妆品和旅游等产品制造业和服务业中也是一个长期使用的标准。不过，收入有时并不一定精确预测出某服务产品的消费者人数。有人以为体力劳动者会买雪佛莱牌汽车，而经理们会买卡迪拉克牌汽车。但是许多经理也买雪佛莱汽车，而有些工人却购买卡迪拉克汽车（如高收入的管道工人）。在西方发达国家，工人是彩电的首批顾客，因为对他们来说，买彩电比看电影、下饭店更便宜。这种状况在服务行业中也经常出现。

（4）多种人口因素细分，大多数服务策划者会将两个或两个以上的人口因素结合起来细分市场，这里就不赘述了。

（三）按心理特征细分

在心理特征细分中，根据顾客分属不同的社会阶层、具有不同生活方式、生活态度及个性特征，将他们分为不同的群体。按人口和社会经济因素细分属同一细分市场的人可能会显示出截然不同的心理特征，产生不同的购买行为。因此前两个划分依据结合考虑顾客的心理因素（如生活方式的特征等）将会变得更有效。许多服务企业已越来越倾向于采用心理因素进行市场细分。

1. 按社会阶层细分

许多企业针对各个社会阶层设计服务或提供服务。由于不同的社会阶层，其兴趣偏好不同，对服务产品的需求也就不尽相同。美国著名营销专家菲利普·科特勒将美国社会划分为7个阶层，各阶层的特征如下：

（1）上上层（人数占美国总人数的比例小于1%）。上上层是继承有大量财产、具有著名的家庭背景的社会名流。他们捐助大笔的财富举办慈善事业，掌握社会大权，拥有不止一处的住宅，送子女进最好的学校就读。他们是珠宝、古董、住宅和度假的主要市场。他们经常购物，穿着保守，且不喜欢虚荣矫饰。由于这一阶层中的人数很少，他们成为其他群体模仿的相关群体。

（2）上下层（约占2%）。上下层是在职业或生意中具有格外超凡活力而获得较高收入或财富的那些人。他们往往出身于中间阶层，在社会及公众事务上采取主动积极的态度，总是为他们自己或他们的子女购买一些足以代表身份的昂贵住宅、游艇及汽车，送子女进贵族学校，建造豪华游泳池。

这一阶层中还有所谓的暴发户，他们摆阔挥霍，向位于他们之下的人炫耀。

（3）上中层（约占 12%）。上中层既没有高贵的家庭地位，也没有太多的财富，他们对其"事业前途"相当关注，他们已获得专门职业者、独立企业家和公司经理等职业。他们相信教育很重要，希望他们的子女能受到高等教育，发展专业或管理技巧以免落入较低的阶层中。这一阶层中的人通常谈论理念和"高级文化"，他们热衷参加各种社会团体组织，非常关心社会福利，他们往往是优良住宅、服装、家具和家电的最佳市场。他们往往在布置优雅的家中招待朋友和同事。

（4）中间层（约占 31%）。中间层是中等收入的白领和蓝领工人，他们居住在"城市中较好的一侧"，并且力图"干一些与身份相符的事"。通常购买赶潮流的产品。25% 的人拥有进口汽车，其中大部分人注重时尚，追求"一种良好的服务"。其理想居住条件是在城市较好一侧，有个"好邻居"的"一所好住宅"，还要有"好的学校"。中间层认为有必要为他们的子女在"值得学习的见识"方面花较多的钱，要求他们的子女接受大学教育。

（5）劳动阶层（约占 38%）。劳动阶层包括中等收入的蓝领工人和那些过着"劳动阶层生活方式"而不论他们收入多高、学校背景及职业怎样的人。劳动阶层主要依靠亲朋好友在经济上和道义上的援助，依靠他们介绍就业机会，购物听从他们的忠告，困难时依靠他们的帮助。度假对于劳动阶层来说，指的是"待在城里"，"外出"指的是到湖边去，或者去不到两小时路程远的地方。劳动阶层仍然保留着明显的性别分工和陈规旧习，他们喜欢的汽车包括标准型号或大型号的汽车，对国外的小型汽车从不问津。

（6）下上层（约占 9%）。下上层的工作与财富无缘，虽然他们的生活水平刚好在贫困线之上，他们无时不在追求较高的阶层，却干着那些无技能的劳动，工资低得可怜。下上层往往缺少教育。虽然他们几乎落到财政贫困线上，但他们千方百计"表现出一副严格自律的形象"，并"努力保持清洁"。

（7）下下层（约占 7%）。下下层与财富不沾边，一看就知道贫困不堪，常常失业或干"最肮脏的工作"，他们极少对求职感兴趣，长期靠公众和慈善机构救济。他们的住宅、衣着、财物是"脏乱的"、"破烂不堪的"、"无一完好"的。

2. 生活方式

消费者对各种服务产品的兴趣是受他们的生活方式影响的。其实，人们消费什么产品也反映了他们的生活方式。鉴于此，服务策划者正趋向于根据消费者的生活方式来细分市场。例如，大众汽车公司已设计了适应各种生活方式的汽车：

- "循规蹈矩的公民"使用的汽车。该汽车的特点是经济、安全、符合生态学；
- "汽车爱好者"驾驶的汽车，特点是易驾驶、灵敏、运动娱乐性强。

美国一家研究机构将购买汽车的消费者划为 6 种类型：

- 汽车爱好者；
- 理智的稳健派；
- 追求舒适的人；
- 讽刺挖苦汽车的人；
- 需要司机的人；

● 恐惧汽车的人。

这种类似的分类法的运用在服务企业中经常采用。美国一家妇女时装公司根据不同的生活方式将年轻妇女划分为"纯朴女性"、"时髦女郎"和"男性化女士"，并向她们提供不同品牌的时装，很受市场欢迎。

3. 个性

服务策划者也使用个性来细分市场。他们赋予服务产品个性，以迎合相应顾客的个性。服务产品以两个方面为特征，即理性功能及感性符号。

顾客挑选服务时，他们在理性上考虑服务产品的实用功能，同时他们也评估不同服务表现出的个性。当服务表现的个性与他们的自我价值观相吻合时，他们就会选择该服务产品。20世纪50年代末，福特汽车公司在促销福特牌汽车和雪佛莱汽车时就强调个性的差异。人们认为，购买福特牌汽车的顾客有独立性、易冲动，有男子汉气概，敏于变革并有自信心；而购买雪佛莱牌汽车的顾客保守，节俭，重名望，缺乏阳刚之气，恪守中庸之道。美国市场营销专家韦斯弗尔通过调查发现，有活动敞篷汽车的车主与无活动敞篷汽车的车主之间存在着明显的个性差异，前者比较活跃，易冲动，爱交际。其他产品，如妇女化妆品、香烟、酒等都可根据个性特征对市场进行细分。

（四）按消费者行为细分

在行为细分中，根据消费者对服务产品的了解、态度、使用情况及其反应，将他们分为不同的群体。

1. 时机

可以根据顾客提出需求、购买服务或使用服务的时机将他们分类。时机细分有助于提高服务使用率。例如，人们一般在早餐时饮用橘子汁，服务策划者可以促使人们在午餐、晚餐和其他时间饮用橘子汁。有的公司则通过节日，如母亲节和父亲节扩大糖果和鲜花的销量。

服务策划者不必寻找与服务产品有关的特定时机，只需要着眼于标志生命进程的各个时机，看看它们是否带来了可用某些产品群或服务群满足其需要的机会。时机包括结婚、分居、离婚、买房、升学、职业或专业的变换、退休等等。

2. 按顾客利益细分

顾客之所以购买某项服务是因为他们能够从中获得某种利益。因此，可以根据顾客在购买过程中对不同利益的追寻进行市场细分。比如，顾客希望从不同的银行那里得到不同的利益，一部分希望能从声誉较好的大银行获得全面的、整体性服务，一部分则希望能很容易地得到低利息的优惠贷款，还有人希望在私人银行进行高利率储蓄。一家银行可以根据自身的资源状况，选择其中的一个或两个利益点提供独具特色的服务。由于服务产品的特点，利益细分的方法几乎适用于所有的服务企业。实际上，服务策划者有多种选择：

（1）个别利益定位。

（2）主要和次要的利益定位。

（3）双重利益定位。

（4）三重（或多重）利益定位。

以销售牙膏为例，美国比切姆公司促销其阿夸福来希牌牙膏时，声称提供 3 种效益：防蛀、爽口和洁齿。显然，许多消费者对这 3 种效益全都需要，所以要做的就是使他们相信这一品牌确实具有这 3 种功能。比切姆公司发明了一种可同时挤出 3 种颜色牙膏的产品，使消费者通过视觉确信该产品具有这 3 种功能，从而解决了这个问题。

3. 使用者状况

许多市场细分为某种服务产品的经常使用者、一般使用者、偶尔使用者和不使用者，或实际使用者和潜在使用者等。服务企业往往关注那些经常使用者，因为他们比偶尔使用者的使用次数要多得多。所以，许多快餐店愿意为那些经常光顾的食客提供快速服务，价格也较为低廉。银行和房屋协会则对各种使用者均表示关注：一方面，他们希望了解那些经常使用者的特点、行为和身份等，以不断吸引其购买服务；另一方面，他们又会采取一些措施刺激那些偶尔使用者，促使其向经常使用者转变。市场占有率高的服务企业特别重视将潜在使用者转变为实际使用者，而小企业努力将使用竞争者服务的顾客转向使用本企业的服务。服务企业对潜在使用者和经常使用者应采用不同的营销方法。

4. 服务产品忠诚度

市场也可根据消费者的服务忠诚度加以细分。假设现有 5 个服务产品 A、B、C、D、E。根据消费者对产品忠诚度的高低可以将其分为 4 种类型（假设有 6 次购买行为）：

（1）忠贞不二者，是指任何时候只购买一种服务的消费者。其购买方式是 A、A、A、A、A、A，这表示消费者对服务 A 忠贞不渝。

（2）不稳定的忠贞者，是指那些对两三个服务有忠诚度的消费者。购买方式是 A、A、B、B、A、B，这说明消费者主要热衷于服务 A 和服务 B。

（3）游离分子，是指那些不忠于任何服务的消费者。其购买方式是 A、E、D、B、C、B，就是说他们不会始终只购买某一种服务产品，而会经常变换其消费行为。

服务策划者应研究对本服务忠贞不二者的特点，以进一步认准目标市场；通过研究对本服务忠诚度不稳定者，发现哪些同行竞争性最强，并设法改善自身定位，如可使用比较广告突出自己；通过调查某些消费者放弃本企业服务的原因，了解本企业的营销弱点，并加以改进；对于游离分子，可努力推出新服务产品来吸引他们。

一旦顾客对某个服务企业表示忠诚，则他们即使偶尔不满意企业的服务也通常不会轻易改变这种忠诚。研究表明，在银行业，尽管忠诚的顾客对企业服务感到不满意，但仍有 75% 的顾客会依然忠诚于该企业。所以，一些银行的营销部门甚至指出，顾客可能会改变生活伴侣而不会改变银行。

5. 使用率

可根据服务产品的轻度、中度和重度使用者等情况来细分市场。服务重度使用者一般在市场上所占比例不大，但他们的消费量在全部消费量中所占比例很高。

6. 态度

可根据消费者对服务产品的关心程度来细分市场。人们的态度可分为 5 类：热心、肯定、漠不关心、否定和敌视。

以上介绍的是服务企业细分市场时所采用的几种方法。类似的方法还有很多，我们无法都罗列出来。事实上，企业在选择细分市场的依据时不能照搬这些方法而应有所创新，以建立起差异化竞争优势。所以，企业必须寻找最佳的细分依据。

寻找最佳细分依据的第一步是先把各种潜在的、有用的标准罗列出来。比如，一家金融服务公司在选择客户时可以从以下几个方面考虑：地理位置、客户大小、行业类型、购买经验、对服务的需求等。在列出这些标准之后，要对其重要性做一评估，选择出那些被认为是重要的标准。与此同时，还要对那些重要标准再做进一步的详细划分。在某些情况下，这种划分可能比较显而易见，如年龄、性别和地理位置等，而对于那些心理因素则要做较为深入的市场调查，以了解它们的特征和需求类型。

二、细分市场的过程

服务定位中细分市场的过程一般包括 3 个阶段，即调查阶段、分析阶段和细分阶段。

（一）调查阶段

服务策划者要与消费者进行非正式的交谈，并将消费者分成若干个专家小组，以便了解他们的动机、态度和行为。在此基础上，以问卷的形式向消费者搜集以下方面的资料：

- 服务产品知名度和服务等级；
- 服务产品属性及其重要性的等级；
- 服务产品的使用方式；
- 对该服务产品所属类别的态度；
- 调查对象的人口变动、心理变动以及对宣传媒体的态度或习惯。

为了搜集大量的资料，以便精确地细分市场，调查样本数量应该多一些。

（二）分析阶段

服务策划者用因子分析法分析资料，剔除相关性很大的变数；然后再用集群分析法划分出一些差异较大的细分市场，每个集群内部都同质，但集群之间的差异明显。

（三）细分阶段

根据消费者的不同态度、行为、人口、心理状况和一般消费习惯划分出每个集群，然后根据主要的不同特征给每个细分市场命名。

由于细分市场是不断变化的，所以市场划分的程序必须定期反复进行。一个新服务成功地打入被占领的市场最常用的方法就是发现新的细分市场存在的可能性。例如，牛仔裤的成功就是一个典型。发明者李维·施特劳斯是一个到美国求生的犹太族裁缝，他在旧金山借淘金热做帆布生意。在一次同军队的交易中，由于某种原因军方决定放弃这次买卖。李维灵机一动发现淘金者非常需要坚固耐磨的衣服，于是他把这批褐色帆布做成裤子出售，后来又改用一种叫"尼姆斯粗哔叽"的棉布来制作工作裤，并染成靛蓝色。不久，裁缝戴维斯为了使口袋更结实，在裤口袋四角钉上了铆钉。李维立刻买下这一发明，并于 1872 年申请了专利。1935 年，牛仔裤首次在著名服装杂志上亮相。李维牛仔裤就此成为世界品牌。

发现新的市场细分的一种方法是调查消费者挑选产品时，如何以自己的方式选择现有变量的顺序。在 20 世纪 60 年代，大多数购买汽车的顾客首先选择生产企业，然后再选择不同的品牌。例如，有个顾客可能喜欢通用汽车公司的汽车，并特别看中了产品系列中的庞迪克（Pontica）汽车。

80 年代以来，许多购买者在买车时，首先决定是买哪个国家的汽车。例如，越来越多的购买者首先决定要买日本汽车；然后做第二层选择，比如要买丰田车；紧接着第三层次，要买克莱西达牌汽车（Cressida）。现在隐藏在重视国别层次的背后有一个更深层的属性，即质量，人们认识到各国生产的汽车在质量方面存在着差异。如果美国的汽车生产企业早些认识到美国购车公众转向购买日本汽车是因为他们越来越重视质量和价格，他们就不会过分依赖"买美国货"的宣传运动，而会致力于迅速提高他们制造汽车的质量了。

三、目标市场的确定

市场细分揭示了服务策划者面临的细分市场的机会。现在服务策划者要对这些细分市场进行评估，并确定让所经营的服务产品进入哪个目标市场。

（一）评估细分市场

服务策划者评估各种不同的细分市场时，必须考虑 3 个要素：细分市场的规模和发展趋势，细分市场内部结构的吸引力，企业的经营目标和资源。

1. 细分市场的规模和发展趋势

潜在的细分市场要具有适度规模和规律性的发展特征。"适度规模"是个相对概念，对大企业来讲，它是指销售量较大的细分市场；对小企业而言，则是指不被大企业看重的小的细分市场。因为过大的细分市场需要投入较多的资源，并且对大企业也具有较强的吸引力。

2. 细分市场内部结构的吸引力

细分市场可能具备理想的规模和发展特征，然而从经营的角度来看，它未必有吸引力，因为有 5 种力量决定着任何一个细分市场长期的内在吸引力。

服务策划者应对下面 5 种力量对本服务产品长期盈利状况的影响做出评估。这 5 种力量是：同行业的竞争服务产品，潜在的新参加的竞争服务产品，替代服务产品，服务产品的购买者和供应商。这 5 种力量对本服务具有以下 5 方面的威胁：

（1）细分市场内竞争激烈构成的威胁。若某个细分市场已经有了为数众多的、强大的或竞争意识强烈的竞争者，该细分市场就会失去吸引力。如果出现下列情况：该细分市场处于稳定或萎缩的状况，生产能力不断大幅度扩大，固定成本过高，撤出市场的壁垒过高和竞争者的投资很大等，那么，想要坚守这个细分市场，情况就会很糟，因为这些情况常常会导致价格战、广告战。若想通过不断推出新服务产品来参与竞争，那么本企业就必须付出高昂的代价。

（2）新参加的竞争服务产品构成的威胁。如果某个细分市场可能吸引新的竞争者，他们就会投入大量的资源，增加新的生产能力，并争夺市场占有率，那么这个细分市场就没有吸引力了。如果新的竞争服务进入这个细分市场时感到有森严的壁垒，并且遭受到细分市场内原有服务产品的强烈报复，他们就会很难进入。

某个细分市场吸引力的大小因服务进退难易的程度不同而有所区别，根据行业利润的观点，最有吸引力的细分市场应该是进入的壁垒高、退出的壁垒低。在这样的细分市场里，新的服务产品很难打入，但业绩不佳的服务产品可以安然撤退。如果细分市场进入和退出的壁垒都高，那里的利润就高，但也往往伴随着较大的风险。因为业绩不佳的服务产品难以撤退，必须坚持到底。如果细分市场进入和退出的壁垒都低，服务产品便可进退自如，其收益水平虽然较低，但比较稳定。最坏的情况是进入细分市场的壁垒较低，而退出的壁垒却较高。于是在经济景气时，许多服务产品蜂拥而入，但在经济萧条时，却很难退出。其结果是服务策划者长期生产能力过剩，收入过低。

（3）替代服务构成的威胁。如果某个细分市场现已存在替代服务或者潜在替代服务，该细分市场就失去了吸引力。替代服务会限制细分市场内价格和利润的增长，服务策划者应密切注意替代服务产品的价格趋势。如果在这些替代行业中技术有所发展，或者竞争日趋激烈，这个细分市场的价格和利润就可能会下降。

（4）购买者议价能力加强构成的威胁。如果某个细分市场中购买者的议价能力很强或正在加强，该细分市场就没有吸引力。购买者就会设法压低价格，对产品质量和服务提出更高要求，并且使竞争者互相争斗，所有这些都会使销售商的利润受到损失。

（5）供应商议价能力加强构成的威胁。如果企业的原材料和设备供应商提高价格或者降低服务产品的质量，或减少供应数量，该企业所在的细分市场就没有吸引力。如果供应商集中或有组织，或者替代服务少，或者供应的产品是重要的投入要素，或转换成本高，或者供应商可以向前实行联合，供应商的议价能力就很强。最佳防卫方法是与供应商建立良好的合作关系或者开拓多种供应渠道。

3. 企业的经营目标和资源

即使某个细分市场具有一定规模和发展特征，并且其组织结构也有吸引力，服务策划者仍需将企业的目标和资源与其所在细分市场的情况结合在一起考虑。若某个细分市场虽然有较大吸引力，但不符合企业长远目标，也不得不放弃。这是因为，这些细分市场本身可能具有吸引力，但是它们不能推动企业实现自己的目标，甚至会分散企业的精力，使之无法完成主要目标。

另外，即使这个细分市场符合企业的目标，企业也必须考虑本企业是否具备在该细分市场获胜所必需的技术和资源。无论哪个细分市场，要在其中获得成功，必须具备某些条件。如果企业在某个细分市场中在某个或某些方面缺乏必要的能力，并且无法获得该必要的能力，企业也要放弃这个细分市场。总之，如果企业无法在市场或细分市场创造某种形式的优势地位，它就不应贸然而入。如果企业确实能在该细分市场中取得成功，它就应注意发挥其优势以压倒竞争对手。

（二）选择细分市场

通过对不同的细分市场进行评估，服务策划者就会发现一个或几个值得进入的细分市场，下一步就要决定进入哪几个细分市场。通常情况下，一共有 5 种进入模式可供服务策划者选择：

1. 密集单一市场

最简单的方式是服务策划者选择一个细分市场集中营销。企业可能本来就具备了在该细分市场获胜所必需的条件，它在这个细分市场上可能没有竞争对手，这个细分市场可能会成为促进企业服务延伸的起始点。

2. 有选择的专门化

服务策划者采用此法选择若干个细分市场，其中每个细分市场都具有吸引力，并且符合企业的经营目标和资源状况。但在各细分市场之间很少或者根本没有联系，然而在每个细分市场上企业都可能获利。这种多细分市场覆盖优于单细分市场覆盖，可以分散企业的经营风险。即使某个细分市场失去吸引力，企业仍可在其他细分市场上获利。

3. 产品专门化

企业用此法集中生产一种产品，并向各类顾客销售这种产品。例如，显微镜生产商向大学实验室、政府实验室和工商企业实验室销售显微镜。企业准备向不同顾客群体销售不同类型的显微镜，而不去生产实验室可能需要的其他产品。企业通过这种策略，在某个产品方面树立起很高的声誉。但是，如果产品被一种全新的产品所代替，就会发生滑坡的危险。

4. 市场专门化

市场专门化是指企业专门为满足某个顾客群体的各种需要服务。例如，企业可为大学实验室提供一系列产品，包括显微镜、示波器、本生灯、化学烧瓶等。企业专门为这个顾客群体服务，进而获得良好的声誉，并成为这个顾客群体所需要的各种新产品的销售代理商。

5. 完全市场覆盖

完全市场覆盖是指企业想用各种服务产品满足各种顾客群体的需要。只有大型企业才有财力采用完全市场覆盖策略。例如，国际商用机器公司（计算机市场）、通用汽车公司（汽车市场）和可口可乐公司（软饮料市场）。而大型企业往往又是领导型服务的生产经营者。

领导型服务可采用两种主要方式，即通过无差异市场营销和差异市场营销来覆盖整个市场。

（1）无差异市场营销。服务策划者可将细分市场之间的差异忽略不计，只提供一种服务产品在整个市场上销售。服务策划者设计一种服务、制定一个营销计划，都是为了要引起最广泛的顾客的兴趣。它采用大规模配销和大规模广告的办法，是为了让该服务在消费者心中树立起最佳的形象。

采用无差异市场营销的理由是规模效益。它是与标准化生产和大规模生产相适应的一种营销方法。经营产品范围可以降低生产、储存和运输成本。无差异广告计划也可以降低广告费用。这种无差异市场营销策略不需要进行细分市场的调研和规划，从而也就降低了企业的经营成本。

但是，有些人对无差异市场营销策略持有怀疑的态度。例如，美国营销专家加德纳认为"在大多数地区，只要有人不愿意采用与他人相同的消费方式，大众群体就会有差异。若要使某个服务产品既能吸引思想稳定的中下阶层人士的兴趣，同时又能吸引老练而富于理智的中上阶层的顾客，这不是轻而易举的。要使某个服务产品适应各种顾客的不同需要，这几乎是不可能的"。但无论怎样，无差异市场营销策略在现实生活中确实发挥了一定的作用。

（2）差异市场营销。是指服务策划者为大多数细分市场提供不同服务的产品，为每个有明显差异的细分市场精心设计风格不同的营销方案。例如，通用汽车公司为每个"财富、目标和个性"不同的人提供不同服务的汽车。现在，越来越多的服务策划者采用差异市场营销策略。美国爱迪生兄弟公司就是一个典型的例子。

爱迪生兄弟公司经营了 900 家鞋店，分为 4 种不同的连锁店形式。每一种都是针对一个不同的细分市场，如钱德勒连锁店专卖高价鞋，贝克连锁店专卖中等价格的鞋，勃特连锁店专卖廉价鞋，瓦尔德·派尔连锁店专卖时装鞋。在芝加哥斯泰特大街 3 个街区的短短距离内就有勃特、钱德勒、贝克 3 家连锁店。这 3 家连锁店互相靠近，并不会影响彼此的生意，因为他们是针对女鞋市场的不同细分市场。这种策略已使爱迪生兄弟公司成为美国最大的女鞋零售商。

差异市场营销策略往往比无差异市场营销策略赢得更大的总销售额，但也会增加成本，主要是增加产品改进成本、生产成本、管理成本和促销成本。有的服务策划者发现，市场分得过细、提供的服务过多，上述几项成本的增加速度将会超过利润的增长速度，因此他们宁愿减少经营的服务，使每种服务适应更多的顾客群的需要。他们将此称为"反过细"或"扩大基础"，其目的是为了扩大每种服务的销售量。

案　例

中国四大国有商业银行的不同定位

银行业在一个国家的经济中起着至关重要的金融中介作用。在过去几年里，由于我国经济的高速增长以及实施了宽松的货币政策，银行业维持了高速扩张的势头。

银行业在中国金融业中处于主体地位。按照银行的性质和职能划分，中国现阶段的银行可以分为三类：中央银行、商业银行、政策性银行。目前中国银行业包括四大国有商业银行、11 家股份制商业银行、众多的城市商业银行和信用合作社，以及已经进入或准备进入中国的外资银行。此外，还有政策性银行在特定的领域内发挥其职能。在这些银行中，四大国有商业银行在规模和品牌等方面明显处于领先地位。另一方面，股份制商业银行的市场份额则在过去几年里大幅度增长。

中国最早只有四大银行，分别是中国工商银行、中国农业银行、中国银行、中国建设银行（工，农，中，建），亦称中央四大行，其代表着中国最雄厚的金融资本力量。国有四大行经历了从新中国成立之初，各自分工的专业银行阶段，到 21 世纪，各自基本成为综合性大型上市银行，并都跻身世界 500 强企业的发展战略。如今的四大行的业务范围也都不再单一，共同朝着综合性、国际化、现代化商业银行的目标前进。

1. 中国工商银行的市场定位

中国工商银行的广告词是："您身边的银行，可信赖的银行。"

中国工商银行立足于城市金融阵地，定位为"工商企业服务专家"。

（1）以市场为导向，坚定不移地推进大企业、大系统战略。中国工商银行的性质是国有商业银行，其特点是规模大，存贷款余额、机构设置在四大国有商业银行中位居第一。国有商业银行的性质决定了中国工商银行必须成为我国基础产业发展的强大支柱，大中型企业的主办银行，即实施大企业大系统战略。

（2）把中间业务置于应有地位，赋予"全方位服务"的完整意义。中间业务是现代商业银行三大业务之一，是商业银行在基本不动用自身资金的前提下接受客户委托办理支付和其他事项，以服务客户，取得服务费的业务。在西方，商业银行中间业务收入已占到了业务总收入的 50% ~60%。

（3）巩固拓展个人业务市场。大企业、大系统战略和个人业务市场构成中国工商银行市场定位的两翼，两者相辅相成。因此，必须重视个人业务市场的开拓。目前，中国工商银行对个人市场的细分和定位尚缺乏深度和力度，应该改变以往一味重视对公服务的做法，拓展面向个人服务的市场空间。

2. 中国建设银行的市场定位

中国建设银行的广告词是："善建者行"。

中国建设银行的定位是"要买房，找建行"。

中国建设银行是一家以中长期信贷业务为特色的国有商业银行，在基本建设贷款、流动资金贷款、房地产金融、贸易融资、投资咨询、财务顾问等传统业务领域中拥有优势，同时不断开拓新的营销渠道，希望将其定位延伸到"要买车，找建行"等其他领域。

3. 中国农业银行的市场定位

中国农业银行的广告词是："大行德广，伴你成长"。

中国农业银行的定位为"全球最大零售商业银行"。

在区域上，中国农业银行实行城乡一体化的市场定位，发挥已有优势，在资源配置上实行重点倾斜，把握重点，务实兴行。目前农村改革正在步入一个以推行股份合作制为核心，以发展规模农业，实现农业产业化为目标的新阶段，这对农业银行的改革与发展无疑是一个新的契机。农村是一个大市场，虽然农业比较利益低，但是，它是国民经济的基础产业，"农业定则天下定"，"农业兴则百业兴"。中国农业银行在农村的优势是其他专业银行所无法比拟的，也只有充分利用和发挥这一优势，紧紧抓住农村改革的新机遇，才能顺利实现其转轨目标。打破传统的业务和产业分工，扩大业务交叉，拓展各类金融业务，构建跨行业和营运多元化的新优势。从中国农业银行的改革和发展来说，作为城乡经济活动中心，它既有遍及全国农村的业务阵地，又有较多的城市、城郊和集镇机构网点。

中国农业银行扶优扶强，逐步提升经营客体层次，实行多成分群落的市场定位，稳定和壮大优良客户群落。随着市场经济体制的逐步建立，企业所有制结构呈多成分群落化格局。从狭窄的服务领域、传统的业务范围、单一的经营对象中解脱出来，打破城乡、工农、所有制三个限制，努力扩展服务对象，为客户和城乡居民提供多元化的服务。

4. 中国银行的市场定位

中国银行的广告词是："选择中国银行，实现心中理想"。

中国银行的国际化立足于"中国银行，全球服务"的定位。

其定位是在巩固传统优势的基础上，紧盯大型跨国公司和企业，为其定制产品和服务实现新的利润增长。新时期，中国银行进一步明确其发展战略，按照比较优势，合理配置资源，不断推出差别性的产品与服务；调整与改进内部运行机制，进一步完善风险管理体系，使信贷决策更加科学与透明；按照审慎的会计原则处理业务，增加透明度；建立严格的目标责任制以及服务于这一制度的激励约束机制；加强教育和培训，培育中行文化。

资料来源：根据市场调研和百度文库"中国三大银行的市场定位"编写．

讨论题：

1. 中国银行、中国农业银行、中国工商银行和中国建设银行这4大银行的定位有什么特色和区别？

2. 中国银行、中国农业银行、中国工商银行和中国建设银行这4大银行是依据什么来定位的？

3. 中国银行、中国农业银行、中国工商银行和中国建设银行这4大银行需要根据市场的发展重新定位吗？请说明理由。

小 结

在竞争激烈的买方市场条件下，服务企业要想战胜竞争对手，必须根据市场状况和自身资源条件以及市场竞争状况，建立和发展差异化竞争优势，以使自己的服务产品在消费者心目中形成区别并优越于竞争者产品的独特形象，即进行服务市场定位。

服务市场定位包括服务产品定位和服务企业定位等。

企业要做服务市场调研和分析，根据消费者的不同需求将整体服务市场进行市场细分，然后进行细分市场评估，结合企业的经营目标和资源状况，选择目标市场。在确立了目标市场的基础上，服务企业定位其产品，使产品在消费者头脑中留下鲜明的印象，并进行定位的执行，即进一步树立起企业的良好形象，二者相互促进，最终使服务企业获得长期效益，稳稳地占领一部分市场，战胜竞争者。

习　题

1. 解释下列概念

服务市场定位　服务市场细分　服务产品定位　服务企业定位

2. 服务市场定位包括哪几个层次？

3. 如何评价服务产品差异化特征？

4. 服务市场细分的依据有哪些？

5. 评估细分市场应考虑哪些因素？

6. 确定了目标市场后，服务策划者可选择哪些进入模式？

7. 菲利普·科特勒博士对美国社会阶层的划分有哪几个？中国的社会阶层能否这样划分？

第七章
服务产品及品牌策略

企业经营战略的实现必须依靠市场营销组合，而营销组合决策的首要任务就是如何向市场提供符合顾客需要的产品。服务产品有别于实体产品，它对企业如何制定营销组合有着基础性的影响。因此，必须研究服务产品的内涵，研究服务产品的生命周期及其推陈出新，并在此基础上创造出具有市场竞争优势的服务产品品牌。

本章知识结构图

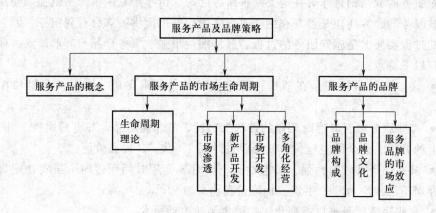

第一节　服务产品的概念

一、产品及服务产品

在服务营销中，产品（product）、服务（services）与有形商品（goods）是具有一定区别的概念。严格地说，产品是一个大概念，它是指能够为顾客提供某种利益的客体或过程，而服务和有形产品则是产品概念下的两个小概念。菲利普·科特勒认为：服务产品往往依附于有形的物品，而有形产品里面也包含有服务的成分。所以，简单地说"服务企业向顾客提供服务产品"则显得片面，人们有时是用"出售物"（offering）的概念来避开语义上的混乱。尽管如此，在许多服务市场营销学文献中，"服务产品"和"服务出售物"这两个概念仍然是交替使用的。表 7 - 1 说明了服务产品与有形产品的重要区别。

表 7 - 1　服务产品与有形产品比较

服务产品	有形产品
非实体	实体
形式相异	形式相似
生产分销与消费（核心服务阶段）同时进行	生产分销与消费分离
顾客参与生产过程	顾客一般不参与生产过程
即时消费	可以储存
所有权不能转让	所有权可以转让

在有形产品的营销过程中，产品的概念比较容易把握，因为产品是实实在在的有形实体，其大小、款式、功能等都由企业事先设计好了，顾客所购买到的也正是企业所提供的。而服务产品的情形则有着很大不同。服务产品大都是无形的、不可感知的

和易腐的，并且消费于正在生产的过程之中。产品可以生产后储存起来，以备随时取用；而服务的取用则意味着在需要某种服务之时，由生产它的生产系统提供使用。此外，被服务的顾客往往是参与在生产过程之中，并也提供一部分自我服务。顾客购买服务的过程实质上是感知服务的过程，其伸缩性很强。服务产品与有形产品的区别在于它有以下特点：

- 许多服务项目都是在消费过程中提供的，如乘飞机、乘车、乘船和在饭馆吃饭。

- 有些服务项目具有时间制约性和批次性，虽非易腐品，却有易腐性。如飞机、火车上的客位，剩余的空座位，就会因过时而"腐烂"，失去价值。

- 服务性产品季节性强、敏感性高，如时装会随时间而过时，虽实物很好，却会被弃而不用或沦为"二手货"而廉价抛售。

- 有些服务项目难以标准化。如医生为病人动手术。

- 有些服务产品难于或政府不允许出口。如西湖十景、桂林山水等只能是国内外旅游者亲临其境。

实际上，产品与服务很难完全分离，既没有纯产品，也没有纯服务。两者是"你中有我，我中有你"。

这意味着企业提供的出售物同顾客所感知到的服务产品是不同的。因此，服务企业必须把顾客感知到的产品同自己所提供的出售物连接起来。而要做到这一点，必须从3个层次来理解"服务产品"的概念，即顾客利益、基本服务组合和服务递送体系。

二、服务产品中的顾客利益

顾客利益是指在购买过程中，顾客所追求的并非服务本身，而是这种服务能给自己带来的利益和好处。理解服务产品的顾客利益是理解服务产品概念的基础。服务产品的本质只有顾客才能感知得到，虽然企业能够确定产品的功能及其给顾客带来的好处，但顾客所购买到的只是他们所需要的部分；制造者可以决定某一产品的功能，甚至可以借由广告决定一些心理利益，但消费者却只在一特定时间，从该产品中拿走他所需要的那一部分而已。

区别服务业公司所提供的是什么，和消费者可以从中获得的利益又是什么，具有十分重要的意义。例如，一位消费者从一家餐厅及其装备中获取了调和各种内涵的"享用"，包括食物、饮料服务、气氛等。另外，消费者也可以说是协助自己的"产品"，因为他要从一系列可能提供的范围中进行挑选。对于任何公司厂商而言，"消费者利益观念"就是一种功能性、效用性和心理上的属性。将这种消费者利益观念和产品本身之间区分开来是很重要的。

消费者利益观念具有两种特性：第一个特性是，与实体性产品不同，一项服务只要没有服务递送体系，就不可能存在。所以，服务递送体系的设计和运作非常重要，在服务产品的界定上是最为基础的要素。第二个特性是，消费者利益观念可以决定"服务递送体系"中何者需要质量管理，何者不需要。一般而论，服务产品和服务递送体系不可分割。

贯彻消费者利益观念使服务业的营销管理者面临许多新的问题。

首先，提供的服务必须基于消费者或使用者所追求的需要和利益。但是消费者和使用者对于他们所要求的东西往往并不很清楚。在对于所需东西的表达上，有时可能不清楚，究其原因可能是出于"不知道希望要的是什么、对要求的东西不会要求、或者没有预知未来需求的能力"。

其次，消费者所诉求的利益可能因使用服务的经验好坏、新的期望、服务使用或消费时所发生的变化而随时改变。

最后，服务业营销管理者在寻求以服务利益为重、消费者为主的措施方式以及在各种措施应偏重何者等等方面，出现一些实务衡量上的问题。此外，衡量各个服务要素之间比重的交替性也是必要的。

所以，消费者利益观念的界定对于所有服务产品的设计和递送决策至关重要。服务营销管理者必须注意掌握顾客所寻求的利益是什么，这种利益对于服务营销的成功是关键，但却不易捉摸。"购买专业服务就是购买了它的不确定性。"虽说消费者从服务获得的是"利益"或"非实体性无形物"，而服务管理者所提供的却"只是非实体性无形物"。

三、基本服务组合

基本服务组合又称为服务出售物，是指能够满足顾客或目标市场需求的一系列服务，它由一系列无形和有形的服务要素组成。基本服务组合是服务概念的具体体现，它决定了顾客究竟能够从企业那里得到什么东西。

下面，我们可以从 3 个方面考察基本服务组合的概念。

1. 基本服务组合的管理

基本服务组合管理包含下列 3 个方面的内容：

（1）服务要素。企业在进行产品决策时很难确定服务出售物的构成要素，这不仅是因为一些要素是无形的，使企业很难描绘出构成服务产品的所有要素，而且在实际操作过程中，一些服务构成要素并非由企业所提供而是由顾客自己提供。

例如，旅行团的团员们对旅游是否满意，一方面与行程的顺利程度、住宿酒店的服务有关，同时也取决于团员之间能否和睦相处。所以，基本服务组合包括了有形和无形的要素，其中有些是企业可以控制的，有些则是不可控制的。企业市场营销管理部门必须努力控制那些构成服务产品的各种要素，使之达到既定的服务规范和服务标准。饭店的房间必须保持清洁、食物要讲究卫生；同样，航空公司的空姐要懂礼貌和富有爱心。对于那些不可控制要素，管理部门至少要保证创造一种和谐的环境而不是破坏它。比如，旅游团的组织者可以考虑把那些喜欢吸烟的团员同那些不吸烟者隔离开来，在安排住宿时把那些喜欢吵闹的团员同愿意安静的团员隔离开来等。

从管理的角度看，基本服务组合主要包含 3 个方面的内容：核心服务（core service）、便利服务（facilitating service）和辅助服务（supporting service）。

- 核心服务是企业的产品为市场所接受的关键，它体现了企业最基本的功能。比如，饭店提供住宿、航空公司提供运输等。当然，一个企业可以有多个核心服务。例如，一家航空公司既可提供短距离旅游服务，也可提供长距离货物运输。

- 便利服务是指方便核心服务使用的服务。为了让顾客能够获得核心服务，必须有便利服务来配合。比如，饭店要有专门的接送服务，航空公司要有订票服务等。离开了这些服务，顾客就无法使用核心服务。

- 辅助服务，其作用是增加服务的价值或者使企业的服务同其他竞争者的服务区分开来。辅助服务并不是便利核心服务的使用，而是被企业作为差异化战略而使用的。例如，饭店房间内供住客洗澡用的肥皂、牙膏，供住客旅游用的地图和旅游手册等。

便利服务同辅助服务之间的区别有时并非十分明显。一些服务在某种场合是便利服务，在另外的场合可能是辅助服务。不过，对两者加以区分是十分重要的，因为便利服务往往是义务性的、不可或缺，没有这些服务，企业的基本服务组合就会失效，但如果缺少了辅助服务，最多使企业的服务产品缺乏吸引力和竞争力。

（2）服务形态。在基本服务组合中，各种服务要素是以种种不同形态提供给市场的。例如，不同的服务要素分别予以定价，则形成了不同服务形态，从而形成了不同的价格系统：

- 对整套服务采取"一揽子收费制"；

- 对每一项服务分别收费；

- 以上两种收费方式结合使用。

因此，针对每种服务要素进行的不同选择，便形成了不同的服务形态。每种服务要素确切形态的决定要考虑市场要求、竞争者政策以及服务项目等因素来进行。此外，还应考虑的是顾客和服务营销公司的观点，尽量降低服务产品的复杂程度，因为对于复杂的服务产品来说，不仅服务营销管理者难以驾驭（如质量管理、服务人员的选择等），而且消费者也很难了解。

（3）服务水平。所谓服务水平是指消费者和使用者在获得利益质量和获得利益的数量之后所做的判断，是服务使用者对于他们将获取的服务要素以及这类要素的构成形态的一种心理预期和期待。

2. 服务质量

服务质量是判断一家服务业公司好坏的最主要凭据。服务质量对于一项服务产品的设计具有十分重要的作用，因此服务营销决策的基本重点必须放在服务产品的质量上，其原因如下：

（1）质量会影响服务需求的总量以及什么样的人会产生需求。

（2）在服务产品市场上，质量是与其他竞争者之间最主要的定位工具。

目前，在服务质量方面有许多的问题需要研究。

首先，就服务产品的内涵而言，质量是个难以下定义的概念。质量包括很多层面，如服务可信度、服务的品级和服务的精确性。质量在若干方面可以用客观方式衡量（如完成一次修理服务的时间），而在有些方面则属于主观判定。因而，对于服务提供者而言，分解所有的要素很困难，而对于服务的使用者来说，在种种服务产品要素之间做比较和评估，也同样困难，两者都可能要使用质量的化身品（如价格）。所以，质量的评价问题是伴随质量的定义问题而来的。

其次，在许多服务营销公司中还有"设计质量"、"建立质量"以及"质量标准化"与"质量维护"的问题，尤其是买主与卖主之间接触度很高的服务行业。检验服务的质量很不容易（比如汽车修理服务业），因此必须建立一套制度来确保质量。质量过度与质量不足一样会产生营销困难。

最后，各种质量标准的最后决定权掌握在顾客手中，也就是说，要以消费者的眼光而不是以服务表现者的眼光来评价质量。要看消费者在评判质量时考虑哪些属性，这些属性又会因情况不同而有什么样的变化。在质量设计控制上，来自消费者群体的角色定位不同，对服务的要求标准也不一致。

在策略上，服务产品质量对于提供服务的公司有两层重要的意义。

（1）所有决策的制定，应以基本水平的质量来配合顾客要求的质量水平，并能符合一服务产品领域范围内可能面对的种种情况变化为准。

（2）决策的制定，必须以各时期内的质量管理为依据。

对于提供服务的公司，不论其做出维持、降低或提高质量的决定，都极其重大，有时甚至造成服务产品本身的改变。因此，企业服务人员质量直接影响到公司的最后成败。也就是说，人事激励和报酬的问题对于服务质量有着特殊的重要性。

所谓服务质量模式，即一项服务的综合质量是由3个部分构成的函数，这3个部分是：

（1）企业形象，即公司的整体形象以及其整体魅力。

（2）技术性质量，即提供的服务是否具备适当的技术属性（如剪发、银行存放保险箱的安全）。

（3）功能性质量，即服务是如何提供的。

至于从消费者的观点看哪一种质量最主要，目前还没有明确的定论。不过，往往只要有一项突出的形象，通常就可以有助于掩盖其他质量构成的小缺失。

消费者评价服务的模式有3种：

（1）服务的一项超强属性足以形成消费者的评价基础。

（2）虽然只具有单一属性但足以反映其他属性的最低水平。

（3）在整个服务范围内有一项各种属性的加权平均值，且被视为重要。

3. 服务数量

服务数量是提供给使用者或顾客的服务额度，它与服务质量密切相关，且不容易予以设定和管理。在服务决策中，与服务数量有关的对策包括：

- 服务产品中递送的服务总量；
- 服务产品递送的服务时效性；
- 服务产品递送的服务流量。

例如某餐厅服务员，从质量层面来判断，服务递送工作的适应性、敏感性都可以达到正常的质量水平，然而在注意力的程度和时效掌握上则往往会不合需求。

四、服务递送体系

基本服务组合只是揭示出服务产品的技术层面，而服务的生产和传递过程以及顾客对这些过程的感知也是服务产品的重要组成部分。于是，我们引入了"服务递送体系"的概念，它包含了服务产品生产和消费的全过程。

从服务的基本特征来分析，服务过程包含 3 个要素：服务的易接近性、顾客与企业的交换过程和顾客参与。这些要素构成了服务的递送系统。

1. 服务的易接近性

服务的易接近性是指顾客能否较容易地接触、购买和使用服务。

- 服务人员的数量和技术；
- 办公时间及其安排；
- 办公室、演示室和柜台的摆设；
- 服务的工具、设备和文件；
- 顾客的数量与知识水平等。

如果一家维修公司的电话接线小姐让顾客等了很久才拿起话筒，或者她不能找到技术人员同顾客交谈有关维修的问题，那么该公司的服务就失去了可接近性，这将严重影响顾客对其服务产品的感知。

2. 顾客与企业的交换过程

- 顾客与服务人员的相互沟通。这种沟通取决于服务人员的行为，如他们说什么、做什么以及如何说、如何做等。
- 顾客与企业的物质设备、技术资源之间的相互作用。
- 顾客同企业各个系统，如等候系统、账单系统和传递系统等，之间的相互作用。
- 同一交换过程中，顾客之间的相互作用。

毫无疑问，顾客在购买服务的过程中，不仅要同服务人员打交道，还要了解和熟悉企业的经营管理制度和运作程序；有时，还要使用诸如售货机、取款机之类的技术设施，而且还会同其他顾客打交道。所有这些交换过程都将对顾客感知企业服务产生重大影响。如果顾客认为这些过程过于烦琐和复杂，或者受到不友好的对待，则他们很难给企业的服务质量以较高的评价。

3. 顾客参与

顾客参与是服务递送系统的一项重要内容。由于服务产品的生产和消费是同时进行的，顾客直接参与服务产品的生产过程，并影响到他们对服务产品的认知。比如，在服务过程中，顾客通常会被要求填写一些表格、提供一些信息等，如果顾客对此有充分的准备，或者愿意去做这些事情，则无疑会提高服务产品的质量。再比如，病人去医院看病，如果他不能向医生提供正确的、充分的信息，医生很难做出正确的诊断，这样的治疗效果将是很差甚至是无效的。

可见服务递送系统涉及两大要素：

（1）人。涉及服务产品表现和递送的人大致有 3 种类型：一是公司本身的人员，他们的态度、技能、知识和行为，对于使用者从服务产品消费中所获得的满足水平有极大影响。各种各样的人才涉及其中，对于这些公司人员来说，有的与消费有所接触，有的则不接触，他们分别对服务的形态、特色和性质有所影响。二是客户见得到的人以及见不到的人，如为服务业公司工作的，还有其他单位和人，包括一些"代言人"，如公关代理、中间人、志愿者以及其他相关人员。当然，他们也会影响到服务产品。由于"人"及其质量对于某些销售服务公司确实很重要，因此"内部营销"（internal marketing）在管理上已变成重要的一环，目的是要确保所有公司人员都具有强烈的"顾客意识"。三是不可或缺的"消费群众"，包括过去、现有以及未来可能的消费人群，由于他们在服务生产过程中均有参与，因此影响到"过程"，同时也会相互影响。

例如，一家餐厅或承包旅游团的消费者经验的质量，会受到其他使用过同一餐厅或旅游承包的消费者的影响；同时，从服务表现人员的观点，使用或消费了某项服务的人的本身形态和性格，也会影响到服务形象的维持和发展。所以，高级餐厅需要高级顾客（常客），而第一流的管理顾问咨询公司也需要国内或国际知名的客户。消费者总是会谈论对服务业公司的经验，"口碑"是形成服务业公司形象的最有力工具。总之，其他消费者的知识、技能、态度、行为、外表和角色扮演对于服务产品都有一定的影响。

（2）有形展示。服务是无形的，而服务设施、服务设备、服务人员、顾客、市场信息资料和定价目标等都是有形的，这些有形物都可为无形的服务提供有形的展示。因此，一切可传达服务特色及优点的有形组成部分都被称作有形展示。有形展示的实物包括建筑物、厂房、设备、工具、设施之布局陈设以及服务实体性要素，从飞机到标签、文件和格式等。

在服务递送过程中必然涉及这些"设施性物品"和"辅助性物品"等实体性要素。许多服务都是依赖于设施性物品而完成服务表现与产出的。这方面主要包括租用的房屋、租用的汽车以及租用的电话。服务的生产和消费还涉及大量的辅助性物品部分。在某种服务业开展之前，物品的投资是必要的，如航空飞机场、旅馆房间和休闲中心场地。这些辅助性物品并非库存品，但比较类似于生产厂房，借以作为提供服务产出的手段或服务表现的场所。

在各种不同的特殊服务表现上，辅助性物品的重要性也有重要程度的不同。而这些辅助性物品可以是公司本身自有的或者是雇用租借而来的。这些辅助性和设施性物品是服务供应的实体性要素，在服务产出和消费的过程中可能消耗用尽，因此必须要维护、修理，甚至以旧换新。这些实物客体的内容也会影响到服务产品的表现和递送。非实体性质量如"气氛"和"形象"，也可能引申来自实物客体、供应服务的人员以及包括经济性、地理性和文化上的布局摆设。消费者从使用服务产品所获得的"综合经验"，可能受到很多因素的影响。比如，一次承包旅游团（package tour）的成功与否有赖于异国地理性气候以及其他旅游者或旅馆的各种情况安排是否成功。

第二节　服务产品的市场生命周期

一、服务产品市场生命周期的概念

产品市场生命周期理论的产生对于有形产品市场营销过程的研究具有重要意义，不过它同样适用于服务企业的市场营销。服务产品的市场生命周期是指某一种服务产品从进入市场、稳步增长到逐步被市场所淘汰的过程。

图7-1显示了典型的产品生命周期现象，其中包括生命周期的两个关键要素，即营业额和利润，以及变化过程中两者之间的关系。从这些模式中得到的主要结论是：第一，管理者必须开发新产品以弥补"缺口"（gap），并维持营业额和利润的成长；第二，生命周期的每一阶段对营销策略和利润潜量而言，都可说提供了显著的机会和值得研究的问题。但是，有许多产品和服务营业额的成长与衰退历史并不完全依循图中所示的普遍化模式，而是存在一些基本模式的不同变体。

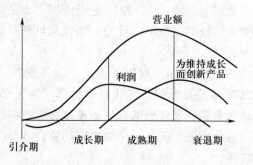

图7-1　服务产品生命周期图

在图7-2中：① 是产品式服务在市场中一开始就建立了一定的位置，并能持续维持几乎相同的销售水平；② 是一产品或服务由于有超越竞争的优势，因此能继续找到新的顾客而使生意兴隆，历久不衰；③ 是某种产品或服务虽以竞争者之中占优势的佼佼者开始，但后来被更优势的对手击败而消逝；④ 是一产品或服务在进入衰退期时得益于某种促销活动或削价政策而展现新的生机，甚至使销售增长曲线更胜于变动之前的状况；⑤ 是一产品或服务在衰退期出现新生机而进入所谓的"第二周期"，但第二周期显然不如第一周期的业绩表现。

服务产品同有形产品一样也具有生命周期，电信、医疗保健、租赁和户外娱乐等服务行业正处在成长的过程，而电影、手表维修和家庭服务等行业则已经发展过了其顶峰阶段。该理论在一些行业性服务市场营销中的适用性也已经被学者所证实。它基本适用于金融服务行业、非营利组织的市场营销，在艺术领域中也具有适用性。此外，它在旅游和航空运输中也有一定的适用性。

服务营销学把生命周期理论应用到多地点服务企业做了延伸。通过对麦当劳、假日饭店等多地点企业的考察，可知企业的增长经历了其生命周期的5个阶段，即创业阶段、多地点合理化阶段、增长阶段、成熟阶段以及衰落或再生阶段。在每一个阶段，

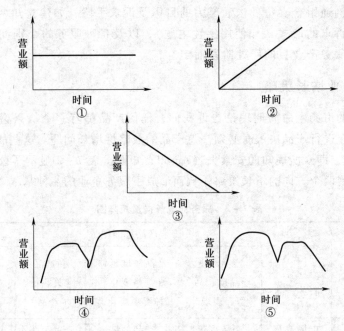

图 7 - 2 生命周期观念的变形

他们都从服务企业 5 个主要职能（即财务或控制职能、经营职能、市场营销职能、开发职能和行政管理职能）进行详细的分析和解剖，从而揭示出服务企业在生命周期的不同阶段上，其各个职能所表现出的特点以及企业所面临的目标、决策、问题和组织转移任务。

对生命周期每一阶段以及这 5 个主要功能领域的考察，是为了验证一家服务公司的生命周期定位，从而找出未来的主要目标、决策、问题以及公司组织的必要调整转换。他们的分析更进一步地深入考虑服务公司经过每一生命周期阶段时，其成本结构上产生的不同改变。根据这些分析研究，服务业营销管理者所能得到的受益是，一家多地点服务业公司的成功增长，取决于其主管的管理及控制现在与未来的能力。随着公司经营生命周期的各个阶段的变化，有必要采取一系列管理措施：

（1）管理阶层必须了解管理的四项基本功能，即新服务的开发、业务、营销和观念发展。

（2）必须建立管理团队，或者必须争取经营更大企业的能力。

（3）管理激励必须维持。

（4）应避免散漫无规则的增长。

（5）公司必须改变已成熟观念。

（6）公司不应过分多样化，沟通管道必须保持畅通。

或者说，服务产品的市场生命周期观念的形态就是所说的"顾客化沟通"，即认为：服务业必须经历"产业生命周期"的两个阶段，第一阶段，是以手工完成作业、服务个人化，而且要多样化去满足个别顾客的种种需要。第二阶段，服务业开始合理化、器械化和效率化。必须先知道整个产业目前处在什么阶段，才能确定应该使用什么沟通组合。每种沟通努力的目标及诉求手段，如建立知名度、使用激励手段和此类诉求的形式（如使用感性主题），以及各种服务的个别促销或组合促销，都应该视服务产业目前所处阶段而定。

二、服务业增长策略

服务产品的市场生命周期理论告诉我们，任何产品都有一个从兴盛到衰败的过程，服务企业在进行产品决策时必须注意产品的战略性增长问题。这些战略可归纳为产品/市场矩阵，即众所周知的安索夫（Ansoff）矩阵。表 7-2 显示了公司基于产品发展和市场发展两个方向的增长策略，从而形成了服务企业的 4 种基本增长矩阵。

表 7-2 服务业成长向量矩阵图

区分		产品层面图			
	现有 服务产品	产品改良 （品质、品型、表现）	产品领域延伸 （规格变化、种类项变化）	新产品 （关联技术产品）	新产品 （非关联技术产品）
市场层面 现有市场	市场普及策略	产品重新构成策略	产品领域延伸策略	产品开发策略	横向（广度）多角化策略
新市场	市场开发策略	市场延伸策略	市场区隔产品差异化	产品多角化策略	纵向（深向）多角化策略
资源及/或配售市场	向前或向后整合策略				

1. 市场渗透

市场渗透战略是指企业通过各种市场营销措施，努力扩大现有产品在当前市场上的占有份额，市场份额的提高将有赖于企业明确地进行市场定位、集中精力于主要的细分市场和充分地利用市场营销组合战略。在这里，顾客保有（customer retention）和提高使用频率是两个极为重要的方面。顾客保有就是企业能够拥有的现有顾客，而不使其转向其他竞争者，这可以通过会员制等办法实现。提高使用频率是指鼓励顾客经常享用企业的各项服务。比如，KCR 和 MTR 利用储值卡吸引旅客更多地乘坐他们的火车；美国运通公司（American Express）鼓动现有用户介绍新的用户，其方式是每个新用户登记之后，便赠送免费商品。

2. 新产品开发

新产品开发战略是指企业通过改进原有产品或增加新产品而达到扩大销售的目的。这一战略在企业市场营销决策中占有重要地位。

3. 市场开发

市场开发战略是指企业使现有产品打入更大的市场范围，从而获得更多的购买群体。比如，许多银行通过在国外设立分支机构而吸引外国的客户。相对而言，这种战略的风险性较大，因为企业必须进行深入的市场调研，以确保能够了解国外客户的需求，从而予以有效满足。遗憾的是，不少服务企业并未对不同顾客的需求差异给予足够的重视。如果企业能够在新的市场上向原有的顾客提供服务，那么采用市场开发战略的风险将会大大降低。例如，一家咨询公司在海外设立办事处，而它的现有客户恰巧也在那里开展业务，那么这些客户不仅是企业在新市场上开展经营活动的基础，而且它们将有意无意地帮助企业建立更多的客户关系。

4. 多角化经营

多角化经营战略指的是企业向本行业以外发展，实行跨行业经营。这种战略的风险最大，因为在新的行业里，服务企业原来所建立起来的竞争优势将几乎不复存在，该战略比较适合于成熟的行业，企业无法在本行业内获得进一步的发展而只有瞄准行业以外的市场。

第三节 服务产品的品牌

一、服务品牌及其构成要素

品牌是吸引消费者重复购买服务产品的一个主要的决定性因素。品牌的基本职能是把公司的产品和服务同其他公司区分开来。品牌能使顾客通过其提供的有效信息来识别特定的公司及产品，在服务营销中，公司品牌是形成企业服务特色、取得企业竞争优势的重要手段。

菲利普·科特勒在其《营销管理——分析、计划、控制》一书中将品牌定义为："一个名字、名词、符号或设计，或是上述的总和，其目的是要使自己的产品或服务有别于其他竞争者。"品牌由品牌名称和品牌标志组成，这是品牌的最基本的概念。但是，现代品牌已经超越了区别的功能，成为企业形象和文化的象征，消费者从形象和文化中能感受到消费该品牌产品或服务带来的心理上的价值利益。因此，品牌最持久的含义是其价值、文化和个性，它们构成了现代品牌的实质。

公司品牌对于服务营销来说尤其重要。服务产品的品牌包括多种因素，并且受到多种因素的影响（图 7-3）。服务公司通过多种潜在中介，如设备商标、印刷和电视广告、运货卡车和职员制服等，把它的品牌提供给顾客、潜在顾客和其他资金拥有

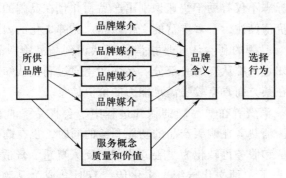

图 7-3 服务品牌要素及其影响因素

者。服务产品品牌的核心是公司的名称，其他如陪衬性的语句、标记也起着重要作用。品牌含义是公司给顾客的瞬间印象以区别于其他公司。品牌含义起到展示品牌、服务概念、质量和价值的作用。公司提供的服务、服务质量以及服务的价值都将影响顾客对现有品牌的认识。因此，企业必须创造并加强服务质量以提高预期的品牌形象。

二、服务品牌的文化内涵

一个具有丰富义化内涵的品牌才具有持久的生命力。品牌代表利益认知、情感属性、文化传统和个性形象等价值观念，因此品牌是服务产品形象和文化的象征。品牌文化包括两类要素：一类是展现在消费者面前，看得见摸得着的一些表层要素，如品牌名称、品牌标志等；另一类是在品牌表层要素中蕴涵的该品牌独特的内层要素，如品牌的利益认知、情感属性、文化传统和个性形象等。

1. 品牌文化的表层要素

品牌文化的表层要素是品牌文化的外在表现形式，主要包括两类，即品牌名称和品牌标志。

（1）品牌名称是品牌中可以被读出声音的部分，是形成品牌概念的基础。一个好的品牌名称能为品牌提供丰富的联想，让消费者更能体会品牌中蕴涵的文化价值。

（2）品牌标志是品牌中可以被识别，但不能用语言表达出来的部分，也可以说是品牌中的图形记号，通常为某种语言表达出来的部分，也可以说是品牌中的图形记号，常常为某种符号、图案或其他独特的设计。

品牌标志能引发品牌联想，是品牌文化的集中体现。品牌标志的动人形象使消费者产生喜爱的感觉，并进而萌发情感联系，使消费者成为品牌的忠实使用者。迪斯尼公司富有冒险精神、正直诚实、充满童真的米老鼠标志不仅获得儿童的热爱，也是许多成人喜欢的对象。

品牌标志是品牌的"视觉语言"。它的独特标志能使消费者马上识别出该品牌，它的生动形象使消费者成为它的忠实用户，并在消费者头脑中产生一个深刻、形象的印象。

2. 品牌文化的内层要素

品牌的名称和标志不仅有助于快速识别出产品，并且在品牌的发展当中，也蕴涵着公司对该品牌的价值倾注，有着丰富的文化内涵。品牌文化的内层要素主要包括：

（1）利益认知。品牌的利益认知是指消费者认识到某品牌产品的功能特征所带来的利益，利益认知是品牌认知的一部分。品牌文化通过利益认知向消费者传递产品满足一定需求，并在某方面具有较强满足能力的价值信息。

（2）情感属性。消费者在对品牌的认知过程中，会将品牌的利益认知转化为一定的情感上的利益。消费者在购买产品的功能利益的同时，也在购买产品带来的情感属性。麦当劳的质量和服务可转化为"在这里找到受人尊重、舒适以及开心"。

（3）品牌也代表了一种文化传统。文化传统有时会成为品牌的强大力量源泉，品牌因此而更有持久的生命力和市场优势。

（4）个性形象。品牌具有一定的个性形象，因此，对品牌的宣传不仅要说出其独特之处、树立品牌形象，还要赋予品牌鲜明的个性形象。这在品牌林立、信息过剩的市场中将有助于消费者认同品牌，并建立良好的品牌忠诚。个性形象更强调品牌与其他品牌的区分，无论消费者是否看到该品牌的标志和字体，都能意识到该品牌所代表的利益和形象。品牌的个性形象越突出，消费者对品牌的认知越深，该品牌在市场上将占较大优势，否则消费者对品牌的认知就肤浅，就无法引起购买者的足够注意力。

三、服务品牌的市场效应

所谓"效应"原指物理或化学作用所产生的效果，如光电效应、热效应等。品牌效应就是指产品或企业所创造的品牌能产生经济或社会等方面的影响。从社会角度讲，品牌可以提高国家在世界范围内的声誉，增强人民的民族自信心和自豪感。从经济角度讲，品牌效应是其因满足社会需要而获得的经济效果，是品牌的信誉、声望产生的影响力。

1. 磁场效应

服务企业或产品所创造的优势品牌具有很高的知名度、美誉度，必然会在现有顾客的心目中建立起较高的品牌忠诚度，使他们对服务产品反复购买并形成习惯，不容易再转向竞争对手的产品，如同被磁石吸住一般而成为企业的忠实顾客。此外，使用同类服务产品的其他顾客也会被其品牌的名声、信誉所吸引，转而购买该品牌，并逐步变为其忠实顾客。这样，品牌对消费者强大的吸引力会不断使产品的销量增加、市场覆盖面扩大、市场占有率提高，最终使品牌的地位更稳固，即品牌的磁场效应。

2. 扩散效应

企业的一种产品如果具有品牌优势而成为名牌产品，则会赢得顾客及社会范围内对该服务产品及企业的信任和好感。如果企业通过巧妙的宣传，将这种信任和好感由针对某种具体的服务转为针对品牌或企业整体，那么企业就可以充分利用这种宝贵资源推出同品牌的其他产品或进入其他领域从事经营。如果策略得当，人们对该品牌原有的信任和好感会逐步扩展到新的服务和产品上，即品牌的扩散效应或放大效应。

3. 聚合效应

知名品牌不仅可以获得较高的经济效益，而且可以使企业不断发展壮大。企业实力增强后，一方面可以将许多提供相关业务的供应商牢牢吸引在本企业周围，建立稳固的合作关系；另一方面，企业可以通过入股、兼并、收购等方式控制其他企业；同时，在行业竞争中失败的中小企业也会逐步依附于名牌企业，企业就会成长为企业集团，即品牌的聚合效应或产业聚合效应。

因此，服务营销人员要充分利用服务品牌效应，特别是服务品牌的市场效应，不断提高产品的市场占有率和顾客的满意度及忠诚度；不断开拓新的市场领域，增强企业实力，提高经济效益，增强和巩固品牌的市场地位，这些举措具有重要的意义。

案 例

新东方教育科技集团的服务品牌创立

新东方教育科技集团（New Oriental Education & Technology Group）成立于1993年11月16日。经过十多年的发展，新东方教育科技集团已发展为一家以外语培训和基础教育为核心，拥有短期语言培训系统、基础教育系统、职业教育系统、教育研发系统、出国咨询系统、文化产业系统、科技产业系统等多个发展平台，集教育培训、教育研发、图书杂志音响出版、出国留学服务、职业教育、新东方在线教育、教育软件研发等于一体的大型综合性教育科技集团。2006年9月7号，新东方教育科技集团在美国纽约证券交易所成功上市，成为中国第一家在美国上市的教育机构。

作为短期培训系统的新东方学校已成为中国出国考试培训、国内考试培训、基础英语、中学英语、少儿英语、多语种培训、IT教育等领域规模最大最有声望的教育培训基地，在北京、上海、广州、武汉、西安、天津、南京、成都、重庆、沈阳、深圳、长沙、济南、杭州、哈尔滨、襄樊、太原、多伦多、蒙特利尔等地设有十九所新东方学校。

各地新东方短期培训学校提供的培训项目包括：TOEFL、GRE、GMAT、TSE、LSAT、IELTS、BEC、托业、四级、六级、考研英语、职称英语、公共英语等级考试（PETS）、英语高教自考培训、美国口语、《新概念英语》、英语语法、听力提高、语音速成、《英语900句》、听说速成、高级口译、写作提高、中学英语、少儿英语和多语种培训等。

各地新东方学校采用统一的品牌、统一的师资调配、统一的基础教材、统一的授课质量、统一的投诉系统、统一的教学服务、统一的教学管理制度，从而确保了各地新东方学校能够为所有学员提供最高水准的教学和服务。

教育培训行业属于高度接触的服务业之一，其营销管理者注重雇用人员的筛选、训练、激励和控制。戴维森指出，"在服务业，成功的秘诀在于认清与顾客接触的工作人员才是公司最关键性的角色。"作为教育培训机构的新东方，其主要产品就是课程。在新东方老师的课堂上，你不仅可以学到知识，而且能从他们讲述的经历中学会很多。

在服务营销中，有形展示的范围较广泛。新东方在其营销过程中打出"语言就是力量"的口号，这一符合当今时代发展的口号满足消费者重视英语学习的诉求。在此基础上，新东方将其定位为"中国人学英语的地方"，并树立了"追求卓越，挑战极限，从绝望中寻找希望，人生终将辉煌！"的校训。这些有形化的信息传递可以让消费者与新东方达成统一诉求，使消费者产生共鸣。目前新东方已成为英语教育培训的一大知名品牌，尤其是在青少年当中具有很好的口碑。

新东方有着一大批英语学习、出国留学以及人生规划方面的研究专家，他们时刻关注这些信息并通过各种手段比如免费讲座、新东方酷学网站、《新东方英语》杂志等把最新的资讯信息传递给消费者。新东方由创办出国留学类考试培训起家，为了帮助更多的有志青年实现理想，完成出国留学梦，新东方老师会在课堂或公开讲座中向学员讲述自己的留学经历，介绍国外高校的教育情况并告诉学员申请留学的全过程。

在教育培训行业中，教师的教学课堂成为其主要的服务过程，新东方采取了完全不同的方式进行教育方式的革新，老师不再仅仅是内容的教授，在一节课中，往往是教授内容占70%，幽默占20%，励志占10%。大多数新东方老师的语速比较快，一般可以达到200字/分钟左右；大多数新东方老师幽默诙谐，善于励志激励。"如果你想使自己活得更好，首先的一点并不是出国，而是无论在中国还是在国外，你都要问自己能做什么，你怎样能把一件事情做得非常好。"俞敏洪经常联系人生哲学的做法无疑也抓住了当今时代的特征。

资料来源：根据实际调研和百度文库资料改编.

讨论题：

1. 登录新东方集团官方网站：http://www.xdf.cn/，查看报班指南，分析其在市场细分、服务产品定位、服务创新方面的特点。

2. 新东方服务产品中的顾客利益和服务观念是如何体现的？讨论新东方的服务品牌特色是什么。

3. 新东方的服务品牌价值还可从哪些方面进行提升？

小 结

服务产品的概念可以从顾客利益、基本服务组合和服务递送体系3个层次来理解。服务产品同有形产品一样也具有生命周期。

服务企业在进行产品决策时可以利用安索夫的"产品/市场矩阵"，安索夫矩阵形成了服务企业的4种增长矩阵，即市场渗透、新产品开发、市场开发和多角化经营。

企业在服务营销中要取得竞争优势，必须创造服务品牌。服务品牌必须具有丰富的文化内涵。品牌能够产生巨大的经济和社会效应。

习 题

1. 解释下列概念

顾客利益　基本服务组合　服务递送体系　服务产品的市场生命周期　市场渗透
服务新产品开发　品牌效应　磁场效应　扩散效应　聚合效应

2. 服务产品与有形产品比较有哪些区别？如何理解服务产品的概念？

3. 服务组合管理包括哪些方面的内容？

4．研究服务产品的市场生命周期有什么意义？

5．运用"产品/市场矩阵"分析说明服务业的增长策略。

6．怎样创造服务产品的品牌？

7．服务品牌的市场效应有哪些？

8．服务品牌的市场效应能为企业的发展带来什么效果？

第八章

服务质量

服务是服务营销学的基础，而服务质量则是服务营销的核心。无论是有形产品的生产企业还是服务业，服务质量都是企业在竞争中制胜的法宝。服务质量的内涵与有形产品质量的内涵有区别，消费者对服务质量的评价不仅要考虑服务的结果，而且要涉及服务的过程。服务质量应被消费者所识别，消费者认可才是质量。服务质量的构成要素、形成过程、考核依据和评价标准均有别于有形产品的内涵。

本章知识结构图

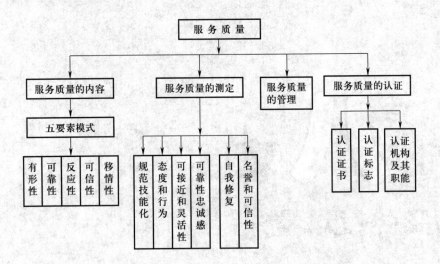

第一节 服务质量的内容

一、服务质量的概念

服务质量是产品生产的服务或服务业满足规定或潜在要求（或需要）的特征和特性的总和。特性是用以区分不同类别的产品或服务的概念，如旅游有陶冶人的性情、使人愉悦的特性，旅馆有给人提供休息、睡觉的特性。特征则是用以区分同类服务中不同规格、档次、品味的概念。如同交通服务，有航空、水运、公路运输、铁路运输之分。服务质量最表层的内涵应包括服务的安全性、适用性、有效性和经济性等一般要求。

鉴于服务交易过程的顾客参与性和生产与消费的不可分离性，服务质量必须经顾客认可，并被顾客所识别。服务质量的内涵应包括以下内容：

- 服务质量是顾客感知的对象；
- 服务质量既要有客观方法加以制定和衡量，更多地要按顾客主观的认识加以衡量和检验；
- 服务质量发生在服务生产和交易过程之中；
- 服务质量是在服务企业与顾客交易的真实瞬间实现的；
- 服务质量的提高需要内部形成有效管理和支持系统。

服务质量同有形产品的质量在内涵上有很大的不同，两者的区别在于：

- 服务质量较有形产品的质量更难被消费者所评价；
- 顾客对服务质量的认识取决于他们的预期同实际所感受到的服务水平的对比；
- 顾客对服务质量的评价不仅要考虑服务的结果，而且涉及服务的过程。

显然，服务质量有预期服务质量与感知服务质量之别。

预期服务质量即顾客对服务企业所提供服务预期的满意度。感知服务质量则是顾客对服务企业提供的服务实际感知的水平。如果顾客对服务的感知水平符合或高于其预期水平，则顾客获得较高的满意度，从而认为企业具有较高的服务质量；反之，则会认为企业的服务质量较低。从这个角度看，服务质量是顾客的预期服务质量同其感知服务质量的比较。

预期服务质量是影响顾客对整体服务质量的感知的重要前提。如果预期质量过高、不切实际，则即使从某种客观意义上说他们所接受的服务水平是很高的，他们仍然会认为企业的服务质量较低。预期质量受 4 个因素的影响：

- 市场沟通；
- 企业形象；
- 顾客口碑；
- 顾客需求。

市场沟通包括广告、直接邮寄、公共关系以及促销活动等，直接为企业所控制。这些方面对预期服务质量的影响是显而易见的。例如，在广告活动中，一些企业过分夸大自己的产品及所提供的服务，导致顾客心存很高的预期质量；然而，当顾客一旦接触企业则发现其服务质量并不像宣传的那样，这样就使顾客对其感知服务质量大打折扣。

企业形象和顾客口碑只能间接地被企业控制，这些因素虽受许多外部条件的影响，但基本表现为与企业绩效的函数关系。

顾客需求则是企业的不可控因素。顾客需求的千变万化及消费习惯、消费偏好的不同，决定了这一因素对预期服务质量的巨大影响。

二、服务质量的内容

服务质量既是服务本身的特性与特征的总和，也是消费者感知的反应，因而服务质量既由服务的技术质量、职能质量、形象质量和真实瞬间构成，也由感知质量与预期质量的差距所体现。

技术质量是指服务过程的产出，即顾客从服务过程中所得到的东西。例如，宾馆为旅客休息提供的房间和床位，饭店为顾客提供的菜肴和饮料，航空公司为旅客提供的飞机、舱位等。对于技术质量，顾客容易感知，也便于评价。例如，旅馆设备是否舒适、饭店的菜肴是否可口、民航的舱位是否宽敞等。

职能质量是指服务推广的过程中顾客所感受到的服务人员在履行职责时的行为、态度、穿着和仪表等给顾客带来的利益和享受。职能质量完全取决于顾客的主观感受，难以进行客观的评价。技术质量与职能质量构成了感知服务质量的基本内容。

形象质量是指服务企业在社会公众心目中形成的总体印象。它包括企业的整体形象和企业所在地区的形象两个层次。企业形象可以通过视觉识别系统、理念识别系统和行为识别系统多层次地体现。顾客可从企业的资源、组织结构、市场运作和企业行为方式等多个侧面认识企业形象。企业形象质量是顾客感知服务质量的过滤器。如果企业拥有良好的形象质量，些许的失误会赢得顾客的谅解；如果失误频繁发生，则必然会破坏企业形象；倘若企业形象不佳，则企业任何细微的失误都会给顾客造成很坏的印象。

真实瞬间则是服务过程中顾客与企业进行服务接触的过程。这个过程是一个特定的时间和地点，这是企业向顾客展示自己服务质量的时机。真实瞬间是服务质量展示的有限时机。一旦时机过去，服务交易结束，企业也就无法改变顾客对服务质量的感知；如果在这一瞬间服务质量出了问题也无法补救。真实瞬间是服务质量构成的特殊因素，这是有形产品质量所不包含的因素。

顾客光顾一家服务组织时，他要经历一系列"真实瞬间"。例如，乘坐飞机航班，乘客从抵达机场开始，直到取回行李离开机场为止，要经历许多这样的瞬间。

服务生产和传送过程应计划周密、执行有序，防止棘手的"真实瞬间"出现。如果出现失控状况并任其发展，出现质量问题的危险性就会大大增加。一旦真实的瞬间失控，服务质量就会退回到一种原始状态。服务过程的职能质量更是深受其害，并会进一步恶化质量。

第二节　服务质量的测定

一、服务质量的构成要素

服务质量与有形产品的质量不同，有形产品的质量可以在产品生产过程中和产品出厂之前，用具体的技术指标来加以度量；而服务质量却是一种顾客感知的质量，决定质量的要素是由消费者决定的，而不是生产者。

对于服务质量的构成和测定，学者们从不同的角度进行了研究。1982 年，格隆鲁斯第一次提出了顾客感知服务质量概念：顾客感知服务质量是指顾客对服务的期望（expectation）与实际服务绩效（perceived performance）之间的比较。实际服务绩效大于服务期望，则顾客感知服务质量是良好的，反之亦然。同时，他还界定了顾客感知服务质量基本构成要素：技术质量（technical quality，即服务的结果）和功能质量（functional quality，即服务过程质量）；提出了顾客对服务质量的期望主要受四种因素影响，即市场沟通、顾客需求、企业形象、公众口碑（图 8 – 1）。从而将服务质量与有形产品的质量从本质上区别开来[①]。

美国的服务管理研究组合帕拉休曼（A. Parasuraman）、赞瑟姆（V. A. Zeithaml）、贝利（L. L. Berry）（被称为 PZB 组合），于 1985 年提出了评价服务质量的十大标准：可靠性、责任性、能力、易接近、殷勤、交流性、可信性、安全性、理解宾客、有形性。其后贝利等人在大量定性研究和对采集的数据进行分析处理的基础上，设计了感知服务质量模型（图 8 – 2），将服务质量的评价标准因素集中为 5 个，即有形性（tangibles）、可靠性（reliability）、反应性（responsiveness）、可信性（assurance）和移情性（empathy）。

---

① 格隆鲁斯. 服务管理与营销：基于顾客关系的管理策略. 2 版. 韩经伦，等，译. 北京：电子工业出版社，2000：108.

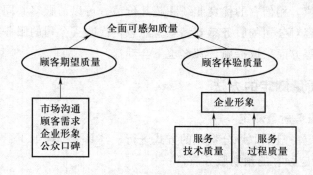

图 8 - 1 格隆鲁斯全面可感知服务质量模型

资料来源：克里斯蒂·格隆鲁斯. 服务市场营销管理. 上海：复旦大学出版社，1998：42.

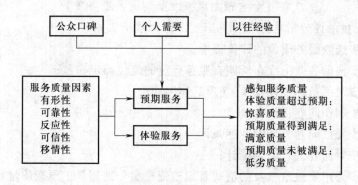

图 8 - 2 感知服务质量模型

此外，列迪宁（Lehtinen）1982 年提出将服务质量分成设计质量、交互质量和企业质量三个方面。古姆松（Gummesson）1988 年将服务质量划分为设计质量、生产质量、过程质量和产出质量四大要素。艾德瓦松（Edvardsson）1989 年提出服务质量包括技术质量、生产质量、整合质量、功能质量和产出质量。

目前，PZB 提出的服务质量的 5 要素构成模式，即有形性、可靠性、反应性、可信性和移情性，被广泛认可，并在实践中广泛运用。

有形性，亦称规范化和技能化。通过规范化、技能化和程序化的服务，使顾客相信服务供应具有规范的服务营销体系、厚实的资源和必要的知识、技能，能通过规范作业，解决顾客疑难问题（有关产出标准）。顾客认为服务供应者的地理位置、营业时间、职员和营运系统的设计和操作便于服务，并能灵活地根据顾客要求随时加以调整。

可靠性。顾客确信，无论发生什么情况，他们都能够依赖服务供应者。服务供应者能够遵守承诺，尽心竭力满足顾客的最大利益。

反应性。顾客知道，无论何时出现意外，服务供应者都将迅速有效地采取行动，控制局势，进行自我修复，寻找新的可行的补救措施（有关过程标准）。

可信性。顾客感到服务人员（一线员工）用友好的方式主动关心照顾他们，并以实际行动为顾客排忧解难（有关过程标准）。顾客相信，服务供应者的经营活动可以依赖，物有所值。相信它的优良业绩和超凡价值，可以与顾客共同分享。

移情性。顾客对公司的服务感到满意，愿意再次购买公司的服务。即使其他竞争者在价格、促销等方面采取措施，顾客也不会动摇。

二、服务质量测定的方法

（一）感知服务质量测定

服务质量测定一般采取评分量化的方式进行，其具体程序如下：

- 第一步测定顾客的预期服务质量；
- 第二步测定顾客的感知服务质量；
- 第三步确定服务质量，即

$$服务质量 = 预期服务质量 - 感知服务质量$$

对服务质量的评分量化方法可见第三章，大致步骤如下：

- 第一步选取服务质量的评价标准；
- 第二步根据各条标准在所调查服务行业的地位确定权数；
- 第三步对每条标准设计 4～5 道具体问题；
- 第四步制作问卷；
- 第五步发放问卷，请顾客逐条评分；
- 第六步对问卷进行综合统计；
- 第七步采用第三章叙及的消费者期望值模型分别测算出预期质量和感知质量；
- 第八步根据上述公式，求得差距值，其总值越大，表明感知质量离预期质量差距大，服务质量差；相反，则服务质量好。

有关预期质量的测算在第三章已有表述，下面以航空公司为例将感知质量的测算举例描述如表 8 - 1 所示。

表 8 - 1 5 家航空公司感知服务质量测算表

	A	B	C	D	E	权　　重
安全性	95	95	85	75	85	0.5
正点程度	95	75	65	55	75	0.2
价格	85	85	95	95	85	0.1
机型	95	95	85	75	65	0.1
空姐仪表	85	85	85	55	75	0.1

根据表 8 - 1 可计算出顾客对上述 5 家航空公司的感知服务质量的评分总值，具体计算如下：

A $= 95 \times 0.5 + 95 \times 0.2 + 85 \times 0.1 + 95 \times 0.1 + 85 \times 0.1$

　　$= 47.5 + 19 + 8.5 + 9.5 + 8.5 = 93$

B $= 95 \times 0.5 + 75 \times 0.2 + 85 \times 0.1 + 95 \times 0.1 + 85 \times 0.1$

　　$= 47.5 + 15 + 8.5 + 9.5 + 8.5 = 89$

$C = 85 \times 0.5 + 65 \times 0.2 + 95 \times 0.1 + 85 \times 0.1 + 85 \times 0.1$

$\quad = 42.5 + 13 + 9.5 + 8.5 + 8.5 = 82$

$D = 75 \times 0.5 + 55 \times 0.2 + 95 \times 0.1 + 75 \times 0.1 + 55 \times 0.1$

$\quad = 37.5 + 11 + 9.5 + 7.5 + 5.5 = 71$

$E = 85 \times 0.5 + 75 \times 0.2 + 85 \times 0.1 + 65 \times 0.1 + 75 \times 0.1$

$\quad = 42.5 + 15 + 8.5 + 6.5 + 7.5 = 80$

根据第三章的测算，假定消费者对这5家航空公司的预期质量分别为：

$A = 98 \quad B = 94 \quad C = 88 \quad D = 76 \quad E = 87$

然后将各航空公司的预期质量与感知质量进行比较，得出：

$A = 98 - 93 = 5 \quad B = 94 - 89 = 5 \quad C = 88 - 82 = 6 \quad D = 76 - 71 = 5$

$E = 87 - 80 = 7$

比较结果，虽然各个公司的预期质量与感知质量的差距相差不大，A、B、D三家公司相当，C公司次之，E公司差距最大。但A、B公司无论是在预期服务质量方面，还是在感知服务质量方面都高于C、D、E公司，可见，A、B两家公司的服务质量最优。

（二）服务质量指数测量模型

中国学者唐晓芬于2002年提出了基于服务质量过程、能力、绩效的服务质量体系模型，并运用服务质量指数来评价服务质量（图8-3）。

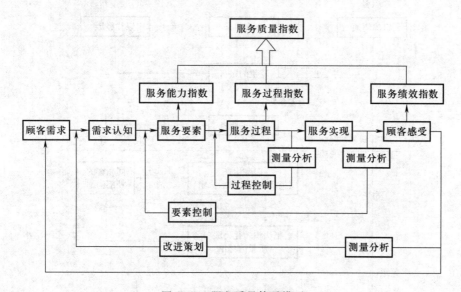

图8-3 服务质量体系模型

资料来源：唐晓芬. 服务质量指数. 首届亚洲质量网大会暨17届亚洲质量研讨会论文. 2003.

模型以服务要素、服务过程、服务实现作为体系模型的变量要素，综合体现出服务质量状况。运用服务能力指数、服务过程指数、服务绩效指数来定量化描述上述三变量要素的运作水平；最终合成服务质量指数，从整体上来评价服务质量水平。

模型包含三个循环：第一个循环为服务过程的循环，通过建立相关的服务质量标准、规范与制度，以及对服务流程的分析，进行过程控制，再导入到服务过程中。第二个循环为服务能力循环，包括服务资源配置、服务策划等，其重点是通过管理体系对服务质量的保证与维护。第三个循环为服务质量体系的整体循环，顾客接受组织提供的服务，依据其主观感受和组织的客观技术经济指标对其进行评价。组织对顾客的感受和客观技术经济指标进行测量分析，并将分析的结果用于体系的持续改进，再导入到新的顾客需求分析中。

模型中的服务要素、服务过程、服务实现分别产生服务能力指数、服务过程指数、服务绩效指数。三项指数作为服务质量指数的有机组成部分，整合成为服务质量指数，作为对企业服务质量的整体评价。

第三节　服务质量的管理

一、服务质量差距的管理

经过长期营销实践，美国服务问题专家建立了一个差距分析模型，专门用来分析质量问题的根源。

服务质量差距模型见图 8-4。

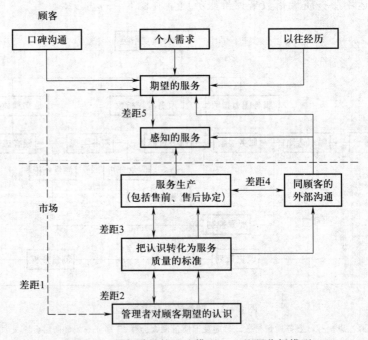

图 8-4　服务质量的理论模型——差距分析模型

首先，模型说明了服务质量是如何形成的。模型的上半部涉及与顾客有关的现象。期望的服务是顾客的实际经历、个人需求以及口碑沟通的函数。另外，也受到企业营销沟通活动的影响。

在模型中，实际经历的服务称为感知的服务，它是一系列内部决策和内部活动的结果。在服务交易发生时，管理者对顾客期望的认识，对确定组织所遵循的服务质量标准起到了指导作用。

当然，顾客亲身经历的服务交易和生产过程是作为一个与服务生产过程有关的质量因素，生产过程实施的技术措施是一个与服务生产的产出有关的质量因素。

分析和设计服务质量时，这个基本框架说明了必须考虑哪些步骤，然后查出问题的根源。要素之间有 5 种差异，也就是所谓的质量差距。质量差距是由质量管理前后不一致造成的。最主要的差距是期望服务和感知（实际经历）服务差距（差距 5），5 个差距以及它们造成的结果和产生的原因分述如下：

1. 管理者认识的差距（差距 1）

这个差距指管理者对期望质量的感觉不明确，产生的原因有：

（1）对市场研究和需求分析的信息不准确。

（2）对期望的解释信息不准确。

（3）没有需求分析。

（4）从企业与顾客联系的层次向管理者传递的信息失真或丧失。

（5）臃肿的组织层次阻碍或改变了在顾客联系中所产生的信息。

治疗措施各不相同。如果问题是由管理引起，显然不是改变管理，就是改变对服务竞争特点的认识。不过，后者一般更合适一些。因为正常情况下没有竞争也就不会产生什么问题，但管理者一旦缺乏对服务竞争本质和需求的理解，则会导致严重的后果。

深入的研究总是治疗工作的一部分，这样可以更好地观察和掌握顾客的要求和期望。仅仅从市场研究中获得的信息和从顾客层面传来的内部信息不够准确、也不全面，必须采取必要的行动疏通各种信息渠道。这可能影响到企业的组织结构。

2. 质量标准差距（差距 2）

这一差距指服务质量标准与管理者对质量期望的认识不一致，原因如下：

（1）计划失误或计划过程不够充分。

（2）计划管理混乱。

（3）组织无明确目标。

（4）服务质量的计划得不到最高管理层的支持。

第一个差距的大小决定计划的成功与否。但是，即使在顾客期望的信息充分和正确的情况下，质量标准的实施计划也会失败。出现这种情况的原因是，最高管理层没有保证服务质量的实现，质量没有被赋予最高优先权。治疗的措施自然是改变优先权的排列。今天，在服务竞争中，顾客感知的服务质量是成功的关键因素，因此在管理清单上把质量排在前列是非常必要的。

当然，问题也可能出现在计划过程中。提供服务的部门或个人必须遵守质量标准，这在制订目标和计划过程中就要考虑到。没有生产服务人员的合作，高层管理计划过程绝不是一个好的过程。理想的情况是，目标和标准除得到计划者和管理者的同意外，还要得到服务生产者的理解。另外，还要知道，过于苛刻的标准会损害灵活性，挫伤员工以灵活的行为满足顾客需求的积极性，最终损害的还是服务质量。

总之，服务生产者和管理者对服务质量达成共识，缩小质量标准差距，远要比任何严格的目标和计划过程重要得多。

3. 服务交易差距（差距3）

这一差距指在服务生产和交易过程中员工的行为不符合质量标准，它是因为：

（1）标准太复杂或太苛刻。

（2）员工对标准有不同意见，如一流服务质量可以有不同的行为。

（3）标准与现有的企业文化发生冲突。

（4）服务生产管理混乱。

（5）内部营销不充分或根本不开展内部营销。

（6）技术和系统没有按照标准为工作提供便利。

可能出现的问题是多种多样的，通常引起服务交易差距的原因也是错综复杂的，很少只有一个原因在单独起作用，因此治疗措施不是那么简单。引起差距的原因可粗略分为3类：管理和监督，职员对标准规则的认识和对顾客需要的认识，缺少生产系统和技术的支持。

与管理和监督有关的问题也许多一点。例如，管理者的方法不能激励和支持员工的质量行为，或者管理控制的制度可能与优质服务标准甚至是质量标准发生冲突。控制和奖惩制度与质量标准的计划相脱节的组织并不少见，它们都存在着引发交易差距的隐患，可不能小看了这种隐患。控制和奖励制度在一定程度上决定着企业文化，尽管还有其他决定原因，如不适应企业文化的目标和标准不能很好地得以实现，治疗措施包括改变管理者对下属的态度和管理体系中控制和奖惩制度实施的方式。而且，管理者必须注意与企业文化和内部营销有关的重大问题。职工可能对其服务提供者的角色感到不太明确。我们已经提到，在两难境地中，服务标准与控制和奖惩制度自相矛盾。而且，与顾客联系的职工意识到，当顾客对服务生产者行为所提出的要求与现行标准截然相反时，他就会处于尴尬的境地。提供服务的人员知道顾客的合理要求没有得到满足，尽管他可能做到，但又不被允许采取相应的行为，这肯定会逐渐扼杀员工追求卓越的动机。

治疗措施是消除员工中所有产生模棱两可的因素。一方面，改革监控制度，使之与质量标准统一起来；另一方面，更好地培训员工，使他们的工作业绩符合企业的战略考虑和利润率目标。因此，这里再次指出内部营销十分重要。

除了监控制度和职工角色外，第三个可能引起问题的原因是员工的技能和态度。首先，招聘员工时可能出现失误。有一部分员工尽管他们有一定能力，但不适应企业的标准和生产制度，在这种情况下，解决措施是改进招聘制度，避免制定错误决策。此外，职工对职责认识不清也是一个问题。比如，文件处理和行政事务牵涉他们的精力太多，也会使质量难以达标。因此，服务生产者没有更多的时间去满足顾客的需要，治疗措施是明确职工职责，不要让一些无关紧要的事务影响必要的工作。

最后一点，管理的技术或制度，包括决策和其他日常工作，可能不适合员工。当然，问题可能出在员工身上，但可能性更大的是，向员工介绍技术与生产和管理制度的方法不正确，技术和制度不完善，当然无益于质量改进。或者，尽管它们可能是完善的，但是如果没有正确地介绍给员工同样会产生质量问题，解决办法或者是改进技术和管理制度，以便使质量标准得以执行，或者是加强培训、重视内部营销。

4. 营销沟通的差距（差距4）

这一差距指营销沟通行为所做出的承诺与实际提供的服务不一致，产生的原因是：

（1）营销沟通计划与服务生产没统一。

（2）传统的市场营销和服务生产之间缺乏协作。

（3）营销沟通活动提出一些标准，但组织却不能按照这些标准完成工作。

（4）有故意夸大其词、承诺太多的倾向。

引起这一差距的原因可进一步总结为两类：

1）外部营销沟通的计划与执行没有和服务生产统一起来。

2）在广告等营销沟通过程中往往存在承诺过多的倾向。

在第一种情况下，治疗措施是建立一种使外部营销沟通活动的计划和执行与服务生产统一起来的制度。例如，至少每个重大活动应该与服务生产行为协调起来，达到两个目标：

第一，市场沟通中的承诺要更加准确和符合实际。

第二，外部营销活动中做出的承诺能够做到言出必行，避免夸夸其谈所产生的副作用。

在第二种情况下，由于营销沟通存在滥用"最高级的毛病"，所以只能通过完善营销沟通的计划加以解决。治疗措施可能是更加完善的计划程序，不过在管理上进行严密监督也很有帮助。

5. 感知服务质量差距（差距5）

这一差距指感知或经历的服务与期望的服务不一样，它会导致以下后果：

（1）消极的质量评价（劣质）和质量问题。

（2）口碑不佳。

（3）对公司形象的消极影响。

（4）丧失业务。

第五个差距也有可能产生积极的结果，它可能导致相符的质量或过高的质量。感知服务差距产生的原因，可能是本部分讨论的众多原因中的一个或者是它们的组合。当然，也有可能是其他未被提到的因素。

差距分析模型指导管理者发现引发质量问题的根源，并寻找适当的消除差距的措施。差距分析是一种直接有效的工具，它可以发现服务提供者与顾客对服务观念存在的差异。明确这些差距是制定战略、战术以及保证期望质量和现实质量一致的理论基础。这会使顾客给予质量积极评价，提高顾客满意程度。

二、影响服务质量的因素分析

质量的4个来源，即设计、生产、交易和与顾客的关系——这些方面的管理方法也影响着顾客感知的质量。服务的技术质量、与买卖双方有关的职能质量都会受到这些因素的影响。

产品或服务的设计影响着技术质量，这是职能质量的一个来源。例如，顾客或潜在的顾客可能参与设计过程。这可以改进技术质量，但对职能质量也有影响。顾客会认为卖主对他们非常重视，能够尽力解决他们的问题。这就是相互作用过程中职能质量的作用。

就服务业而言，生产是质量的一个来源，产出的技术质量是全部生产过程的结果。参与到这个过程中的顾客可以观察到大部分过程，于是买卖双方的相互作用就产生了。生产对职能质量也有影响，这对制造业亦是如此。当然，生产还决定着技术质量。然而，顾客可能只是偶然地接触生产过程，如生产设备和生产过程可能向顾客演示。顾客与生产、生产资源、生产设备和生产过程的相互作用的认识方式对职能质量会产生一定的影响。

就服务业而言，许多情况下很难区分交易和生产，交易或多或少是全部生产过程的一部分，因而上面提到的有关生产质量的各个方面也适用于服务业的交易。对产品制造企业来说，交易可以形成一个独立的职能；当然，交易的结果是买者得到了产品。这样，顾客通过产品的交易感受到了产品的技术质量。除此之外，还有与过程有关的因素，即交易的方式。

最后，买卖双方的关系在制造行业和服务行业都是质量形成的原因，这种关系对质量的影响主要是与职能过程方面有关。职员在与顾客关系中越是具有顾客意识和服务导向，买卖关系对质量的影响就越有利。

顾客对质量的期望是在自己经历企业所提供服务之前。顾客对企业的形象可以有多种认识，它对质量的作用就像一个过滤器。一个声誉良好的形象是一个遮掩物，即使有一些消极的形象，它们也不会显得那么突出。顾客感知的质量是对期望和实际经历比较的结果，它必须考虑组织的形象问题。

管理者必须研究和理解企业各种职能对质量的影响。质量来源涉及方方面面，生产只是其中之一。在设计、生产、交易以及计划和管理组织中参与买卖交易的员工，对技术和职能两方面都不能顾此失彼。

第一，质量是顾客感知到的对象。质量不能由管理者单方面决定，它必须适应顾客的需求和愿望。另外，质量不是用客观方法制定的；相反，它可能是顾客主观的认识。

第二，质量离不开生产交易过程。服务生产过程的产出结果只是消费者认识的服务质量的一部分。生产和交易过程本身也可以被顾客认识到（顾客积极参与这一过程）。因此，对服务生产过程和买卖双方相互作用的认识是全面质量的组成部分。从竞争的观点看，职能质量的重要性一般不会亚于技术质量。

第三，质量只是在买卖双方相互作用的真实瞬间中实现。因为职能质量，即买卖双方的相互作用，包括许多真实的瞬间或机遇，它是感知质量的一个关键因素。买卖双方的相互作用只是在顾客与服务生产者面对面接触的时候发生，而不是在质量设计和计划部门中发生，因而质量也只在那个时刻产生。质量的设计和计划必须体现在这个时刻中。技术质量和整体质量是计划的中心，组织（或企业）与顾客的层面也必须融入质量的管理和设计。否则，设计再好的质量依然可能是一件装饰品，而不会成为顾客感知的质量。

第四，每个员工对顾客感知的质量都做出了贡献。由于质量是在买卖双方相互作用的真实瞬间中产生和实现的，绝大多数员工参与了质量的形成。另外，由于实际上处理顾客关系和为顾客服务的一线员工要依赖于后勤人员的支持，那么这就使"支持者"对顾客感知的质量也负有责任。虽然不是每一个人，但是绝大多数员工都对质量做出贡献。如果由一个单独的职能或部门负责质量，员工的心理上就会变得消极。这种职能的存在会使他们忽视质量保证。出现问题时，人们就不会操心那些为了生产、维护、控制和流量所要做的麻烦事，他们会转而求助于专家，或让专家承担责任。但是，如果人们把这个部门只看做一个质量的内部咨询机构，那么它可能有助于保证和监控质量，不过整个组织自身还需做好质量保证工作。

第五，外部营销必须与质量管理融为一体。顾客感知的质量是一个期望质量和实际经历质量的函数，因此实际经历质量的改进要受到外部营销的影响。一个营销沟通活动对顾客做出的承诺大于实际做到的，顾客的期望没有得到满足。尽管按客观标准衡量，质量确实得到了改进，但是顾客感知的质量依然很差。外部营销的消极作用可能有不可预料的后果。例如，因为企业口碑不佳，公司的形象受到损害。如果营销沟通活动的计划与质量改进过程协调起来，这些差错是可以避免的。因此，外部营销（主要是营销沟通）必须与质量管理融为一体。

三、服务承诺

服务承诺亦称服务保证，是一种以顾客为尊、以顾客满意为导向，在服务产品销售前对顾客许诺若干服务项目以引起顾客的好感和兴趣，招徕顾客积极购买服务产品，并在服务活动中忠实履行承诺的制度和营销行为。

服务承诺通常对服务的下述内容进行承诺：

- 服务质量的保证；
- 服务时限的保证；
- 服务附加值的保证；
- 服务满意度的保证等。

企业常常进行的服务承诺有：

- 顾客只要不满意，无论何种原因，都可以全额退款；
- 误点绝不超过 5 分钟，否则退钱（交通企业）；
- 存取款只用一分钟，保证不延误时间。

服务承诺制的实行有利于企业提高服务质量，满足消费者需求并令其满意，改善企业自身的形象。承诺服务的优化设计及顾客满意理念引发的经营革命触及行销导向、社会性导向两个层次，将触角广泛伸入市场及整个社会，企图透过种种努力，掌握顾客爱好、市场需求这种由微而巨、抽象而复杂的层次。例如，1994 年 9 月，西班牙马德里和赛维尔之间的高速铁路发生故障，延误了 7 个小时才恢复通车，铁路公司因此付出了高达500万西元的赔偿给遭受不便的顾客，因为他们曾经保证："误点绝不超过5分钟，否则退钱。"铁路公司的服务保证，为西班牙的铁路树立了全新的标准，成功地挽回了乘客的忠诚度。

2012年7月10日晚间，由于官网出现故障，中国国际航空股份有限公司（简称国航）个别国际航线票价显示为"0元"，甚至是"﹣10元"、"﹣20元"。许多网友以为国航在进行特价促销，纷纷抢购并成功出票。随后，国航发现系统故障并很快进行了修复。7月12日，中国国际航空公司客户服务官方微博发布公告称，对于在此期间，使用0元票价在国航网站上成功出票的旅客，国航将保证他们所购头客票的旅行权利。"无论故障出在什么地方，国航决定承担相应损失，因为我们认为诚信最重要。"国航官方微博称。对于国航的做法，有网友评论称"成功的危机应对"，"这次一定要为国航鼓掌"。服务承诺的实质是保持与顾客的联系与沟通，并着眼于为顾客谋利。"顾客保持的联系多5%，便可使企业多盈利50%。"获得新顾客与保持现有顾客相比，前者的成本比后者多56倍，对内部顾客的无知导致成本猛增。一个错误发现得越晚，其代价就越高。质量专家认为在这里有一种所谓的10倍规则：一个错误到顾客手中才发现，要花去1000马克；在产品出厂最终检验时消除这一错误，只需花100马克；如果一开始就查出问题，消除它只用10马克，德国魏恩海姻一家生产热塑性成型部件的公司经理卡尔·弗罗伊登贝格也认识到这一点，企业整体的运作过程都着眼于为顾客谋利的宗旨。专业部门基本上被解散，每一笔订货都交由尽可能小的项目小组管理，在生产线上称王称霸的头头退位了，完成各项订货的项目负责人代替了车间主任。从这些案例中我们可看出，服务程度直接影响着一个企业的成功和失败，而服务保证能落到实处就会拥有顾客的信任；同时，企业也会获得意想不到的收入。

实行服务承诺制可以采取以下措施：

1. 制定高标准

可以是无条件的满意度保证，也可以是针对运送时间等的单项服务，提供商标准保证、无条件保证的好处是，不论时间如何变化，顾客所期待的与实际得到的服务都能保持一致。

2. 不惜付出相当的赔偿代价

不管提出什么保证，赔偿代价都要有相当的意义，才能吸引心存不满的顾客主动前来抱怨，有效地挽回失望的顾客，刺激企业汲取失败的教训。不痛不痒的保证，等于没有保证。

3. 特别情况特别处理

美国波士顿一家餐厅的员工，在客人食物中毒之后，拿着免费餐券要补偿对方，结果严重得罪了客人。可想而知，餐厅如果还想跟这些火冒三丈的客人重修旧好，需要的当然是比免费餐券更有意义的东西。这时，应随时通知较高层次的主管出面处理，他们一方面可采取适当措施，更可以借此机会，实际了解顾客所遭受的不幸。

4. 提供简洁的保证

企业的服务保证，必须言简意赅，让顾客一看便知。

5. 简化顾客申诉的程序

提供服务要多花一些心思与代价，尽量减少申诉过程的不便，才不致既流失顾客，又失去从申诉中学习改善的机会。

6. 将服务满意度列入企业发展的经济指标

在现代服务营销活动中，由于人们的价值观、时间观念的进步，企业推行服务承诺的必要性更强烈，顾客对企业推行服务承诺的期待也更强烈，服务承诺成为企业提高服务质量不可分割的组成部分。

例如，2007 年 12 月 8 日以全聚德、百胜餐饮集团为代表的全国 4 500 多家餐饮企业代表，在北京公开做出迎奥运会特色优质餐饮服务承诺。中国烹饪协会宣布，借助奥运全面提升中国餐饮业服务质量，全面启动中国餐饮业"百城万店迎接奥运"活动。活动到 2008 年 5 月结束。这些企业做出的承诺是：

- 积极落实国家有关部门关于食品卫生安全的法律法规，强化生产、包装、储运各环节的卫生安全管理，建立健全可追溯机制，确保食品卫生安全。
- 强化职业道德，自觉承担社会责任，把品牌建设与卫生安全紧密结合，以卫生安全优质产品为荣，以不合格产品为耻，主动接受餐饮企业用户和广大人民群众的监督，为建立诚信、卫生、安全的食品市场秩序贡献力量。
- 坚持以用户为本，以优质服务搭建与餐饮企业的共赢关系，宁可承受经济上的损失，也不让影响卫生安全的产品流向市场。

第四节　服务质量的认证

一、质量认证及其表示

质量认证是产品或服务在进入市场前，依据国际通行标准或国家规定的标准和质量管理条例，由第三方认证机构进行质量检查合格后发给合格证书，以提高企业及其产品、服务的信誉和市场竞争力的行为。质量认证包含以下要点：

- 质量认证的对象是产品或服务；
- 标准化机构正式发布的标准是认证的基础；
- 证明批准认证的方式是合格证书或合格标志；
- 质量认证是第三方从事的活动；
- 质量认证与安全认证统称为合格认证或综合认证、全性能认证。通常对安全认证实行强制性认证制度，对综合性认证实行自愿认证原则。

实行服务质量认证制度具有不可忽视的重要作用，这些作用表现为：

- 指导消费者选购自己满意的服务；
- 帮助服务企业建立健全高效的质量体系；
- 给服务企业带来信誉和更多的利润；
- 节约大量的社会检验费用；
- 提高服务企业及其产品的国际竞争力；

● 国家通过质量认证有效地促进服务企业提高服务质量，保护使用者的安全、健康和利益。

质量认证制度最早的雏形为 1903 年英国工程标准委员会首创的世界第一个用于符合标准的标志，即 "BS" 标志或称 "风筝标志"，用于铁道钢轨的认证标志。20 世纪 30 年代开始形成受法律保护的认证标志，至 50 年代基本普及到所有工业发达的国家，60 年代起当时的苏联和东欧国家陆续采用，70 年代发展中国家陆续实施。

服务合格认证与商品合格认证一样，在国际上是由政府或非政府的国际团体进行组织和管理的国际通行的认证制度。各国为进行认证工作都制定了一整套程序和管理制度，国际合格认证是消除国际营销活动中贸易壁垒的重要手段。

1970 年国际标准化组织（ISO）成立了认证委员会（CERTICO），而各国政府或非政府组织也形成了一些权威性认证机构。这些组织一般采取以下方式：

● 相互承认对方的合格认证；

● 建立国际区域性认证体系；

● 采用国际上著名的标志作为双边或多边的共同语言。

合格认证包括安全认证和质量认证。质量认证包括服务质量认证、质量体系认证、检查（审核）人员及评审员认可等。它是涉及生产、贸易、检验、标准和计量等部门的一项综合性工作。目前，国际上已有 60 多个国家和地区开展了质量认证工作。为了统一质量标准、简化质量认证程序，国际标准化组织（ISO）于 1987 年发布了 ISO 9000 族质量管理和质量保证国际标准，后于 1994 年发布了修订版，又于 2000 年进行了大改版，主要标准如下：

● ISO 9000：基本原理与术语；

● ISO 9001：质量管理体系—要求；

● ISO 9004：质量管理体系—业绩改进指南；

● ISO 10011：质量体系审核指南。

ISO 9000 标准系列认证的内容包括：

● 产品：原材料、零件、部件和整机；

● 过程：工艺生产和全部加工过程；

● 服务：洗染、商业、出租车和旅馆等第三产业；

● 管理：技术人员素质和水平等。

我国于 1991 年 10 月组成了 "出口商品生产企业质量体系工作委员会"，推行 ISO 9000 系列标准，开展质量体系评审工作。我国开展质量体系认证采用 ISO 9000 系列的国际标准，有利于各国评审机构与我国评审机构的相互认证，有利于我国质量认证与国际质量认证接轨。

质量认证的目的不在于 "证明符合标准"，而是有关方面 "提供证明服务"，使他们能够放心地利用已被认证的可靠质量。由第三方认证机构公正地证明产品或服务的质量符合规定的标准这一信息准确无误地传递给消费者、用户、生产者、政府机构和贸易机构等有关方面。研究质量认证的表示方法就是要解决质量认证的质量信息的传递方式。根据不同的用途，质量认证有两种表示方法：

1. 认证证书

认证证书即合格证书，是由认证机构颁发给企业的一种证明文件，证明某种产品或服务符合特定标准和技术规范。认证证书不等于企业的产品合格证。前者是第三方认证机构签发的，更具权威性，而后者是企业自己签发的，属于企业自我声明合格的性质。

认证证书的内容包括：

- 证书编号；
- 认证依据的法规文件和编号；
- 企业名称；
- 服务产品的名称、特色或等级；
- 采用标准的名称和编号；
- 有效期；
- 认证机构名称、印章；
- 颁发日期。

认证证书一般在做广告、展销会、订货会或促销活动时加以宣传、展示，以提高企业的声誉和认证产品或服务的信誉。

2. 认证标志

认证标志即合格标志，是由认证机构设计并发布的一种专用标志，用以证明某产品或服务符合特定的标准或技术规范，经认证机构批准后在产品或服务载体上使用。认证标志不同于商标。商标是某种商品品牌的法制化的标志，不同企业的不同产品或服务各有不同的商标。而认证标志则不分企业或产品服务的品种，只要是符合认证管理办法的规定，都使用同样的标志。认证标志是质量信得过的识别标志。

二、质量认证机构及其职能

ISO 合格评定委员会是国际性的质量认证机构。国际标准化组织于 1970 年成立了认证委员会（CERTICO）理事会，从 1985 年起将 CERTICO 更名为 CASCO（Committee on Conformity Assessment），即合格评定委员会，并相应修改其工作任务。

CASCO 成立时有 65 个成员团体，其中 P 成员 43 个，O 成员（观察员）22 个。

P 成员包括：阿根廷、澳大利亚、奥地利、比利时、保加利亚、加拿大、塞浦路斯、捷克斯洛伐克、丹麦、埃及、埃塞俄比亚、芬兰、法国、联邦德国、匈牙利、印度、印度尼西亚、伊朗、以色列、意大利、日本、肯尼亚、马来西亚、荷兰、新西兰、巴基斯坦、秘鲁、菲律宾、葡萄牙、罗马尼亚、南非、西班牙、斯里兰卡、瑞典、瑞士、坦桑尼亚、突尼斯、英国、美国、苏联、委内瑞拉、越南和南斯拉夫等国的标准化机构。

O 成员国包括：阿尔及利亚、巴西、中国、哥伦比亚、古巴、民主德国、加纳、希腊、冰岛、伊拉克、爱尔兰、象牙海岸、墨西哥、蒙古、挪威、波兰、沙特阿拉伯、新加坡、叙利亚、泰国、特立尼达和多巴哥、土耳其等国的标准化机构。

经 ISO 理事会批准，CASCO 的主要任务是：

（1）研究关于产品、加工、服务和质量体系符合适用标准或其他技术规范的评定方法。

（2）制定有关的产品认证、试验和检查的国际指南，制定有关质量体系、检验机构、检查机构和认证机构的评定和认可的国际指南。

（3）促进国家和区域合格评定制度的相互承认和认可，并在试验、检查、认证、评定和有关工作中，促进采用适用的国际标准。

我国于 1978 年加入国际标准化组织，1988 年 12 月 29 日公布了《中华人民共和国标准化法》。自此以后，我国产品、服务质量认证工作逐步纳入法制轨道。该法的第三条规定："标准化工作的任务是制定标准、组织实施标准和对标准的实施进行监督。"第五条规定："国务院标准化行政主管部门统一管理全国标准化工作。"

中国国家标准化行政主管部门为国家技术监督局，该组织于 1988 年 7 月成立，随即加强了对质量认证工作的领导。国家对认证工作的统一管理主要体现在以下 3 个方面：

- 统一认证管理办法；
- 只搞国家认证，不实行部门或地方的认证；
- 统一归口管理有关质量认证的国际活动。

我国建立产品服务质量认证制度并参与国际标准化组织之后，即将自身置于国际认证制的行列中。因此，我国必须按照 ISO 和 IEC（国际电工委员会）发布的有关认证的国际指南来建立我国的认证制度，只有这样的认证制度和认证的产品或服务才能得到国际上的承认。

按照国际指南建立的认证制度，关键是要解决好以下两个问题：

- 实行典型的认证制度。典型认证即是由第三方从生产单位和市场上抽取样品进行监督检验。
- 严格采用具有国际水平的国家标准和行业标准，以保证我国质量认证的声誉。服务业的质量认证与产品的质量认证都适宜于采用 ISO 9000 标准系列。

案 例

感动服务与超越期望

企业经营要让人感动，必须持续地、每次都毫无失误地将服务准确地传达给消费者，让他们的期待不落空，甚至时常有超乎期待的惊喜。"意外的惊喜"最令人满意，如果满意超越了"意外的惊喜"，对方就会大为感动。

以前听说海尔的售后服务很好，但也仅限于听说而已。这两天，笔者切身感受到海尔"真诚到永远"的服务。

我买了一台海尔洗衣机，前两天出了故障，电机不转了，昨天下午四点多钟，我打电话给海尔武汉客服中心，请求上门维修。客服人员询问我什么时候方便，我说："今天如果不行，明天随便什么时候安排个时间。"客服迟疑了一下，说尽早给我安排。我想：都星期天下午四点了，今天肯定没戏。

六点多钟的时候，我接到了武昌维修部的电话，向我道歉，说海尔客服中心通知他们七点钟上门维修，但由于是星期天，维修人员忙不过来，所以只能第二天来。

我注意到海尔客服中心对我承诺与对维修站人员要求是不同的，海尔客服中心要求维修人员当天下午上门，而并没有对客户这样承诺。我想一个讲信誉的人是不会轻易做出承诺的，因为他的每一个承诺都必须实现。这个细节体现了海尔人信守承诺的品性。

维修站的先生问我什么时间方便，我说："随便什么时间。"我这人有个毛病，对服务态度越好的，我越是没什么要求。可那位先生并没有借坡下驴，而是问我中午什么时候下班，中间有多少时间，最后建议服务人员十二点钟上门，由此可以看出，海尔并没有因为客户要求的降低而降低自己的服务水准。

武汉的夏天，太阳很厉害，天气很热，可是维修的师傅还是在十二点钟准时到达。在简单地询问了故障的情况后，他们很快找到了原因，并排除了故障。原来有三枚硬币掉进洗衣机里了。维修师傅不仅帮我取出了硬币，还解释了电机不转和产生焦臭味的原因，帮我上好了原来没装上的底罩，修好了漏水的水龙头。这让我想起了海尔的服务理念"海尔人就是要创造感动"。回顾一下这些过程，我还真的挺感动。

评论：

超越顾客的服务期望，在了解顾客对服务最基本期待的基础上，履行业者对服务最基本的承诺。通过不间断的问卷与顾客双向沟通；迅速响应顾客抱怨，马上改善措施，制定一套服务补救应变机制；敏锐观察倾听顾客的声音，尝试解决他们的问题。细心做好经营顾客服务期望的基本工作，务实而不夸大自己的服务，不承诺过高的服务水平以避免误导顾客的期望。有时可能无法立即提供顾客所期望的服务，也要进一步说明将会尽力达成他们所想要的，积极满足顾客期望。

最重要的核心工作就是要能让顾客感动于一连串惊奇的定制化服务。通过对顾客的了解，记住他们的偏好与特殊需求，以创造顾客发自内心的喜悦满意知觉。始终坚持顾客的看法永远都是对的，信仰服务质量的力量。

总之，超越客户期望；不断地、持续地感动顾客、超越客户期望是唯一的、卓越的服务营销策略，同时也是生存之道。

资料来源：慧聪网.

讨论题：

1. 海尔的服务理念是从哪些方面体现的？
2. 从服务质量差距的角度讨论海尔的核心竞争优势是如何建立的。
3. 海尔的感动服务是如何超越顾客期望的？

小 结

服务质量是服务营销的核心问题。服务质量是预期服务质量与感知服务质量的比较。它由服务的技术质量、职能质量、形象质量和真实的瞬间构成。服务质量的评价依据有形性、可靠性、反应性、可信性和移情性5条标准。服务质量的测定首先要对预期服务质量和感知服务质量分别予以量化，然后将量化的结果进行比较。

服务质量用服务质量指数来评价。服务质量指数测量模型是基于服务质量过程、能力、绩效的服务质量体系模型，并运用服务质量指数来评价服务质量。

服务质量管理关键是进行服务质量差距的管理。服务质量差距模型从管理认识差距、质量标准差距、服务交易差距、营销沟通差距、感知服务质量差距5个方面分析了差距形成的原因，并提出了实施差距管理的措施。影响服务质量的因素从设计、生产、交易与顾客的关系等方面进行分析。服务承诺是现代服务营销活动中不可忽视的策略，应大力推行服务承诺制度。

服务质量认证是现代社会国际通行的制度，了解国际标准化组织（ISO）有关质量管理和质量体系即服务指南对于推动企业谋求质量管理具有重要意义。

习 题

1. 解释下列概念

服务质量　预期服务质量　感知服务质量　技术质量　职能质量　形象质量　真实瞬间　服务承诺　服务质量认证

2. 服务质量包含哪些内容？它与产品质量有什么不同的内涵？

3. 服务质量的构成要素有哪些？

4. 服务质量指数测定模型包括哪些内容？

5. 服务质量测定的步骤有哪些？

6. 以某快递公司为例说明如何测定服务质量。

7. 服务质量差距模型包含哪些内容？如何实施服务质量差距管理？

8. 影响服务质量的因素有哪些？

9. 服务承诺有什么意义？实行服务承诺应采取哪些措施？

10. 为什么要开展对服务业的质量认证？

第九章

服务定价策略

在服务市场上，各种有形产品定价的概念和方法均适用于服务产品定价。但是，由于服务受产品特征的影响，而且企业与顾客之间的关系通常比较复杂，所以企业定价不单单是给产品一个价格标签，这就说明了服务定价策略也有其不同的特点。因此，我们必须重视定价在服务营销中的作用，研究服务产品定价的特殊性；同时，也要对传统定价方法在服务市场营销中的应用给予一定的重视。

本章知识结构图

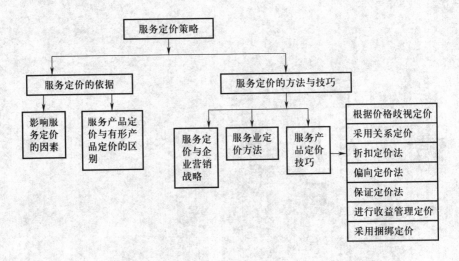

第一节　服务定价的依据

一、影响服务定价的因素

影响服务产品定价的因素主要有 3 个方面，即成本、需求和竞争。成本是服务产品价值的基础部分，它决定着产品价格的最低限，如果价格低于成本，企业便无利可图；市场需求影响顾客对产品价值的认识，决定着产品价格的上限；市场竞争状况调节着价格在上限和下限之间不断波动的幅度，并最终确定产品的市场价格。值得强调的是，在研究服务产品成本、市场供求和竞争状况时，必须同服务的基本特征联系起来进行研究。

（一）成本要素

服务营销人员必须理解服务产品的成本随时间和需求的变化而变化。服务产品的成本可以分为 3 种，即固定成本、变动成本和准变动成本。

固定成本是指不随产出而变化的成本，在一定时期内表现为固定的量，如建筑物、服务设施、家具、工资和维修成本等。

变动成本则随着服务产出的变化而变化，如业余职员的工资、电费、运输费、邮寄费等。在许多服务行业中，固定成本在总成本中所占的比重较大，比如航空运输和金融服务等，其固定成本的比重高达 60%，因为它们需要昂贵的设备和大量的人力资源；而变动成本在总成本中所占的比重往往很低，甚至接近于零，如火车和戏院等。

准变动成本是介于固定成本和变动成本之间的那部分成本，它们既同顾客的数量有关，又同服务产品的数量有关，如清洁服务地点的费用、职员加班费等。准变动成本的多少取决于服务的类型、顾客的数量和服务活动对额外设施的需求程度，因此不同的服务产品其差异性较大，其变动所牵涉的范围也比较大。比如，飞机上的座位已经满员，要想再增加一位旅客，那么所增加的就不仅是一个座位，在人力资本、资源消耗方面也要相应增多。

在产出水平一定的情况下，服务产品的总成本等于固定成本、变动成本和准变动成本之和，服务企业在制定定价战略时必须考虑不同成本的变动趋势。应用经验曲线（experience curve）有助于营销人员认识服务行业的成本行为。所谓经验曲线是指在一种产品的生产过程中，产品的单位成本随着企业经验的不断积累而下降。在这里，经验意味着某些特定的技术改进，正是由于改进了操作方法，使用了先进的工艺设备，并通过经营管理方法的科学化而形成了规模经营，才导致企业成本逐步下降。经验曲线是企业降低产品成本的有效分析工具。

（二）需求因素

服务业公司在制定价格策略目标并考虑需求因素的影响时，通常使用价格需求弹性法来分析。需求的价格弹性是指因价格变动而相应引起的需求变动比率，它反映了需求变动对价格变动的敏感程度。价格需求弹性通常用弹性系数（Ed）来表示，该系数是服务需求量（Q）变化的百分比同其价格（P）变化百分比之比值。用公式表示为：

$$需求弹性系数 = \frac{需求量变动的百分率}{价格变动的百分率}$$

即

$$Ed = \frac{\Delta Q/Q}{\Delta P/P}$$

如果价格上升而需求量下降，则价格弹性为负值。如果价格上升需求量也上升，则价格弹性为正值。也就是说，当 $Ed < 1$ 时，表示缺乏弹性；$Ed > 1$ 时，表示富有弹性。

价格弹性对企业收益有着重要影响。通常，企业销售量的增加会产生边际收益，而边际收益的高低又取决于价格弹性的大小。在现实生活中，不同服务产品的需求是不尽相同的，如果对服务的需求是有弹性的，那么其定价水平就特别重要。例如，在某些市场上，需求受到价格变动的影响很大（如市区公共交通服务、旅游娱乐等），而有些市场则影响较小（如医疗、中小学教育等）。

服务业公司应该了解其产品的需求弹性情况如何。例如，一家拥有 20 000 个用户的有线电视服务公司将其价格由每月 10 元涨至 12 元，其结果是丧失了 4 000 位用户。此时，其边际收益则等于（$2 \times 16\,000 - 4\,000 \times 10$）＝ $-8\,000$，这意味着因涨价而使企业损失 8 000 元。这说明该服务产品需求价格弹性较高，价格的稍微波动会导致需求量的大幅度变化，从而影响企业收入。因此，企业必须明了产品的需求弹性状况，然后才能制定合理的价格战略。

现代市场营销学的寻找理论（search theory）有助于进一步解释需求的价格弹性。该理论认为，顾客对价格的敏感度取决于购买时选择余地的大小：可选择余地越小，则需求越缺乏弹性；反之，如果顾客可选择余地越大，则需求弹性也越大。选择余地的大小来自于顾客对服务产品有关信息和知识的获得程度以及他们对产品特征的认知，这些特征包括可寻找特征、经验特征和可信任特征。如果顾客能够根据可寻找特征评价产品，顾客选择的余地就比较大，产品需求就有较高的弹性。当然，对于大多数服务产品而言，它们更多的是拥有经验特征和信任特征。不过，价格本身就是一种可寻找特征。所以，在缺乏服务产品信息的情况下，顾客往往把价格高低作为衡量产品质量的一个指标，因而他们对价格的敏感性也就比较高。

（三）竞争因素

市场竞争状况直接影响着企业定价策略的制定。在产品差异性较小、市场竞争激烈的情况下，企业制定价格的区间也相应缩小。市场竞争所包含的内容很广，比如在交通运输行业，企业之间的竞争不仅有不同品种之间的竞争，而且在不同运输工具之间、对顾客时间和金钱的利用方式之间都存在着竞争。总而言之，凡是服务产品之间区别很小而竞争较强的市场，都可以制定相当一致的价格。此外，在某些市场背景下，传统和惯例可能影响到定价（如广告代理的佣金制度）。

对于服务企业来说，在市场上除了从竞争对手那里获得价格信息外，还要了解它们的成本状况，这将有助于企业分析评价竞争对手在价格方面的竞争能力。无疑，向竞争对手全面学习，对于任何企业都十分重要。服务企业要借鉴竞争者如何确定其成本、价格和利润率，这将非常有助于企业自己制定适宜的价格策略。

二、服务产品定价与有形产品定价的区别

根据服务的特点，服务产品定价与有形产品定价的区别表现在以下三个方面：

1. 价格是服务质量的关键信号

由于服务的无形性特征，服务的质量很难像有形产品那样用统一的质量标准来衡量。因此，产品无法对服务的质量在购买之前进行事先评价，顾客经常在缺乏信息的条件下决定购买，因此他们经常把价格作为服务质量的代言人。由于顾客以价格作为质量的线索，并且参照价格对质量产生预期，因此服务价格必须小心制定。定价过低，会使顾客产生服务档次较低的错觉；定价过高，又会使顾客形成在服务过程中难以达到的期望。

2. 消费者对服务的参考价格把握得往往不如对有形产品准确

参考价格即存在于消费者记忆中的有关服务的价位，包括：上一次所付的价格、经常付出的价格以及顾客对类似服务所付出的价格。首先，服务的无形性和异质性使得服务形态灵活多样，因此定价结构也纷繁复杂；其次，服务供应商不能或不愿意提前对价格进行评估。上述原因使得许多顾客在接受了某种服务之后才知道价格。顾客对于服务价格的判断取决于价值感受，即对服务的效用和相关成本的评价。确定无形服务的价值十分困难，因为价值是消费者的感知，是顾客对服务的效用及其相关成本的评价。而且，消费者对服务有不同的评价和保留价，不同细分市场的客户群愿意为同样的服务支付不同的价格。因此，可以根据价格歧视制定不同的价格，即依据各个客户群的价格敏感度的不同来定价。

3. 服务价格的波动大大高于有形产品的价格波动

由于服务的需求变化不定，没有库存，因此企业需要在价格上做文章来管理需求：即在需求旺盛时提高价格，在疲软时降低价格。这使得服务价格的波动性和复杂性大大增加。

第二节　服务定价的方法与技巧

一、服务定价与企业营销战略

企业在制定服务价格策略时要考虑到企业的营销战略。企业整体性的营销战略意味着企业营销组合中任何战略的制定和贯彻执行都要同企业的营销战略目标相一致，价格决策也不例外。企业在确定服务产品价格目标时，必须考虑以下 3 个要素：

1. 产品的市场地位

市场地位是指服务产品准备占有的市场地位以及从消费者的角度与竞争者的产品相比较而具有的市场特色，也可以认为是服务产品在顾客感知中的定位。显然，价格是营销组合中影响服务产品市场地位的一项重要因素。有形产品可以凭借其产品的实体特征在市场上占据一席之地，而服务产品定位所依靠的则是一些无形的特征。价格是一个重要的可寻找特征，它影响服务产品的定位。

2. 服务产品生命周期所处的阶段

服务产品的价格也与其生命周期有关。例如，在引入一种新产品时，公司可用低价策略去渗透市场，并在短期内快速争得市场占有率。另一种办法是撇脂策略，即一开始就采用高价策略，以在短期之内尽量收回成本、攫取利润。不过，这种策略只有在没有直接竞争者以及存在大量需求的情况下才能采用。

3. 价格的战略角色

定价决策在实现企业整体目标的过程中具有战略性地位，因而任何单个产品的定价决策都要同企业的战略目标相一致。例如，一家新开的假期旅游公司为了树立市场形象，可能有意采用低价位策略来争取较大的市场占有率，虽然这意味着一段期间内企业无利可图。用渗透性价格作为策略手段，往往可以取得最大的销售量。当然，任何价格策略都必须能配合营销组合的其他要素，以便更好地实现企业的整体经营战略。

二、服务业的定价方法

可供服务业选择且实用的定价方法并不多，下面介绍几种在实践中最常用的定价方法。

（一）成本导向定价法

成本导向定价法是指企业依据其提供服务的成本决定服务的价格。这种方法的优点为：一是比需求导向更简单明了；二是在考虑生产者合理利润前提下，当顾客需求量大时，能使服务企业维持在一个适当的盈利水平，并降低顾客的购买费用。其具体的方法有：

1. 利润导向定价

利润导向定价即以最起码的利润水平为目标，由专业组织或行业协会制定的标准价格当属于此类。如果市场进入受到严格的限制，则定价的取向就以顾客的支付能力和支付意愿为主，成本考虑退居其次。

2. 赫伯特定价法

赫伯特定价法是20世纪50年代，美国饭店和汽车旅馆协会主席赫伯特主持发明的。它是以目标收益率为定价的出发点，在已确定计划期各项成本费用及饭店利润指标的前提下，通过计算客房部应承担的营业收入指标，进而确定房价的一种客房定价法。它是根据计划的营业量、固定费用及饭店所需达到的投资收益率来确定每天客房的平均房价。一般而言，新建饭店往往采用此种方法定价。这个公式的缺陷在于客房部必须承担实现计划投资收益率的责任。

（二）竞争导向定价法

竞争导向定价法是指以竞争者各方面之间的实力对比和竞争者的价格作为定价的主要依据，以竞争环境中的生存和发展为目标的定价方法，主要包括通行价格定价和主动竞争型定价两种。

（1）通行价格定价法，即以服务的市场通行价格作为本企业的价格。采用此种方式有如下的优势：

- 平均价格易于为人们所接受；
- 避免与竞争者激烈竞争；
- 能为企业带来合理、适度的盈利。

（2）主动竞争型定价，即是指为了维持或增加市场占有率而采取的进取性定价。

（三）需求导向定价法

需求导向定价法着眼于消费者的态度和行为，服务的质量和成本则为配合价格而进行相应的调整。

在服务业的经营中如果考虑成本，则很难确立什么是一个服务的"单位"，要计算单位的成本就更难。尤其高度非实体性的服务，"人"是成本的主要要素，更是难以测量的要素。例如，要衡量某项服务表现花费的时间就更不容易，总费用的分摊就更难进行。然而，没有明确的成本观念就难以制定出一套价格策略。劳动密集的服务业（如专业服务业）若要克服成本上的问题，非要制定出一套更确切的方式来辨认和分配不可，尤其是以下的服务业：

- 不易描述和衡量的服务产品；
- 成本主要为人的服务产品；
- 其他成本（如租金、旅费）也都是与人关联的服务产品；
- 人的成本计算远较机械的成本计算困难的服务产品。

其实，成本会计的问题并不只限于发生在专业服务业公司，像银行金融业也有成本分配、行动衡量和能力评估等问题发生。诸如此类的问题，使人们发现传统的成本会计方式并不适合服务业，而应该使用另外一种产品利润率分析方法。成本导向定价的另一个问题是，如果成本被用来当做计算价格的唯一基准，那么实际上能控制成本的"激励因素"便大大减少了。

三、服务产品的定价技巧

一般实物产品营销中的定价技巧也可用到服务产品上，总的来看，服务业经常使用的定价技巧包括下列 7 项：

（一）根据价格歧视定价

服务组织进行收益管理时，通常运用顾客对价格的敏感度，即价格歧视来管理对服务的需求。例如，航空公司、酒店、旅游、电话服务等服务企业，其服务设施经常面临着季节性的、周期性的甚至是每天的需求变化的挑战，有时需求超过现存能力，有时能力闲置。对于上述服务企业，定价可以在稳定需求以及使需求和供给同步发展上起作用，时间、地点、数量、顾客等差别诱因，被作为价格歧视的依据有效运用。

1. 时间差别定价

时间差别定价是在不同的时间收取不同的服务费，尤其在服务淡季，通过为使用不足的时间段制定较低的价格，服务公司可以调整稳定需求，并增加收入。例如，淡季旅游景点的门票收费、晚间的电话服务等，都是反映服务的时间差异。

2. 地点差别定价

地点差别定价是对不同地理区域的服务制定不同的价格，这种方法适用于顾客对于地点敏感的服务。例如演唱会的前排、观看比赛时位于场馆中央的位置、旅游胜地的酒店中临海的房间等，都代表着对顾客有意义的地点差异，因此可以制定较高的价格。

3. 数量差别定价

数量差别定价是批量购买服务时给予的减价。例如，购买美容优惠套券、电视广告时段的客户，都是通过预购未来服务享受相应价格优惠。

4. 顾客差别定价

顾客差别定价是根据顾客的付款能力来定价。一般来说，收入水平、年龄、职业、性别等不同的消费者对价格的接受程度有较大的差异。对于低收入者、弱势群体定价水平要低，对于高收入者定价水平要高。

（二）采用关系定价：实施会员价

服务企业发展顾客成为"会员"，可以从根本上转变服务企业同顾客之间的关系，能将一系列的服务交易转变为一种稳定的、可持续的交易。消费者可以凭借其会员身份先行消费服务产品，然后在约定的时间支付费用（如电话费）或者凭会员证件享受一定的价格折扣。这样，既使顾客随着与企业关系的逐渐稳固和深入而受益，也能够培养消费者的消费习惯，使企业由于同顾客建立了良好的长期交易关系而获得稳定收入，大大降低了经营风险。

（三）折扣定价法

在大多数的服务市场上都可以采用折扣定价法，服务业营销通过折扣方式可达到两个目的：

（1）折扣是对服务承揽支付的报酬，以此来促进服务的生产和消费（金融市场付给中间者的酬金）的产生。例如，付给保险经纪人的佣金或对单位委托顾问服务的支付。

（2）折扣也是一种促销手段，可以鼓励提早付款、大量购买或高峰期以外的消费。

例如，广告代理商对立即付款所提供的现金折扣、干洗服务店提供短期降价。这些折扣可以在市场已采用差异定价法措施后再附加上去。大部分的服务业公司都能提供"特别优待价"和上述各类型的支付方式。虽然这种做法通常都会侵蚀服务生产者的利润，但各种"折扣"仍一直被视为技术性的定价结构调整的方法。不过，现在"折扣"已越来越被认为有其策略上的重要性。有时利润必须用来作为争取服务展露机会的工具，甚至以大于传统的利润用来购买展露机会和购买支持。

营销的一个新范畴，即利润管理（margin management）已受到重视，这是涉及如何决定将整个分销渠道的利润在中介者和顾客二者之间予以分派的重要问题。利润管理对于服务营销的重要性，与产品营销的重要性相同。

（四）偏向定价法

当一种服务原本就有偏低的基本价，或某种服务的局部形成低价格结构形象时，就会产生偏向价格现象。比如，餐厅为了增加惠顾而提供价廉物美的实惠简餐（如商业午餐、套餐或 10 元吃饱等），但大多数的客人一旦进入餐厅，最后还是会点其他比较高价的菜色；汽车修理厂对一般性服务可能收费偏低，借以招徕更多的高价修理工作。

（五）保证定价法

"保证必有某种结果产生后再付款"就是典型的保证定价法。保证定价法的核心在于向顾客提供保证。由于顾客在购买服务之前不能对其进行评价，故而在购买服务时存在较高的感知风险，而提供服务保证可以帮助降低顾客的疑虑，是降低顾客感知风险的一条途径。服务保证是一种承诺，承诺当服务提供无法达到既有标准时对顾客给予补偿，这是企业给顾客的强力定心丸。服务企业可采用服务保证来最小化顾客的担心疑虑。比如职业介绍所的服务，必须等到当事人获得了适当的工作职位后，才能收取费用。保证定价法在以下的 3 种情况下是很适合服务业使用的：

（1）保证中的各种特定允诺可以肯定和确保者；

（2）当高质量服务无法在削价的竞争环境中获取应有的竞争力时；

（3）顾客所寻求的是明确的保证结果，如防锈服务、有保障的投资报酬率等服务。

（六）进行收益管理定价

收益管理是一套严谨的技术，它通过预测细分市场的消费者行为，将产品的供应和价格最优化。即通过制定有差异的价格，最优化地利用企业的能力，使企业的总体收益达到最优化。其目的是按照不同细分市场的需求操作价格，使运作能力分配地能够尽可能多地吸纳需求。收益管理包括以成本和需求为基础的价格政策。目前，航空公司、航运公司、旅馆业普遍使用这种定价方法，从而把服务企业的运作能力、顾客口味和价格进行合理分配，使收益能够实现最大化。

（七）采用捆绑定价

捆绑价格是对连接在一起的几种服务或服务特征制定有吸引力的价格，这种价格激励方式使顾客相信，一起购买这些服务比分别购买便宜。当顾客发现一组相互依赖和互补的服务中的价值时，捆绑价格是恰当的策略。它有助于服务产品的交叉互补销售，为顾客提供一组定制化的服务，而价格却大大低于各部分的单价之和。捆绑定价不仅能降低成本，而且还能增加服务企业跟顾客的联系，更多地掌握顾客的信息，发掘顾客的需求。捆绑价格策略被广泛地应用于一些服务行业，如商业银行、电信、旅行社、保健中心、汽车清洗等。

案 例

中国移动的4G价格策略增强其冲击波

在4G牌照发放之后，制约4G快速跨越早期市场进入规模普及阶段的主要因素——终端、网络、资费三座冰山都已经或者正在加速融化，中国通信行业正在静待4G的快速普及，并享受高速无线带宽所带来的增长红利。4G资费的加速下调，能解除用户想用又怕贵的心理负担。从长期来看，流量价格的持续下降是一种趋势。这一点在4G流量资费上，得到非常明显的印证。随着网络覆盖的深化，各地移动在4G资费上动作频频，主要有以下三个方向：

（1）迅速降低资费门槛，吸引低端用户群。比如广东移动推出的58元4G套餐使4G套餐门槛从128元降至58元，降幅为55%。这对于学生用户、白领用户使用4G的资费门槛大幅度降低。

（2）增加套餐内流量促销力度，大幅度降低单位流量价格。比如天津移动对4G飞享套餐等多款流量套餐的用户，从2014年4到9月连续半年，开展流量赠送活动，在各档套餐每月包含流量的基础上，再增加3倍的本地4G流量赠送。

（3）增加套餐档位，尽可能覆盖高中低端用户群。比如深圳移动的4G套餐目前就有58~888元共12档19款。多档次、低门槛的套餐，能够较好地满足不同人群的消费需求，对于扩大用户规模具有重要意义。

可以说，4G资费的降低是与套餐内大流量相伴而生的，据统计，平均来说4G的资费已经比3G便宜至少20%。

网络覆盖质量能够与固定宽带相媲美，终端价格迅速平民化，流量资费的门槛和单位成本迅速下降，对于用户来说，选择带宽更快、资费更优惠的4G服务，自然是上选。

这一场由运营商、终端厂商、芯片厂商合力促动的4G无线宽带大戏，随着阻碍4G规模发展的三座大山——网络、终端和资费的冰消雪融，或许即将提前开幕，并加速对3G的替代，或者严谨的说法是：4G取代3G步伐比想象中来得更快。

资料来源：世界经理人网.

讨论题：

1. 中国移动的 4G 业务定价目标有哪些？

2. 中国移动的 4G 业务的价格策略是什么？从该业务定价策略中，你认为服务企业产品定价要注意哪些问题？

3. 应对中国电信和中国联通的 4G 业务的竞争，中国移动如何进一步运用价格策略取得优势？

小　结

在服务市场上，服务定价除了受成本、需求和竞争因素影响外，还受服务业特征的影响。根据服务的特点，服务产品定价与有形产品定价的区别表现在三个方面：价格是服务质量的关键信号、消费者对服务的参考价格把握得往往不如对有形产品准确、服务价格的波动大大高于有形产品的价格波动。

企业在确定服务产品价格目标时，必须考虑产品的市场地位、服务产品的生命周期阶段、价格的战略角色等要素。服务业经常采用的定价方法主要有成本导向定价法、竞争导向定价法和需求导向定价法。在实践中，服务企业在制定具体服务产品价格时还要将一定的定价技巧相配合，常用的服务产品定价技巧有：根据价格歧视定价、采用关系定价（实施会员价）；折扣定价法、偏向定价法、保证定价法、进行收益管理定价、采用捆绑定价。

习　题

1. 解释下列概念

固定成本　变动成本　准变动成本　成本导向定价法　竞争导向定价法
赫伯特定价法　需求导向定价法　价格歧视定价　采用关系定价　折扣定价法
偏向定价法　保证定价法　进行收益管理定价　捆绑定价

2. 影响服务定价的因素有哪些？

3. 服务业特征对服务产品的定价有何影响？

4. 企业在确定服务产品价格目标时需要考虑哪些要素？

5. 服务产品定价与有形产品定价有何区别？

6. 服务业常用的定价方法有哪几种？

7. 在实践中，服务业经常使用哪些定价技巧？

8. 试思考服务业的其他定价技巧。

第十章
服务渠道策略

　　服务渠道策略就是服务企业为目标顾客提供服务时对所使用的位置和渠道所做的决策，它包括如何把服务交付给顾客和应该在什么地方进行。在服务营销中，企业为了获得竞争优势，应该寻找并制定适宜的交付服务方法和地点的渠道策略，方便顾客对服务产品的购买、享用和受益。

本章知识结构图

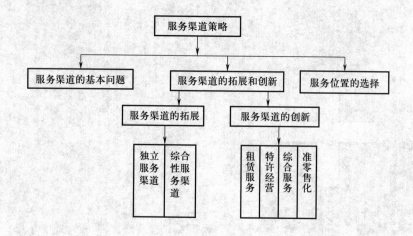

第一节 服务渠道的基本问题

一、服务产品的分销渠道

分销渠道是指服务从生产者移向消费者所涉及的一系列公司和中间商。一般而言，服务销售以直销最普遍，而且渠道最短。此外，还有许多服务业的销售渠道包括一个或一个以上的中介机构，因此直销不是服务业市场唯一的分销方法。中介机构执行着不同的功能，如承担所有权风险、担任所有权转移的中介角色（如采购），或是担当实体移动（如运输）的任务。尽管中介机构的功能没有一致性，但服务企业在市场上可供选择的销售渠道主要有直销和经由中介机构分销两项，如图 10-1。

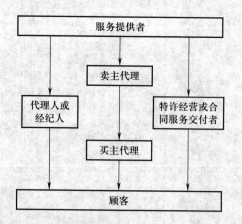

图 10-1 服务企业的渠道选择

二、直销渠道

直销是最适合服务产品的配送形式。直销可能是服务生产者经过选择而选定使用的销售方式，也可能是由于服务和服务提供者不可分割的原因。

当服务企业选择直销时，经营者的目的往往是为了获得某些特殊的营销优势。

（1）对服务的供应与表现，可以保持较好的控制，若经由中介机构处理，往往造成失去控制的问题。

（2）以真正个人化服务方式，能在其他标准化、一致化以外的市场，产生有特色服务产品的差异化。

（3）可以从顾客接触时直接反馈回关于目前需要的变化及其对竞争对手产品内容的意见等信息。

例如，有些投资顾问机构或会计师事务所，可能都会有意地限制客户的数量，以便能提供个别服务。

但是，如果因为服务和服务提供者之间的不可分割性（如法律服务或某些家务服务）而选择了直销，那么服务提供者可能面临如下问题：

（1）针对某一特定专业个人的需求（如著名的辩护律师）情况，公司业务的扩充便会遇到种种问题。

（2）采取直销有时便意味着局限于某个地区性市场，尤其是在人的因素所占比重很大的服务产品中更是如此。这是因为，此时不能使用任何科技手段作为服务机构与顾客之间的桥梁。

三、经由中介机构的分销渠道

服务业公司最常使用的渠道是通过中介机构，它们的结构各不相同，而且有些还相当复杂。例如，货币产品（money product）的销售渠道就是这样。银行信用卡是信用服务的实体化表征，但并不是服务本身。通过信用卡，银行有能力克服不可分割性的问题，同时利用零售商作为信用的中介机构，而信用卡又有能力扩大地区性市场，因为信用卡可使使用者将银行信用变成"库存"。这样，银行就有能力维持远离交易地的信用客户。

服务业市场的中介机构形态很多，常见的有下列 5 种：

（1）代理。一般是在观光、旅游、旅馆、运输、保险、信用、雇用和工商业服务业市场出现。

（2）代销。专门执行或提供一项服务，然后以特许权的方式销售该服务。

（3）经纪。在某些市场，服务因传统惯例的要求必须经由中介机构提供才行，如股票市场和广告服务。

（4）批发商。在批发市场的中间商有"商人银行"（merchant banks）等。

（5）零售商。包括照相馆和提供干洗服务的商店等。

中介机构的形式还有很多，在进行某些服务交易时，可能会牵涉好几家服务业公司。例如，某个人长期租用一栋房屋，可能牵涉到的服务业包括房地产代理、公证人、银行、建筑商等。另外，在许多服务业市场，中介机构可能同时代表买主和卖主（如拍卖）。

下面是适用于各种服务业中介机构的可能组合形态。

1. 金融服务业

银行对个人及公司所提供的广泛服务范围领域包括现金账户、存款账户、信用、金融顾问咨询、不动产规划、现金贷放以及许多可以利用的金融产品。当然，大多数的消费者是直接和银行来往，但通过中介机构的情况也很普遍。目前信用卡被广泛使用，银行便在接受信用卡为付款的卖主（如零售店）和处理信用单的信用卡公司之间扮演清算中心的角色。因此，银行和卖主都由于在此项服务中所担任的角色而获取佣金。另外一个例子是，雇主将资金通过往来银行给员工支付工资，而员工则可通过其他的银行领取，因为银行之间有资金转移的合作关系。

2. 保险服务业

保险单一向是通过直销进行的，但也可经由商店、代理商、经纪人或多重中介机构的合并服务来销售保险。有些商业公司，如合作社就可拥有自己的保险公司。另外，有些服务销售者（如旅行社）可能替一些保险公司向顾客提供旅游保险服务。经纪商往往替好几家保险公司从事工作，在保险业分销渠道上，经纪商是极重要的中介机构。自动售货机用来销售保险的情况（如在飞机场）已越来越多，许多工作场所的团体保险也极普遍。保险代理商签立团体保险保单给雇主，以为其员工投保（如工作意外险）等等。

保险业在制定渠道策略时，应该考虑下列问题：

• 什么样的分销体系才能与营销目标相配合？我们所设想的理想渠道与现行渠道比较有何差异？

• 我们是否对现在使用的各种中介及其相关表现进行过分析？

• 中介者对我们的看法又如何？

• 我们的佣金制度与竞争者的佣金制度比较有何差异？

• 我们是否利用预算控制来监测分销渠道的表现？

• 我们是否采取了一些创造顾客忠诚的措施？

• 我们是否在训练和发展分销渠道及其人员配备上给予充足的资金？

• 我们与分销商之间是否存在高效率的沟通体系？

3. 旅馆饭店

旅馆饭店在传统上都是使用直接方式销售其服务，但近年来，旅馆和大饭店使用间接渠道销售服务的现象已日益增多。如图 10－2 显示了旅馆业的各种系列的中介机构。

下面对图中的中介机构做出说明：

（1）旅行社（travel agents），可以替顾客预订旅馆房间，不过顾客通过其他的中介机构的情况已越来越多，因为这些中介机构往往手中握有整批房间或者是基本上扮演旅馆的代理人（如观光机构）。

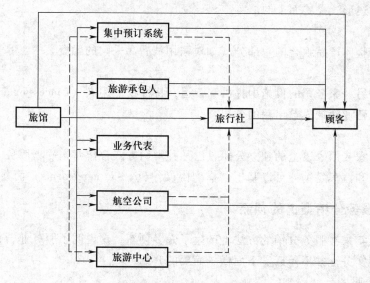

说明：虚线表示可选择的渠道

图 10 - 2 旅游服务的渠道系统图

（2）游览承包人（tour operators），这种机构往往保有一批房间，可经由零售者（如旅行社）销售，或者直接销售给消费团体。

（3）观光旅游中心（tourists boards），此类机构可为在某地区市场相互竞争的旅馆担任预订登记的代理。

（4）旅馆或大饭店业务代表，通常为非竞争性旅馆担任销售代理。

（5）航空公司，许多旅馆目前都与航空公司联合，提供完整的组合服务，两者是一种密切的工作关系。

（6）集中预订系统（Centralized Reservation Systems），许多特许经营的旅馆或连锁旅馆都使用集中预订系统。

除了上述各种中介机构，旅馆本身也可能销售其他服务，如汽车租赁、导游、剧院和演奏会入场券等。

第二节　服务渠道的拓展和创新

一、服务渠道的拓展

服务产品的分销渠道大都以独立渠道和结合渠道两种方式来实施渠道的发展。

（一）独立服务渠道

独立渠道的兴起是为了满足特定需要而无须与另外的产品或服务相关联。因此，一家顾问公司或一家旅行社不与其他公司联合，且与其他公司分开经营，即属独立服务公司的例子。不过，独立服务公司当然也可以利用其他的中介机构。

（二）结合型服务渠道

结合型服务渠道是将服务结合在一个销售某一产品的渠道之中。结合型服务渠道一般是由下述形式发展而来的。

1. 收购

服务是整体产品组合的一部分（如对耐用消费品采购的融资）。

2. 租用

服务在另一家公司的设施中提供和营运，特许权使用人（concessionaire）必须给付租金或者营业额抽成给出租的公司。

3. 合同

这是两家或两家以上的独立公司，以某种契约方式合作营销一项服务。因此，财务融资公司和汽车经销商可以基于"搭配协议"（tie - in agreements）而共同经营。

二、服务分销渠道的创新

最近几年来在服务分销的方法上产生了许多创新，这说明了服务业营销者在运用创新性营销实务上并不落后。下面做一简要的介绍：

1. 租赁服务

服务业经济的一个有趣现象是租赁服务业的增长，也就是说，许多个人和公司都已经而且正在从拥有产品转向产品的租用或租赁。采购也正从制造业部门转移至服务业部门，这也意味着许多销售产品的公司增添了租赁和租用业务。此外，新兴的服务机构也纷纷投入租赁市场的服务供应。

在产业市场，目前可以租用或租赁的品种包括：汽车、货车、厂房和设备、飞机、货柜、办公室装备、制服和工作服等等。在消费品市场，则有公寓、房屋、家具、电视、运动用品、帐篷、工具、绘画、影片和录像等。还有些过去是生产制品的公司开发了新的服务业务，提供其设备作为租用和租赁之用。在租用及租赁合同中，银行和融资公司以第三者身份扮演了重要的中介角色。

有些产品是不能租用的，尤其是消耗性物品，如食品、礼品和油脂类。而且在许多情况之下，拥有产品比较有利，但也需根据市场的性质决定（如消费者市场或产业市场）。

在租赁服务中，出租者可以获得如下利益：

（1）扣除维持、修理成本和服务费之后的所得，可能高于买断产品的所得。

（2）租赁可以促使出租者打开市场，否则因其产品成本因素而根本进不了市场。

（3）设备的出租可以使出租者有机会销售与该设备有关的产品（如复印机和纸张）。

（4）租用协定可以协助开发和分销新产品，并配合客户购买所引发的各种补充性服务。

在租赁服务中，租用者可以获得的利益如下：

（1）资金不至于套牢在"资产"上，因而这些资金可以用来从事其他方面的采购。

（2）在产业市场，租用或租赁可能比拥有物品更能获得租税上的利益。

（3）物品能够租用的话，要进入某一行业或某一市场所需的资本支出，总比其物品必须购买者为少。

（4）租用者可以获得新设计的产品，这样也可以减少购置过时产品与遭受式样改变的风险。

（5）在某种情况下对于一种产品只是有季节性或暂时性需求时，租用设备就比拥有设备更为经济。

（6）在多数租用条例规定下，服务上的问题，包括维护、修理和毁坏等，都是由别人负责。

（7）租用可以减低产品选用错误的风险以及购后考虑问题。

租赁是一种无所有权消费（consumption without ownership），它很可能在消费品市场形成未来的趋势，这种趋势可能对企业的服务营销和企业本身产生很大的影响：

第一，租赁及租用品的库存投资会提高，随之而来的是，存量周转率降低而对储存的需求增高，同时对维护、修理设施及存货整理和再包装的需求也会增加。

第二，由于大量的存货，引申出更多的融资和财务需求，这往往会造成金融机构本身在分销渠道中担当所有权功能的角色。但随之而产生的现象是，消费者信用需求可能降低，因为所有权已转移到分销渠道内部去了。

第三，在租赁及租用情况下，必须要有新的库存观念。例如，应多注重占用比率和产能利用率而不只注重存货周转期。

第四，凡供租赁及租用的产品，都必须要有较高质量、耐久性及易于维护和修理等重要的特点，因为租用物品往往是利用度高且经常重复使用。

2. 特许经营

在可能标准化的服务业中，特许经营是一种持续增长的现象。在一般情形下，特许经营是指一个人（特许人，franchiser）授权给另一个人（受许人，franchisee），使其有权利利用授权者的知识产权（intellectual property right），包括：商号（trade names）、产品、商标和设备分销（equipment distribution）等等。

（1）特许交易的特征。特许权交易（franchise transaction）常见的特征有：

• 一个人对一个名称、一项创意、一种秘密工艺或一种特殊设备及其相关联的商誉拥有所有权；

• 此人将一种许可权授予另一个人，允许使用该名称、创意、秘密工艺及其相关联的商誉；

• 包括在特许合同中的各种规定，可对受许人的经营进行监督和控制；

• 受许人应支付权利金或者为已获得的权利而付出某种补偿。

（2）经营模式特许经营的必备条件。经营模式特许经营（business format franchise）的必备条件如下：

第一，必须订立包括所有双方同意条款的合同。

第二，特许人必须在企业开张之前，给予受许人各方面的基础指导与训练，并协助其业务的开展。

第三，业务开张之后，特许人必须在经营上持续提供有关事业营运的各方面支持。

第四，在特许人的控制下，受许人被允许使用特许人所拥有的经营资源，包括商业名称、定型化业务或程序以及特许人所拥有的商誉及其相关利益。

第五，受许人必须从自有资源中进行实质的资本性投资。

第六，受许人必须拥有自有的企业。

在英国，特许经营过去基本上是以与制造业业务相关者为主，通常是以代理机构形态出现或是以经销方式（dealership，如汽车经销商），即一般熟知的垂直特许经营（vertical franchising），其所涉及的经营机构是两种或多种经销层次构成的。而最近新发展的是所谓"水平特许经营"（horizontal franchising），这种情况通常是产品或服务的零售商和其他在同一分销渠道的机构间有特许经营关系，这种形态又被称为是"服务主办者零售特许经营"（service-sponsor retailer franchising）。最近在这方面的增长相当快速，在发展上方兴未艾的行业有：干洗服务、就业服务、工具和设备租用业以及清洁服务。目前，许多服务业公司都在积极利用特许经营作为企业的增长策略。

（3）特许经营的利益。由于特许经营方式可以带来很多的利益，因而，很可能变成服务营销上更重要的一个环节。

1）特许人可获得的利益有：

- 体系的扩展可在某种程度上摆脱资金和人力资源的限制；
- 可激励经理人在多处所营运，因为他们都是该事业的局部有权人；
- 特许经营是控制定价、促销、分销渠道和使服务产品内容一致化的重要手段；
- 营业收入的一种来源。

2）受许人可获得的利益有：

- 有经营自己事业的机会，而且其经营是在一种已经测试证实的服务产品观念指导下进行的；
- 有大量购买力作为后盾；
- 有促销辅助支持力量作后盾；
- 能获得集权式管理（centralized management）的各种好处。

3）顾客可获得的利益是，能得到服务产品质量的若干保证，其在全国性特许经营营运的情况下更是如此。

3. 综合服务

综合服务是服务业增长的另一个现象，即综合公司体系（integrated corporate systems）与综合性合同体系（integrated contractual systems）的持续发展，并已经开始主宰某些服务业领域。例如，在大饭店和汽车旅馆方面，综合体系如假日饭店、希尔顿和 Best Western 都越显其举足轻重的地位。在观光旅游方面，许多服务系统正在结合两种或两种以上的服务业。比如航空公司、大饭店、汽车旅馆、汽车租赁、餐厅、订票及订位代理业、休闲娱乐区、滑雪游览区和轮船公司等等。目前有些大型的服务业公司，通过垂直和水平的服务渠道系统，进而控制了整体的服务组合（package），并提供给旅游者和度假的人。以前，综合一直被认为是一种制造业的体制，现在已经变成许多现代化服务业体系中的一种重要特色。

4. 准零售化（quasi - retailing）

服务业最重要的中介机构之一便是零售业者。最近几年来，服务业经济发展上的一大特色就是"准零售"出口（outlets）的崛起，这些"准零售"出口主要是销售服务而不是销售产品，它们包括：

- 美发店；
- 包工或承揽业（undertakers）；
- 旅行社；
- 票务代理业（ticket agents）；
- 银行；
- 房地产代理；
- 建筑公司；
- 就业介绍所；
- 驾驶训练班；
- 娱乐中心；
- 小洗熨店；
- 大饭店或旅馆；
- 餐厅。

政府管理部门在管理购物中心时所面临的一个有趣问题是：准零售业者的增长，宣传部门应该给予激励或给予限制到什么样的程度？地方政府有责任将一个购物中心的零售业加以组合调节，但不可避免的问题是：在购物中心内的零售业者的数量、形态和所在地点要如何才算是"恰到好处"。地方政府政策对于服务零售业者的态度并不一致，表10-1显示了这些相关政策的要点说明。

准零售业对于整个购物中心的影响如何？目前还缺乏具体的实证，有些人反对在购物中心有太多数量的零售店，其理由是：

（1）他们会哄抬房地产价格。

（2）他们可能会造成店面橱窗一成不变而减少了逛街采购活动。

（3）有些服务业者往往在高峰采购日歇息（如银行在星期六不上班）。

（4）有些服务业者并不是好邻居（如外带餐饮店、娱乐中心）。

表10-1 英国有关准零售业发展的一般政策

政 策	特 征	造成的障碍
核心区域	在购物中心的指定区域内，利用者不许做任何变更	强制区分区位易于出现问题
隔 离	将每种服务业引导至某一特定地区或街道	可能造成"服务贫民窟"（service gettoes）并降低某些街道的活力
适当使用	将某些准零售业活动规格化，以配合购物街道性质	地方政府之间及其内部意见不一致
配额水准	承认使用者的合法性但予以设定限制标准（如楼板面积）	全部的配额可能被一个使用者取得
疏 散	服务使用被允许但商店要分散以防止橱窗固定不变的现象	个别疏散可能造成服务使用上的过度代表性

（5）在购物中心有太多的"准零售业分店"往往会减少传统式零售店的选择范围。

但是，在另一方面也有主张应激励准零售分店再增多的，其所持的理由是：

（1）其他业者可提供许多补助性功能（如需要利用银行和建筑公司服务的消费者，又需要购买其他实物产品时，可以在同一次采购中完成）。

（2）服务业零售店经常有富有创意性的橱窗展示，从而增强消费者逛街的兴致。

目前许多"准零售业者"都是被多地点方式经营的大型公司所拥有，这是最受关注的现象。对于服务零售业者应如何克服所面临的问题，专家提出了如下建议：

- 鼓励顾客多做较远程的活动（如通过特别促销方式）；
- 让服务零售店尽量接近补充性设施；
- 集中服务生产设施，但分散顾客接触设施；
- 减少个人化服务零售店的满足需求项目（如医院服务）；
- 分担服务生产能以运用生产成本的经济规模（如航空公司之分担行李处理服务）；
- 改善生产程序的效率（如以设备取代人）。

许多"多地点经营"的服务业公司都采纳了这些建议。例如，银行的未来发展与扩充可能不再是以人为基础了。这是因为银行分支网络扩充的主要动机与推进力（即地点好与满足顾客的便利需要），都可能通过使用自动柜员机（ATM）而实现。

目前，零售业界所发生的一些重大的改变都是在服务业方面，而不是在产品制造业方面。随着服务业在先进国家的持续蓬勃发展，服务业零售势必成为集中研究的对象，也将是服务营销者为争取更多的顾客而越来越频繁使用的方法。

第三节　服务位置的选择

服务业渠道选择问题中，有关服务所在位置的选择是一个极为重要的方面。不论以什么渠道形态去获取顾客，中介机构的位置，也就是服务业公司应设置在什么地方，都是很重要的。银行、会计师事务所、法律顾问公司、餐厅和干洗店等服务业公司面临的位置决策，与销售实物产品的公司没什么两样。

一、选择服务位置的依据

位置是企业做出的关于它在什么地方经营和员工处于何处的决策。对服务来说，位置的重要性取决于相互作用的类型和程度。服务提供者和顾客之间具有 3 种相互作用方式：

- 顾客来找服务提供者；
- 服务提供者来找顾客；
- 服务提供者和顾客在随手可及的范围内交易。

当顾客不得不来找服务提供者时，服务业的位置就变得特别重要。例如，餐馆的位置就是顾客光顾的主要理由之一。因此，选择适宜的地点成为一个关键的问题。服务提供者能够来找顾客时，假定顾客在足够近的地方得到了高质量的服务，坐落位置就变得不那么重要了。服务提供者和顾客在随手可及的范围内交易时，位置是最无关紧要的。在这种情况下，这些地方装备了有效的邮递和电子通信，便不必关心服务供应者的实际位置在什么地方，如电话、保险等。

服务业位置的重要性依据服务业类型而各有不同，但有几个问题是共同的，这是服务提供者在进行服务位置决策时必须考虑的，它们包括：

（1）市场的要求是什么？如果服务不在便利的位置提供，是否会导致服务采购或利用的延迟？不良的位置是否会造成顾客做出自己动手而无需服务的决定？可及性与便利是选择服务（如选用银行）的关键性因素吗？

（2）服务业公司所经营的服务活动的基本趋势如何？其他竞争者的势力正在渗入市场吗？

（3）服务业的灵活性有多大？它是基于技术还是人员？这些因素如何影响所在位置以及重置位置决策的灵活性？

（4）公司有选取便利位置的义务吗？（如保健等公共服务）。

（5）有什么新制度、程序、过程和技术，可用来克服过去所在位置决策所造成的不足？

（6）补充性服务对所在位置决策的影响性多大？顾客是在寻找服务体系还是服务群落？其他服务机构的位置是否加强已做出的任何位置决策？

由于许多服务业公司认识到位置的重要性，因此，目前在服务营运上更注重系统化方法的运用。服务营销人员全面系统地考虑这些问题将有助于做出正确的位置决策。

二、服务位置的确定

位置的重要性根据所要营销的服务性质不同而有所差异。例如，上门修理服务业的紧急水电修理服务，其服务表现者的位置与顾客的利用决策过程没有太大关系。

一般来说，服务业可依其所在位置分为以下 3 类：

1. 与位置无关的服务业

有些服务业，如住宅维修、汽车抛锚服务及公用事业等，其所在位置是无关紧要的。因为，这些服务都要在顾客的处所实现，因而服务设备的所在位置比起服务表现的特定地点较不重要。但是，这种服务最重要的是，当顾客需要服务的时候，服务如何能具有高度的可得性与可及性。就此意义来说，所在位置就不只是实体上的邻近而已。当然，实体上的邻近对于某些服务业公司是重要的，因而必须发展分支事务所，以接近客户（如广告代理、建筑师）。为了能使顾客顺利地取得服务，重要的一个因素是传送系统，通过此系统可使顾客的召唤能获得迅速的反应。

2. 集中的服务业

有些服务经常是集中在一起的，主要原因是供应条件和传统两项因素。此外，促成集中现象的原因还有：由于某些点的地位关联、需求密集度低、顾客移动的意愿、邻近核心服务的补充性服务的历史发展以及需求导向的不重要。

3. 分散的服务业

分散的服务业所在的位置取决于市场潜力。有些服务业由于需求特性及其服务本身的特征，必须分散于市场中；但是，有时是机构可以集中（如企业顾问），但服务营运是分散的（如顾问走访特定客户）等。

案 例

社交媒体开创直复营销渠道新模式

强大的科技虽然能使企业了解客户需求并与之进行互动，然而大多数企业仍在依靠大众媒体营销来推进非人格化交易。为了在市场上获得竞争优势，企业必须从推销个别产品向建立长期客户关系转变。

文德曼（Wunderman）先生在 1967 年首先提出直复营销的概念，认为人类社会开始的交易就是直接的，那种古典的一对一的销售（服务）方式是最符合并能最大限度地满足人们需要的方式。提起直复营销，你一定会想到长长的邮件地址清单，搜集邮件地址之后的狂轰滥炸式地批量发送邮件，以及少得可怜的回复率。显然，从关联营销和投资回报标准来看，直复营销是一种过时的客户战略。

企业需要采用直接的营销方式锁定最有价值的客户，整合多渠道客户切入点，结合具有光明前景的社交媒体，通过多渠道客户切入点和全新的整合策略，才能将直复营销重新打造成一种有效的维持客户、获取客户和发展客户的策略，从而提高投资回报率。

1. 新型直复营销：利用数据，网上网下相结合

直复营销的关键是：直接与客户沟通。新型直复营销需要互动式的营销，互动式的营销不一定在网上，而可能在网下。

直复营销代理机构 Media Horizons 公司首席执行官卡巴科说："有针对性地选择客户变得迫切，因为直接邮寄广告的成本在不断上升，而数字信息的内容太杂乱了，这是一个简单的事实。"他还说："数字信息饱和意味着得到必要的数据来维持和获得最有价值的客户变得更加重要。"

携程网和化妆品公司欧舒丹（L'Occitane）都是通过数据来锁定最有价值客户的，两者都采取有高度互动式的直复营销策略。

携程网在解决消费者在实际购买阶段的问题时是非常成功的。携程网收购了几家在国内很有名的饭店以及企业，在消费者没有网上预订付款的条件下，比较灵活地经营业务，而且与互动式营销完全整合起来的网下业务，被证明是比较有效的。所以它不仅仅成为一个最大的旅行网站，同时也是最大的全国商务旅行服务公司。最重要的并不是你要在网上还是在网下来实施这种互动式营销，而是要针对购买过程中的一个具体阶段，在这个阶段，这种互动式的营销能够最大限度地影响消费者。

高档化妆品品牌欧舒丹则重点抓住关联性和个性化直复营销。欧舒丹电子商务部主管克瑞泽说，欧舒丹这个化妆品品牌重在客户体验。因此，欧舒丹的直复营销活动

（90%通过电子邮件进行）都建立在引进新的产品成分的基础上。例如，如果面霜或洗发水中使用了一种新型牛油树籽油，就会有一系列电子邮件发给广泛的客户群。这一系列邮件可能是按这样的内容顺序发送的：

（1）介绍这种新的牛油树籽油护肤霜。

（2）感谢您对这种新型护肤霜感兴趣，为您送上购买24盎司护肤霜的九折券。

（3）您了解牛油树籽油也是我们的护发产品的一种主要成分吗？

（4）建议您可以在我们的零售店进行购买。

克瑞泽说："并不是每个顾客都能得到每一次的产品更新信息。我们会根据客户的活跃程度，以及他们是网上客户还是零售店客户来进行调整。"

欧舒丹根据客户行为进行客户细分，根据客户对产品的喜好来发送一些有针对性的信息，这种营销能力使得它的客户转化率增长到原来的17倍，而收到有针对性内容电子邮件的人群和收到一般内容电子邮件的人群相比，前者平均每封电子邮件的收益是后者的25倍。

2．社交媒体开创直复营销新模式

社交媒体成为直复营销新的好帮手。根据1to1杂志的直复营销2014年调研报告显示，目前已有68%的被访者通过某种方式将社交媒体或虚拟社区与直复营销进行了整合。这些整合的方式有：博客发帖，将电子邮件链接到社交媒体网站，以及加入特殊兴趣群等。

此外，交易型电子邮件平台Strong Mail Systems于2014年7月发布的一项调研结果指出：社交媒体本身就是一种直复营销渠道。参与调研的500名经营者中，有66%表示其直复营销部门有自己的社交媒体。

移动虚拟化软件提供商Open Kernal Labs（OK Labs）公司已经将品牌营销和社交网络结合起来，从2009年2月就开始进行营销活动促进销售。OK Labs为软件开发公司提供了一个软件开发平台，在这个平台上软件开发商可以研发各种手机应用。为了吸引这些软件开发商，OK Labs开设了一个在线社区，一个软件开发商维基超文本系统，一个博客和一个包含视频教程、教学在线研讨会和其他一些内容的GeekTV网络。此外，OK Labs还推出了两个可选择性电子邮件更新清单：一个提供OK Labs的公司新闻、公司事件、白皮书，诸如此类；另一个提供其OKL4产品研发商和开发商的开放源代码群的独家信息。

康斯登说："你可以把它看作是一个很小的但是很有针对性的社交网络。我们培养已有的各种关系，使这些关系快速地成长。"随着注册接受更新信息的客户人数不断增加，OK Labs编定了一个固定的活跃客户名单，并针对这些客户进行直复营销活动。而且，公司与软件开发商的合作机会增长了超过120%。

总之，成功的直复营销就是要与正确的客户取得接触。受众操作系统提供商Acxiom公司的多渠道营销服务高级副总裁苏佛说："公司应该按照客户的价值成比例地进行投资。如果某个客户很活跃又具有影响力，他的价值比其他人高10倍，那么公司就应该在这个客户身上进行多10倍的投资。直复营销就是要找到正确的客户，认识他们的价值，并吸引那些同样有增长价值的客户。"

资料来源：根据世界经理人网站《社交媒体改变直复营销》修改．

讨论题：

1. 试举例说明：其他企业如何学习携程，运用新型的互动式直复营销？
2. 欧舒丹的关联性和个性化直复营销给我们什么启示？
3. 企业直复营销如何利用社交媒体开创新模式？

小　结

为目标顾客提供服务所使用的位置和渠道是两个关键的决策领域。服务分销渠道是指服务从生产者移向消费者所涉及的一系列公司厂商。可供服务公司选择的销售渠道主要有直销和经由中介机构销售两种。为了更加方便顾客使用服务，企业必须不断拓展服务渠道，大力发展独立渠道和综合渠道，努力创新服务分销方法。当前，在服务营销实务上，服务分销方法的创新主要有租赁服务、特许经营、综合服务和准零售化等形式。与服务渠道选择问题有关的是服务的所在位置。服务业位置的重要性因服务业类型不同而不同。服务业依其所在位置可分为与位置无关的服务业、集中的服务业和分散的服务业等。

习　题

1. 解释下列概念：

服务分销渠道　独立服务渠道　特许经营　准零售出口

2. 服务分销渠道有哪几种类型？
3. 如何拓展服务分销渠道？
4. 怎样实现服务分销方法的创新？
5. 服务业位置的选择有何重要性？选择服务位置要考虑哪些方面的问题？
6. 服务业依其所在位置可分为哪几类？对服务位置的选择有什么不同要求？

第十一章

服务促销策略

市场竞争越激烈，就越是需要采取有力的促销措施来促使顾客理解、接受服务企业的服务产品。促销能够提高销售增长（尤其是在需求较弱的时期），加快新服务产品的引入，加速人们接受新服务的过程，使人们更快地对服务做出反应。促销不只限于对顾客，也可以用来激励雇员和刺激中间商。因此，我们有必要对服务促销的目标和特点、不同营销工具的作用及其使用等问题进行考察。

本章知识结构图

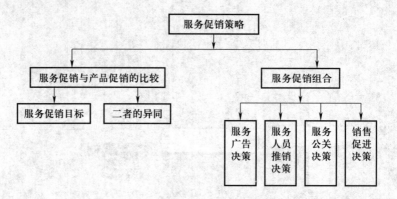

第一节　服务促销与产品促销的比较

一、服务促销目标

服务营销的促销目标与产品营销大致相同，其主要的促销目标是：

（1）建立对该服务产品及服务公司的认知和兴趣。

（2）使服务内容和服务公司本身与竞争者产生差异。

（3）沟通并描述所提供服务的种种利益。

（4）建立并维持服务公司的整体形象和信誉。

（5）说服顾客购买或使用该项服务。

对促销目标的具体描述，见表 11-1。

表 11-1　服务促销的目标

1. 顾客目标

- 增进对新服务和现有服务的认知
- 鼓励试用服务
- 鼓励非用户
  - ——参加服务展示
  - ——试用现有服务
- 说服现有顾客：
  - ——继续购买服务而不中止使用或转向竞争者
  - ——增加顾客购买服务的频率
- 改变顾客需求服务的时间
- 沟通服务的区别利益
- 加强服务广告的效果，吸引消费者的注意
- 获得关于服务如何、何时及在何处被购买和使用的市场研究信息
- 鼓励顾客改变与服务递送系统的互动方式

2. 中间商目标
- 说服中间商递送新服务
- 说服现有中间商努力销售更多服务
- 防止中间商在销售场所与顾客谈判价格

3. 竞争目标
- 对一个或多个竞争者发起短期攻势或进行防御

总之，任何促销努力的目的都在于通过传达、说服和提醒等方法来促进服务产品的销售。显而易见，这些一般性目标会根据每一种服务业及服务产品的性质而有所不同。例如在运输业和物流业，其促销目标就包括以下各项：

（1）在所有潜在使用者之中创造公司的知名度。

（2）对于公司的产品和服务提出详尽的解说，包括成本/利益关系、价格以及其他有关的咨询。

（3）改善公司在现有和潜在使用者中的形象，以改善顾客对公司的态度。最主要的目标是：在公司将来开发新服务产品时，能让新的目标顾客群更容易接受。

（4）消除已存在的错误观念。

（5）告知现有及潜在的顾客有关本公司服务的特殊项目或附加服务及调整。

（6）告知市场有关各种新的服务渠道。

但是，任何一种特殊服务的特定目标，在不同的产品/市场状况中均要有所变动。因此，所使用的促销组合的构成要素也应有所不同。

二、服务促销与产品促销的异同

（一）服务促销与产品促销的相似点

有形产品和服务产品在促销上有许多类似点，这种类似表现在如下方面：
- 促销在整体营销中的角色；
- 建立各种有效促销方式的问题；
- 促销执行管理的问题；
- 为了促销目的而使用的各种各样的方法和媒体；
- 可利用的协助促销的组织团体。

（二）服务促销与产品促销的差异

产品促销和服务促销由于受其本身特征的影响，也具有许多不同特点。这些差异大致可分为两类，一类是由于服务行业特征的影响，另一类是服务本身特征的影响。

1. 服务行业特征造成的差异

服务行业因类型不同，各具有其特点。因此，要找出所有类别的共同差异是一件不容易的事。下面所举的各项因素是为了说明为什么产品和服务的促销之间会有区别。

（1）营销导向的不同。有些服务业是产品导向的，因而不十分清楚营销措施对业务有多大程度的帮助，只把自己当做服务的生产者，而不是提供顾客需要的公司。这类服务业的经理人未受过训练也欠缺技术，当然更不懂促销在整体营销中应扮演的角色。

（2）专业和道德限制。在采取某些营销和促销方法时，可能会遇到专业上和道德上的限制。传统和习俗可能会阻碍某些类型促销的运用，以至于被认为"不适当"或者"品位太差"。

（3）许多服务业务规模很小。许多服务业公司在规模上很小，他们不认为自己有足够实力在营销或在特别的促销方面花钱。

（4）竞争的性质和市场条件。许多服务业公司并不需要扩展其服务范围，因为现有范围内的业务已经用尽了生产能力。这些公司普遍缺乏远见，不认为在目前状况下通过促销努力可以维持稳固的市场地位，且具有长期的市场营销意义。

（5）对于可用促销方式所知有限。服务业公司对于可利用的广泛多样的促销方式所知有限，可能只会想到大量广告和人员推销方式，而根本想不到其他各种各样适当、有效而且可能花费较少的促销方式。

（6）服务本身的性质可能会限制大规模使用某些促销工具。例如，广告代理服务业公司极少会去使用大众媒体广告。也就是说，服务的种类、特定服务业的传统在某些服务种类中对某些促销方法的限制，使得许多促销方法不能自由发挥。

2. 服务本身特征造成的差异

服务的若干特征具有不同的营销含义，所以从顾客的观点来看，消费者对产品营销和服务营销两种营销的反应行为有着很大的差异。

（1）消费者态度。消费者态度是影响购买决策的关键。服务业的非实体性是营销上一项最重要的要素，消费者在购买时，往往是凭着对服务与服务表现者或出售者的主观印象，而这种对主观印象的依赖性，在购买实体性产品时，则没有这么重要。对于服务销售者和服务业来说，它们有两方面与制造业不同：

- 服务产品被视为比实体性产品更为个人化；
- 消费者往往对于服务的购买较少满意。

（2）采购的需要和动机。在采购的需要和动机上，制造业和服务业大致相同。不论是通过购买实体性产品或非实体性产品，同类型的需要都可以获得满足。不过，有一种需求对产品或服务都是很重要的，那就是"个人关注的欲求"。凡能满足这种"个人关注的欲求"的服务销售者，必能使其服务产品与竞争者之间产生差异。

（3）购买过程。在购买过程上，制造业和服务业的差异较为显著。有些服务的采购被视为有较大的风险，部分原因是买主不易评估服务的质量和价值。另外，消费者也往往受到其他人，如对采购和使用有经验的邻人或朋友的影响。而这种在购买决策过程中易受他人影响的现象，对于服务营销而言有比较大的意义，尤其是在服务的供应者与其顾客之间，有必要发展形成一种专业关系，并在促销努力方面建立一种"口传沟通"方式。这两项做法势必可以促使各种服务促销努力更有效率。

对于组织顾客来说，在其资本设备采购过程和服务采购过程之间存在着显著的不同。一项调查研究发现，组织对服务的采购通常与下列事项有关：

- 所涉及的组织层级较资本设备采购过程少；
- 涉及的同一层级的部门数也较资本设备采购为少；
- 涉及的组织人数也较少；
- 涉及的意见沟通比资本设备采购多。

这些调查的结果显示：组织在服务采购上受到的各种社会性影响力，在正式的和非正式的两方面都不太大。换句话说，对于服务采购而言，在广泛的社会关联上，影响一家公司的可能性不如资本设备采购那么复杂。不过，从另一方面看，较少的多样化程度可能会大大减少影响采购的选择机会。

研究证实，在采购实务上，非实体性是主要的影响要素，并认为由于一项服务的非实体性质，卖方的声誉就变成投标清单的重要考虑因素。另外，在某些情况下，潜在卖主必须以商谈方式解释和回答采购的问题。

第二节 服务促销组合

促销能够帮助服务企业进行顾客服务的定位，促进企业与顾客之间的联系。如何进行促销努力？由于制造业和服务业的差异，其含义是不同的。本节将对服务业的促销活动提出一般性指导原则，这些原则对改进服务企业的促销组合、增强促销的有效性具有一定的指导意义。

企业的促销活动是由一系列具体的活动所构成的，服务促销组合包括以下多种元素

- 广告；
- 人员推销；
- 营业推广；
- 公共关系；
- 口头传播；
- 直接邮递。

企业营销人员必须把这些元素认真地整合成一个协调的促销组合，同一行业中各公司的促销组合设计也是不同的。促销活动又可分为以人员活动为主和以非人员活动为主。在某一次具体的促销活动中，各种促销手段一般是同时存在、相互补充。

一、服务广告决策

对无形的服务产品做广告与对有形物品做广告具有很大的不同。基于服务的一般特征，市场营销学家提出了服务广告的原则。在服务广告方面，我们首先要认识到服务是行为而不是物体。因此，广告就不只是鼓励消费者购买服务，而应把雇员当做第二受众，激励他们提供高质量的服务。因此，为了达到这个目的，服务企业在做广告时要使用自己公司的雇员，而不使用模特。同时，还应该提供一些有形的线索来冲销服务的无形特征——不只是展示员工，还包括物质设施，如提供服务的场所。

据调查，在美国，不同职业团体对广告所持态度有显著不同。很多专业团体都对

广告持否定态度，只有会计师和律师对广告的潜在角色有较为积极的看法。另外，一项有关金融机构主管们对于会计师提议的广告所持的态度调查报告显示，由于这些金融业主管都是会计服务业的潜在或现有的顾客，因此大致上持肯定态度。还有一项调查是关于消费者对律师利用广告的态度，其中所讨论的重点值得专业服务业经营管理者参考，其要点如下：

- 专业服务的选择对于消费者而言是一项重大的决策；
- 服务并不被视为具有同质性；
- 在选择过程中深受个人化信息来源的影响；
- 消费者显然对广告都有所反应；
- 选用法律咨询服务时，存在信息缺口。

该调查报告确认了这样的事实：即单靠广告一项，对消费者并不见得有所帮助。在选择的过程中，人际互动（personal interaction）极其必要，因为从接触中才能获得正确的资料，如年龄、经验等等。不论使用何种方式，消费者在做选择之前，仍然难以确认服务的两项主要属性——质量和完美。

（一）服务广告的指导原则

服务业利用广告的趋势在逐渐扩大，基于服务业的特征，服务业在利用广告时可以提出服务广告的几个指导原则，这些指导原则虽然也适用于实体性产品，但对服务业却更为重要。

1. 使用明确的信息

服务业广告的最大难题在于，要以简单的文字和图形传达所提供服务的领域、深度、质量和水准。不同的服务具有不同的广告要求，广告代理商因此而面临的问题是：如何创造出简明精炼的言辞，贴切地把握服务内涵的丰富性和多样性；如何使用不同的方法和手段来传送广告信息，发挥良好的广告效果。

2. 强调服务利益

能引起注意的有影响力的广告，应该强调服务的利益而不是强调一些技术性细节；强调利益才符合营销观念，也与满足顾客需要有关。服务广告所强调的利益必须与顾客寻求的利益一致，因此广告中所使用的利益诉求（benefit appeals）必须建立在充分了解顾客需要的基础上，才能确保广告的最大影响效果。

3. 只能宣传企业能提供或顾客能得到的允诺

"使用服务可获得的利益"的诺言应当务实，而不应提出让顾客产生过度期望而公司又无力达到的允诺。服务业公司必须实现广告中的诺言，这方面对于劳动密集服务业较为麻烦，因为这类服务业的服务表现往往因服务递送者的不同而各异。这也意味着，有必要使用一种可以确保表现的最低一致性标准的方法。对不可能完成或维持的服务标准所做的允诺，往往造成对员工的压力（如旅馆服务业和顾问咨询服务业）。最好的做法是，只保护最起码的服务标准，如果能做得比此标准更好，顾客通常会更高兴。

4. 对员工做广告

服务业雇用的员工很重要，尤其是在人员密集型服务业（people – intensive services）以及必须由员工与顾客互动才能满足顾客的服务业。因此，服务企业的员工也是服务广告的潜在对象：由于顾客所要买的服务是由人表现出来的，因此服务广告者所要关心的不仅是如何激励顾客购买，而且更要激励自己的员工去表现。

5. 在服务生产过程中争取并维持顾客的合作

在服务广告中，营销者面临两项挑战：第一，如何争取并维持顾客对该服务的购买；第二，如何在服务生产过程中获取并保持顾客的配合与合作。这是由于在许多服务业，顾客本身在服务的生产与表现中扮演相当积极的角色。因此，构思周到的广告总能在服务生产过程中争取和维持顾客的配合与合作。

6. 建立口传沟通

口传沟通是一项营销者所不能支配的资源，对于服务业公司及服务产品的购买选择有着较大影响，服务广告必须努力建立起这一沟通形态，其可使用的具体方法有：

（1）说服满意的顾客们让其他的人也都知道他们的满意。

（2）制作一些资料供顾客们转送给非顾客群。

（3）针对意见领袖（opinion leaders）进行直接广告宣传活动。

（4）激励潜在顾客去找现有顾客谈一谈。

7. 提供有形线索

服务广告者应该尽可能使用有形线索作为提示，这样才能增强促销努力的效果。这种较为具体的沟通展示呈现可以变成为非实体性的化身或隐喻。知名的人物和物体（如建筑、飞机）经常可用来作为服务提供者本身无法提出的有形的展示。

8. 发展广告的连续性

服务公司可以通过在广告中持续连贯地使用象征、主题、造型或形象，以克服服务业的两大不利之处，即非实体性和服务产品的差异化。英国航空公司成功的"Fly the flag"标语广告，就是受益于连续性的使用有些品牌和象征变得非常眼熟，消费者甚至可从其象征符号的辨认中得知是什么公司。一项对于服务业公司使用的各种广告主题的研究调查中发现，效率、进步、身份、威望、重要性和友谊等主题最为突出。

9. 解除购买后的疑虑

产品和服务的消费者经常会对购买行动的合理性产生事后的疑虑。对于产品可以通过对实物客体的评估解除疑虑，但对于服务则不能如此。因此，在服务营销中，必须在对买主保证其购买选择的合理性方面下更多的工夫，并且应该鼓励顾客将服务购买和使用后的利益转告给其他的人。不过，最好也是最有效的方式是在购买过程中，在消费者与服务业公司人员接触时，得到体贴的、将心比心的、合适的和彬彬有礼的服务。这时，人员的销售方式就显得尤为重要。

值得强调的是，以上各项指导原则尤其适用于消费者服务业的营销。

（二）服务广告的主要任务

服务广告主要有 5 项任务：

（1）在顾客心目中创造公司的形象，包括说明公司的经营状况和各种活动、服务的特殊之处、公司的价值等。

（2）建立公司受重视的个性，塑造顾客对公司及其服务的了解和期望，并促使顾客能对公司产生良好的印象。

（3）建立顾客对公司的认同，公司的形象和所提供的服务应与顾客的需求、价值观和态度息息相关。

（4）指导公司员工如何对待顾客。服务业所做的广告有两种诉求对象：顾客和公司员工。因此，服务广告也必须能表达和反映公司员工的观点，并让他们了解，唯有如此才能让员工支持配合公司的营销努力。

（5）协助业务代表们顺利工作，服务业广告能为服务业公司业务代表的更佳表现提供有利的背景。顾客若能事先就对公司和其服务有良好的倾向，则对销售人员争取生意有很大的帮助。

二、服务人员推销决策

（一）推销产品与推销服务的差异

人员销售的原则、程序和方法，在服务业和制造业的运用上具有许多相似的地方，如销售工作必须予以界定，应该招募合格的推销员并加以训练，应该设计并执行有效的奖酬制度，销售人员必须予以监督和管理。在服务市场上，这些工作和活动的执行手段与制造业市场有相当的差异，见表 11 - 2。

其中，在某些服务业市场，服务业者可能必须雇用专门技术人员而不是专业推销人员来推销其服务。另外一项差异则与服务业特征（如非实体性）所造成的广告上的问题一样，这些特征也使得对推销员的资格有不同的要求。例如，对人寿保险业的一项调查，探讨了消费者如何看待服务的购买、购买服务时的行为以及购买服务与产品有何不同等观点（表 11 - 2）；这项有关服务销售的调查结果，反映出推销服务比推销产品更困难。

表 11 - 2　推销产品和推销服务的差异

1. 消费者对服务采购的看法
   - 顾客们认为服务业比制造业缺乏一致的质量
   - 采购服务比采购产品的风险高
   - 采购服务似乎总有比较不愉快的购买经验
   - 服务之购买主要是针对某一特定卖主为考虑对象
   - 决定购买一项服务的时候，对该服务业公司的了解程度是一重要因素
2. 顾客对服务的采购行为
   - 顾客对于服务不太做价格比较
   - 顾客对服务的某一特定卖主寄予最多关注
   - 顾客受广告的影响较小，受别人介绍的影响较大
3. 服务的人员销售
   - 在购买服务时顾客本身的参与程度很高
   - 推销人员往往需要花很多的时间来说服顾客对购买的犹疑不决

这项研究报告是关于人寿保险服务业方面的营销，但其调查结果与其他服务业方面已发表的营销调查报告相同。这些调查结果表明：服务业市场的正式销售人员比产业市场重要，而所谓的推销员的定义则是较为广义的，其任务也较为重大。

（二）服务人员推销的指导原则

在服务营销中，人的接触的重要性和人的影响力已被普遍认同。因此，人员销售与人的接触已成为服务业营销中最被重视的因素。据调查，服务采购所获得的满足往往低于对产品采购的满足。此外，购买某些服务往往有较大的风险性，因而服务业比制造业更应采取一些减低风险的策略。在服务营销的背景下，人员销售有着许多指导原则，主要是：

1. 发展与顾客的个人关系

服务业公司员工和顾客之间良好的个人接触，可以使双方相互满足。服务业公司以广告方式表达对个人利益的重视，必须靠市场上真实的个人化关心协助实现，要注意下列问题：

（1）实现的费用很高。

（2）雇用员工增多，增加了服务表现不稳定的风险。

（3）引发公司组织管理上的问题。若要提供高水平的个人化服务，则服务公司必须要有对应的组织和资源才能做到，如支持设施、对顾客所需的服务水准有充分详细的了解。

（4）个人化关注通常必须付出标准化的代价，这就意味着服务业在改进生产力方面可能遇到阻碍和问题。

2. 采取专业化导向

在大多数的服务交易中，顾客总相信卖主有提供预期服务结果的能力，其过程若能以专业方法来处理会更有效。销售服务即表示卖方对于其服务工作能彻底胜任（如对该服务的知识很充分），他们在顾客眼中的行为举止必须是一个地道的专家。因此，服务提供者的外表、动作、举止行为和态度都必须符合顾客心目中一名专业人员应有的标准。

3. 利用间接销售

3 种间接销售形式可以采用：

（1）推广和销售有关产品和服务，并协助顾客们更有效率地利用各项现有服务，以创造引申需求。例如，航空公司可以销售"假日旅游服务"，旅馆业销售"当地名胜游览"，电力公司销售"家电产品"以提高用电量。将相关的服务业和其他服务或产品互相联系起来，可以给保险、银行、干洗和旅游等服务业提供更多的销售机会。

（2）利用公断人（referees）、见证人（testimonials）与意见领袖（opinion leaders），以影响顾客的选择过程。在许多服务业，顾客必须仰赖他人给予协助和建议（如保险代理业、旅行社、投资顾问、管理顾问咨询和观光导游业）。因此，服务业的销售者应该多利用这类有关的参考群体、舆论意见主导者与其他有影响力的人，以增进间接销售。

（3）自我推销。这种方式在某些专业服务领域使用得相当普遍，包括非正式的展露方式，如对公众演讲、参与社区事务、加入专业组织以及参加各种会议讨论和课程等。

4. 建立并维持有利的形象

有效的营销依赖于良好形象的创造与维持。营销活动（如广告、公共关系）是要发展出一种希望被人看得到的个人或公司的形象，而且要与顾客心目中所具有的形象一致。现有顾客和潜在顾客对某个公司及其员工的印象，在很大程度上影响着他们做出的惠顾决策。

形象建立和形象维持在服务营销上是一个重要因素。这是因为，服务的高度非实体性意味着服务的名声和主观印象是营销所依赖的重点。其次，非营销者影响力来源（如口传）在服务业营销上也不能忽略。其他使用者或非使用者对于服务推销和形象形成都有其一定的贡献和影响。因此，人员销售对服务业公司的整体形象很有影响。顾客往往从公司推销员的素质来判断这个服务业公司的优劣。推销人员的礼仪、效率、关心度和销售技巧都会影响或提高既有的公司形象，而形象建立的其他方式，还有广告和公关，也都同样具有推波助澜的作用。

5. 销售多种服务而不是单项服务

在推销核心服务（core services）时，服务公司可从包围着核心服务的一系列辅助性服务中获得利益。同时，这也使顾客采购时较为简易、便利，并省去许多麻烦。假期承包旅游服务就是一个明显的例子，即一系列的多种服务可以从顾客的立场出发，合并成为只需要一次购买的服务。事实上，目前保险公司、航空公司、银行和零售业公司都已经扩充了其所提供的服务项目范围（如财务处理），所有这些补充性服务（supplementary services）都具有强化核心服务（如旅行、风险分散、信用）购买驱动力的作用。

6. 使采购简单化

顾客对服务产品的概念可能不易了解，其原因可能是顾客不经常购买（如房子），也可能是因为顾客利用服务是在某种重大情感压力（emotional strain）之下（如使用殡仪馆服务时）。在这类情形下，专业服务销售人员应使顾客的采购简易化，也就是说，以专业方式照顾并做好一切，只告诉顾客服务进行的过程即可，以尽量减少对顾客提出各种要求。

（三）服务人员推销的模式

关于服务业的人员推销，人们提出了一个包括 6 项指导原则的模式，这个模式原是从具有代表性的产品和服务厂商调查，发现推销产品和服务有所不同的实证资料中总结出来的。该模式的 6 项指导原则如下：

1. 积累服务采购机会

（1）投入：

• 寻求卖主的需要和期望；

• 获取有关评价标准的知识。

（2）过程：

• 利用专业技术人员；

- 将业务代表视为服务的化身；
- 妥善管理卖主/买主和卖主/生产者互动的各种印象；
- 诱使顾客积极参与。

（3）产出：

- 愉快的满意的服务采购经验，且使其长期化。

2. 便利质量评估

- 建立合理的预期表现水平；
- 利用既有预期水平作为购买后判断质量的基础。

3. 将服务实体化

- 教导买主应该寻求什么服务；
- 教导买主如何评价和比较不同的服务产品；
- 教导买主发掘服务的独特性。

4. 强调公司形象

- 评估顾客对该基本服务、该公司以及该业务代表的认知水平；
- 传播该服务产品、该公司以及该业务代表的相关形象属性。

5. 利用公司外的参考群体

- 激励满意的顾客加入参与传播过程（如口传广告）；
- 发展并管理有利的公共关系。

6. 了解所有对外接触员工的重要性

- 让所有的员工感知其在顾客满足过程中的直接角色；
- 了解在服务设计过程中顾客参与的必要性，并通过提出问题、展示范例等方式，形成各种顾客所需要的服务产品规范。

三、服务公关决策

（一）影响服务公关的显著性要素

服务和产品的公关工作基本上没有差异。但是，在争取报纸杂志评论版面的方式、公关目标和公关工作对于服务业公司的重要性等方面也可能有所不同。但是，在竞争性公关的内容及诉求却都是相同的，而且都建立在 3 项具有显著性要素的基础之上。

1. 可信度（credibility）

新闻特稿和专题文章往往比直接花钱买的报道具有更高的可信度。

2. 解除防备

公关是以新闻方式表达，而不是以直接销售或广告方式，更容易被潜在顾客或使用者所接受。

3. 戏剧化（dramatization）

公关工作可以使一家服务业公司的一种服务产品戏剧化。

公关是公共事务领域中较为普遍使用的一环。公共事务的主要工作包括媒体关系、产品和服务的公关、公司内部和外部的组织沟通、游说以及作为企业信息中心的角色。

（二）服务公关的重点决策

公关工作的 3 个重点决策是：

（1）建立各种目标。

（2）选择公关的信息与工具。

（3）评估效果。

这 3 个重点决策对所有的服务业公司都是必要的。许多服务业都很重视公关工作，尤其对于营销预算较少的小型服务公司。公关的功能在于它是获得展露机会的化费较少的方法，而且公关更是建立市场知名度和偏好的有力工具。

四、销售促进决策

有些服务营销学者对销售促进不太重视，他们认为：销售促进在传统观念中的样品（sampling）、展示（demonstrations）、购买点陈列（POP display）都受到严格限制，同时，销售促进通常都不被视为一种重要的工具。然而，在过去 10～15 年间，许多服务市场的销售促进活动都在不断增加。但从整体而言，销售促进在营销上仍有进一步详加考察的必要。

英国一位销售促进评论家在一个特别重视服务业报道的刊物上写道："我们不能认为……销售促进是制造业的特权。那些服务产品的从业者和制造业一样，必须面对同样的困境……同样的营销上的问题，而服务业方面某些特殊的因素，往往使他们的问题变得更复杂，虽说有时候也因而较为严重。"其中所指的特殊因素包括：

1. 由服务业特征造成的问题

例如，服务产品不能储存，因此在销售促进措施的使用上，必须要有所顾忌，如使用高峰折扣定价技巧来平衡服务产品的需求数量。

2. 某些服务业者本身专有的特殊问题

例如，某些销售促进手段的使用可能涉及道德的限制，或者某一专业团体会认为某些方式太过躁进。因此，在实务上销售促进的进行，往往经过"伪装"（disguised）或在另外的名义下行使。

就销售促进而言，人们对于产品和服务并不是在考虑服务业能否使用这种方式，而是采取行动的方式，可能因目标对象的特征以及运用方式适当性而有所不同。服务业使用销售促进的原因，其道理也相同，详述如下：

（1）需求问题：

- 需求被动且存在废置产能。

（2）顾客问题：

- 使用该项服务的人不够多；
- 购买服务的量不够大；
- 购买使用之前的选择需要协助；
- 在付款方面有问题。

（3）服务产品问题：

- 新服务产品正在推出；
- 没有人知道或谈起该服务产品；
- 没有人在使用该服务产品。

（4）中间机构问题：

- 经销商对公司销售的服务未予足够的注意；
- 经销商对公司销售的服务未予足够的支持。

（5）竞争问题：

- 竞争强烈而密集；
- 竞争的趋势激烈；
- 新产品开发也交相竞争。

案　例

宝马销售冠军的服务黄金经验

（1）当业绩不好的时候，我会做两件事情，一是尽可能地见大量的客人，二是主动去拜访已经购车的老客户。为了接触到尽可能多的客人，在车展上，只要是表现出一丁点儿兴趣的客户，我都会上前递名片，尽可能地和对方多聊几句。

（2）我不断告诫自己，单靠外表和感觉无法看透客人，不论对方是谁，我都一视同仁，尽力做到最好，提供自己能提供的最完美的服务。

（3）既然横竖都要工作，我当然希望可以开心地工作，而我的快乐同样也会感染到客人，成就一次轻松、愉悦的对话。

（4）强调品质。我经常和客人说，德国本来就是一个质朴刚健，散发着匠人气质的国家，而宝马公司除了生产汽车之外，也是飞机引擎的知名制造商，所以车子的发动机性能是非常优秀的，而且每个零部件都经过了精雕细琢，追求完美。

（5）勾起原来就有兴趣的客人进一步了解商品的欲望，引起兴趣缺乏的客人的强烈好奇心，是销售的关键工作。要做到这一步，首先自己要对商品有一个深入的了解，准确记忆必要的数据，在任何时候都能对答如流，是至关重要的。

（6）我心里很清楚那些愿意听我介绍，与我交流的客人有多么重要，我只想让他们满意，不想辜负他们的好意和愿望。所以，不管是投诉、咨询，还是稍稍有点难办的要求，我都会站在客人的立场，尽自己最大的努力去帮助解决。

（7）我一直觉得，对现有客人的售后跟踪服务是一项很重要的工作，是最可能让客人感到心满意足的一个环节。

（8）客人多是有一定身份的人，他们非常敏感，只要有一点点不对劲，他们都能准确地感受到，不管是什么客人，不管来过几次，我都会对他们的光临表示高兴和感谢。

（9）销售工作的出发点是奉献精神，当我思考"怎样才能让客人满意"这一问题的时候，我发现只有一个答案，那就是努力奉献。怀着一颗感恩的心，不惜耗费时间和精力，是通向客人内心深处的最佳捷径。

（10）客人能为我们抽出那么多时间，我们要为此心怀感激，可是，不少销售人员总是很在意自己的时间，这根本就是本末倒置，客人给予的机会、给予的时间，才是我们最值得珍惜的东西。

（11）我经常和客人聊很多东西，但我不会主动向他推销任何东西，就算不买车，也会时不时地见面聊聊天，然后，就像忽然想起来似的，客人会主动提到买车、换车，接下来自然是水到渠成的事情了。

（12）要想充满激情，必须真正地从心底里喜欢自己正在销售的商品。商品有优点，也有缺点，如果做不到连缺点都喜欢的话，是不可能满怀激情地将产品介绍给客人的。

（13）当客人对产品表现出满意，对销售人员也表现出非常满意的时候，才可以灵活地使用价格优惠这一手段。如果客人要求我优惠5万元，我却无法做到，我就会说：优惠5万元可能比较困难，不过我会努力提供一个很接近的成交条件，关键是你要喜欢我们的产品，对我的服务也满意。

（14）要成为客人最终所选择的销售人员，我们必须比别人更加努力，如果和客人的人际关系、信赖关系等方面都无法优于别人，客户是不会在第一时间就想起我们来的。

（15）我从来没有关过手机，不管是睡觉的时候，还是休息日，留给客人号码的手机一直处于待机状态，我一直充满自信地对客人说"我手机24小时开机，有什么事儿您随时来电话"，这句话总是能给客人带来很大的安心感。而只要接到电话，不论什么时候，我都会全力以赴，哪怕只能为客人做一点点事情，让客人稍微安心一点，那也是一种服务。

（16）不管是联系客人还是对客人的来电做出反馈，超出客人预计的速度，往往会收到意想不到的效果。做任何事情都要领先一步，机会就会相应增加许多，要做第一个带产品目录拜访客户的销售人员，一定要比任何人都快，每一步都走在前面。

（17）每次接待客人的最初三分钟里，首先要心怀感激地和客人寒暄："非常感谢您在酷暑之中抽出时间来我们店"或者"感谢您从那么多家店里选中了我们"，甚至感谢客人百忙之中来到我们店，这些都是很好的寒暄方式，总能让沟通气氛一下子变得融洽起来。

（18）为了做到真心实意地关心客人，我经常向客人询问三个问题："您为什么会来看这辆车子呢？""要怎样才能像您这样拥有购买这辆车的能力呢？""您都经历了什么才取得这样的成功呢？"

（19）我很少花大量时间去介绍我们的产品，我会尽量多地介绍我们公司的情况。我还会和客人说宝马到底是一个怎样的品牌。我会和客人说我到宝马汽车总部工厂看到的情况，讲公司的整个工作氛围、历史传统和社会地位，讲每一辆车是如何生产出来的。这些内容都是在产品目录中没有的，也是客人喜欢听到的。

（20）我经常热情而全面地向客人讲述我自己心目中的宝马，直到客人被我所感染，他们会对我说："看来你真的很喜欢宝马汽车嘛。"我不仅向客人介绍公司、品牌故事以及产品，也要让客人知道我们对自己所销售的产品和自己的这份工作是充满了热爱的。但是我不会主动和他们聊宗教、政治、健康以及股票类的话题，我试着聊过，但是吃过不少亏，所以现在几乎不聊了。

（21）在接待客人的时候，我一直保持视线位置尽量放得比客人低，遇到个子高的人，我会刻意将身体稍微前倾，做出向客人请教的姿势。在保持上述姿势的前提下，要注意客人对什么感兴趣，当客人有问题的时候，我会准确地给予回答，如果客人没有问题，我就主动上前询问他的看法。

（22）跳过试乘、试驾环节的销售人员似乎大有人在，可我一直都很重视这一环节，因为试乘、试驾是让客人爱上这辆车的最好方法，也是一下子拉近客人与销售人员之间距离的最好机会。我觉得一次试乘、试驾等于三次接待。所以每次试乘、试驾我都给予十二分的重视。

（23）在客人面前，我们只能毫无保留地展示真实的自己，老实、拼命、流着汗努力的自己，我们只有靠这些才能赢得客人的认可。

（24）不懂就是不懂，不知道的就去查阅资料，去请教别人，正是这种诚恳的态度让我赢得了一个又一个客人的认可。那种以自己的知识压制客人，用一种"连这个都不知道吗"的态度来销售的销售人员是做不长久的。保持诚恳与谦虚的态度是非常重要的。

（25）不管我们怎么着急，如果不能让客人身心放松、心情舒畅，他们是不会将心里话和盘托出的。而要让客人尽快吐露心声，我们销售人员就要尽量地以一种自然的状态和客人交谈，让客人没有任何压力，以便可以尽快找到彼此之间更多的共同点，比如出生地、学校、工作、兴趣爱好或者所认识的某一位明星等。

（26）配合好客人的说话节奏。如果销售人员口齿过于伶俐，讲话时没有任何停顿，客人就会容易因为没有思考的时间而焦虑不安，结果适得其反。

（27）不管我们做得多么好，客人也有不满意的时候。不管客人多么生气，总归有的事情能做到，有的事情做不到。他说连一分钟也等不了，其实只是气话，只要我们认真对待，让客人看到我们的确是在尽全力地想办法解决问题，客人还是会谅解我们的。我不会向客人做出自己能力范围之外的承诺，我会清楚地告诉他我能做什么，做不到什么，以及接下来他应该考虑什么，把这三点告诉他，他基本上都能理解我们的难处。

（28）我们一定要以绝佳的状态来迎接客人，销售人员的精气神儿不足的话，就会在气势上输给了客人，客人来店也会觉得扫兴、无聊，从而失去购买兴致，他就会想尽快地离开，去找一家气氛更好的店面。无法让客人由衷地感到来对了地方的话，客人是不会掏腰包购买的。这么多年来，什么销售方法我都用过，有一点是最值得肯定的，没有哪位客人会从情绪消沉的销售人员那里购买商品。所以，你没有自信不要紧，但一定要精神抖擞！

资料来源：世界经理人.

讨论题：

1. 如何学习宝马销售冠军快乐地工作？

2. 宝马销售冠军是如何与客户建立、巩固、发展良好关系的？为什么说这种关系状态的形成能同时提高员工与客户双方的满意度？

3. 宝马销售冠军的绝佳迎客状态是怎么样的？

小　结

促销是一种带有刺激的沟通，能够起到告知、劝说和提醒的功能，促使顾客理解、接受服务企业的服务。服务促销与产品促销比较，具有相同之处，但是又有差异。服务促销与产品促销的差异是由于服务行业的特征及服务本身的特征等影响因素所造成的。服务促销可以采取多种方式，这些方式的有机配合就形成了服务促销组合。服务促销组合包括广告、人员推销、营业推广和公共关系等多种元素。服务广告和人员推销是服务促销组合中两种最为重要的促销方式。服务广告应遵循一定的指导原则，以更好地实现服务广告的主要任务。在人员推销中，推销产品与推销服务具有相当的差异。在服务业背景下，遵循服务人员销售的指导原则对实现促销目标具有重要意义。

习　题

1. 服务促销的目标有哪些？

2. 服务促销与产品促销有哪些异同？服务行业特征与服务本身特征对服务促销有什么影响？

3. 服务促销组合包括哪些要素？

4. 服务广告要遵循的指导原则包括什么内容？

5. 服务广告的主要任务是什么？

6. 在人员推销方面，推销产品和推销服务有何差异？

7. 服务人员推销应遵循哪些指导原则？

第十二章

服务人员

在服务营销的 **7Ps** 组合中，"人"的要素是比较特殊的一项。对于服务企业来说，人的要素包括两个方面的内容，即服务员工和顾客。本章着重讨论服务企业员工的问题，即服务企业内部营销。服务营销的成功与人员的挑选、培训、激励和管理的联系越来越密切，人员在服务营销中的作用越来越重要。

本章知识结构图

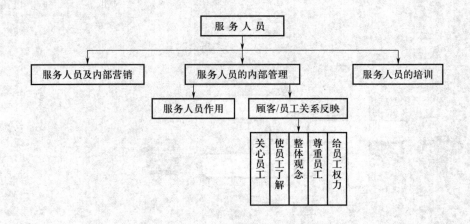

第一节 服务人员及内部营销

一、服务人员

（一）服务人员的地位及服务利润链

在提供服务产品的过程中，人（服务企业的员工）是一个不可或缺的因素，尽管有些服务产品是由机器设备来提供的，如自动售货服务、自动提款服务等，但零售企业和银行的员工在这些服务的提供过程中仍起着十分重要的作用。对于那些要依靠员工直接提供的服务，如餐饮服务、医疗服务等来说，员工因素就显得更为重要。一方面，高素质、符合有关要求的员工的参与是提供服务的一个必不可少的条件；另一方面，员工服务的态度和水平也是决定顾客对服务满意程度的关键因素之一。

一个高素质的员工能够弥补由于物质条件的不足可能使消费者产生的缺憾感，而素质较差的员工不仅不能充分发挥企业拥有的物质设施上的优势，还可能成为顾客拒绝再消费企业服务的主要缘由。考虑到人的因素在服务营销中的重要性，克里斯蒂安·格隆罗斯（Christian Gronroos）提出，服务业的营销实际上由 3 个部分组成，见图 12 - 1。

其中，外部营销包括企业服务提供的服务准备、服务定价、促销和分销等内容；内部营销则指企业培训员工及为促使员工更好地向顾客提供服务所进行的其他各项工作；互动营销则主要强调员工向顾客提供服务的技能。图 12 - 1 中的模型清楚地显示了员工因素在服务营销中的重要地位。

要想在服务营销组合中处理好人的因素，就要求企业必须根据服务的特点和服务过程的需要，

图 12 - 1　服务业 3 种类型的营销

合理进行企业内部人力资源组合，合理调配好一线队伍和后勤工作人员。以一线员工为"顾客"，以向顾客提供一流的服务为目的，开展好企业内部营销工作。前已述及，顾客对企业服务质量评价的一个重要因素是一线员工的服务素质和能力，而要形成并保持一支素质一流、服务质量优异的一线员工队伍，企业管理部门就必须要做好员工的挑选和培训工作，同时要使企业内部的"二线"、"三线"队伍都围绕着为一线队伍的优质服务提供更好的条件这一中心展开。只有为一线员工创造了良好的服务环境，建立了员工对企业的忠诚，进而才能实现为顾客服务的热忱，并通过较高的服务质量赢得顾客对企业的忠诚。服务利润链（service – profit chain）对这一思路做出了很好的说明，见图 12 – 2。

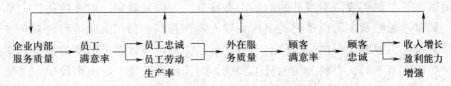

图 12 – 2　服务利润链

服务性企业要对员工从事内部营销，对顾客则从事外部营销，而员工之间则交互营销，共同为顾客提供服务。因此，服务性企业的营销不仅施之于顾客，而且还要针对内部员工，这不同于有形产品的营销。

（二）服务人员与顾客

服务人员和顾客是服务营销组合中"人"的要素的两个方面。

1. 服务人员

服务人员在所有服务业公司中都相当重要，尤其是在没有实物产品作为证物，顾客仅能从员工的举动和态度中获得公司印象的情况下，服务人员的重要性可想而知。服务行业的具体服务人员包括：出租车驾驶员、电梯服务员、图书管理员、银行柜台服务员、餐馆厨师、旅馆的接待员、保安警卫人员、电话总机接线员、修理人员和餐馆服务员等。这些人可能有实现生产或操作的任务，但在服务业公司中，他们也可能是与顾客直接接触的角色，他们的态度对服务质量的影响程度和正式顾客业务代表态度的影响程度可说是一样的。

因此，这些服务人员有效地完成其工作任务很重要，服务业公司有效性和效率的衡量也应包括顾客对员工的熟悉与适应性。服务公司必须促使每一位员工成为服务产品的推销员。如果服务人员态度冷淡或粗鲁，他们就破坏了为吸引顾客而做的所有营销工作。如果他们态度友善而温和，则可提高顾客的满足和忠诚度。

服务营销管理应该涉及服务工作表现的管理，因为服务人员的各种不同表现对于所提供服务的质量有着重要的影响。服务的实现方式对服务业公司员工与顾客间关系的性质也会有一定影响。

2. 顾客

对服务公司的营销活动产生影响的另一种因素是顾客们之间的关系。一位顾客对某项服务质量的感受，很可能会受其他顾客意见的影响，这与受服务业公司员工的影响，在道理上是一样的。顾客总会与其他的顾客谈到服务公司，或者当一群顾客同时接受一项服务时，他们对服务的满足感往往是由其他顾客的行为间接决定的。

人在服务的生产与营销中扮演着一个相当独特的角色。人的服务代表了任何服务营销策略及服务营销组合中一个不可或缺的要素。服务业公司与制造业公司的一大区别是，顾客所接触的服务业人员的主要任务是实现服务，而不是营销服务。在工业产品市场，顾客与操作层次的接触很少，对于整个产品的提供，顾客不可能有任何责任。但在服务业市场，接触机会就大得多了，绝大多数的公司员工都与顾客有某些形式的直接接触。

一般而言，服务企业的人员可分为两类：必须与顾客接触的员工与不需与顾客接触的员工。顾客购买或消费服务的时候，有些员工可以被看到，但有些员工则是看不到的。顾客接触的员工可说是公司里的关键人物。服务业公司的职员职位表应该予以倒置，应该让与顾客接触的员工位居于最高阶层。员工与顾客接触量的多寡，则因服务业种类而有所不同，有的公司的员工和顾客的接触较频繁，有的则较少。

在研究服务业员工与顾客接触的问题时，应区分员工与顾客接触的程度。高接触度与低接触度的界定可依据顾客处于服务体系中所有时间里接受服务的时间所占的百分比。据此，高接触度服务包括大饭店、餐厅和学校；低接触度服务包括政府主管机构和邮局。各种不同的服务体系对于营销管理有不同的含义，会影响到服务递送过程。

（三）服务的技术性质量与功能性质量

顾客所接受的服务包括两个要素——技术性质量和功能性质量。技术性质量是指顾客与服务业公司交易后所得到的实质内容，如大饭店的房间、餐厅的一顿餐饮、搬家公司的搬运服务等。技术性质量可以通过客观方式加以评估，并成为任何顾客对某项服务评价的重要依据。功能性质量是指服务的技术性要素是如何被移交的。服务的功能性要素有两项最重要构成是过程和服务体系中的人。功能性质量虽不易于进行客观的评估，但也是顾客对服务评价的重点。技术性质量和功能性质量之间的关系如图12-3中也反映了两者对公司形象的贡献。

图12-3显示出功能性质量包括以下要素：员工的态度、员工的行为、员工间的关系、与顾客有接触经验员工的重要性、服务人员的外观、服务对于顾客的可及性、服务人员对于服务的态度。在处理这方面的问题时，应该注意以下几点：

1. 认真挑选并训练服务人员

招募、遴选、训练和开发人力的任何计划都应该适应所提供服务的实际需要，使服务人员对本身工作应有清晰的了解，经营者应将工作予以详细规范化，并明确界定接触顾客工作的种种要求；传统上，各种服务工作可按照所需的教育背景程度、工作经验、社交技能等分类。有人认为，服务业员工应按照顾客所需要的沟通性质来加以区分。因此，沟通的性质和类型便成为员工质量标准的一项重要决定因素。最后应注意的是，服务工作的控制应制度化。担任公司与顾客之间建造沟通桥梁任务的服务员工，也必须比其他的员工更有灵活性和适应性。服务业公司的结构，最好采用较为松散的公司结构和经营方式比较适合。此外，在与顾客接触中，有时会出现顾客与公司关系上的不确定或纠纷，此时可能需要有特殊才能的服务人员。

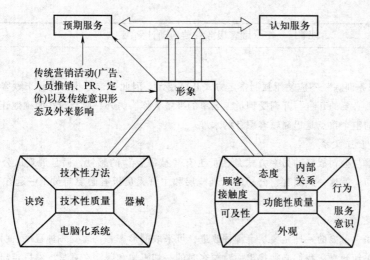

图 12 - 3　服务品质概念性模式图

2. 内部营销

为维持服务业公司的标准，必须达到一定的服务质量与服务表现水准，这意味着服务业的对内营销与对外营销同样重要。内部营销观念已包括在营销观念的原则之中。内部营销观念的目的，是要重新向对外部顾客提供服务的公司人员强调营销的重要性。如果服务业公司能为雇用员工提供更佳、更令人满意的工作，那么必可增进其能力，使公司更成功。内部营销观念从更广阔的角度看，即是一种具有战略和战术性质的管理哲学。

3. 确保服务行为的一致

顾客的行为会影响到服务提供者的行为，而服务业提供的服务质量往往因服务人员中的什么人提供而有所不同。例如，一家银行的各分行可能向其顾客提供相同的服务；但每一个分行的个别员工提供这些服务的效果可能有很大的差距，因此实现人员努力上的一致性是许多服务业公司的一大重要目标。显然，服务企业有必要设置一套服务程序，以确保实现服务时的一致性。当然，大多数公司必须在其服务体系上达到一种避免过度僵硬和过度灵活的平衡。

一个服务业公司的人力资源，可以作为服务营销方面的重要竞争手段。因此，持续不断的训练，尤其是在沟通和推销方面，对服务业而言，是很艰巨的工作，而且要牵涉很多人手。有一家服务企业最近为了改进对顾客的服务而实施了宣传计划，其中包括现在员工的训练在内，其计划概要如表 12 - 1。

表 12 - 1　顾客服务宣传活动计划

顾客服务宣传活动计划书
1. 与管理阶层及员工的沟通 　　员工的基本需要之一是能集中努力工作以便发挥其最高能力，而做不做得到，则有赖于其参与各种企业目标到何种限度。为达到这个目的，很有必要针对与员工的沟通发展出一套专业的方式，当然也要找到适当的沟通媒体。

续表

顾客服务宣传活动计划书

2. 训练

"顾客服务训练"不应使用强制指定方式开班授课。因此，首先找出适合于顾客服务训练的单位，然后做必要的开班与开列受训员工名单的准备工作。另外，应当清楚明确地让员工了解开班训练课程的整个重点是提高顾客服务的水准。

3. 管理阶层/员工关系

让员工参与公司战略的另一方式是让员工有"被需要"的感觉，而且展现出公司对他们所提问题的关切；就这一点而言，公司的管理阶层和主管人员极有必要与员工一起在"现场"打成一片。

4. 顾客服务之改善

宣传运动中重要的一环是要从事种种改进，可采取的形态有：改变一种程序、引介一种新服务或态度之重新建立。我们必须找出面对顾客时的一切阻碍和限制在哪里，然后定出一套排除这些阻碍和限制的计划。

5. 串联变迁成果于顾客服务

如果员工看不到公司正致力于减除他们生产缺陷的实际行动的话，要员工们能真正全心投入于顾客服务行动是很困难的。因此，必须要有让所有员工都可以知道的一些方法，让员工了解任何一种公司所做变迁的效果，并且不论其效果怎样。

6. 杰出个人表现的奖励

这一点应是宣传活动的主要特色，其奖励方式的范围可以从主管人员的一句"做得好！"到颁发一个特别的"顾客服务优胜奖"。因此，我们必须建立一套各部门经理共同认可的奖励优异个人表现的策略。其奖励办法，可以采取先组成一个评审候选名单的提名委员会提名，然后进行自由投票。

4. 确保一致化的外观

由于许多服务业都具有非实体性的特征，因此设施装备外观及其服务人员往往就成为服务业仅有的实体性层次。顾客选择服务的供应者，一定是其营业场所和其销售人员能明确地显现可以满足顾客的需求。服务营销人员创造形象和显现其服务质量，应当从服务人员的外观着手。服务人员的外观可以由服务业公司的管理阶层予以控制，如利用制服或服装的式样；外观更进一步标准化，则可通过招募有规定特征的服务人员（如身高、年龄等）来实现。如果一个服务企业不需要穿制服作为保证或促销，也应特别鼓励穿可以被接受的服装样式，应劝阻穿不可以被接受的服装样式。这种制服能协助建立统一化的标准，同时，对需要一致化的服务业整体形象也是一项极重要的资源。至于不需要一致化的服务业，则不妨鼓励员工穿各式各样的服装，以便造成一种变化多端的形象。

5. 降低个人化接触的重要性

在服务作业方面，其他可利用的服务生产形态（如器械化）也应该给予考虑。总的来说，优良服务的解决之道依赖于服务提供人员的技能和态度的改善。这种人本位服务观念促使我们不会去寻求其他有关人的利用方法，尤其是大量的、组织化的人的群体的利用方法。

例如，麦当劳（McDonalds）的快餐店便是采用把工业化形态和技术应用于人员密集服务业的例子。有些服务业因缺少制式化而造成一些问题，这是由于每一个人都已整合到整个服务制造过程的缘故。如航空公司的空勤服务小姐，据李维特（Theodore Leavitt）的研究指出：一旦加上精神压力，服务质量就恶化。因此，他建议采用类似麦当劳所应用的方法，从而去除人员密集服务中的种种缺点。

服务营销方面更有秩序更系统化的思维方式的扩大，就是所谓的服务业"工业化"，最显著的是以硬件技术形式出现，取代劳动力密集的服务表现方式。例如，消费者信用卡、自动汽车清洗、自动银行柜员机（ATM）以及机场 X 光检验仪器。若将服务想成是可以以器械或系统来完成，则服务业的营销观念便会因而开阔起来。不过，也因此会改变消费者和服务生产者之间的互动方式。虽然许多技术创新都能给顾客带来利益，但服务业者却不能完全寄望消费者都会心悦诚服地接受新事物。另外，设备用具的事先测试与示范，可以让顾客学会如何利用各种服务的创新。

那种将服务业看做是一成不变的个人化事物，是个人对他人所表现的事物的态度限制了各种方法的创新思维，而且不知道利用方法配合顾客的需要来做出服务，并将营销技术延伸到服务业的经营管理。传统上，服务业的经营必然是人密集式的，但人密集式的业务方式不一定必然会提供有效率的服务。服务业营销者往往忽略了这一点，因为服务营销目前采用的原理原则，总被认为是与目前服务人员的安排相一致。

例如，客户往往只提及他们的律师，而不是说他们的法律服务。不过，在有些服务业中，服务人员在服务内容中所占比重相当有限；在这类服务业里头，若使用较为创新的生产和营销方法，并利用设备而非利用人来控制生产与分销的质量，就有可能获得较高水平的服务。当然，这种做法的成效完全有赖于顾客态度以及服务管理者态度的改变。

零售业者可以扩展其信用卡市场，从而成为信用卡服务的代理店；银行往往可以兼作保险的销售窗口。但是，企图建立新的分销方式之前，必须考虑顾客的接受程度和产品特征等事项。例如，医疗服务中心的病人们可能会认为，每次由不同的医师诊断是不亲切也不周到的服务表现。

新的服务产销方式意味着会减低消费者和服务人员之间的接触度，这时消费者接受程度问题就变得特别重要。许多服务其实都可以使用自动化方式递送。然而在有些服务业，直接接触是无可取代的，如法律和会计服务。总之，服务业创新必须顾虑到消费接受程度的高低。在理论上，虽然可能设立一座全自动的银行柜员机来实现一位出纳员所能实现的一切服务功能。但这种方式对顾客而言，可能就难以让人接受；即使接受的话，也可能由于无法确保足够程度的精确性，而使该系统行不通。

6. 加强服务人员的考核控制

任何一个服务业者都必须设法经常性地创造并维持其明确和有魅力的形象。由于员工和顾客都会影响和反映服务业公司的形象，因此服务业公司管理阶层的责任是：确保觉察的形象和要求的形象相吻合。一项服务与另一项服务，在彼此没有可供辨识的自有特色情况下，形象的建立便只能依靠服务人员的态度与行为。多数服务业公司都能了解顾客服务以及服务顾客时员工角色的关键重要性，其做法是：

（1）建立服务员工行为的规范与标准。

（2）设置确保员工遵守这些标准的评估系统。

服务评估和审计的目的，在于仔细探讨公司整体服务状况，以便评估其与营销实务目标的配合程度，从而及时纠正员工的行为状况。

二、内部营销

（一）内部营销的概念

内部营销的概念形成于20世纪80年代，越来越多的服务企业认识到它们需要内部营销过程，内部营销已被当做是外部营销成功执行的先决条件。内部营销起源于这样一个观念，即把员工看做是企业最初的内部市场。如果产品、服务和沟通行动在针对内部目标群体时不能很好地市场化，那么最终针对外部顾客的营销活动也不可能取得成功。

对大多数服务来说，服务人员与服务是不可分的。会计师是财会服务的主要部分，医生是健康服务的主要部分。在现实中，顾客购买服务，实际上在"买"人。服务首先是一种行为，这种行为又是劳动密集型的。因此，服务企业特别是劳动密集型的服务公司，员工的素质影响服务的质量，进而影响服务营销的效率。为了成功地实行服务营销，服务公司首先必须进行成功的内部营销，必须向企业的员工和潜在员工推销，对待内部顾客要像对待外部顾客一样。

内部营销是一项管理战略，其核心是发展对员工的顾客意识。在把产品和服务通过营销活动推向外部市场之前，应先对内部员工进行营销。只有进行恰当的内部营销，企业在外部市场上进行的经营活动才可能获得最终成功。"有效的服务，要求理解服务观念的员工。"因此，对所经营业务的理解、对企业中员工的期望以及为什么抱有这种期望，这需要经过努力才能达到。

需要内部营销是和服务保证的观念相联系的。向潜在的顾客做出保证说明提供的服务将充分满足他们的需要，正在成为一种吸引顾客的手段。从理论上讲，这个观念很出色，但在实践中如果没有适当的内部营销工作，那它是难以成功的。内部营销作为一种管理过程，能以两种方式将企业的各种功能结合起来。首先，内部营销能保证公司所有级别的员工，理解并体验公司的业务及各种活动；其次，它能保证所有员工准备并得到足够的激励以服务导向的方式进行工作。内部营销强调的是公司在成功达到与外部市场有关的目标之前，必须有效地进行组织与其员工之间的内部交换过程。

内部营销是指服务公司必须有效地培训和激励直接与顾客接触的职员和所有辅助服务人员，使其通力合作，并为顾客提供满意的服务。内部营销的主要目的在于鼓励高效的市场营销行为，建立这样一个营销组织，通过恰当的营销，使内部人员了解、支持外部营销活动，使其成员能够而且愿意为公司创造"真正的顾客"。例如，赢得决策人员的支持，获得其他部门的充分配合，争取使营销计划得以顺利运作的相关人员的承诺；将行为观念由"我们一向这么办理"逐渐改变为"为了成功，我们必须以最佳方式办理"。内部营销的最终策略是把员工培养成"真正的顾客"。

在市场竞争条件下，企业竞争优势的取得越来越依赖于人的能力的发挥，因而企业对内部营销也出现了不断增长的需要。从产业领域到服务经济的新竞争中，制造者的逻辑已经被"服务诀窍"的新型逻辑取代了，而且它对几乎所有行业服务的重要性都在不断加强，这也促进了这样的观念：一个受过良好训练和服务导向的员工，是比原材料、生产技术或产品本身更重要的稀缺资源。服务营销发展的同时，市场营销也在发生变化。保持顾客和向现有顾客的再销售越来越受到重视。前面所讨论的关系营销的概念，其核心就是针对企业现有顾客开展营销活动。

员工的作用至关重要，而且营销部门的专家并非是营销方面唯一的人力资源，甚至也不是最重要的资源。在与顾客的接触方面，营销专家经常被负责生产、交货技术服务以及其他一些传统上非营销部门的员工所超过。无论如何，这些人员的技能、顾客导向和服务精神对于顾客理解企业、再次光顾购买服务具有不可替代的作用。

（二）内部营销的两个层次

从管理哲学的角度来分析，内部营销功能主要是将目标设定在争取自动自发又具有顾客意识的员工。因此，内部营销计划可划分为两个层次：策略性内部营销与战术性内部营销。从策略层次上看，内部营销的目标是：通过制定科学的管理方法、升降有序的人事政策、企业文化的方针指向、明确的规划程序，创造一种内部环境，来激发员工主动为顾客提供服务的意识。从战术层次上看，内部营销的目标是：向员工推销服务、支援服务、宣传并激励营销工作。

在实务上，营销措施就变成广告活动，不但是为了影响顾客，同时也为了要影响员工。它侧重于技能与细节，主要包括定期或不定期地举办培训班、内部相互沟通、召开情况介绍会、座谈会、茶话会；内部全员沟通，如定期出版报纸或快报；情况调查，确认员工需求等。表12-2显示的是广义的内部营销观念的论点摘要。

表 12-2　内部营销观念要义

内部营销整体目标	争取到能自动自发且具有顾客意识的员工
策略层次目标	开创一种内部环境，以促使员工之间维持顾客意识和销售开心度 ● 支援管理方法 ● 支援人事政策 ● 支援内部训练政策 ● 支援规划与控制程序
战术层次目标	向员工推销服务、支援服务（作为竞争手段）、支援宣传及激励营销活动 ● 服务人员必须了解为何必须要以某种态度工作，或者在某种情势下必须主动地支持某种服务及有关该服务的事项 ● 雇用员工必须"接受"公司的服务及其他有关活动，以期在与顾客接触时，会"支持"这些服务及有关活动 ● 一项服务推出之前，必须有充分的准备并让内部人员完全接受 ● 必须要有畅通的内部沟通资讯管道 ● 内部的"人员推销"也是必要的

在员工不太情愿销售一种他们本身就不太接受的服务产品的情况下，内部营销就更加重要。例如，银行职员对银行新规定——为其他银行催收贷款的收费办法不愿接受。在这项新规定收费办法实施之初，有些职员即对利用这种催收服务的客户并不照规定收费，部分原因是考虑到长期客户关系的建立不易，从而使得这项规定非修改不可，规定只在可行的情况下才收费。

这个例子也说明，服务人员在与顾客接触时担任作业角色所面临的一个问题，即服务人员往往必须在服务公司的利益与顾客的利益之间做出取舍。服务人员往往需要担任相互矛盾的双重角色，因为他们既是生产的直接劳动者或操作者，义是推销人员。员工和客户之间的关系有时相当复杂，因为一位员工在接触一位客户时，可能变成一种公司目标和客户目标之间的拉锯战。

（三）内部营销的管理过程

内部营销意味着两种类型的管理过程：态度管理和沟通管理。首先，员工对顾客意识和服务观念的态度和动机需要进行管理。态度管理经常支配着企业内部营销中为取得竞争优势而推行的服务战略。其次，经理、接待员和支持人员需要大量的信息，以使其能执行作为领导或经理或是内部和外部顾客的服务提供者的任务。这些信息可能包括工作计划、产品和服务的特征、对顾客的承诺（如广告或推销员所做出的）等。他们也需要沟通他们的要求、改进工作的意见以及他们发现的顾客需要。这是内部营销的沟通管理。

对于一个成功的服务企业，这两种类型的管理都是必要的。但是，人们往往只认识到了沟通管理，并且沟通中的信息是单向的。在这种情况下，内部营销通常以活动或行动的形式出现。向员工分发内部手册，在员工会议上向参加者提供书面的和口头的信息，而沟通则很少。而且，经理和主管对他们的下属不感兴趣，也没有认识到他们需要反馈的信息、双向的沟通和鼓励。员工只是接到大量的信息却没有精神上的鼓励，这当然会限制信息对接收者的影响。

在服务营销中，有两句格言流传甚广，经常为人们所引用：①"你希望员工怎样对待顾客，你就怎样对待员工。"②"如果你不直接为顾客服务，那么你最好为那些直接为顾客提供服务的人提供优质服务。"这两句格言提示了两个原则：对人的尊重和树立集体主义观念。因而，内部营销被用来对企业员工推销服务理念与正确的价值观。企业可以通过内部营销，使"顾客至上"观念深入到员工的心坎，从而使服务提供者更好地履行自己的职责。

第二节　服务人员的内部管理

一、服务人员在服务营销中的作用

服务是通过服务人员与顾客的交往来实现的，服务人员的行为对企业的服务质量起着决定性作用。因此，在服务营销中企业对员工的管理，尤其是一线服务人员的管理相当重要，因为在服务的过程中，企业无法直接控制员工的行为。

服务组织通常是"劳动密集"的组织。"公司—员工—顾客"之间的链式关系说明了员工在服务营销中的地位和作用。在服务组织内部的人力资源管理比一般的人力资源管理起着更为重要的作用，这一重要性主要体现在如下关系上：

（1）员工的满意程度与企业内部质量相关。

（2）员工的忠诚度与员工的满意度相关。

（3）员工的生产效率与忠诚度相关。

（4）服务的价值与员工的生产效率相关。

这一系列的推断说明内部质量是基础，可以通过评价员工对自己的工作、同事和公司的感觉而得到，最主要的是来自于员工对自己工作的评价，而员工对企业内其他人的看法和企业内部人员互相服务的方式也对内部质量产生影响。换句话说，企业内部对人力资源的管理影响着员工的满意程度，从而最终导致企业服务价值的实现。

通常我们所说的顾客指的是购买企业产品或服务的人。如果我们通过"公司—员工—顾客"的关系来理解员工的作用，可以认为：企业的最终用户并不是唯一的顾客，员工也是企业的顾客，企业为员工提供的"产品和服务"是信息、资源、支持和放权。这一思想也就是20世纪80年代以来发展的"内部营销"概念的核心，即把员工作为企业的顾客。

这样的理解实际上是把"顾客"与"供应者"的概念加以引申。企业所有的工作都是由投入、过程和产出3部分组成，在企业提供服务的过程中，其上一环节为其提供投入的员工即是该环节的供应者，同时该环节的员工又是上一环节的顾客，因为他们得到了上一环节的产出。因此，"提供者—顾客"这对关系不但说明企业与最终用户的关系，也说明了企业内部各工作环节之间的关系，我们称企业内部的"顾客"为"内部顾客"。

管理人员把自己的手下视为顾客是一种很好的管理方法，当管理人员把手下员工作为自己产出（即管理工作）的顾客时，就会去了解他们的需求，而当管理人员满足员工的需求之后，员工往往能够很好地完成工作。这也是为什么管理人员应把自己作为一名"供应者"去为自己下属服务的最有力根据。

由于顾客在与前线员工接触时，往往把这些员工作为整个企业的代表，把与这些员工交往得到的感知服务质量作为整个企业所提供的服务质量。因此，如果在企业内部存在这么一个良好的机制，那么前线的员工一定会尽力给顾客留下良好的印象，并提供优质服务。

管理人员如何扮演好自己的"提供者"角色？在此，我们给出几个具体建议：

（1）定期询问下属员工如何帮助他们，以使他们做得更好。

（2）尽可能在预算许可范围内为员工提供更多的培训。

（3）经常考虑如何能使下属员工减轻工作负担。

- 修改计划；
- 重新构建工作关系；
- 修改系统；
- 引入新技术。

（4）与员工定期会面评论自身工作情况并得到来自员工的建议。

（5）不要浪费员工的时间。减少不必要的文案工作，废止那些只是为了施压而制定的规章制度。

二、"顾客/员工关系反映"分析

"组织—员工—顾客"给我们的另一重要启示是"顾客/员工关系反映"，即对于服务组织来说，顾客关系反映了员工关系，也就是组织（尤其是管理人员）如何对待员工，员工就将怎样去对待顾客。正如一份研究报告指出的那样：如果管理人员帮助员工解决问题，员工也会为顾客解决问题。表 12－3 说明的是管理人员传递给员工的信息会转化为什么样的信息由员工传递给顾客。

表 12－3 信息传递表

组织→员工	员工→顾客
1. 关心员工遇到的问题并帮助解决	1. 帮助顾客的服务态度
2. 使员工了解组织内部发生的事	2. 由于熟悉业务能够为顾客提供帮助
3. 树立组织的整体观念，增强员工的责任感	3. 热爱本职工作并有能力为顾客服务
4. 以尊重的态度对待员工	4. 把顾客作为具体的个人对待
5. 给予员工决定的权力并支持员工做决定	5. 努力使顾客相信企业所做的承诺能实现

许多研究显示，如果管理人员与员工之间没有良好的关系，员工与顾客之间的关系几乎不可能保持融洽。如果组织内部的行为规范和价值观与员工在与顾客交往中的外部行为规范和价值观不一致，往往导致服务质量降低，并对员工激励和顾客满意度产生负面影响。

1. 关心员工遇到的问题并帮助解决

这并不意味着管理人员无条件地去关注其下属的所有问题，管理人员应关心影响员工工作的问题，包括公事也包括私事。要做到这一点，管理人员不妨从以下几方面加以考虑：

不要使员工时时感受到与管理人员之间的距离，要使他们有可以畅所欲言的环境。管理人员在与下属交往时应尽量避免显示自己的权威性，同时可采取一些显而易见的措施。比如，办公室不设门，能使员工感觉如果有难题可以直接找管理人员并得到解决。

（1）定期举行与基层员工的会议，可以使高层管理人员从这些普通员工中得到建议。

（2）企业为员工提供一些福利性的帮助，比如说通过赞助援助员工的计划、日间看护中心和为员工作信用担保等方式，以表示对员工需求的关心。

（3）企业制定一些支持员工的计划，包括提供服务、职位阶梯和分享企业利润。

2. 使员工了解组织内部发生的事

GE 公司的做法是定期把所有员工召集在一起，然后分成许多小组来讨论公司事务，这种做法能使员工对企业的事务有更多的参与，同时引发了另外一个问题：什么样的事务能够为全体员工所了解呢？

（1）关于销售、利润、新产品、服务和竞争的综合情况。

（2）其他部门的活动。

（3）关于企业在实现目标上的最新发展及完成任务的情况。

如果每个员工都了解组织内部发生的事，会使企业在对顾客的服务过程中得到好处。因为，如果在服务中有一时无法处理的情况发生，员工会很快找到答案或让能处理的员工来完成对顾客的服务。

3. 树立组织的整体观念，增强员工责任感

培养员工共同的责任感应始于新员工加入时，新员工需要学会的是对顾客和对其他员工的责任感。要使这项工作持续进行还需要关注顾客对负责任的员工的反馈信息，经常回顾工作中员工表现出责任感的行为以及对那些很好地为顾客服务的员工进行当众表扬。

4. 尊重员工

当员工感觉不到被上司或同事尊重时，他在对顾客提供服务的过程中往往显得易于急躁，管理人员在与员工的交往中应注意自己的言行，处处体现出对员工的尊重：

（1）及时表扬出色完成工作的员工。

（2）记住下属的名字。

（3）尽量避免当众指责员工。

（4）为员工提供干净、适用的设备。

（5）注意礼貌用语。

（6）认真倾听并尽力去理解员工的看法。

5. 给予员工决定的权力并支持员工做决定

管理人员对员工给予充分的支持会令员工做得更好，下放一部分权力会使员工更加主动、积极地为顾客提供服务。我们要从以下的几个方面来理解"支持"：

（1）为员工提供配备的人员、资源及相关知识等，以使员工更有效地工作。

（2）合理的加薪计划。

（3）为下属所犯错误承担相应责任。

（4）在其他人面前为自己的下属做辩护。

（5）把注意力集中在解决问题上，而不是一味地责备。

当然，支持员工是在一定范围内的，比如说在为下属所犯的错误承担相应领导责任的同时，也应对下属员工进行一定的责罚。

三、管理人员对员工的管理

"把员工作为自己的顾客"和"顾客和员工关系反映"给我们指出了管理人员如何在平时的工作交往中加强对员工的管理。管理人员所要面对的员工各不相同，并非

每个员工都能很好地完成自己的工作。在这种情况下，管理人员应学会帮助员工改变做法、做好工作。而对于员工来说，为了更好地服务顾客，他们往往需要知道自己做得怎样，他们需要来自管理人员的反馈信息，无论这种信息是正面的还是负面的。因此，管理人员应及时评价员工的工作并帮助他们改正错误。

如果管理人员没有直接参与员工的工作，就应该对员工与顾客的接触给予更多的关心。通过这些做法，管理人员可以获得有关员工的第一手资料，第一手资料能使管理人员更加真切、全面地了解员工及他们遇到的问题。但在实际中我们往往可以看到，许多管理人员仅仅满足于有关实际工作的二手资料，而这些二手资料往往带有相关人员的主观看法，管理人员难以从中发现员工所遇到的问题。

对员工在工作中取得的成绩，管理人员应及时给予表扬，无论是对员工还是对顾客都将产生巨大的效果。但作为管理人员也不能滥用表扬，应把对员工的表扬用在较为关键的方面：

（1）当员工的行为超过企业所要求的行为标准时。

（2）当员工的行为一直都符合标准时。

（3）当员工取得进步时（无论进步的大小）。

（4）当员工面对挑剔的顾客保持冷静时。

（5）当员工采取灵活措施帮助顾客时。

管理人员在表扬员工时应记住这样一条有关人的行为的观点："当人的某个行为做出后立即被奖励，他将乐于再做出这一行为。"这一观点在管理实施中的启示是：当管理人员称赞手下的员工时，员工们会把这种称赞与自己刚才所做的联系起来，他们很可能在未来的工作中仍然这么做。

但是，当员工的工作出现差错时，管理人员应该如何对待？管理人员应以谨慎的态度对待员工的差错，员工在这时的心态是很敏感的，如果管理人员处理不当，可能会适得其反。管理人员的谨慎首先表现在他对待员工错误的态度上，管理人员应对员工错误持理解的态度，在帮助其改正的实施过程中应避免触发员工的敌对情绪（因为员工在犯错误之后的心态是敏感的，而这种敏感容易转化为敌对情绪）。

（1）管理人员应做到的是：

1）考虑员工的感受。

2）冷静地分析每一种可能的情况。

3）表现出相信员工有做必要改变的能力。

4）仔细向员工解释所犯错误的本质及管理人员期望的改正效果。

5）在私下里批评员工。

6）向员工描述未来可能发生的错误所带来的后果，并坚持不断地做这样的描述。

7）公平地对待每一个员工。

8）当错误发生后，迅速给予关注。

9）告知员工惩罚措施的目的。

10）迅速对所有违反规则的行为做出处理。

（2）管理人员应该避免的是：

1）讽刺犯错误的员工。

2）发脾气。

3）由此而轻视犯错误的员工。

4）用带有侮辱性的语气说话。

5）在其他员工面前批评犯错误的员工。

6）对员工进行欺骗或威胁。

7）表现出个人喜好。

8）对员工所犯错误迟迟不进行处理。

9）采取过分严厉的惩罚措施。

10）改正错误的措施执行不够有连续性。

通过对"组织—员工—顾客"关系的分析，集中地探讨了服务组织的管理人员在日常的工作中如何管理自己下属的员工。管理人员对下属的激励、帮助或批评也是一种对人员的管理，做得好与否将直接影响到员工对顾客提供服务的工作。

第三节　服务人员的培训

企业对顾客的服务通过员工与顾客面对面的交往实现，员工在这一交往过程中为顾客提供服务，企业服务质量的好坏是由员工在提供服务过程中的表现直接决定的。越来越多以服务顾客导向的企业认识到，在员工为顾客提供服务的短暂过程（理查德·诺曼称之为"真实瞬间"the moment of truth）中，员工行为至关重要。因此，服务组织比其他组织更注重员工的培训，目的在于使那些顾客接触的员工能更加积极主动、富于创造性地为顾客提供优质服务。对于那些不与顾客直接接触的员工同样也应加强培训，根据"内部营销"的观点，这些员工也是为"顾客"服务的，只是这里所说的"顾客"是指前线员工。

在探讨企业内部培训之前，先要介绍企业的人员招聘，这是企业进行员工培训的基础，人员招聘工作质量的好坏对培训工作的效果有着直接影响，我们在此着重讨论前线员工的选择。

一、人员招聘

在选择前线员工时，不能像招聘普通员工那样只看重经验和技能，而更应考察态度、资质和个性等能为服务人员带来成功的因素。一般的招聘方法不适用于选择前线员工，因为在这些招聘过程中，招聘人员的决定常常只是由他们直觉和应聘者的书面材料产生。调查资料显示，60%的简历中有不真实资料，大多数推荐信只提供正面的意见，面试也不是一种可靠的方法，招聘人员通过面试只能了解应聘者的外表及在面试中的表现。因此，选择服务组织的前线员工需要更科学的方法。

通过计算机化的问卷测试来进行人员选择，具体步骤如下：

（1）研究人员决定一个合格的前线员工所应有的素质，这项工作是通过与管理人员的交谈以及通过对原有的顾客满意度研究进行总结，大致勾勒出符合企业需要的有利于顾客服务的方面。

（2）从中选出对企业成功有重大影响的行为，针对这些行为制定标准化的测试内容。

（3）在企业内选几个工作出色的员工进行测试，对测试结果进行分析，选出得分高的条款综合而成最终的测试内容。

二、员工培训

员工招聘只是企业人力资源管理的开始，如何使新员工成为符合企业要求的服务提供者，这是企业内部培训要解决的问题。许多企业为培训员工开办了专门的学校，比如假日酒店大学、麦当劳的"汉堡包大学"等等，这些学校为本企业的员工培训制定专门的培训计划，配置专门的培训人员。学校的一切活动都围绕着培训企业需要的人，只要是企业的需要，哪怕是细微的方面也会配合以精心的计划。例如，麦当劳的"汉堡包大学"为了向员工说明顾客的重要性，仅仅在顾客服务给员工带来好处这一问题上就有下列一些方面：

（1）你将学会重要的技能，这些技能将帮助你成功，无论将来你做什么。

（2）你将从中得到满足感，由于你的工作，许多人得到了帮助。

（3）你将学会如何鼓励顾客和其他员工，这会帮助你得到你想要的东西。

（4）你将会发现过去没有意识到的一些事，包括不为自己了解的某些能力。

（5）你将了解一个有效系统是如何运作的。

（6）如果你做得好，顾客会回头。你做得越好，整个组织就会越好，所有的情形都会好起来。

这些机构的主要任务之一是对员工进行技能培训（针对某些特定的事务），比如说关于酒店的会计系统、现金管理技术等等。这些培训内容主要是一些行为准则，一般是针对那些新加入公司的员工。进行这样的培训是为了让新员工能在今后的工作中以符合标准的行为高效地完成本职工作，并与其他员工取得协调，以便更好地工作。

企业除了对员工进行技能培训外，还应对员工进行交往培训。这是因为，企业的服务质量依赖于员工向顾客提供服务过程中的表现，且顾客是各不相同的，依靠技能培训不能解决员工为顾客服务时遇到的所有问题。由于员工在与顾客交往中可能遇到的问题难以预先料到，因此很难在培训中对这些问题加以模拟解决。所以，在服务组织的培训中，交往技巧的培训在某种程度上比技能培训更困难。许多航空公司对乘务员进行事件分析培训，以帮助乘务员在意想不到的情形下处理好顾客提出的苛刻要求。还有一些企业把角色扮演、创造性技巧和冲突的模拟作为培训方法。

根据服务组织类型的不同，可以对技能培训或交往技巧培训有所侧重。例如，麦当劳采用"工业化"和服务标准化的措施，以低成本产出符合标准的服务质量。

培训的第三个作用在于向员工灌输企业的价值观，并使员工对一些与企业发展有关的事给予更多的关注，这是有关企业文化的培训内容。企业文化不仅是企业制定战略方针的思想指导，对企业员工的日常工作也起着指导行为的作用。

为员工精心设计的培训计划对整个企业的运作将产生深远、积极的影响。如果这样的培训计划设计得合理并与企业的特点相适应，如果这样的培训计划被当做系统的一个整体部分而不是只被当做一些空洞的教条，那么对员工的培训将是服务组织最好的工具。

在设计内部员工培训计划过程中，首先应考虑的是企业内不同层次的业务需要，这里所说的业务需要指的是企业各级部门的工作目的、工作内容及所应达到的要求等等。在分析各级部门业务需要的基础上制订培训计划，以满足这些需要。在制订培训计划时还应注意对不同部门的员工、不同职能和不同地区的部门及组织内不同级别之间相互影响、相互联系的领域进行研究，使制订出的培训计划增进彼此间的联系，并在公司遇到的问题与业务流程方面建立起员工之间、部门之间、地区之间的理解。

三、由上而下的培训

上面我们探讨的培训多集中于基层员工的培训计划，那么管理人员是否也应培训呢？答案是肯定的。每个人都需要知道该做些什么和怎样去做，而且每个人都需要得到他人的鼓励与肯定，总裁也不例外。企业内部全面的培训一般在以下 4 个层面展开：

1. 最高管理层

对最高管理层的培训以宏观的管理为特色内容，主要在于如何制订、实施以顾客为导向的管理战略。高层管理人员还应学会如何加强管理并以身作则，以建立以服务为导向的企业文化。

2. 经理和主管

一般的管理人员需要在下放权力、团队建设、做手下员工的顾问等方面学习如何扮演好自己的角色。管理人员还应掌握必要的技巧，使整个组织的计划相互协调以形成整体。这样的培训在许多组织中几乎是强制性措施，是每一位管理人员必须学会的。

3. 前线与顾客接触的员工

前线员工在培训中应学会有关帮助顾客、为顾客做出安排、把顾客需要放在第一位的看法、战略和技巧。前线员工最常犯的错误就是对顾客的"打扰"（事实上，接待顾客的"打扰"正是前线员工的工作）感到厌烦，而当这种感觉反映到态度和行为中时就会把顾客吓跑。

4. 公司里的其他员工

培训计划应使这些员工知道优质服务给公司、给他们自己的事业所带来的好处，并使他们意识到自己在服务提供过程中的重要性，同时帮助他们理解"内部顾客"的含义，最重要的在于使这些员工学会如何在工作中支持、帮助前线员工。

在这 4 个层面的培训中，经理和主管以及前线员工这两个层面较为重要，我们已对前线员工的培训做了探讨。服务组织中经理和主管的培训与其工作特点密切相关，员工对顾客提供服务的过程不仅受管理人员如何对待员工的影响，而且也受到管理人员如何对待顾客的影响。管理人员都应该理解自己的行为对下属具有怎样的影响力，同时也应了解在建立以服务为导向的企业文化中自己应扮演的角色和应有的行为。管理人员在平时的工作中要具有表率作用意识，他们应以顾客为中心，在做决定时考虑的因素中，管理人员还应学会如何培训和发展自己手下的员工同样关心顾客。

案 例

联邦快递：员工不是"成本"而是"资产"

美国联邦快递的信条是：有了忠诚的员工，才能有忠诚的客户，才有在市场上的生存空间；失去员工的忠诚，企业灭亡只是时间问题。所以联邦快递坚持以人为本：尊重每一个员工。

一、对待员工要有一种平等的理念

"以人为本"首要之处就是要有一种平等的理念，尊重每一个员工。其实大家都是平等的，只是工作的性质不一样而已，工作性质不一样可能权利不一样，不代表谁就比谁特别能干、特别强。在中国，大老板到一个地方都会把包交给别人来背，这很常见，可是他们不这么做，因为大家都是平等的，这是小事，但产生的效果很不一样；一般大型活动都是大老板讲很多，但联邦快递不同，特别强调员工的讲话，如公司在美国上市时出席的不仅有总裁还有递送员。

当然平等不只是口头说说，还要在制度上有所保证，如联邦快递公司设有"员工公平对待条例"，员工受到处分如觉得不合理，可以在7天以内投诉到他上司的上司，他上司的上司要在7天内开一个"法庭"来判定员工对还是经理对，如果员工还是不满意，还可以继续往上告，确保员工得到公平的对待。陈嘉良先生告诉记者，很多原先管理阶层的决定都是通过这个"法庭"推翻的，在公司里没有人可以一手遮天。

陈嘉良先生说："公司是很公平的，不会有什么歧视，只要你有能力，就可以做到很高的位置，就像我是一个中国人，在香港出生，现在可以坐在这个位置，公司还有一个印度人是加拿大公司总裁，这些都是我们能做得开心、发展好的理由。"

二、注重每位员工自身的发展

公司很注重对员工的培养，每一个岗位都有一个培训计划；对于新人，公司不仅对他们进行专业的培训，还会对他们进行管理的培训、怎样做人的培训，如怎样跟人家沟通，让员工清楚公司的文化、自己未来的发展以及如何在公司里做得成功。

陈嘉良副总裁以自己为例，联邦快递是他第一份工作，1985年进公司做销售，两年后提拔为操作部经理，3年后调回销售部做销售经理、销售部总经理，1996年、1998年先后到台湾、北京做总经理，1999年提拔为大中华区副总裁，他告诉记者，公司给了他一个很清楚的发展方向，给他很多机会，还全费资助他念完MBA。

公司提供给员工发展的机会，很多高职位都是首先从内部找人，陈嘉良副总裁说，如自己就从一个销售员做到现在这个位置，他的老板亚太区总裁以前做分检包裹的工作，他老板的老板以前是一个递送员。据了解，目前在中国开展的经理培训计划，也是先从第一线员工中去找人，并对他们进行 18 个月的培训，再送到美国、新加坡等地学习，同时让他们到不同的岗位工作以便对公司有一个全面的了解，这些对他们未来被提拔成经理有很大的帮助。

公司每一个员工每年都有 2 500 美元作为学习津贴，有了 2 500 美元，大家就有机会去学习、去改善自己，如果公司有高的位置，员工就有更多可争取的机会，陈嘉良先生告诉记者，这些都是公司成功的主要原因，当然公司还设有奖项如见义勇为奖、公益互动奖等，鼓励员工贡献社会，这也体现了以人为本的文化内涵。

三、从制度到心灵的全方位沟通

沟通，人与人的交流与互动。陈嘉良说，他们花很多精力跟员工沟通，以自己为例，他 75% 的时间花在路上，为什么跑来跑去，就是要跟员工多碰面、多对话、多了解，了解经理们的一些困难，把一些理念跟他们讲，到员工工作的地方去跟他们谈话。他说，现在几乎每个月都在跟不同地方的经理、员工交流，此外每半年他会跟所有的经理召开一次电话会议，每年所有的经理也会被召集在一起开一个会，这样确保沟通得很顺畅。

沟通不只是从上到下，而且也是从下到上的。为了确保员工与公司之间沟通得很好，公司还设有一项管理方法"survey fedback action"即"调研反馈行动"，陈嘉良先生谈到，每年都会进行一次员工对公司、对经理的调研，员工通过问卷去评估他的经理，为他的经理打分数，有了分数后，再要求经理跟员工坐下来谈，到底问题在哪里，发现问题后，要有具体的行动去改善环境，他说，经理未来能不能够提拔，这个分数很关键。

四、联邦快递奖励措施：

联邦快递的奖项设计包括以下类型。

祖鲁奖：奖励超额完成任务的卓越表现；

开拓奖：给每日与客户接触、为公司带来新客户的员工以额外的奖金；

最佳业绩奖：对员工的贡献超出公司目标的团队的一笔奖金；

金鹰奖：奖给客户和公司管理层提名表彰的员工；

明星奖：这是公司的最佳工作表现奖，奖金额相当于受奖人工资的 2% ~3%。

五、联邦快递用人之道："内部提升"和"P-S-P理念"。

员工重要性可以从联邦快递 P-S-P 经营理念中体现出来。所谓 P-S-P 即"员工（people）、服务（service）、利润（profit）。从一个简单的角度来看 P-S-P 经营理念，就是：我们关心我们的员工，为员工创造良好的工作环境，在工作中给予员工最大的支持与帮助，激发他们工作的积极性，让他们在工作中取得成绩；这样员工就能为客户提供高品质的服务，而满意度高的客户就能带给我们更多的业务，从而给公司带来效益。这份效益又惠及员工，形成一个良性的循环。

资料来源：根据惠良论文《把地球变小——美国联邦快递》改编.

讨论题：

1. 为什么服务员工对任何服务组织的成功都是关键因素？

2. 联邦快递的用人之道有什么特色？联邦快递平等对待员工的理念是什么？其内部营销对公司发展起到什么样的作用？能给其他服务企业带来哪些启示？

3. 联邦快递还可以从哪些方面实施员工的奖励措施？

小　结

在服务产品提供的过程中，服务人员和顾客是服务促销组合中"人"的要素的两个方面。服务业的营销实际上由3个部分组成，即公司对顾客的外部营销、公司对员工的内部营销和员工与顾客之间的互动营销。服务人员在服务营销中处于重要地位，这一重要性可由服务利润链来说明。服务业经营者必须关心服务人员的服务质量和表现，认真挑选和培训服务人员，搞好内部营销。

内部营销是服务业经营的一项重要管理战略，其核心是发展对员工的顾客意识、鼓励高效的市场营销行为。内部营销包括态度管理和沟通管理两个方面。

服务是通过服务人员与顾客的交往完成的，服务人员的行为对企业的服务质量起着决定性作用。因此，管理人员应该充分认识服务人员的作用、了解顾客/员工之间的关系反映、关心员工、培养对员工的正确态度和管理方法。为了使员工能够更加积极主动、富于创造性地为顾客提供优质服务，服务业经营者更应注重员工的培训。人员招聘工作质量的好坏对培训工作的效果有着直接影响。

习　题

1. 解释下列概念：

外部营销　互动营销　内部营销

2. 服务业营销由哪几个部分组成？

3. 服务人员与服务利润链的形成有什么关系？

4. 何谓内部营销？内部营销管理包括几方面的内容？

5. 如何开展对服务人员的内部管理？

6. 服务企业为什么要加强对服务人员的培训？

7. 怎样对服务人员进行培训？

第十三章

服务过程

服务过程是指一个产品或服务交付给顾客的程序、任务、日程、结构、活动和日常工作。服务产生和交付给顾客的过程是服务营销组合中一个主要因素，因为顾客通常把服务交付系统感知成服务本身的一个部分。服务业公司的顾客所获得的利益或满足，不仅来自服务本身，同时也来自服务的递送过程。因此，服务体系运行管理的决策对服务营销的成功十分重要。

本章知识结构图

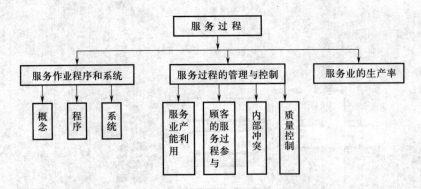

第一节 服务作业程序和系统

一、服务作业管理的含义

在制造领域，作业管理被称为生产管理，其着重强调的是制造。现在，越来越多的银行、航空公司、旅馆、货运业者、准零售业者、休闲中心、保险公司和许多其他类型的服务业公司都认识到，作业管理已成为成本控制、制度改善和顾客服务水平方面的重要投入因素。所谓"作业"是指运用某种手段将资源投入，经由合并、重塑、转化或分割等方式，从而导引出有用的产出（产品与服务）。作业管理的目的在于探讨和协调各种系统设计、作业规划、执行与控制之间的关系。

二、服务作业的程序

作业管理包括规划、组织及控制这些资源的转化过程，其过程可用图 13-1 表现。

转化过程的目的是为了取得系统的投入以及在进行转化过程中所发生的一切成本上或成本外的加入效用或价值。为了管理转化过程，有必要了解传统的作业管理领域。

1. 过程规划与控制

作业选择和规格化的目的，在于使服务产出在质量、数量，递送方式和成本方面能适合顾客的要求。

2. 作业规划

每项作业的详细规格化，其目的在于使服务能符合所要求的质量、价格和成本。

3. 装备设计

对于陈设布局、材料处理和维护来说，有关的设计、所在地点、布局、各种材料有关的处置以及任何有关设备

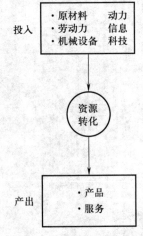

图 13-1 作业管理过程

的维护保养，旨在通过作业系统，使各种材料和人员的流动更加顺畅。

4. 日程

作业推进的详细时间规划，在于能使服务在约定递送的期间内完成，同时符合资源利用和经济效用原则。

5. 库存规划与控制

库存（包括人员和生产能力）的规划和控制，是为达到服务所期望和约定的水平。

6. 质量控制

质量控制对于服务系统的有关重点，采取适当的检查和控制技术及其程序做法，以确保达成预定的质量水平。

7. 作业控制

各种服务系统的信息流出与流入务必畅通，以确保各项作业的进行，可以按照约定日程的特定时间去执行；同时，配合监测服务系统内的工作，依照必要的程序完成工作。

8. 预测及长期规划

预测服务业公司的未来需求量，并预测必须纳入服务系统的各种产能。

当然，并非所有的服务业公司都必须做到以上项目。不过，有些服务机构则有必要兼顾到其他事项，如采购、自制或外购等决策。以上的各项工作任务，应仅被视为作业管理者职责范围内的要点。因为作业管理和其他很多的功能层面（如人事和营销）的关联都非常密切，因而很难界定作业管理者在所有情况下的确切职责范围。不过，以上每一项目领域都需要有一系列的技术来协助增进服务业的能量，如网络建立、预测和模拟。

三、服务作业系统

服务作业系统可以从很多研究角度来予以分类。其中，从过程形态和接触度来分是两种主要的划分方式。

（一）从过程形态来认识

服务业按其过程形态可以分为 3 大类：

1. 线性作业（line operations）

所谓线性作业是指各项作业或活动按一定顺序进行，服务是依循这个顺序而产出的。制造业中家电产品的装配线是这种作业过程的标准形态，而在服务业，自助式餐厅是这种作业顺序的标准形态。在自助式餐厅，顾客依顺序做阶段式地移动；当然，顾客维持不动并接受一系列服务也并非不可。线性作业的各种不同构成要素之间的相互关系，往往使整体作业会受到连接不足的限制，甚至因此造成停顿现象，比如自助餐店的结账员动作迟缓；但这也是一种具有弹性的过程，过程中的工作项目，可经由专门化、例行化而加快绩效速率。线性作业过程最适合用于较标准化性质的服务业，并且有大量的持续性需求。

2. 订单生产

订单生产过程是使用活动的不同组合及顺序而制造出各式各样的服务。这类服务可以特别设计定制，以适合个别不同顾客的需要，并提供事先预定的服务。餐馆及专业服务业即属于订单生产过程。虽然这种形态的优势关键在于有弹性，但仍然存在有时间不易安排以及用资本密集不易取代劳动密集的困难，同时也不易估算系统产能。

3. 间歇性作业（intermittent operations）

间歇性作业是指各服务项目独立计算，做一件算一件，或属于非经常性重复的服务。比如，各种新服务设施的建造、一个广告宣传活动的设计、一个大型电脑系统装置或制作一部大型影片等，都可说是间歇性作业。这类项目的工作浩繁，对管理阶层而言，作业管理是复杂而艰巨的，这类项目最有助于项目管理技术的转移及关键途径分析（critical path analysis）方法的应用。这类项目的规模及其间断性与前两种方式大不相同。

（二）从接触度的角度来认识

在服务递送上，与顾客接触度高的服务业作业管理与接触度低的服务业作业管理差别很大。对作业管理者而言，顾客接触度的高低往往影响到他们的各个不同层面的决策。按照服务制造过程中和顾客接触的程度来分类，与顾客接触度高低不同的服务业，在作业上差异较大，从而对管理者的含义也各不相同。

（1）高接触度服务业比较难以控制，因为顾客往往成为服务过程中的一种投入，甚至会扰乱过程。

（2）在高接触度服务业中，顾客也会妨碍到需求时效；同时，其服务系统在应付各种需求上，较难均衡其产能。

（3）高接触度服务业的工作人员，对顾客的服务印象有极大影响。

（4）高接触度服务业中的生产日程较不容易编制。

（5）高接触度服务业比较难以合理化，比如用技术取代人力。

（6）将服务系统中的高接触度构成要素和低接触度构成要素予以分开管理将较为有利；同时，可因此而激励员工在各种不同功能中尽量专门化，因为各种功能需要的技能并不相同。

无论是依据过程方式还是接触高低来分类，都可显示服务过程中的作业顺序，并予以明确化，也可以将服务系统依其接触度加以分门别类。服务管理者了解其服务递送过程的一个重要步骤，就是制作服务系统的流程图表，并将服务过程中与顾客的互动顺序予以流程化。

将服务过程予以流程图表化的优点如下：

（1）提供服务系统的视觉特征，表明其中有哪些活动的产生以及各个活动相互之间的关系如何。

（2）发现服务过程中可能的瓶颈，并可估算每一阶段所需的产能。

（3）确认顾客会参与到过程中去的步骤。

（4）确认某一过程阶段需要的各种信息是什么。

服务业管理者为其服务公司拟定政策时，经过以上的分析之后，需要进一步考虑的关键性问题大致有以下几个：

- 服务过程中应包括有哪些必要的步骤？
- 这些步骤是否可以取消或者合并？
- 每一步骤的产能是否均衡？

- 顾客在那些地方会介入服务？
- 不必要的顾客接触是否可以减少甚至取消？
- 科技是否可以用来加速过程的进行？
- 是否有些过程中的步骤可以转移到其他部分去？

第二节 服务过程的管理与控制

服务业的服务系统和服务过程与制造业的系统十分相似。因此，作业管理的原则和技术在两产业部门几乎都适合。但是，就像营销管理一样，作业管理在非制造业方面的运用并不比在制造业的运用更容易。在分析作业管理的问题之前，必须先了解服务系统产出的各个方面。这是因为，某些特定的服务业差异的存在，会影响到作业管理的问题类型与解决方式。

一、服务业目标和产能的利用

对于某些服务业，是不能使用传统的利润和投资报酬率方式加以衡量的（如交通运输等公共服务业），而必须采用其他方式，尤其是在非营利性服务业及社会性服务业部门，必须建立与其性质相适应的服务业目标。

服务的非实体性，意味着建立库存具有很多限制。当然，从某种程度来说，服务人员及其技能是可以储存的，设备也可以储存（必要时可提供额外的产能）。但一般而言，在服务业，今天没有用完的或闲置的东西往往就必须废弃，而不能留给以后的超负荷需求来使用。因此，服务作业管理中要进行的最基本决策是：想要提供的产能水平是多少？过多产能可能会造成作业的不经济，过少产能则在服务递送时造成瓶颈以及效率不足而导致顾客反感。

服务作业管理上的一项经常性难题是如何实现服务供需的均衡。表 13-1 显示了实现供需均衡的办法。

表 13-1 服务业的供需均衡

供 应	需 求
1. 尽可能保有库存（如预备产能和人员等）	1. 让顾客在有利的环境中等候服务
2. 依照需求配置人员（如轮班工作或雇用兼职人员）	2. 顾客排程（如设立预约制度）
3. 转包给其他服务公司	3. 提供替代性产品或服务（如使用自动柜员机）
4. 建立高峰时段的效率性例行服务（如只做基本工作事项）	4. 使需求多元化（如进入专户季节性市场）
5. 增加生产过程中顾客的参与（如自助式）	5. 在高峰需求时段尽量疏散顾客（如使用差别性定价制度）
6. 与其他服务业公司共同服务或共用设施	6. 利用营销宣传转移需求（如广告宣传活动）
7. 改良服务系统（如尽可能采用设备取代人力）	7. 改变顾客对服务的预期（如透过服务的使用）

二、顾客的服务过程参与

顾客往往可以由与服务人员关系的质量来判断服务质量，并从中获得满足。显然，服务人员的自我态度、训练的质量与其对服务的知识水平，对于顾客的需求满足与否影响甚大。但是，服务人员毕竟只是服务系统的构成要素之一，他们虽然可以尽其所能协助顾客，但却无法完全补偿整体性服务系统的不完善和低效率。

就作业管理而言，服务人员和服务系统之间存在相互交替作用。如果将服务人员的自由决策权去除的话，可能会使服务系统的运作更经济，并形成较为统一的一致性质量。但是，这样却会牺牲服务人员的工作满足感。因为工作一旦例行化、制度化，将降低服务人员发挥其能力，并减弱他们的工作动机，而且可能妨碍到他们最终向顾客提供的服务质量。

在高接触度服务业，顾客也参与服务递送过程，因此服务系统的设计也必须考虑到顾客的反应和动机。顾客对服务业公司的要求，会影响到服务表现者的行为。要调整对服务系统的管理，可能要先调整顾客的行为，或者将顾客行为从服务系统中完全除去。传统的经济理论确定了提高生产率的 3 种方式：

（1）改善人力质量。

（2）投资于更有效率的资本设备。

（3）将原来由人力操作的工作予以自动化。

但是，提高服务业的生产率，还应该再加上第四种提高生产率的方式，即改变消费者与服务生产者的互动方式。在改变服务系统时，必须采用营销的观点。这是因为，只要作业管理在传统接受的服务产业部门引起各种变迁，会直接影响到顾客，但顾客是否接受这些变迁则不可知。此外，顾客的抗拒心理往往也是采取合理方法进行改善的一大阻碍。将服务系统，尤其是高接触度服务业区分为技术核心（technical core）与个人化接触（personal contact service）两个部分，或许可以缓和上述的顾客抗拒问题。使用这种方式，大量的生产率可以在技术核心内实现（如电脑化银行交易）。但是，顾客仍然和技术核心的作业有若干程度接触，因此对顾客反应保持高度敏感仍然很必要。

对顾客服务包括 7 个步骤，这可以促成作业管理变迁的实施成功：

第一步，取得顾客信任。顾客接受变迁的意愿，是服务业公司被顾客认为值不值得信赖的一种函数。

第二步，了解顾客习性。这一点有助于对任何变迁的合理性做更成功的展现。

第三步，测试新的服务程序和设备。通过实地试用获取对顾客了解与其反应的评估。

第四步，了解消费者行为的决定因素。了解消费者为何会采取某种行为。

第五步，教导消费者如何运用服务的各种创新。顾客可能会对变迁有所抗拒，尤其是对服务的器械化，因此需要对他们进行训练和辅导。

第六步，利益促进及试用激励。接受度通常是顾客对各种利益观念的一种函数，如果接受度不明显，则设法促进很重要。

第七步，监测并评估成效。持续不断地进行监测、评估和修正。

以上建议是针对获取顾客的接受度而提出的。不过，这些建议同样也可以对服务员工对变迁的接受度发挥作用。

三、服务系统的组织内冲突

服务业的有些经营包括有许多小单位（即多地点作业形态）的管理。这些小单位往往分散于不同的地理位置。中央作业可能仅限于策略性决定事项，如选择新服务处所、规划未来服务产业、建立人事与训练政策以及控制采购与财务控制。但分支单位经理必须管理该处所的整个服务系统，他们的职责包括营销、作业和人事，就是使该处所的作业更具有整体管理（general managerial）的角色，而在该处所具有高度独立性的作业系统中，各项功能之间的影响与相互依存性往往造成冲突问题。例如，某一作业处所管理者想要均衡作业和营销上的需求，或者想要均衡作业上和人事上的需求时，每当一种创新服务被引进时，营销上和作业上总会出现功能间冲突（inter functional conflict）。

（一）造成这种功能间冲突的原因

1. 变迁的各种动机不同

在不同的功能部门，对于系统变迁各有不同的动机（如作业方面，可能根植于技术上的开发进展，而营销方面，则可能根植于提高市场占有率的可能性）。

2. 成本收益取向

作业经理人往往关心提高效率和降低成本，营销经理则追求营业额与收入增加的机会。

3. 不同的时间取向

营销人员往往采取短期导向，关注短期性的情况，而作业人员则着眼于新技术及新作业程序引进的长期导向。

4. 对既有作业中加入新服务适度的认同

自营销观点引进的新服务产品并不一定是相容的，而且不一定与既有的作业系统相适合。

（二）如何克服功能间的冲突

1. 功能间转移（inter function transfers）

用工作轮调方式让员工能在不同功能组织间保持流动。

2. 任务小组

可成立任务编组，以整合各种不同功能性观点，并解决功能间冲突。

3. 新任务新员工

为现有员工重新定向，并从其他单位甚至是企业外引进新人。

4. 在工作现场层次培养营销导向

在工作现场负责的经理人可经由以下方式激励其增强消费者导向：

- 分散营业收入责任，建立成本基准评估制；
- 对内营销，欲使各种服务产品的创新赢得合作、支持与接受，除了需要对外营销，也需要进行对内营销；

● 以程序手册来控制，如消费者导向的服务程序以及控制方式均可编制成程序手册，以供遵照使用。

组织内冲突通常源于服务作业的性质及其结构，比如说，许多多地点作业的服务业都采用直线与小组的组织方式。即每一作业地点都有一个经理人负责，每一经理人的激励，当然会由每一作业地点决定权的大小以及总公司的控制程度与影响力来决定。有些服务业需要给分店营运经理以较高程度的授权，以激励其自身高度的自发性和机动性。另外，有些从事较为标准化类型的服务业，则可能需要严格奉行总公司制定的程序和标准，并不需要分店经理人拥有太多的自主权。

四、质量控制

质量控制是服务过程管理和控制的又一个重点。许多适合于制造业的质量控制原则，也适用于服务业，这些原则包括下述三项：

（1）质量控制关系到服务作业中的每一个人，也包括看得见或看不见的各种任务。

（2）各种质量控制制度应能发掘质量失灵及奖励成功，并协助改善工作。

（3）以机器替代人力，尤其是取代那些例行性的服务工作，应有助于质量控制。

一家美国航空公司通过研究以下事项来执行服务过程质量标准：

● 每位顾客在取得飞机票时必须花费多少时间；

● 将行李从飞机上卸下来需要多少时间；

● 有电话进来未接听之前只应允许它响多久。

经常被人称许的麦当劳公司，对质量标准的注意事项有：

● 汉堡包在多少时间内要翻面多少次（经常翻面）；

● 未卖出的汉堡包只能保存多久（逾时即弃）；

● 未卖出的炸薯条只能保存多久（逾时即弃）；

● 收银员应当以目光接触每一位顾客并微笑。

以上这些不寻常的例子表明，在服务递送过程中建立质量控制标准应当是能够做到的。不过，在制定标准和执行上可能比制造业困难。另一方面，服务作业上许多可以改善生产率的原则，也都可以引用来改善质量。如器械的采用、时间与动作研究、标准化、分工专门化、装配线作业原则的利用、加强训练以及注重工作安排和注意工作组织等等原则和措施，均可用来改善质量，尤其以科技的利用最有成效。

五、服务业的系统观念

系统观念在作业管理上已被广泛地采用。但是，对某些服务业来说，要采用这种模式比较困难，因为在服务作业上的投入、转化和成品之间的分界并不很清楚。比如，许多服务业的交易性质可能不需要某些步骤或必须要重复某些步骤。这主要是由于服务系统的技术核心不容易像制造业那样可以完全封闭，服务在任务执行和流程上也不如制造业那么明确。但有些服务业往往可以通过细心挑选顾客、社会化以及将转化过程例行化等方式，从而实现不太开放式的服务制度。需要注意的是，服务过程的作业太封闭往往会导致顾客满意度的减低。但有些专门定制型服务业及个人化服务，若过度使用许多作业管理上现成定型化的工具和技术来作业，而不顾其对顾客之冲击程度，势必会有许多危险结果产生。

第三节　服务业的生产率

一、服务生产率的意义

（一）服务生产率的定义

服务生产率是指服务企业的一种生产过程的产出相对于投入总值的比率。传统的生产率观念包含两项重要假设：第一，产出与各种生产要素都有完整的定义，具有同质性并可以计量。据此标准，那么生产的每项要素贡献率以及因使用这些要素的改变而造成投入—产出比率的改变也都可以计算出来。第二，产出的效用毋庸置疑。同时假设，产出产品的消费不会发生满足以外的副作用；换言之，传统观念中的生产率是把生产过程和社会背景因素全然分开，将生产率看做是一种封闭体系的性质。

（二）影响服务业生产率衡量的因素

衡量服务业生产率的问题，可以说是传统计算方式的沿用。所谓的传统方式，基本上是为制造业而不是为服务业设计的。因此，有必要设计一些新的衡量方式，并应考虑会影响到生产率评估的某些重要的服务业特性及营销方式，比如：

- 服务是被表现而不是被产出的；
- 服务设备必须存在于被使用之前；
- 服务不能储存。

影响生产率衡量的因素还包括：

- 许多服务业是属于会受外来因素影响的开放系统而非封闭系统；
- 在传统式生产率衡量方式中，质量被视为是一种常数，但事实上，服务业部门在质量方面变化极大；
- 在许多服务业，其生产率往往有一部分依赖于消费者的知识、经验和动机；
- 消费者在服务生产过程中通常扮演一定角色，此项投入的质量也会影响到服务的生产率。

消费者在服务业生产率方面会扮演一定的角色，这主要是因为：

（1）物品是被产出的，而服务是被表现的，顾客可能需要参与并且在服务被表现时必须在场。

（2）营销在交易过程中的位置不同。

物品是从被产出、销售然后到被消费，而服务则是先被销售，然后被表现与被消费才会同时进行。物品营销的买主和卖主之间，只有一个层次的互动关系，而服务业的买主和卖主之间的互动关系则包括了两个层次，即营销和生产。

服务业生产率衡量应该从数量层次和质量层次两方面加以探讨。事实上，对许多服务业而言，服务产品（如餐厅、企业顾问等）的质量层次是探讨其生产率的基本。此外，我们可以将服务业的主要类型按照质量数量组合做出假设性的定位，图 13－2 的右侧显示传统式的生产率衡量方式是不太适合于服务业的。

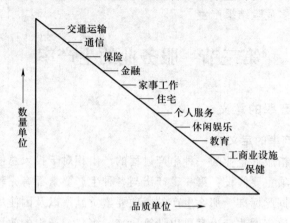

图 13－2　服务业的生产率：产出的衡量

服务业衡量生产率的最后一项困难是：某些服务业的需求和其他厂商或机构产出的需求具有相关性。比如，一家顾问公司或教育机构的生产率，受到被服务影响到的其他个人和机构对服务价值观的影响。

（三）服务业生产率偏低的原因

服务业与制造业的生产过程及提供的产品等具有明显的差异，但是服务业工资增长率与产品部门一样快，因而工资问题尤为严重。服务公司一直面临成本不断攀升，而又不能以增加产出来抵消劳动力成本升高的压力。因此，服务业生产率偏低现象可能会形成整体物价水平的通货膨胀压力。

服务业生产率比制造业低的原因大致有以下三点：

1. 服务业大都为劳动力密集

一般来说，服务业为劳动力密集行业，要增加产出就需要更多的劳动力。而制造业一般是资本密集，欲增加产品的产出，所需要的是更多的资本。通常，在资本密集产业要降低每单位产出的成本，比在劳动力密集产业容易。

2. 服务业节约劳动力的方式较少，具体表现为如下几个方面

（1）服务业的技术变迁较为缓慢，也比制造业的资本投资少。

（2）获得经济规模的机会较少，尤其是小型的服务业。

（3）劳动力专门化的机会也较少。

（4）有些服务业是完全依赖人的，如顾问咨询服务业。

3. 许多服务业规模较小

许多服务业公司都很小，雇用人员也少，因此无法使用器械设备、加强职位专门化或得到分工的利益。此外，有些服务业，如技艺、保健和政府服务机构，对于良好的管理似乎并不注重。

二、提高服务生产率

提高生产率对于各种服务营销公司都是一项重要的工作。利润是服务业公司经营的目标，服务企业必须改善生产率以维持市场地位，避免因价格过高而失去市场；公共行政机关也有必要改善生产率，以确保赤字增高不至于导致服务水准下降。

服务生产率的提高是否有限度？目前有两种不同的意见。

有一种看法认为，服务生产率总会落后于制造业，服务业生产率的缓慢提高可以说是一种成本疾病。制造业的工资水平往往在一定范围内，因为生产率与工资直接挂钩。但对于服务业，工资水平即使与生产率密切关联，其工资仍占总成本的绝大部分，一旦成本增高，价格必然也会跟着上升。在政府机构，尤其是地方政府，较高的成本往往造成服务质量的变坏或服务量的减少。例如，对于艺术业，生产率改进的有限性即意味着高成本经营和增加竞争劣势。事实上，这些问题不止限于地方政府或艺术事业，它可能发生在生产率难以改善的服务业上（如教育、老人照顾和公园维护等）。

另一种看法刚好相反，认为服务业的生产率有可能提高，他们提出了几种提高服务生产率的途径。

1. 提高服务员工的素质

利用更好的招聘、训练、发展和激励制度，对有关服务递送与表现的新旧员工，在知识、技能、态度和行为方面进行改进，特别要使之与顾客接触；处理有形服务要素的员工，应被训练成可以处理疑难和抱怨，拥有产品的有关知识，并会操作内部系统；采取兼顾产出与利益分享相关联的生产率保证方案，作为奖励提高生产率的方法。换言之，可以用激励方式使员工工作更努力。

2. 采用系统化与科技

在服务业方面多利用一些制造业的方式是必要的。一般而言，一提到服务业的改善问题就往往拘泥于从改善服务员工的技术和态度上去解决，而从不考虑其他改善的可能性，这可说是一种自我限制。因此，欲改善服务的质量效率，服务业公司必须采取科技化思维方式，采取此方式的许多其他行业，往往可以把高成本的精确度不够的手工技术，用低成本的、质量可预知的大规模制造来取代。

以麦当劳为例，每个汉堡包的包装纸以颜色来暗示汉堡包的作料，汉堡包放置于加热的容器中，可供应急切的需求。整个系统是工程式的，并依照严格的技术原则作业，不但能确保服务的迅速、清洁和可靠；同时，可以产生一种能让待遇不优厚的员工感到荣誉和尊严的环境气氛。麦当劳成功关键的最重要之处，不只是它开发了一种高度精密的技术，而且是它引用制造业的观念适用于人员密集的服务业。

所以，服务业公司要想在生产率增进方面有所收获，只要它们能采用更系统化和技术的方法，把任务视为一个整体来看，即寻找出关键性作业及其他可选的表现方法配合使用，去除非必要的做法，改善整个体系内的合作方式，变换陈设布局、改善设计，并考虑系统整体成本，就能体现系统化管理的特色，取得良好的服务效果。

服务业系统化管理的应用有 3 种方式：采用硬件技术、采用软件技术和采用混合式技术。

（1）硬件技术是指以器械和工具取代人力（如自动洗车、机场 X 光检验设备、自动停车场、自动销售设备、视听设备和电脑）。

（2）软件技术是指预先计划系统，它通常包括利用某些科技，但其基本的特点是系统本身是为获得最佳成效而设计的。

（3）混合式技术是指硬件技术和软件技术相结合，以使服务过程更合理、更快速及更有效率（如限额服务、快速汽车轮胎修理设备及刹车器修理）。

这种应用方式对于服务业的生产率将有很大影响。尤其是分工制度和服务业工业化的结合，可以为许多旧有的问题提出新的解决办法。

要使服务生产标准化不太容易，因为在有些情况下，顾客需要个人化照顾，因而有时工作的性质是属于高度个性化的，如专业服务业。

另外，硬件技术应用于服务业，在程度上也有一定限制。限制科技方法在服务业的运用有许多原因：第一，许多服务业都是由小型劳动力密集的公司所提供。第二，小型的服务业公司根本没有足够的资源去考虑，更不用说去实际采用资本密集式的服务表现及服务递送方式。第三，在某些情况下，以资本取代人力并不见得更划算，要视所涉及各种生产要素的关联成本而定。第四，即使是服务人员与顾客接触较少的行业，也必须凭借某种接触度才能使顾客对服务产品有所认知。对高接触度服务，服务人员与顾客间的互动性是顾客对服务产品产生认知的主导性因素。有些服务业由于其所涉及各种问题的性质不同，并不能完全借助科技技术予以解决。第五，虽说科技对服务业生产率的改善做出了很大贡献，但也带来了相关的人性问题。第六，技术解决手段必须考虑采用时的大环境，如社会、组织和程序等条件的配合。

3. 减低服务层次

服务生产率的改进，也可通过减少服务数量或者减低服务质量来实现，但这种方式具有一定的危险性，尤其是对于过去曾经承诺递送较高层次服务的公司。此外，竞争者也往往以其服务数量和质量的扩充与升级来差异化其服务产品。

4. 用产品替代服务

生产率也可以通过以产品替代服务的方式而获得改善。

5. 引入新服务

设计一套更有效率的服务来消除或减少对效率较低服务的需求。例如，目前的横跨大西洋旅行几乎已由航空飞行取代航海；信用卡也取代了以前的银行透支的方式。

6. 顾客互动性

改变顾客与服务提供者之间的互动性，也可以改进服务业生产率，尤其是高接触度服务业。在生产过程中，需要顾客的分量越多越要了解顾客行为及其背后的种种原因。因此，必须发掘更多的方法，以便能更好地掌握顾客。由于消费者主动或被动地参与服务递送过程，因此可以利用服务递送产生的利益来教导及说服其转变行为，争取并保持消费者在生产过程中的合作与配合，从而激励其购买服务的种种利益。

7. 减少供需间的错位

许多服务业公司的一大问题是其供需之间往往存在错位现象。服务业营销上的目标是：更有效地控制供给与需求，使两者之间趋于均衡。服务营销者面临着以下的问题：增高需求（如用尽备用产能）、减低需求（如存在超额需求情况）、取得更均衡的服务供给（即符合波动需求形态）。

科特勒曾经使用低营销（de marketing）一词来说明一种消极策略，即一家公司主动采取暂时或永久减少顾客的行动。另外，他又使用同步营销（syncro marketing）来说明这个问题，同步营销指服务业公司主动使供给和需求更均衡的一种策略。

服务营销者在其致力于需求管理、供应管理两方面可以运用的策略有以下几种：

（1）需求管理可以采用的对策有如下几点：

1）差异化定价。在需求低缓时提高需求，在需求高峰期压低需求的办法，可以利用差异化定价（如因时期、季节或设备不同而使用不同的价位），制定高价来减低需求、低价来刺激需求。

2）预订与预约制度。通过预订与预约制度，可以使某些服务情况的工作流程得以控制。医生、航空公司、专业服务、旅馆大饭店和美发院等服务业普遍使用此种制度。

3）设施管理。服务业公司可以通过提供可选性服务产品项目，以更有效控制需求。网球俱乐部可提供一系列的服务（如教练、儿童比赛和其他社会活动），让设施场地能获得更充分的利用。

如果希望影响顾客需求之后还能获有成效，让顾客了解采取此对策的原因是必要的，并给予顾客独自调整需求形态的自由。

（2）供应管理，对供给的变动即需求高时提供更多，需求低时减少供应，可采用的对策如下：

1）加大利用消费者。鼓励消费者在交易过程中担当更重要的角色。让顾客在银行填写单据、自助式餐厅、自助式加油站，这都是消费者在服务递送过程担当作业性角色的例子。

2）雇用计时工。高峰需求通常意味并需要立即增添更多的人手。雇用计时工及任务分担制度，可协助配合弹性供应形态。在零售、伙食包办、教育、电话接听和旅馆等服务业，雇用计时工是很普遍的方式。

3）让现有员工发挥更高效用。训练服务人员以承担多元化的工作，这样在某一部门的服务需求遇高峰时才能足以应付。这不但需要工作安排上的弹性，而且有赖于对各种不同供应角色的灵活管理。

4）共用设备。服务业公司不妨共用设备，使价格昂贵的机器或者训练有素、技术精良的员工能发挥最大的效用。

5）服务递送方式的简化。供给的波动现象可由下列各种方法作为补救：在供应高峰时间，仅执行基本性服务工作；做好事先预备工作以应付高峰需求量；彻底检查现有服务工作程序和处理过程方式，将不必要部分剔除，将繁复的予以简化，并以例行化和专门化使服务表现加速；利用科技取代人力使整个体系更具生产性。

只为有婚礼梦想的你

当你创立一个品牌，发展一门生意时，你就设想过要将其做成百年基业吗？更进一步，即使你树立了做百年企业的宏愿，你又如何保证企业能应对客户需求的升级、市场的变幻、竞争对手的压力、经济危机，甚至是世界大战呢？就如同商业畅销书作家吉姆柯林斯在《基业长青》中总结的："高瞻远瞩的公司就像是长空中的雄鹰，而非灌木丛中的燕雀。或者说，他们是了不起的资本赌徒，正是这种胆大包天甚至是非理性的欲求，激励着高瞻远瞩公司从草创到逐渐步入辉煌。"

美薇亭婚礼服务顾问公司（下文简称美薇亭）秉持为客户提供"affordable luxury"的婚礼服务的理念。美薇亭用远超出行业标准的原则来约束、要求自己，"推动行业发展"是企业动力的来源，美薇亭立志于成为行业中的创新者和领航者。

一、美薇亭的婚礼服务顾问主要工作

婚礼服务顾问，即国外的 wedding planner 或 wedding coordinator。顾名思义，是婚礼的计划者和协调者。可以把婚礼顾问理解为婚礼服务的项目经理。美薇亭的婚礼服务顾问的主要工作包含三个方面：

1. 定方向

即通过与新人沟通，了解新人的爱情故事，了解双方家庭对婚礼的要求，激发新人的想法等，逐步整理出婚礼的方向和主题；

2. 搭班子

根据新人的需求，推荐符合要求的场地、婚纱礼服、婚纱摄影、主持人、摄影师、摄像师、化妆师以及宴会设计师。

3. 带队伍

在新人确定了相关服务人员后。婚礼顾问需要不断和新人及婚礼团队沟通。比如安排化妆师试妆，一起见主持人讨论流程，见摄影师、摄像师，讨论在影音方面的拍摄需求，婚礼前的彩排，等等。保证整个婚礼团队可以按照新人的要求、顺利把婚礼需求落实。

二、美薇亭操作的福州及莆田婚礼

两个月时间，两个地点，300 万预算。服务项目包括：

（一）婚礼专业服务人员

包括：策划师、督导师、新人陪同、主持人、DJ、摄影、摄像、跟妆、表演人员、礼仪人员。

（二）婚礼现场布置

1. 莆田中式婚礼

（1）希望小学门前通道装饰。

（2）希望小学操场篷房搭建、篷房内部仪式宴会区域舞美搭建、灯光投影设备搭建、花艺装饰。

（3）新人老家院子及通道布置及新房装饰。

2. 福州西式婚礼

（1）酒店迎宾区影展装饰（莆田婚礼照片展示）、迎宾区签到台装饰。

（2）仪式宴会区舞美搭建、灯光、LED 视频设备、花艺装饰。

（3）新人别墅装饰、新房装饰。

（4）提供儿童游艺区域及设备。

（5）仪式开始前调酒表演。

（三）工作流程为

1. 初次见面

（1）婚礼前两个月，新人预约来到美薇亭咨询婚礼事宜。

（2）婚期定于两个月后，在莆田的中式婚礼及 1 周后在福州的西式婚礼。

2. 二次见面

（1）经协商，新人及新人方集团负责人一起再次与美薇亭沟通，确定合作关系，婚礼开始筹备，沟通新人婚礼需求。

（2）婚礼涉及的两个场地莆田希望小学操场和福州 Westin 酒店。两个场地的来宾人数都在 1 000 人以上。莆田婚礼需要安排来宾在特殊的场地签到入场等，福州婚礼需要开办影展及婚礼前单身 party。

3. 看场地

（1）美薇亭婚礼顾问及宴会设计团队前往福建看场地。

（2）希望小学场地条件恶劣，无电、无餐饮设施、洗手间卫生条件不达标。通往小学的唯一道路无法通车，室外用餐温度低等都为婚礼筹备增加了难度。

4. 召开筹备会

回京后立即组织紧急筹备小组，召开会议讨论设计方案、婚礼基调、主题、设计元素、当地风俗解析、交通、垃圾运输、篷房、卫生、针对天气变化的解决方案、过年期间的人工食宿问题等。

5. 提案

（1）两周后新人及集团负责人在北京与美薇亭工作人员见面讨论。

（2）中式婚礼流程方案及现场布置方案。

（3）方案还涉及交通疏通、安保措施、移动公共洗手间、餐饮系统的安排、短期操作上的可实施性等复杂项目，及婚礼中西式 LOGO、请柬制作、回礼、桌号、签到本、喜糖盒、席位卡等订制物品的讨论。

6. 修改提案，方案敲定

（1）项目小组针对提案讨论结果迅速制定出相应修改方案。

（2）婚礼前 1 个月，在福州与新人方最终确定所有相关细节。

7．进入筹备阶段

（1）再次到达现场审核方案的科学实施。

（2）与当地餐饮部门讨论餐饮服务细节。

（3）与篷房、灯光、音响、搭建及花艺师开会协调前后入场顺序及施工方案。

（4）新人与主持人、摄影师、摄像师、化妆师见面沟通。

（5）确定节目单及表演顺序。

（6）确定音乐方案及视频制作。

（7）确定所有订制物品在原定制作周期内交付新人。

8．婚礼后续工作

（1）婚礼结束后的垃圾处理。

（2）撤场安排。

（3）还原场地。

（4）新人相关影像资料的交付。

资料来源：根据美薇亭婚礼服务顾问公司网站资料编写.

讨论题：

1．婚庆服务如何做到个性化？在服务的过程设计中要重点考虑哪些关键节点？

2．在此案例中，公司的服务流程是否存在问题？如何改进？

3．婚庆服务的服务流程安排弹性如何把握？

小　结

服务产生和交付给顾客的过程是服务营销组合中的一个主要因素。服务业公司的顾客所获得的利益或满足，不仅来自服务本身，同时也来自服务的递送过程。服务作业的程序主要有 8 个方面。服务作业可用多种方式来分类。服务业按其过程形态可分为线性作业、订单生产、间歇性作业等 3 大类。服务作业还可按其与顾客接触度的高低来分类。对服务过程的管理与控制，必须分析影响作业管理的有关问题和方式。这主要包括服务业目标的建立、产能的利用、服务过程的参与、服务系统的组织内冲突、质量控制和服务业的系统观念。提高服务生产率具有重要意义。服务生产率的提高受多种因素的影响。服务业生产率的改善可以采取多种方式。

习 题

1. 解释下列概念：

服务作业　线性作业　间歇性作业　服务生产率

2. 什么是服务作业管理？

3. 服务作业的程序主要有哪些项目？

4. 服务作业系统可分为哪几种类型？将服务过程流程图表化有什么优点？

5. 怎样对服务过程进行管理与控制？

6. 为什么在服务过程中容易造成服务系统的组织内冲突？如何克服这些冲突？

第十四章

服务有形展示

有形展示是服务市场营销组合策略的七大要素之一。产品营销首先强调创造抽象的联系，而服务营销则将注意力集中于通过多种有形的线索来强调和区分事实。而对于服务营销商来说，服务展示管理是第一位的。服务营销商通过对服务工具、设备、员工、信息资料、其他顾客和价目表等所有这些为顾客提供服务的有形物的服务线索的管理，增强顾客对服务的理解和认识，为顾客做出购买决策传递有关服务线索的信息。因此，了解服务有形展示的类型和作用、加强有形展示的管理、创造良好的服务环境具有重要战略意义。

3245

本章知识结构图

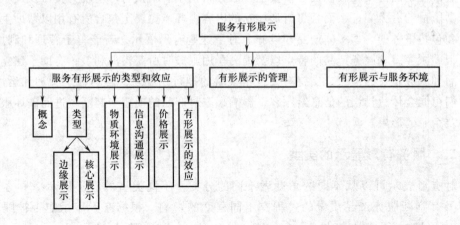

第一节　服务有形展示的类型和效应

一、服务有形展示的概念

　　服务有形展示管理这一概念已经不是新观念了。早在 1973 年，科特勒把"营销氛围"作为一种营销工具，建议"设计一种环境空间，以对顾客施加影响"。1977年，萧斯塔克引入了术语"服务展示管理"。对服务营销人员来说，服务展示管理就是对服务有形物以及能传递有关服务的适当信号的线索进行管理。

　　在传统的产品营销过程中，企业通常借助一些抽象的联想来推广自己的产品。如可口可乐公司塑造产品的形象，使之同"可靠"和"青春"联系在一起；而"七喜"给人的感觉则是明快与活泼。然而，服务产品却具有"不可感知性"的特征，它本身就是抽象的、不可触及的，当然无法再用另外一种无形的概念来赋予服务产品以某种特殊意义或形象。这就给企业有效地推广服务产品带来了难题。因此，如何使这种既看不见又摸不着的产品尽可能地实体化，能让顾客感知并获得一个初步印象，则是营销人员思考的一个问题。

　　根据环境心理学理论，顾客利用感官对有形物体的感知及由此所获得的印象，将直接影响到顾客对服务产品质量及服务企业形象的认识和评价。消费者在购买和享用服务之前，会根据那些可以感知到的有形物体所提供的信息而对服务产品做出判断。比如，一位初次光顾某家餐馆的顾客，在走进餐馆之前，餐馆的外表、门口的招牌等已经使他对之有了一个初步的印象。如果印象尚好的话，顾客会径直走进去，而这时餐馆内部的装修、桌面的干净程度以及服务员的礼仪形象等将直接决定顾客是否会真的在此用餐。对于服务企业来说，借助服务过程的各种有形要素必定有助于其有效地推销服务产品的目的的实现。因此，学者们提出了采用"有形展示"策略，以帮助服务企业开展营销活动。

　　所谓"有形展示"是指在服务市场营销管理的范畴内，一切可传达服务特色及优点的有形组成部分。在产品营销中，有形展示基本上就是产品本身，而在服务营销中，有形展示的范围就较广泛。事实上，服务营销学者不仅将环境视为支持及反映服务产品质量的有力实证，而且将有形展示的内容由环境扩展至包含所有用以帮助生产服务和包装服务的一切实体产品和设施。对于这些有形展示，若能善于管理和利用，则可帮助顾客感觉服务产品的特点以及提高享用服务时所获得的利益，有助于建立服务产品和服务企业的形象，支持有关营销策略的推行；反之，若不善于管理和运用，则它们可能会传达错误的信息给顾客，影响顾客对产品的期望和判断，进而破坏服务产品及企业的形象。

二、服务有形展示的类型

对有形展示可以从不同的角度做不同的分类。不同类型的有形展示对顾客的心理及其判断服务产品质量的过程有不同程度的影响。根据有形展示能否被顾客拥有，可将之分成边缘展示（peripheral evidence）和核心展示（essential evidence）两类。

边缘展示是指顾客在购买过程中能够实际拥有的展示。这类展示很少或根本没有什么价值，比如电影院的入场券，它只是一种使观众接受服务的凭证；在宾馆的客房里通常有很多包括旅游指南、住宿须知、服务指南以及笔、纸之类的边缘展示，这些代表服务的物的设计，都是以顾客心中的需要为出发点，它们无疑是企业核心服务强有力的补充。

核心展示与边缘展示不同，在购买和享用服务的过程中不能为顾客所拥有。但核心展示却比边缘展示更重要，因为在大多数情况下，只有这些核心展示符合顾客需求时，顾客才会做出购买决定。例如，宾馆的级别、银行的形象、出租汽车的牌子等，都是顾客在购买这些服务时首先要考虑的核心展示。因此，我们可以说，边缘展示与核心展示加上其他现成服务形象的要素（如提供服务的人），都会影响顾客对服务的看法与观点。当一位顾客判断某种服务的优劣时，尤其在使用或购买它之前，其主要的依据就是从环绕着服务的一些实际性线索、实际性的呈现所表达出的东西。

从有形展示的构成要素进行划分，主要表现为3种类型，即环境、信息沟通和价格（如图 14 - 1），如同图中相交的圆环表明的那样，这几种类型不是完全排他的。例如，价格是一种不同于物资设备和说服性信息交流的展示方式，然而我们必须通过多种媒介将价格信息从服务环境传进、传出。

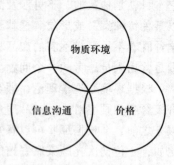

图 14 - 1 展示的类型

三、物质环境展示

物质环境有 3 大类型：周围因素、设计因素和社会因素，见表 14 - 1。

表 14 – 1　物质环境的组成

周围因素	不易引起顾客立即注意的背景条件	• 空气的质量 　• 气温 　• 湿度 　• 通风情况 • 噪音 • 气氛 • 整洁度
设计性因素	顾客最易察觉的刺激	• 美学因素 　• 建筑 　• 颜色 　• 尺度 　• 材料 　• 结构 　• 形状 　• 风格 　• 附件 • 功能因素 　• 陈设 　• 舒适 　• 标志
社会性因素	环境中的人	• 听众（其他顾客） 　• 数量 　• 外貌 　• 行为 • 服务职员 　• 数量 　• 外貌 　• 行为
内向的和外向的		

1. 周围因素

这类要素通常被顾客认为是构成服务产品内涵的必要组成部分，是指消费者可能不会立即意识到的环境因素，如气温、湿度、气味和声音等。它们的存在并不会使顾客感到格外地兴奋和惊喜。但是，如果失去这些要素或者这些要素达不到顾客的期望，就会削弱顾客对服务的信心。周围因素是不易引起人们重视的背景条件。但是，一旦这些因素不具备或令人不快，就会马上引起人们的注意。比如，气温和噪声。因为周围因素通常被人们认为是理所当然的，所以它们的影响只能是中性的或消极的。换句话说，顾客注意到了周围因素更可能引发躲避行为，而不是导致接近行为。例如，餐厅一般应具备清洁卫生的环境，达到此要求的餐厅当不会使顾客感到极为满足。然而，污浊的环境显然会令顾客大为反感，转而光顾另一家餐厅。

2. 设计因素

设计因素是刺激消费者视觉的环境因素，这类要素被用于改善服务产品的包装，使产品的功能更为明显和突出，以建立有形的、赏心悦目的产品形象。比如，服务场所的设计、企业形象标志等便属于此类因素。设计性因素是主动刺激，它比周围因素更易引起顾客的注意。因此，设计性因素有助于培养顾客积极的感觉，且鼓励其采取接近行为，有较大的竞争潜力。设计性因素又可分为两类：美学因素（如建筑风格，色彩）和功能因素（如陈设、舒适）。设计性因素既包括应用于外向服务的设备，又包括应用于内向服务的设备。

3. 社会因素

这类要素是指在服务场所内一切参与及影响服务产品生产的人，包括服务员工和其他在服务场所同时出现的各类人士。他们的言行举止皆可影响顾客对服务质量的期望与判断。

服务人员的外貌在服务展示管理中也特别重要，因为顾客一般情况下并不对服务和服务提供者进行区分。产品的展示是至关重要的，服务产品展示与有形产品展示唯一的不同是，既然服务产品很大程度上取决于人，人就必须被适当的包装。

例如，在对全体服务人员的外貌管理上，迪斯尼乐园是一个出色的例子。所有迎接顾客的公园职员（在迪斯尼他们被称作"舞台成员"）每天都穿着新的洁净的戏服，他们通过地下阶梯设备（可称之为"地下舞台"）进入自己的活动地点，他们从不离开自己表演的主题；对于服务员工，迪斯尼制定了严格的个人着装标准（一些人称之为"过时的严格"）。在迪斯尼乐园，职工的头发长度、首饰、化妆和其他个人修饰因素都有严格的规定，且被严格的执行。迪斯尼的大量着装整洁、精神奕奕、受过良好训练的"舞台成员"对于创造这个梦幻王国至关重要。正是如此，每天才有15万游客付高价来此游玩。

四、信息沟通展示

信息沟通是另一种服务展示形式，这些来自公司本身以及其他引人注意的沟通信息通过多种媒体传播、展示服务。从赞扬性的评论到广告，从顾客口头传播到公司标记，这些不同形式的信息沟通都传送了有关服务的线索，影响着公司的营销策略。

服务性公司总是通过强调现有的服务展示并创造新的展示来有效地进行信息沟通管理，从而使服务和信息更具有形性。图14-2总结了服务公司通过信息沟通进行服务展示管理所能使用的各种方法。

1. 服务有形化

让服务更加实实在在而不那么抽象的办法之一就是在信息交流过程中强调与服务相联系的有形物，从而把与服务相联系的有形物推至信息沟通策略的前沿。

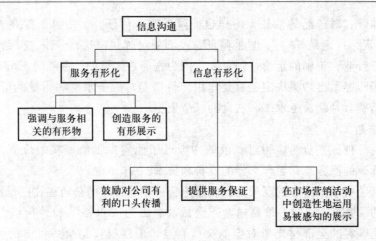

图 14 - 2　信息沟通与服务展示

麦当劳公司针对儿童的"快乐餐"计划的成功，正是运用了创造有形物这一技巧。麦当劳把汉堡包和法国炸制品放进一种被特别设计的盒子里，盒面有游戏、迷宫等图案，也有罗纳德·麦克唐纳德自己的画像。这样一来，麦当劳就把目标顾客的娱乐和饮食联系起来，令这些目标顾客高兴。麦当劳的例子证明了使用有形因素能使服务更容易被感觉，因而更真实。

2. 信息有形化

信息有形化的一种方法是鼓励对公司有利的口头传播。如果顾客经常选错服务提供者，那么他特别容易接受其他顾客提供的可靠的口头信息，并据此做出购买决定。因此，顾客在选择保健医生、律师、汽车机械师或者大学教授的选修课之前，总要先询问他人的看法。

信息有形化的方法之一是在广告中创造性地应用容易被感知的展示。在这方面，美国西南航空公司做得很出色。西南航空公司是美国盈利最多、定价最低的航空公司之一，1990 年，公司开辟了新航线——勃班克至奥克兰航线。它的广告大字标题是："西南飞至奥克兰，舱门退款 127 美元，"下面的具体内容我们摘抄一部分："西南航空公司勃班克—奥克兰航班对高档舱座的定价 186 美元高得离谱，如果您付给我们这么多，在舱门口，我们将归还您 127 美元现金。"它的主要对手，西部美国航空公司嘲笑西南航空公司这种没有掩饰的服务方法，"西部美国"的电视广告刻画了乘客登上美国西南航空公司的飞机时掩起面颊的形象。西南航空公司立即以商业性电视广告做出反应。广告中，公司总裁赫勃·克莱赫用一个袋子蒙住了头，克莱赫的易被感知的广告词是："如果您认为乘坐西南航空公司的飞机让您尴尬，我们给您这个袋子蒙住头，如果您并不觉得难堪，就用这个袋子装您省下来的钱。"当然，在这则商业广告中，袋子中装满了现金。

五、价格展示

价格是市场营销组合中唯一能产生收入的因素，而其他的因素都会引起成本增加。此外，价格之所以重要还有另一个原因：顾客把价格看做有关产品的一个线索。

价格能培养顾客对产品的信任，同样也能降低这种信任。价格可以提高人们的期望（它这样昂贵，一定是好货），也能降低这些期望（你付出这么多钱，得到了什么）。

在服务行业，正确的定价特别重要，因为服务是无形的，服务的不可见性使可见性因素对于顾客做出购买决定起重要作用。价格是对服务水平和质量的可见性展示。价格成为消费者判断服务水平和质量的一个依据。

1. 价格过低

营销人员把服务价格定得过低就暗中贬低了他们提供给顾客的价值。顾客会怀疑，这样低廉的服务意味着什么样的专长和技术？

市场营销中一个有趣的现象是：质量声誉一般或很差的公司往往把低价作为补偿这些缺陷的"拐杖"，这一策略通常不会成功，因为"价格"和"价值"不是一回事。价值是顾客的全部付出所对应的全部利益，价格仅仅是全部付出的一部分。例如，一家零售店价格低廉，但是服务职员漫不经心、不熟悉业务，店内凌乱、不干净，对许多顾客（也包括老顾客）来说，这可能意味着付出更多。

2. 价格过高

犹如过低的价格会产生误导一样，过高的价格同样会导致这一结果。过高的价格给顾客以价值高估，不关心顾客，或者"宰客"的形象。

与物质环境、信息沟通一样，价格也传递有关服务的线索。价格能展示空洞的服务，也能展示"饱满"的服务；它能表达对顾客利益的关心，也能让人觉得漠不关心；制定正确的价格不仅能获得稳定的收益，而且也能传送适当的信息。价格的高低直接影响着企业在消费者心目中的形象。

六、有形展示的效应

服务有形展示的首要作用是支持公司的市场营销战略。在建立市场营销战略时，应特别考虑对有形因素的操作以及希望顾客和员工产生什么样的感觉、做出什么样的反应。有形展示作为服务企业实现其产品有形化、具体化的一种手段，在服务营销过程中占有重要地位。但是，有形展示能被升华为服务市场营销组合的要素之一，它所起到的作用及其战略功能当然不局限于评估品质。具体来说，主要包括以下几个方面（见图14－3）：

1. 通过感官刺激，让顾客感受到服务给自己带来的利益

消费者购买行为理论强调，产品的外观是否能满足顾客的感官需要将直接影响到顾客是否真正采取行动购买该产品。同样，顾客在购买无形的服务时，也希望能从感官刺激中寻求到某种东西。服务展示的一个潜在作用是给市场营销策略带来乐趣优势，努力在顾客的消费经历中注入新颖的、令人激动的和娱乐性的因

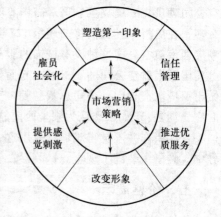

图 14－3　展示的作用与市场
营销策略之间的关系

素，从而改善顾客的厌倦情绪。例如，顾客期望五星级酒店的外形设计能独具特色，期望高格调的餐厅能真正提供祥和愉悦的气氛。因此，企业采用有形展示的实质是通过有形物体对顾客感官方面的刺激，让顾客感受到无形的服务所能给自己带来的利益，进而影响其对无形产品的需求。

迪斯尼乐园天鹅旅馆（在它的棚顶有一对 29 吨重的天鹅雕塑），迪斯尼乐园的海豚旅馆（混凝土海豚像为其增色不少）就是公司所说的"娱乐性建筑"，这几家旅馆，由著名的后现代派建筑师麦考尔·格然吾斯设计，扩展了主题公园的梦幻感觉。如果参观者住在整洁的、现代化的，同时也是缺少奇妙装饰的旅馆里，那么他在迪斯尼的经历就没有现在这样具有延续性而显得丰富和完美。两家旅馆充满了创造性的富丽堂皇和调皮的视觉感受（如天鹅旅馆的门厅里有盆栽的棕树），它们由一条跨湖的过道相连。这两家旅馆只是迪斯尼乐园一系列标志建筑物的一部分，所有的标志建筑都是由著名的建筑师设计的。

对于以感觉为基础的服务营销战略来说，建筑可以有力地支持它，这是一个值得挖掘的资源。但是，建筑物只是"包装"的最外一圈，是最初的线索。"内层包装"——环境、顾客系统、员工的代表和工作态度是首要的，它们要么与最初信息（即建筑物所传达的）相吻合，要么让人觉得最初的信息仅是假象。

2. 引导顾客对服务产品产生合理的期望

顾客对服务是否满意，取决于服务产品所带来的利益是否符合顾客对之的期望。但是，服务的不可感知性使顾客在使用有关服务之前，很难对该服务做出正确的理解或描述，他们对该服务的功能及利益的期望也是很模糊的，甚至是过高的。不合乎实际的期望又往往使他们错误地评价服务以及做出不利的评语，而运用有形展示则可让顾客在使用服务前能够具体地把握服务的特征和功能，较容易地对服务产品产生合理的期望，以避免因顾客期望过高而难以满足所造成的负面影响。

3. 影响顾客对服务产品的第一印象

对于新顾客而言，在购买和享用某项服务之前，他们往往会根据第一印象对服务产品做出判断。既然服务是抽象的、不可感知的，有形展示作为部分服务内涵的载体无疑是顾客获得第一印象的基础，有形展示的好坏直接影响到顾客对企业服务的第一印象。例如，参加被宣传为豪华旅行团出去旅游的旅客，当抵达他国时，若接旅客去酒店的专车竟是残年旧物，便马上产生"货不对路"的感觉，甚至有一种可能受骗、忐忑不安的感觉。反之，若接送的专车及导游的服务能让人喜出望外，则顾客会觉得在未来随团的日子里将过得舒适愉快，进而也增强了对旅游公司服务质量的信心。

例如，有些房地产公司把房地产交易和他们能向顾客展示的各种有形因素联系在一起，形成公司的"最佳销售者系统"资料提供给顾客，以便他们据此做出判断。这些资料包括如下内容：

- 最佳销售者展示指导法则——它回答了销售者选择房地产公司时经常会提出的问题；
- 最佳销售者行动计划——针对特定物产制定的市场营销计划；

- 最佳营销服务保证——对已经做出的服务保证所许诺的行动方案；
- 最佳住宅增值指导——提供住宅增值的建议和方法。

选择性地利用这些材料有助于销售代理人培养顾客对公司的先入为主的第一印象，诸如能力、承诺及个人服务等，通过有形因素强化语言承诺。

4. 促使顾客对服务质量产生"优质"的感觉

服务质量的高低并非由单一因素所决定。根据对多重服务的研究，大部分顾客根据 10 种服务特质判断服务质量的高低，"可感知"是其中的一个重要特质，而有形展示正是可感知的服务组成部分。与服务过程有关的每一个有形展示，如服务设施、服务设备和服务人员的仪态仪表，都会影响顾客感觉中的服务质量。有形展示及对有形因素的管理也会影响顾客对服务质量的感觉。优良的有形展示及管理就能使顾客对服务质量产生"优质"的感觉。因此，服务企业应强调使用适用于目标市场和整体营销策略的服务展示。通过有形因素提高质量意味着对微小的细节加以注意，可见性细节能向顾客传递公司的服务能力以及对顾客的关心，并为顾客创造良好的环境，提高顾客感觉中的服务质量。

5. 帮助顾客识别和改变对服务企业及其产品的形象

有形展示是服务产品的组成部分，也是最能有形地、具体地传达企业形象的工具。企业形象或服务产品形象的优劣直接影响着消费者对服务产品及公司的选择，影响着企业的市场形象。形象的改变不仅是在原来形象的基础上加入一些新东西，而要打破现有的观念，所以它具有挑战性。要让顾客识别和改变服务企业的市场形象，更需提供各种有形展示，使消费者相信本企业的各种变化。

有形展示还有助于改变服务企业的形象。以中国银行集团为例，五六年前，集团内不少银行希望建立一种稳重、安全妥善、高效率的形象。然而，尽管表达这些形象的口号提出多时，却并不奏效，因为当顾客走进集团内的诸多分行，看到的是银行职员们缺乏鲜明悦目的制服、电脑操作系统紊乱、服务范围设计较差等，这些情形立刻会让顾客怀疑该银行集团的形象并不像所宣传的那样。不过，随着近几年来中银集团内各个银行对这些象征企业形象的有形展示的大量投资，顾客对其形象的认识也大大改善。

6. 协助培训服务员工

从内部营销的理论来分析，服务员工也是企业的顾客。由于服务产品是"无形无质"的，从而顾客难以了解服务产品的特征与优点，那么服务员工作为企业的内部顾客也会遇到同样的难题。如果服务员工不能完全了解企业所提供的服务，企业的营销管理人员就不能保证他们所提供的服务符合企业所规定的标准。所以，营销管理人员利用有形展示突出服务产品的特征及优点时，也可利用相同的方法作为培训服务员工的手段，使员工掌握服务知识和技能，指导员工的服务行为，为顾客提供优质的服务。

第二节　有形展示的管理

一、有形展示的管理

成功市场营销活动的关键是管理与无形服务相关的有形因素，通过服务展示管理向顾客传送适当的线索，这样能帮助顾客更好地理解"我们买什么产品"，"我们为什么要买它？"这是因为，顾客总要在服务环境、信息沟通和价格中寻找服务的代理展示物，根据有形线索推断服务的质量价值和特点，用来指导其购买选择。

鉴于有形展示在服务营销中的重要地位，服务企业应善于利用组成服务的有形元素，突出服务的特色，使无形无质的服务变为相对的有形和具体化，让顾客在购买服务前，能有把握判断服务的特征及享受服务后所获得的利益。因此，加强对有形展示的管理，努力借助这些有形的元素来改善服务质量，树立独特的服务企业形象，无疑对服务企业开展市场营销活动具有重要意义。

服务企业之所以要采用有形展示策略是因为服务产品具有不可感知的特性，而对"不可感知性"则可以从两个方面理解：一是指服务产品不可触及，即看不见摸不着；二是指服务产品无法界定，难以从心理上进行把握。因此，服务企业要想克服营销方面的难题，需要采用有形展示策略，也就是应以这两个方面为出发点，一方面使服务有形化，另一方面使服务易于从心理上进行把握。

（一）服务的有形化

服务有形化就是使服务的内涵尽可能地附着在某些实物上，正如"康师傅"的一句广告词所描写的那样："好吃看得见"。服务有形化的典型例子是银行信用卡。虽然信用卡本身没有什么价值，但它显然代表着银行为顾客所提供的各种服务，以至于只要"一卡在手，便可世界通行"。

（二）使服务在心理上较容易把握

除了使服务有形化之外，服务企业还应考虑如何使服务更容易地为顾客所把握。通常有两个原则需要遵循：

1. 把服务同易于让顾客接受的有形物体联系起来

由于服务产品的本质是通过有形展示表现出来的，所以有形展示越容易理解，则服务就越容易为顾客所接受。运用此种方式时要注意：

（1）使用的有形物体必须是顾客认为很重要的，并且也是他们在此服务中所寻求的一部分。如果所用的各种实物都是顾客不重视的，则往往产生适得其反的效果。

（2）必须确保这些有形实物所暗示的承诺，在服务被使用的时候一定要兑现。也就是说，各种产品的质量必须与承诺中所载明的名实相符。如果以上的条件不能做到，那么所创造出来的有形物体与服务之间的联结，必然是不正确的、无意义的和具有损害性的联结。

2. 把重点放在发展和维护企业同顾客的关系上

使用有形展示的最终目的是建立企业同顾客之间的长久关系。服务业的顾客，通常都被鼓励去寻找和认同服务企业中的某一个人或某一群人，而不只是认同于服务本身，如在广告代理公司的客户经理、管理研究顾问咨询公司组成客户工作小组等。所有这些都是强调关注于以人表现服务。因此，服务提供者的作用很重要，他们直接与顾客打交道，不仅其衣着打扮、言谈举止影响着顾客对服务质量的认知和评价，他们之间的关系将直接决定顾客同整个企业关系的融洽程度。

另外，其他一些有形展示亦能有助于发展同顾客的关系。比如，企业向客户派发与客户有关的具有纪念意义的礼物就是出于此种目的。不过，在贯彻上述这两个原则时，企业必须做到以下两点：

（1）必须确切了解目标顾客的需要以及使用该方式想获取的效果是什么。

（2）应确定独特的推销重点，并将此重点纳入为该服务产品的一部分，且能真正满足目标市场。

二、有形展示效果的形式

有形展示的效果一般有 3 种形式：

（1）该服务的一种实物表征即能唤起顾客想到该服务的利益。

（2）可以强调服务提供者和消费者之间相互关系的有形展示。

（3）可以联结非实物性服务和一有形物体，从而让顾客易于辨认的一种展示。

例如，储蓄账户、干洗和美发 3 种消费者服务业的展示效果的测定，是用"利用这些展示的广告所能产生说服消费者相信服务利益"的能力来衡量。每一种服务都有其特定的利益，有形展示的效果往往因所考虑的利益不同而不同。至于服务提供者与客户相互之间的展示效果，根据提供者和客户之间对于服务利益的个人信任程度而定。这也就是强调：有形展示的类型必须与顾客寻求的利益相关，如果没有考虑这些利益，就不应该使用该类型的有形展示。服务业营销人员面临的最大挑战是，找出这些利益然后用适当的有形展示去表现。服务业公司所能利用的展示方式有很多：从环境到装潢、设备、文具、颜色和照明等，都可以说是服务企业形成与塑造环境气氛的一部分。

三、有形展示管理的执行

服务展示管理不仅是营销部门的工作，虽然营销部门应该唱主角，但每个人都有责任传送有关服务的适当线索。下面列出的是一份行动问题清单，所有的管理人员都应定期考虑这些问题：

（1）我们有一种高效的方法来进行服务展示管理吗？我们对顾客可能感觉到的有关服务的每一件事都给予了充分的重视吗？

（2）我们是否积极地进行服务展示管理？我们是否积极地分析了如何使用有形因素来强化我们的服务概念和服务信息吗？

（3）我们对细节进行了很好的管理吗？我们是否关注"小事情"？举例来说，我们保持了服务环境的一尘不染吗？如果我们的霓虹灯忽然坏了，我们是立即换呢还是过后再换？我们作为管理人员有没有举例向员工说明没有任何细节小到不值得管理？

（4）我们将服务展示管理和市场营销计划结合起来了吗？例如，当我们做出环境设计的决定时，是否考虑到这一设计能否支持高层营销策略？我们作为管理人员，是否熟知展示在市场营销计划中的作用，进而对计划做了有益的补充？作为管理人员，我们知道在营销计划中什么是首要的吗？

（5）我们通过调查来指导我们的服务展示管理了吗？我们有否寻找来自员工和顾客的由价格传递的线索？我们预先有否测定我们的广告向顾客传递了什么样的信息？在服务设备设计过程中，我们征求过顾客和员工的意见吗？我们有没有雇用"职业顾客"按照清洁度、整齐度、营销工具的适用性等标准对我们的服务环境做出评价？我们作为管理人员，在提高公司整体形象过程中，是如何运用环境设备和其他展示形式的？

（6）我们将服务展示管理的主人翁姿态扩展到整个组织范围了吗？在服务营销中，我们向员工讲授了服务展示管理的特点和重要性了吗？我们是否向组织内的每个人提问，让他们回答个人在展示管理中的责任？

（7）我们在服务展示管理过程中富有创新精神吗？我们所做的每件事都有别于竞争者和其他服务提供者吗？我们所做的事有独创性吗？我们是不断地提高展示水平使之合乎时尚呢，还是跌入沾沾自喜、自鸣得意之中？

（8）我们对第一印象的管理怎么样？与顾客接触早期的经历是否给我们留下了深刻印象？我们的广告、内部和外部的环境设备、标志物以及我们的员工的服务态度对新顾客或目标顾客是颇具吸引力呢，还是使他们反感？

（9）我们对员工的仪表进行投资了吗？我们有没有向员工分发服装并制定符合其工作角色的装扮标准？对于负责联系顾客的员工，我们考虑到为其提供服装津贴了吗？我们考虑过提供个人装扮等级津贴了吗？

（10）我们对员工进行服务展示管理了吗？我们有没有使用有形因素使服务对员工来说不再神秘？我们是否使用有形因素来指导员工完成其服务角色？我们工作环境中的有形因素是表达了管理层对员工的关心呢，还是缺乏关心呢？

第三节　有形展示与服务环境

在实施有形展示策略的过程中，服务环境的设计往往是企业营销努力的重点，因为顾客在接触服务之前，他们最先感受到的就是来自服务环境的影响，尤其是对于那些易先入为主的顾客而言，环境因素的影响更是至关重要。

所谓服务环境是指企业向顾客提供服务的场所，它不仅包括影响服务过程的各种设施，而且还包括许多无形的要素。因此，凡是会影响服务表现水准和沟通的任何设施都包括在内。例如，就旅馆业而言，环境意味着建筑物、土地和装备，包括所有内部装潢、家具和供应品。因此，像一些较不起眼的东西，如茶盘、一张记事纸或一只冰桶等，在传统的设计观念中或许会被忽略掉，但对于服务营销人员来说，也必须与其他明显物品一样都包括在内。

一、服务环境的特点

对大多数服务业公司而言，环境的设计和创造并不是件容易的工作。虽然对于在顾客处所或家庭中提供服务的服务业，这个问题并不很重要，但它们也应该注意到器械装备的设计、制服、车辆、文具以及可能会在顾客心目中形成对服务公司印象的类似事项。

从服务环境设计的角度看，环境具有如下特点：

（1）环境是环绕（surrounds）、包括（enfolds）与容纳（engulfs），一个人不能成为环境的主体，只可以是环境的一个参与者。

（2）环境往往是多重模式（multi-model）的。也就是说，环境对于各种感觉形成的影响并不是只有一种方式。

（3）边缘信息和核心信息总是同时展现，都是环境的一部分，即使没有被集中注意的部分，人们还是能够感觉出来。

（4）环境的延伸所透露出来的信息总是比实际过程的更多，其中若干信息可能相互冲突。

（5）各种环境均隐含有目的和行动以及种种不同角色。

（6）各种环境包含许多含义和许多动机性信息。

（7）各种环境均隐含有种种美学的、社会性的和系统性的特征。

因此，服务业环境设计的任务，关系着各个局部和整体所表达出的整体印象，影响着顾客对服务的满意度。

二、理想服务环境的创造

设计理想的服务环境并非一件容易的事情，除了需要大量的资金花费外，一些不可控制的因素也会影响环境设计。一方面，我们现有的关于环境因素及其影响的知识及理解程度还很不够。例如，究竟空间的大小、各种设施和用品的颜色与形状等因素的重要性如何？地毯、窗帘、灯光和温度等因素之间存在怎样的相互关系？诸如此类的问题具有较强的主观性，很难找到一个正确的答案。另一方面，每个人都有不同的爱好和需求，他们对同一环境条件的认识和反应也各不相同。因此，设计满足各种各样类型人的服务环境，如旅馆、大饭店、车站或机场等存在一定的难度。尽管如此，服务企业如果能深入了解顾客的需求，并根据目标顾客的实际需要进行设计，仍可以达到满意的营销效果。比如，虽然顾客之间需求各异，但某些顾客群体却具有需求共性，如同一年龄段的顾客、处于同一社会阶层的顾客或者是其他群体等。企业根据他们的需求共性来设计服务环境，无疑将拥有更多的顾客。

以一家餐厅为例，其环境的设计应该考虑如下几个方面：

1. 适当的地点

适当的地理位置容易吸引更多的顾客。不过，适当的地点主要是指使餐厅接近于目标顾客集中的地区，并非单纯是指餐厅应处于客流量较多的繁华商业区或交通便利的地方。这说明，了解各种地段的特点、了解顾客的消费需求是有效地推广服务产品的前提。

2. 餐厅的环境卫生状况

环境卫生是餐厅经营的最基本条件。顾客选择餐厅前首先要看的就是餐厅是否清洁卫生。从外部看，它要求招牌整齐清洁、宣传文字字迹清楚、盆景修剪整齐；从内部看，要求顾客坐席、餐厅摆设和陈列台、厨房、备餐间以及洗手间等整齐清洁。

3. 餐厅的气氛

餐厅的气氛是影响餐厅服务质量的重要因素，因而无论餐厅外部还是内部的设计与装饰都要烘托出某种气氛，以便突出餐厅的宗旨和强有力地吸引现有的和潜在的顾客。餐厅的设计、装饰、布局、照明、色调和音响等都会影响餐厅的气氛。比如音响，餐厅中通常都要播放音乐，音量适中的音乐能使顾客心情愉快、增加食欲；反之，音量过大则可能影响顾客的交谈，使人感到厌烦。不同的餐厅亦要选择不同风格的音乐，在快餐厅可能适合于播放节奏性较强的流行音乐，而格调高雅的餐厅则更适合旋律优美、速度缓慢的古典音乐等。

虽然环境设计如此重要，但不能错误地认为只有环境设计尤其是室内设计才是可供利用的，应配合全套营销组合的有形展示策略。很多中小企业虽然认识到有形展示的战略性作用，却碍于缺乏资金改善环境设计，而视有形展示为一种奢侈的投资。事实上，正如前面所指出的，有形展示除了环境与气氛因素以及设计因素之外，还有社交因素。社交因素代表服务员工的外观、行为、态度、谈吐及处理顾客要求的反应等，它们对企业服务质量乃至整个营销过程的影响不容忽视。社交因素对顾客评估服务质量的影响，远较其他两类因素显著。因为根据对社交因素的观察，顾客可以直接判断服务员工的反应性、能否诚心诚意地处理顾客的特殊要求、能否给顾客一种对企业服务质量颇具信心的感觉以及服务员工是否值得信赖等。

以对麦当劳快餐店的调查为例，许多顾客认为麦当劳在服务设计方面做得不错。快餐店门口巨大的"M"惹人注目，麦当劳大叔（Uncle McDonald）的形象和蔼可亲；而且餐厅内色调柔和，音乐优美，给人以一种轻松愉快的感觉。即使如此，大多数被调查者仍然认为麦当劳只是一家普普通通的快餐店，并没有什么特别的地方。其原因主要在于，人们觉得麦当劳的服务人员职业训练不足，职员之间缺乏沟通，而且由于它雇用了很多年龄较大的人作为服务人员，所以为顾客提供服务的速度也显得略为迟缓。有鉴于此，麦当劳要想真正提高其服务质量、改善企业形象，就一定要增加社交因素方面的投资，从改变员工形象着手。

三、影响服务形象形成的关键因素

一家服务业公司所要塑造的形象，受很多因素的影响。营销组合的所有构成要素，如价格、服务本身、广告、促销活动和公开活动，既影响顾客与当事人的观感，又成为服务的实物要素。影响服务环境形成的关键性因素主要有两点：实物属性和气氛。

（一）实物属性

服务业公司的建筑构造设计，有若干层面对其形象塑造产生影响。表14-2显示零售场所的若干重要因素。以下每一项目都是影响形象的因素，其中任何一项的有无，都会影响到其他各项的个别属性的表现。换言之，这些属性可能对形象的创造与维持有帮助。

表14-2　影响零售商店形象的主要属性

1. 外部	2. 内部
建筑之实际规模大小	陈设布局
建筑造型	色彩调配
建筑门面	设施装备
外部照明	材料和附属物品（如文具）
使用之建筑材料	照明
大门进口式样	标记
标记	货架
载货车辆和停车场	空气调节
	暖气与通风设置

服务业公司的外在有形表现会影响其服务形象。一栋建筑物的具体结构，包括其规模、造型、建筑使用的材料、其所在地点位置以及与邻近建筑物的比较，都是塑造顾客观感的因素。至于其他相关因素，诸如停车的便利性、可及性、橱窗门面、门窗设计、招牌标示和制式车辆等等也很重要。因为外在的观瞻往往能附联牢靠、永固、保守、进步或其他各种印象。而服务业公司内部的陈设布局、装饰、桌子、家具、装修、坐椅、照明、色调配合、材料使用、空气调节、标记，视觉呈现（如图像和照片之素质）等，所有这一切合并在一起往往就会创造出"印象"和"形象"。从更精细的层面而言，内部属性还包括记事纸、文具、说明小册子、展示空间和货架等项目。

能将所有这些构成要素合并成为一家服务公司"有特色的整体个性"，需要相当技术性和创造性。有形展示可以使一家公司或机构显示其"个性"，而"个性"在高度竞争和无差距化的服务产品市场中是一个关键特色。

（二）气氛

服务设施的气氛也会影响其形象。"氛围"原本就是指一种借以影响买主的"有意的空间设计"。此外，气氛对于员工以及前来公司接洽的其他人员也都有重要的影响。所谓的"工作条件"，是指它会影响到员工对待顾客的态度。就零售店而言，每家商店都有各自的实物布局、陈设方式，有些显得局促，有些宽敞。每家店都有其"感觉"，有的很有魅力、有的豪华壮丽、有的朴素。商店必须保有一种规划性气氛，从而适合于目标市场，并能诱导购买。

许多服务业公司似乎都开始了解气氛的重要。餐馆的气氛和食物同样重要是众所皆知的，大饭店、旅馆应该被视为温暖与亲切，零售商店也应注意尊重顾客，而增添一些魅力到"气氛"里头；有些广告公司细心地花工夫做气氛上的设计。此外，银行、律师事务所和牙医诊所的等候室，往往由于是否注意气氛的缘故，而有"宾至如归"或"望而却步"的差别。影响"气氛"的一些因素包括：

1．视觉

零售商店使用"视觉商品化"（visual merchandising）一词来说明视觉因素会影响顾客对商店观感的重要性。视觉商品化与形象的建立和推销有关，顾客进门之后，可以达到前述两项目的。零售业的视觉商品化，旨在确保无论顾客在搭电梯，或在等待付账时，服务的推销和形象的建立仍持续在进行。照明、陈设布局和颜色，显然都是"视觉商品化"的一部分。此外，服务人员的外观和着装也是。总之，视觉呈现是顾客对服务产品惠顾的一个重大原因。

2．气味

气味会影响形象。零售商店，如咖啡店、面包店、花店和香水店，都可使用芳香和香味来推销其产品。面包店可巧妙地使用风扇将刚出炉的面包香味吹散到街道上；餐馆、牛排吧馆、鱼店或洋芋片，也都可以利用香味达到良好的效果；至于那些事业、服务业的办公室，皮件的气味和皮件亮光蜡或木制地板打蜡后的气味，往往可以发散一种特殊的豪华气派。

3．声音

声音往往是气氛营造的背景。电影制造厂商很早就觉察其重要性，即使在默片时代，配乐便被视为一项不可少的气氛上的成分。青少年流行服装店的背景音乐所营造出的气氛当然与大型百货店升降梯中听到的莫扎特笛音气氛大不相同，也和航空公司在起飞之前播放给乘客们听的令人舒畅的旋律的气氛全然迥异。若想营造一种"安静"气氛，可以使用细心的隔间、低天花板、厚地毯以及销售人员轻声细语的方式。这种气氛在图书馆、书廊或皮毛货专卖店往往是必要的。最近对于零售店播放音乐的一项研究指出，店里的人潮往来流量会随着播放的音乐而有所改变。播放缓慢的音乐时，营业额度往往会比较高。

4．触觉

厚重质料铺盖的座位的厚实感（rich texture）、地毯的厚度、壁纸的感度、咖啡店桌子的木材感和大理石地板的冰凉感，都会带来不同的感觉；并发散出独特的气氛。某些零售店是以样品展示的方式激发顾客们的感度；但有些商店，如精切玻璃、精制陶瓷店、古董店、书廊或博物馆，就禁止利用触感。但不论何种情况，产品使用的材料和陈设展示的技巧都是重要的因素。

气氛可以变成一种特别适当的竞争手段，尤其是在下列情况之下：

（1）竞争者越来越增多之时；

（2）产品与价格的差别微小之时；

（3）产品是针对特殊社会阶层或生活方式的顾客时。

许多服务业公司就通过刻意制造良好的服务气氛取得了很好的效果，他们在第一次进行一种服务设计之时，服务业公司必须面临4项主要设计决策：

（1）建筑物从外表看起来应该是什么样子？

（2）建筑物的功能和布局特色应该是什么？

（3）建筑物从内部看起来应如何？

（4）什么样的材料最能配合建筑物所欲表现出的感觉？

案例1

大连友谊商城善于营造购物环境

在零售业买方市场已形成的今天，越来越多的大商场将吸引消费者的目光瞄准超值的售后服务。而看得见、听得到、闻得着的购物环境和氛围却被一些商家有意无意地忽略了。于是乎，商店的音响、电视柜台，"你方唱罢，我已登场"，噪音"对唱"一比高下；原本美观、整洁的售货区里堆起一人多高的鞋盒，基本上混同于临时仓库；售货员口中刺鼻的蒜味和细致的商品讲解一同"热情"地涌出……这些购物环境问题充斥在消费者周围，虽然看似问题不大，却难免惹得人心烦。这些情况在一定程度上影响了消费者购物的欲望和热情，成为购买者不愿购买的原因之一。

零售业从原始的价格竞争发展到如今的品种、管理服务等全方位、立体化竞争，购物环境已成为商业竞争中不可小视的一环。应该如何看待、解决财物环境中存在的问题呢？以大连市友谊商城为例，他们对自身"号脉"，开出的名曰"环保服务"的"药方"，确有值得借鉴之处。

该商城从消费者的视觉、听觉、嗅觉3方面划分购物环境中的问题。视觉方面从灯光入手，一方面，改变以往销售柜台一种光度到底的做法为依据商品的色泽、质地和吸光性，采用不同光度，避免光度影响导致商品色泽失真；另一方面，卖场浏览区的灯光全部被调整为柔和光，以防消费者由于灯光过亮或过暗引起心理上的不安全感或压抑感。听觉方面，过去存在的问题是播音员喜欢听什么，背景音乐就放什么，随意性很大。自我"号脉、诊治"后，音乐与购物心理相结合，形成了早上人流稀少时播放激发员工工作热情、消费者购买欲望的迎宾曲；午间客流增大、环境嘈杂时，放送减轻购物者精神压力的轻音乐；下午人们精神疲劳时，用熟悉的名歌、名曲来改善工作、购物情绪等一系列规范的商场音乐。嗅觉方面，商城除了明确规定定时喷洒空气清新剂外，还从营业员接待顾客方面考虑，明令禁止食堂出售带葱、蒜味道的菜饭。诸如此类30多个购物环境问题被具体分析，逐个开出"处方"。商城的购物环境也更加优雅、宽松、舒适和整洁。

由大连市友谊商场的做法想来，如若大小商家都能结合自身问题自我"诊治"、"对症下药"，消费者也就无须再忍受浮躁、震耳的广播音乐，化妆品与食品混合散发的怪味，燥热难耐的卖场温度，而舒心的购物环境也势必使商家受益，为其带来更多的消费者和商机。

案例2

海口香江得福酒店的环境差异化

香江得福酒店是香港人在海口投资的,在餐饮方面档次是较高的。该酒店将其整体的差异化定位在"饮食文化"上。顾客到香江得福不仅能享受到高品位且风格独特的菜肴,更重要的在这里能享受到高雅文化的陶冶。

当顾客步入香江得福时,要通过一个长廊,这是经营者用心设计的。这个长廊前半段两旁的雕梁画栋,一下使顾客的脚步慢下来;接着,长廊又把顾客带进海底世界,即长廊两边都是高档材料垒成的透明墙,里边全部都是供人食用的鲜活的海鲜,人们在此可以欣赏到海洋世界;当顾客进入不同的就餐包厢,仿佛又进到不同民族文化的博物馆,如中国厅、英国厅等。这些厅从空间布置、墙上图案以及家具造型、颜色都充分体现出民族的文化特色,每一件物品都是一个独立的文化掌故。酒店经营正宗的粤、潮菜肴,主理师傅来自香港,每一道菜从造型到名称都是一道精致的艺术品,而且每一道菜的原料来源及烹饪流程以及对人体的作用又都是一个个精美的故事。在席间,伴随着宁静优雅的音乐,顾客又能欣赏到大厅中心舞台上优美的舞蹈表演……

"饮食文化"的定位体现在香江得福实际经营展开的每一个环节之中。因此,这里每天顾客如织,香江得福在海口获得了巨大的成功。

讨论题:
1. 大连友谊商城是如何进行商场服务有形展示的?
2. 有形展示在香江得福酒店的经营成功中起到什么作用?
3. 服务的有形展示对服务营销的重要性体现在哪些方面?

小 结

有形展示是服务市场营销组合策略的七大要素之一。服务因其无形性而不同于有形商品,有形商品可以自我展示。而服务是以行为方式存在,不能自我展示,顾客只能根据服务工具、设备、员工、信息资料、其他顾客和价目表等所提供的服务线索来做出购买决定。服务有形展示具有重要作用。对有形展示可以从不同的角度进行分类。根据有形展示能否被顾客拥有可分为边缘展示和核心展示。根据有形展示的构成要素进行划分,主要有物质环境、信息沟通和价格3种类型。有形展示在服务营销过程中占有重要地位,发挥着重要作用。

加强对有形展示的管理,对服务企业开展市场营销活动具有重要意义。服务采用有形展示策略的出发点主要有两个方面,即服务的有形化及使服务在心理上容易把握。有形展示的效果主要有3种形式。有形展示管理的执行不仅仅是营销部门的工作，每个员工都有责任传送有关服务的适当线索。

在实施有形展示策略的过程中，服务环境的设计是企业营销努力的重点。为了向顾客提供理想的服务环境，服务营销者必须了解环境的特点，分析影响环境形象形成的因素，以提高顾客对服务的满意度。

习　题

1. 解释下列概念：

有形展示　边缘展示　核心展示　有形展示管理　服务环境

2. 服务营销为什么要将有形展示作为营销组合的因素？

3. 有形展示有哪几种类型？影响有形展示的因素有哪些？

4. 有形展示具有什么效应？

5. 怎样进行有形展示的管理？

6. 在有形展示管理的执行过程中应注意哪些方面的问题？

7. 从服务环境设计的角度看，环境具有什么特点？

8. 服务业应该怎样设计和创造理想的服务环境，以提高顾客对服务的满意度？

第十五章

服务营销文化

在倡导文化概念的今天，服务工作同样需要文化。浓厚和完善的文化可以激发员工对优质服务的追求，这对服务企业是极为重要的，也许比制造行业更重要。可以说，服务生产和消费的性质决定了服务文化的重要性。本章首先从企业文化的含义和功能入手，讨论其对组织成员的态度和行为的重要意义，然后进一步探讨服务文化建设的方法及传播服务形象的方式等。

本章知识结构图

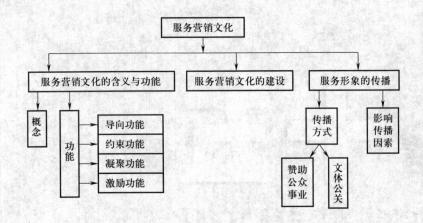

第一节 服务营销文化的含义与功能

一、服务营销文化的含义

（一）管理理论的重大革命

企业文化理论是在特定的时代背景下，从实践中发展起来的。二战后的二三十年间，日本以极其惊人的速度实现了经济起飞，在汽车、钢铁和电子等许多领域向美国发起了强有力的挑战。这一严峻的事实促使美国的一部分经济学家和管理学家对日本企业进行了多方面的考察，他们在认真调查、比较后发现，日本企业成功的秘诀，既不是企业的规章制度、组织形式，又不是资金、设备和技术，而是其独特的企业文化。日本企业文化对企业成员产生强大的感召力和凝聚力，使企业的人、财、物、管理技术和组织技能等有效地结合起来，发挥出惊人的高效率。

美国的管理学界及企业界逐渐意识到，美国企业管理尽管讲效率、重科学，但主要依靠规章制度和科学管理方法，忽视了人的社会性及其作用，忽视了人的精神力量，也忽视了对职工共同价值观和信念的培养。20世纪80年代初以来，美国管理学界发表了大量的有关企业文化的论著，其中影响最大的，也是作为企业文化理论诞生标志的4本著作是：《Z理论——美国企业界怎样迎接日本的挑战》、《日本企业管理艺术》、《企业文化——企业生存的习俗和礼仪》和《寻求优势——美国最成功公司的经验》。被誉为管理新潮流"四重奏"的这4部著作，以崭新的思想、独到的见解、精辟的论述以及丰富、翔实的例证，提出了企业文化这一新的理论体系。

企业文化理论的出现引发了管理理论的重大革命，成为管理学发展的重要里程碑。以泰罗的"科学理论"开始，中间经过行为阶段和管理阶段，管理理论现在进入了第四阶段，即企业文化理论阶段。

企业文化理论在许多方面带来了管理理论新的突破。这表现在：

首先，企业文化理论使企业组织行为研究上升到文化这一更高层。

其次，企业文化理论不仅研究企业职工个体行为，而且研究他们的整体行为。企业文化理论力图通过"文化优势"促成约定俗成的群体规范。在群体成员的相互作用下，共同的价值观和行为规范在团体中形成了一种无形的压力，使得个体行为与群体行为保持一致。

再次，企业文化理论改变了管理学界对企业中人的假设。传统管理理论把企业中的人看成如同机器一样的"经济人"；行为科学理论则认为企业中的人是生活在一定社会环境中的"社会人"；企业文化理论关于"观念人"的假设则认为人把从周围学得的行为模式和规范内化为自己的信念和价值观。人们取舍行为的标准不仅有理性的需要，还有信息和价值观。

最后，企业文化理论加深了人们对企业管理本质的认识。对企业中人的管理应该更多地依靠非正规的约束、文化的微妙影响及企业精神的感召。未来的管理者不能只依赖管理工具和制度，而应深入管理的艺术层面，加强软性管理，如作风、观念和礼仪等。

（二）企业文化的概念

企业文化是企业在长期生产经营活动中形成的并得到全体成员信奉和遵守的价值观、信念、行为规范、传统风俗和礼仪等内容组成的有机整体。

企业文化的概念可以从下面几个方面理解：

首先，企业文化是一种经济文化。与文教、科研、军事等组织文化不同，企业文化反映的是企业这个特殊领域的文化。企业的一个重要目标是以较少的耗费取得较大的效益，因此盈利性是企业区别于其他组织的主要特征之一。没有企业的生产经营活动，就不可能产生具有企业特征的文化现象。忽略企业文化经济性的一面，简单地将企业文化等同于思想政治工作，是对企业文化的误解。

其次，企业文化是一种组织文化。组织都是由从事一定活动的社会群体组成的，企业文化就是企业群体所创造的文化。企业文化所包含的价值观念等都是企业群体所共同认可的，因此企业文化既不同于无组织的"个体文化"，又不同于超组织的"社会文化"。

最后，企业文化是一种管理文化。科学有效的管理需要采用必要的管理手段和方法，但最重要的是调动人们积极性。从根本上说，企业文化是一种以人为中心的管理文化。

作为组织的内在表现，企业文化能够由企业员工体现出来。服务企业必须注重内部管理，以使员工能够形成积极的服务态度和主动的服务行为，从而为顾客提供优质的服务。可见，企业文化对其员工服务观念的强弱具有极大的影响。

（三）企业文化的特点

1. 无形性

企业文化包含的共同理想、价值观念和行为准则等是作为一个群体心理定势及氛围存在于企业职工之中的，职工在工作中自觉地遵照企业共同的价值观念和行为准则。企业文化的这种作用是无形的、无法度量的。道德的力量、信念的力量和心理的力量互相融通、促进，像一只"看不见的手"调节着职工的行为。

企业文化虽是无形的，却可以通过有形的载体表现出来（如英雄人物、典型事例等）。另外，企业文化作用的发挥有赖于企业的物质基础，而物质优势的发挥又须以企业文化为灵魂。所以，只有物质优势和文化优势相结合才能使企业立于不败之地。

2. 软约束性

企业文化通过对职工的熏陶、感化和诱导，使企业职工产生对企业目标、价值观念和行为准则的"认同感"。它不像有形的规章制度一样对职工行为进行硬约束，而是通过诱导、激励等方式进行软约束；如果某个职工的行为违背了企业文化的行为准则，企业其他人员就要来规劝、教育，以使这个职工接受企业群体的行为准则。否则，他将被群体抛弃，直到离开这个企业。

3. 相对稳定性

企业文化是企业在长期发展中逐渐积淀而成的，而且也能长期对企业职工行为产生影响。它不会因为一时经营状况的好坏或个别领导的去留而发生变化，因而具有相对稳定性的特点。当然，企业文化并不是一成不变的，它只有随时代的变化，不断地补充新的内容才能保持应有的活力。当企业文化不能适应新时代的要求时，企业应该果断地重塑企业文化。

4. 个性

企业文化是共性和个性的统一体。它有共性的一面，如调动职工积极性，争取顾客信任和欢迎等。但企业文化更强调个性。由于历史文化传统不同，不同国家和地区的企业文化带有强烈的传统文化色彩。即使处于同一文化环境中的企业，由于行业、社区环境、历史传统及经营特色等方面的不同，也形成了不同的企业文化。企业只有突出自己鲜明的特色，才能充分发挥企业文化的作用。

（四）服务营销文化的含义与重要性

服务营销文化的理论基础是企业文化理论，它在本质上就是企业文化对服务观念和顾客满意观念的一种集中与指向。

1. 服务营销文化的含义

服务营销文化是以追求优质服务为导向，每个成员都把向内部顾客和最终的外部顾客提供优质服务并最终使顾客满意视为生活的自然方式和最重要的规范之一。这个"服务"可理解为利益、顾客价值或消费者福利。马克思指出："价值是人与人之间的一种掩盖在物质外壳下的关系。"商品交换实际上是交换各自所需的服务功能或某种利益。可以说一切商品的本质功能是服务社会，因此以顾客为中心，向顾客提供各种优质服务，从而使顾客满意，应该成为其核心理念。传统营销侧重于商品功能的导向作用，而服务营销侧重于以整体商品提供的利益为导向，与顾客形成新型关系；传统营销侧重于销售商品，而服务营销侧重于通过优质服务维持现有顾客，培养其忠诚度，建立服务伙伴关系。

2. 服务营销文化的重要性

在服务日益重要这个大背景下，创造一种优秀的更加重视提供良好服务和顾客导向观念的企业文化尤为重要。因为服务质量是各种资源，如人力资源、技术资源共同作用的结果，因而要成功地进行质量管理，必须创造一种能够提高服务质量的稳定的企业文化。而且，服务业中质量控制比制造业中要困难得多，因此必须在企业中宣扬服务导向和质量意识的价值观念。

制定和实施服务战略需要组织中每个人的参与和支持。高级管理层、中级管理层以及相关的员工都必须参加进来，经理和其他所有员工应对服务有浓厚兴趣，也应认同良好服务，这时就需要能被称为服务营销文化的企业文化。服务营销文化的含义是：它追求优质服务，每个人都把向内部的顾客和最终的外部顾客提供优质服务视为生活的自然方式和最重要的规范之一。

当然，这并不是说其他因素不重要，但是它确实意味着服务意识不是可有可无的事情，而是企业战略、管理思想和战略实施当中需要最优先考虑的。

服务营销随着社会环境与市场环境而变，市场中的个体所具备的经营思想，其核心理念是顾客的满意和忠诚通过取得顾客的满意和忠诚来促进互利互惠的交换，最终获取适当的利润和服务业长远的发展。

3. 服务营销文化发展三个层次之"洋葱模型"（见图 15 – 1）。

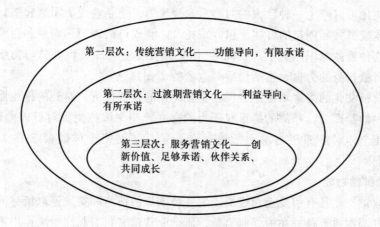

图 15 – 1 服务营销文化发展三个层次

在洋葱的外层是第一层次：传统营销文化侧重于销售产品，不注重服务的作用；剥开洋葱的外层，进入第二层次：过渡期营销文化开始强调与顾客的沟通与交流，注重保留与维持现有的顾客；在洋葱的内核是第三层次，服务营销文化时时关注服务的作用，与顾客形成伙伴关系，创造新的价值，促进服务业长远发展。

二、服务营销文化的功能

一般说来，服务营销文化有以下 4 项主要功能：

（一）导向功能

服务营销文化能够使组织成员更具有服务导向的特点。霍根吐尔（Hoganetul）将服务导向（service orientation）定义为"影响组织成员同其顾客相互交流的水准的一整套态度和行为"。构成服务营销文化一部分的服务导向观念有利于企业按照顾客所希望的那样提高本企业的服务质量。具备服务导向观念的员工对顾客有兴趣，为顾客做得更多，行动中更加谦恭、更加灵活，并努力尝试满足顾客期望的各种恰当的方法，更能有效地应付尴尬的或未曾想到的局面。而顾客感觉到的质量才是一个企业效益的决定性因素。所以，服务导向观念有利于提高顾客心目中的服务质量，这也相应的对企业收益带来积极影响，良好的收益又为员工保持和进一步改进服务态度、提高服务质量提供了动力，从而形成良性循环。

（二）约束功能

营销文化对每个企业成员的思想和行为具有约束和规范作用。规章制度等"硬约束"固然是必要的，但是由于它具有刚性的特点，无法顾及人的复杂情况及多方面的需要，因此它的调节范围和功能是有限的。企业文化理论注重的是管理中企业精神、价值观和传统等"软因素"。通过营销文化的塑造，企业在组织群体中培养与制度等"硬因素"相协调、相对应的环境氛围，包括群体意识、社会舆论、共同礼仪和习俗等内容，从而形成强大的心理约束，这种心理约束进而对企业成员的行为进行自我控制。可见，企业的这种无形的约束比有形的约束力量更为强大。

（三）凝聚功能

营销文化可以产生一种巨大的向心力和凝聚力，把企业成员团结起来。企业营销文化是全体成员共同创造的群体意识，寄托了企业成员的理想、希望和要求，因而企业成员对这种群体意识产生了"认同感"。这就促使企业成员积极参与企业事务，为企业发展贡献自身的力量，逐渐形成对企业的"归属感"。

企业营销文化的凝聚功能还表现在企业文化的排他性上。对外的排他性在某种意义上是对内的凝聚力，外部的排斥和压力的存在，使个体产生了对群体内部的依赖；同时，也使个体对外部压力增强敏感性和竞争性，促使个体凝聚于群体中，形成"命运共同体"。

（四）激励功能

企业营销文化具有引发企业成员产生一种高昂的情绪和奋发进取精神的效力。传统的激励方法本质上是外在的强制力量，而企业营销文化所起的激励作用不是消极被动地满足人们的心理需要，而是通过营销文化的塑造，使每个成员从内心深处自觉地产生献身精神、积极向上的思想观念及行为准则，形成强烈的使命感、持久的驱策力，成为职工自我激励的一把标尺。倡导企业文化的过程，也就是帮助职工寻求工作意义，从而调动积极性的过程。所以，企业营销文化能够在组织成员行为心理中持久地发挥作用，避免了传统激励方法引起的各种短期行为和非集体主义的不良后果。

在服务营销文化的四大功能中，导向功能是最基本的。这四大功能也不是单独发挥作用，它们互相影响、互相作用，共同形成服务营销文化的功能体系。

第二节　服务营销文化的建设

一、服务营销文化建设的组织保障

（一）优质服务的先决条件是组织结构的改进

要想取得并永久保持高质量的服务，组织设计的所有方面都要配合服务产品的创造和生产。组织结构越臃肿复杂，就越不利于提供优质服务，这样的组织结构对建设服务文化是一个很大的障碍。高质量的服务意味着迅速灵活地做出决策和提供快捷的服务。如果组织结构妨碍了员工开展高质量的服务工作，就不可能形成服务文化所特有的行为标准和价值观念，也使企业服务战略所提出的良好愿望无法实现。这会使人感到委靡不振，甚至产生逆反情绪。员工觉得管理者的要求不切实际，影响其对服务导向的看法和态度。优质服务要求在服务的设计、发展和实施中各部门及各机构通力配合。

在通常情况下，有服务导向的企业要求有一个精干的组织结构和为数极少的直线等级层次。决策必须由直接与顾客打交道的员工做出。管理者的角色发生了变化，下属人员承担更多的职责，相对独立地完成他们的任务。但是，这并不意味着上级主管丧失了权力，只不过是他们的作用有所改变。他们不再是技术性经理或决策者；相反，他们将成为教练，发挥他们的领导才能。他们必须帮助和鼓励各自的下属，创造一种宽松和开放的氛围，其中的每一名成员都具有提供优质服务的价值观。

其他支持性部门的职责也必须界定清楚。行政事务部门的员工认为自己不直接与顾客打交道，经常只是被动地履行职能。事实上，他们的角色应当是更为活跃的，他们应该把与顾客直接联系的部门里的员工看做他们的内部顾客，他们必须像为最终顾客服务一样向这些员工提供服务。

在许多企业中，直接同顾客打交道的一线部门实力薄弱，人手配备不足；与此同时，各种后勤部门却过于臃肿，人满为患。显然，管理者对此应予以重视，充实同顾客面对面打交道的一线部门，使之更富有效率；重新规划其他部门，让它们真正有效地为一线部门提供强有力的后勤支持。

组织改进的另一个方面是运作体系、规章制度和工作流程的改变。优质服务通常要求工作方式简洁，从而可以避免过于复杂的运作体系或工作流程造成的不必要的延误、错误及信息中断。做到这一点的好处是双重的：第一，顾客会认为服务质量提高了；第二，工作流程简化了，运作体系中那些不必要的浪费时间的因素被摒弃了，员工也会感到他们的工作更有意义，工作起来更有积极性。

（二）优质服务的管理前提是建立服务导向的领导体系

通过建立服务导向的领导体系可以促进优质服务的管理前提的实现。服务导向的领导体系包括各级管理人员和上级主管对各自角色的认识和其对职员、下属的态度以及他们作为管理者自己的工作表现等内容。如果员工不能从所有的管理者和上级主管那里得到积极和持久的支持，即使代表真正服务文化的价值观念已经建立起来了，它也不可能在整个组织中广泛地传播开来。如果服务导向的价值观念可以被员工所接受和强化，并且成为企业日常工作的一部分，那么这种管理上的影响绝对是重要的。

管理者如果仅仅作为一名技术性经理，而没有担任教练或领导的职责的话，那么他在追求服务文化的建设中不会有所作为。全身心地为服务观念和下属工作，这是管理者所需要的精神。服务在很大程度上是人与人之间的关系，是人与人之间包括内部的和外部的相互作用的结果，没有人情味的管理不能适应服务的本质。

领导在很大程度上意味着沟通，领袖的主要工具是沟通交流。在服务特征特别突出的零售连锁行业中任意选择几家商店，观察商店的领导者们如何倡导和激励优质服务。人们将发现经营得最好的商店的领导者，是那些采取面对面交流的，而不是采用备忘录的领导者；是那些以事实、以行动来带头的，而不是只凭说教来沟通的领导者；是那些用沟通来鼓励下属，而非命令型的管理者。

领导、指导甚至指点，它们的重要性强调了当今管理的另一面——协作。对许多管理者来说，这是一个重要的转变。美国人依靠竞争才繁荣昌盛起来。但是，当今管理者必须懂得以合作来取代对抗，劳资双方必须坐在一起探讨质量和生产率的提高。管理者的作用是在工作现场谋求最高的效率和最大的收益，而这一切只有来自于合作。现在的合作已经不是单纯意义上的合作，它更像一种哲学观念，不同层次的员工在一种协作的、相互尊重的氛围中彼此交往。但是，要做到这一点，大多数服务组织还要付出许多努力。

合作也要求组织中每个人都能有一种正义感，它应成为组织成员中一个共同的价值观念。如零售经理参与用欺骗性降价来促销，让销售人员对顾客的购买行为进行误导，使用"软硬兼施"的伎俩，对交易中的漫天要价、牟取暴利的行为视而不见。那么，这些经理无形中破坏了他们在服务质量方面的信誉。员工很快明白，管理者对于服务和顾客是否满意等方面丝毫不关心。

发展服务导向的过程中，最大的危险莫过于含糊其辞。如果管理者空谈服务概念和顾客意识的重要性，而实际上不实施服务战略，那么管理者和服务文化就会丧失信用；员工也会产生许多疑惑，从而关于服务导向和服务文化的谈话就不会受到员工的重视。有利于创造一流服务质量和符合管理者所表述的服务文化性质的工作业绩，必须进行度量并且给予奖励。因此，高层管理者和其他管理人员必须在谈论优质服务及创造服务文化重要性的同时，还要做出实际行动，这才是言行一致。否则，较差的信用对服务导向过程很容易造成极大的破坏。

监督工作业绩和结果当然也是管理工作的一部分。然而，其职责正由传统的"控制"转向"指导"下属。许多管理者觉得他们的权威正在由于这种转变而被削弱，他们再也不能"控制"其下属了。新的管理哲学并不意味着放弃管理，它是以一种强有力和清晰的方式建立目标和原则，并把经营性职权授予下属……它要求有一种开放式、业务导向式和共同分担式的领导方式。因此，技术性经理的传统角色正在被一种全新角色——领袖和教练所取代。

服务导向的管理风格的另一方面是形成一种积极的沟通氛围。一方面，员工需要从管理层获取信息以便能够实施服务战略；另一方面，对管理者来说，员工掌握着关于顾客需求、问题和机遇等方面有价值的信息。另外，通过信息反馈，人们能够了解自己工作的结果和业绩。如果没有信息反馈，员工很容易对所从事的工作失去兴趣。

不仅如此，在涉及新服务的内容及其如何生产和交易等问题时，让一线员工参与计划和决策是一个非常好的想法。企业的总目标可以被分解成为若干子目标，然后让该企业的员工通力合作完成这些目标。这个过程首先就是向员工沟通企业战略和目标的一种方式；其次，它也是促使员工实现服务战略和目标的一个途径。

二、服务营销文化建设的步骤

服务营销文化的塑造是一项艰巨的系统工程。这项工程的顺利实施，需要有一个严密、科学的基本思路。由于行业的特点，服务企业文化的塑造有着不同于一般企业文化塑造的地方。总的说来，它包括以下一些必不可少的步骤：

（一）分析和规划

服务营销文化是企业在长期生产经营活动中形成的。没有足够时间的延续，难以形成稳定的文化积淀。因而，只有正确地认识本企业的历史和现状，才能对未来的文化建设进行规划。

企业首先要追溯本企业的历史传统，考察历史上的重大事件、兴衰历程、崇高的精神、礼仪习俗、惯用的思维方式和英雄人物等。对企业的历史进行总结和归纳是不可缺少的步骤。

然后，服务企业应对企业现状进行系统的分析，主要包括内部环境和外部环境两个方面。

内部环境是服务营销文化生根发芽的土壤，对服务营销文化塑造具有直接的巨大的影响作用。分析企业内部环境首先要分析企业员工的素质，包括管理人员的素质构成和普通职工的素质构成。员工的素质状况影响着服务营销文化的类型，也制约着营销文化发展的现实水平和潜在能力。我国服务业职工的文化素质低于全国职工文化素质的平均水平，这一点应引起服务企业的重视。其次，要分析企业的管理体制。管理体制合理与否对企业营销文化的塑造有着重要的影响。例如，一个没有民主气氛的服务企业可能是由于集权过多导致的。那么，在企业营销文化建设过程中，就应该注意适当分权。最后，要分析企业的经营特色。服务企业类型多种多样，服务营销文化的塑造应该考虑本企业与众不同的地方。

企业的外部环境是企业本身无法控制的力量，但对企业的经营状况和职工行为影响很大，优秀企业成功的关键在于能够根据企业外部环境的变化，及时调整内部环境以适应竞争。分析外部环境首先要考察市场状况。服务营销文化的塑造必须考虑市场变动的趋势。例如，风险型文化比较适合经营服装、家具的贸易公司，因为服装、家具市场的变化极为迅速。相反，对于经营煤炭制品的物资公司来说，稳健型文化可能更适合一些。其次，要分析新的服务技术发展状况，每一次新的服务技术的出现，都给企业带来了新的机会和挑战，只有能把握住机会的企业才能成功，营销文化的塑造应充分考虑服务技术出现带来的影响。

在对企业历史和现状进行完整、系统的分析之后，企业可以着手进行文化建设的规划，这些规划包括总体思想、实施重点、实施方法和时间表等，其中总体思想是核心。例如，联想集团在确定其"大船文化"总体思想的时候，着力突出整体意识，树立追求整体效益的价值观，该企业营销文化建设及其他规划都围绕这一总体思想展开。

（二）组织与实施

组织与实施是服务营销文化塑造的关键阶段。它通常包括以下几个方面：

1. 调整现有的规章制度

规章制度是企业内部约定的行为规范，具有强制性的特点。在服务营销文化塑造过程中，需要检查哪些规章制度与企业营销文化有矛盾。正如管理学大师彼得·德鲁克指出的，"应该调整规章制度，而不是企业文化，因为组织调整规章制度比调整企业文化容易得多"。例如，如果企业文化强调人人平等，那么保留规定某些管理人员享有特权的制度显然是不适合的，必须予以废除。当然，在调整规章制度时，应充分考虑人们的既得利益和心理承受能力，采取慎重稳妥的方式。

2. 全面提高职工的素质

企业职工的素质是企业素质的基础。国内外优秀服务企业无不把提高职工素质作为企业营销文化建设的基础性工作。服务行业职工低素质的现状，使得企业营销文化建设的有效措施难以得到积极的回应和贯彻，即使能够得到贯彻，也往往在低水平上徘徊。因此，全面提高职工的素质，是塑造服务营销文化的当务之急。

3. 强化职工的企业意识

如果职工能够把企业工作真正当做个人生活的组成部分，他们就会很自然地对企业产生感情。在企业取得成功时，管理人员应该不仅向顾客和公众而且向企业职工进行宣传，以强化职工的企业意识；加强民主管理，鼓励职工积极参与经营决策也是树立职工主人翁责任感的重要途径。

4. 设计各种仪式和活动

企业职工只有在亲身实践中感受到企业的价值观，才能产生对企业文化的兴趣。一些有远见的企业善于设计组织一些仪式和活动，以营造适宜的环境气氛。例如，上海一家大商场在该企业成立30周年之际，印刷了一批首日封，总经理及其他领导早晨守候在商场门口，将精美的首日封亲手送给每一位上班的职工。这种别出心裁的文化活动，对于增强企业凝聚力起到了意想不到的效果。

5. 树立英雄人物

英雄人物把抽象的精神层面和文化层面的内涵形象化，对企业营销文化的成型和强化有着不可忽略的作用。不同的服务行业有着不同特点的英雄人物，一家饭店的英雄人物可能是优秀服务员，而一家贸易公司的英雄人物可能是创销售纪录的推销员。对英雄人物的选择应坚持高标准，英雄人物的言行中应能够体现企业的价值观。例如，北京百货大楼门前矗立着该企业英雄人物优秀营业员张秉贵的雕像，北京百货大楼价值观的核心正是从张秉贵身上体现出来的"一团火"精神。又如，交通行业中提倡学习李素丽的"一心为乘客着想，热情文明服务"的精神等。

6. 完善文化网络

企业营销文化的实践表明，文化网络能够广泛、快速地传递大量的信息，它在企业文化形成过程中往往起着正式传播渠道无法替代的作用。因此，在企业文化塑造中，应重视文化网络的作用。例如，切实抓好各种联谊会、兴趣小组等，使之起到交换信息、密切联系的作用。除此之外，还要善于发现和引导各种特殊的文化网络，如同乡关系、师徒关系等。服务企业应充分利用这些渠道传播企业的价值观，促进企业文化的形成和发展。

第三节 服务形象的传播

传播，是指将一种观念、事实通过各种媒介传递给预计的社会公众的具体活动过程。企业服务形象传播活动的目的在于提高企业的社会美誉度。名副其实、经得起顾客检验、赢得社会广泛信任的美誉度是企业良好形象的重要标志。提高企业美誉度，不能只是通过广告一味地自我吹嘘，而是要以优质产品和良好服务为基础，通过实事求是，多渠道、多方式的宣传、介绍，以取得顾客对本企业的广泛了解和高度评价。

一、服务形象传播的方式

实现传播的过程具有一定的复杂性，但涉及的基本面是信息的发送者（企业）和信息的接受者（顾客），关注的焦点都集中在企业怎样有效地将信息传播给顾客。企业服务形象传播的主要方式有：

（一）赞助公众事业

公关传播的直接目的就是要提高企业的社会声望，公众对企业的好感是形成企业社会声望的基础。而公众对企业的好感，是自身实际体验的产物，企业赞助公众事业，给公众带来了实际利益，最能引起公众的好感。

1. 赞助公众关心的事业

社会上每一时期都有人们关心的热点问题。例如，我国的环境问题、教育问题、社会风气问题等都是人们关心的问题。还有一些突然的事件，如发生洪水灾害，更会将人们的注意力集中起来。如果企业能在这些问题和事件上做出贡献，人们就会在关注这些问题和事件的同时也注意到企业，使企业的社会美誉度迅速提高。

2. 解决公众的困难

企业可以在解决公众困难的同时传递企业信息。由于解决公众困难能赢得人们的好感，从而对其传递的信息也愿意接受。北京街头的公共汽车站，原来的站棚十分简易且年久失修，既不能挡风遮雨又影响市容。于是，不少企业投资建成了一批造型新颖的站棚，在北京成为美谈。站棚上的企业名字在人们心中留下了深刻的印象。

3. 组织有益的活动

企业应抓住各种有利时机开展宣传活动。如当人们处于节日气氛中时，心情十分愉快，感情可迅速实现交流，有利于展开传播活动。

4. 参与社会公共教育宣传

提倡社会公德、保持良好社会秩序符合绝大多数人的共同愿望，对于那些讲究卫生、保护环境、注意交通安全的宣传，不仅容易引起人的注意，而且能赢得人们的好感。日本丰田汽车公司出资制作的广告电视片，劝告人们开车不可抱着侥幸心理，由于该片内容十分深刻，受到广泛的好评，曾获日本专业广告界大奖。实际上，丰田公司的名字随着引人注意的公共教育内容一起也得到了传播。

赞助公益是企业为社会做出贡献，但结果使企业也同时受益。它能对企业产生如下几个方面的有利影响：

（1）能得到社会舆论和权威人士的良好评价。社会舆论的评价会通过各种新闻媒介产生广泛传播，权威人士的评价会产生连锁反应，企业的社会地位会随之提高，这是一般的广告所绝对不可能达到的效果。

（2）能迅速提高企业的美誉度。一般广告最多只能起到让人知道的作用，赞助公益获得的却是各方面的赞扬。自己知道最多只能传给某个想知道的人，赞扬则是要向更广的范围宣传。企业追求的美誉度包括社会肯定的含义，没有赞扬就谈不上美誉度。

（3）可以提高广告宣传的效果。赞助公益也可以与促销活动广告宣传结合起来进行，它会使广告宣传变得更为有效。

（二）文体公关

文体活动是人类生活的重要组成部分，人的生活不能没有娱乐，因此也就不能没有文体活动；越是发达的社会，文体活动就越重要，越会受到整个社会的关注。企业参与和支持文体活动，从而达到提高企业美誉度的目的，已经成为一种十分普通的传播方式。

企业从事文体公关活动有没有效果，这不需要从理论上进行分析，因为它是客观存在的事实。据有关方面提供的资料，美国一年花在体育公关上的费用达 35 亿美元以上，平均每家企业要花费近 100 万美元。这些钱是决不会白花的。

在我国，最典型的例子就是广州的"健力宝"饮料公司，它几乎每一年都为赞助中国体育事业做出贡献。1984 年 9 月，当中国体育代表团重返奥运会，取得 5 块金牌，实现零的突破时，所用的专用饮料就是"健力宝"。当人们称赞中国体育健儿的功绩时，"健力宝"也被国外记者称为"中国魔水"。从此以后，他们与体育事业结下了不解之缘，"健力宝"与体育事业一起腾飞。文体公关为什么会产生出色的传播效果，其原因如下：

1. 文体公关满足了热爱文体活动公众的愿望

组织重大的体育比赛和文艺演出需要大量的资金，企业负担了费用、支出，而公众从娱乐中得到了享受，同时对企业也就产生了深刻印象。万宝路网球锦标赛在台港举办了 3 年。3 年来，万宝路在新闻媒体上没做过一次烟草广告，但销售额丝毫未减。

2. 文体公关可以作为联系公众感情的纽带

文体活动之所以吸引人，是因为会产生许多明星，而社会上有大量的明星崇拜者。企业通过赞助文体活动与这些明星联系起来，企业同时成为明星崇拜者热爱的对象。

特别是体育具有竞技性，观众对某一运动队有归属感，在国际比赛中还有个为国争光的问题。当某一运动队取得了成绩，观众自然就会与这家企业联系起来。

3. 文体公关可以吸引公众的注意力

会有面对广告而没有注意广告的人，绝没有面对球赛而不注意球赛的人。人们在注视文体活动时，自然也就注意到了赞助的企业，文体公关是更有效的广告。

文体广告肯定会产生传播效果，但不等于说赞助了文体事业就一定能产生传播效果。就是有效果，也还有效果好坏之分。提高效果应注意以下问题：

（1）善于抓住时机。开展文体活动并非是想搞就能搞起来，而是需要机会。机会也不是等来的，而是要寻找和争取。在开展文体公关过程中要善于谋划，显示出企业的态度和作用，追求提高企业美誉度的最佳效果。

（2）要考虑赞助单位和活动的影响作用。赞助文体活动能否使企业的名声得到传播，与所赞助的单位和活动是一种连带关系，有两种情况都会产生良好效果：一种是目前大家都关注的事情，而且取得了成绩，赞助这样活动的企业随之就会名声大振；另一种是目前没有什么影响力，由于企业的赞助，取得了突飞猛进的效果，这样会使企业在社会上产生的影响更大。健力宝集团赞助选送一批小运动员到巴西去培养，将来如果这批小运动员果然能为振兴中国足球事业做出贡献，对健力宝集团的事业也会有巨大的促进作用。

二、影响服务形象传播的因素

传播是个过程，它需要经历发送、传递、接收和反馈等若干个环节。传播是人有目的的活动，最终是否达到了预期目的，其中要受多种因素的影响，认识这些影响因素的发生规律，有利于提高传播的效果。

（一）有利于实现成功传播的因素

在整个传播过程中，顾客通过信息所产生的印象，并非与企业预计的效果完全一致。这是因为，人产生什么样的印象，不但取决于客观因素，而且取决于各种主观因素。受播同样的内容，由于人的兴趣、需要、经历、个性存在着差异，产生的印象会有很大差别，正是这种差别决定了传播需要制定有效的策略。

人在受播某一信息时，头脑不是一张白纸，要经历 3 个环节最后才形成印象：

1. 选择

面对信息，人们总是采取各取所需的态度，对自己感兴趣的信息会比较敏感，在看和听的过程中会更全神贯注；而对不感兴趣的信息则显得较为麻木。不过，人的选择具有相对稳定性，其稳定性的内容反映了接受者的主观特征。

2. 构造

对反映到头脑中的信息，赋予其主观性的内容。经过构造后的信息，会使信息的客观内容发生变化。

3. 补充

人们对反映到头脑中的印象，还要联系自己的经验，通过比较确定含义。作为知觉对象的事物，无论是有利于自身的需要还是有损于自身的需要，都会根据个人过去的经验被强调、补充和夸大。因此，只有通过反馈才能确定传播的效果。

成功的传播能使信息迅速进入人的潜意识之中，使人不知不觉地接受了传播观念。这一过程的实现是按照注意—兴趣—欲望—行动的规律而变化的。首先，要引起人的注意，使人在认识对象中离开其他事物而集中在所传播的信息上，随后，使人越来越感兴趣，产生需要深入了解事物的倾向。继而，使人跃跃欲试产生参与的动机。最后，行动起来，按传播的引导确定目标。要想提高传播的有效性，应使传播活动体现这一规律。

（二）不利于成功传播的因素

在传播过程中，客观上存在着许多不利因素，充分认识到这些不利因素的存在，可以制定有针对性的措施，从而消除其不利影响，使传播得以顺利进行。传播的不利因素包括以下几方面：

1. 传播工具和形式容易使信息失真

语言文字是传播的基本工具，语言文字仅是事物的符号，而不是事物本身，用事物符号组合成观念，使人在理解上容易出现偏差。传播要通过人来实现，传播效果受人表达能力的制约。如果传播是通过组织各种活动进行，那么传播的效果在很大程度上取决于活动组织的水平。从接收者方面讲，存在着理解水平问题，弄不好会出现对信息产生相反理解的现象。用语言进行传播，还会产生语义上的障碍。

2. 传播过程会出现自卫性过滤

企业服务形象的传播是公众传播，需要有关部门协助进行，有时要通过若干环节才传送到接收者——顾客。人在传递信息过程中存在着自卫过滤现象，会在传递中加入自己的解释、猜测和态度倾向，结果会造成信息失真。

3. 传播过程存在着干扰性因素

企业服务形象传播活动中的接收者顾客往往不是自觉地接收传播内容，他们很容易受传播环境中其他因素的干扰。加上企业总会面对有利的竞争者，有些干扰因素还是人为的，不注意排除干扰因素，传播效果就会大大下降。

总之，树立良好的企业形象，选择恰当的方式进行传播，以形象争取顾客，对企业的长远发展是十分重要的。

附　录

世界部分国家的营销文化简介

每个国家都有自己特有的生产、分配、流通和消费的方式，有着自己独特的营销文化。了解各国的营销文化及其特征，尤其是把握其差异，是区别不同国家的营销环境、有针对性地进行国际营销的基础。不同国家具有不同的消费习惯和交易方式，这些都是该国营销文化的组成部分。到某国从事国际营销，就要首先充分了解该国的历史及营销文化，在适应的过程中进入和占领市场，在此基础上才能对该国文化施加影响，甚至进行一定程度的改进。如果不了解该国的文化特色，贸然进入，甚至发生文化冲突，就有可能失去生意，使营销活动遭受挫折。

下面，我们来考察一下世界部分国家的消费者消费和厂商交易的特色，即这些国家的营销文化。

1. 美国

美国属于高收入和高消费的国家。美国国民总的消费倾向是产品需求的范围广、层次高、质量精、式样新颖和多样化。人们的购物原则是"物美价廉"，但更多的则是偏重于"物美"。不但产品质量要优异，而且包装要美观大方，质量虽好但包装差也很难销售。而包装精美的商品，即使包装价值超过商品本身价值，也有吸引力。美国人一般性格较开朗、活泼、争强好胜，有时还爱冒险，所以特别喜欢新产品。式样新颖、别致或性能奇特有趣的商品最受欢迎。产品的坚固耐用不是人们追逐的重点，而产品的使用方便、安全和舒适，却受到人们的青睐。另外，美国人的流动性较大，经常更换职业和居处。一般人搬家都把原来大部分家具和物品丢弃而重新购置新家具和新物品，这也提高了购买的频率。美国人不仅对产品本身的物质条件要求高，而且很注重相应的各项服务条件。例如，是否可以选择分期付款、赊销、信用卡或现金等购买方式，是否有周到的售后服务、保教、保修、保换或保退等。

美国的高收入虽然决定了它的高消费，但美国收入分配的不平衡，又使相当多一部分人和家庭只能购买中低档的商品。所以价格便宜、质量可靠的产品在美国仍有很大的销路。另外，美国地域广大，是个多民族的国家。来自欧洲和各大洲的移民虽经长期融合共同生活，但仍相当程度地保留着各自的风俗习惯，因此形成不同的消费需求。羊绒和皮裘在迈阿密和佛罗里达卖不出去，而在新泽西则可能脱销；来自欧洲移民的后代喜欢吃炸牛排，亚裔居民则仍喜欢吃他们传统的炖豆腐。所以，多样化的生活需求也是美国消费的一个特点。

美国国民对卫生安全很重视，消费保护程度高。如对食品、医药、酒类、化妆品、陶瓷、玩具等，都要求有严格的卫生安全和技术标准。有可能损害健康或危及人体的商品一律禁止出售。为此，政府规定了一系列的法律和条例，并有专门机构对有关产品进行检验和监督。同时，为了达到购物方便和超越现有支付能力的提前消费，美国广泛举办各种各样的消费信贷，如信用卡和分期付款等。凡有固定收入者都可办理信用卡，持卡购物允许透支和短期赊账。分期付款主要是对耐用品和大商品的一种赊购办法，通常先支付货款的一定比例（10% ~30%），然后分期偿还全部货款。

2. 日本

日本是个商品经济高度发达的国家，不管是一般消费者，还是购进生产资料的企业消费者，对商品的要求都非常高。随着社会消费水平的提高，一般消费者的要求正在向多样化、个性化和时尚化发展。人们购买商品在重视一般的使用价值和质量的同时，还追求商品所具有的"文化价值"。日本人对各类商品要求有充分选择的范围，不仅要求商品性能好、品质优良，而且追求款式新颖和名牌、外观和包装完美。服装和家具等，如稍有疵点和污迹就销售不出去。商店为争取顾客，不仅要把商品品种、规格、颜色等调配齐全，而且要求商品的生产者和供应者绝对保证商品质量和供货及时，以适应季节需要并满足消费者追求时尚的心理。企业消费者采购生产资料（包括原材料、半成品、零部件和机械设备）时，除考虑价格竞争力外，对商品的品质、性能要求也非常严格。

日本人在衣、食、住、行、用方面，要求商品多样化、个性化和时尚化。对商品的质量尤其注意，不但要求性能好，而且要求花色品种多样、规格齐全、款式新颖、外观完美。他们酷爱名画、古董，追求商品的观赏价值，而不是使用价值；日本青少年趋向现实实惠，追求个人的享受和轻松的生活；老年人有钱，吃好、穿好，到外旅游，览胜探奇。日本政府鼓励物质生活，并为个人的发展提供了物质条件，人们要求商品体现人的个性情感，其兴趣转移到文化娱乐、体育和旅游上来，旅游用品、娱乐用品、体育用品、保健食品受到欢迎。日本消费者对商品的选择出现了四个新倾向：一是"轻"，即轻便、轻快和具有现代感；二是"我"，即有个性，表现出个人洒脱和雅致；三是"华"，即风度翩翩，雍容华贵；四是"鲜"，即新鲜和健康，具有活力。

日本的消费市场大体上也是按收入水平、地区性偏好、年龄结构及某些其他因素划分成若干层次，不同层次的消费者有各具特色的需求。高收入阶层一般是企业高级经营管理人员、大学教授、高级研究人员、高级医生、政府机关高级官员等，这些人士的需求比较高档且多样化，他们除了拥有彩电、电冰箱、洗衣机、热水器、电暖器之外，还拥有较高档的住宅、公寓、汽车等。与此相关的休闲娱乐需要也会逐渐增多。年轻职工，还有大学生、高中学生等，这个层次的需要也在发展。适合青年人的服装包括学生制服、便服，职业青年妇女需要的时装和各种装饰、化妆品等。照相机、录像机、微型电脑的需求也在不断增加。大学生靠半工半读赚取的钱积累起来出国旅游等需求也在增长。婚龄阶段青年男女需求则更多。上述状况使日本形成了一个极大的消费市场。家庭主妇及职业妇女在日本已经成为许多消费运动的推动力量，她们积极推动包括参加学习、娱乐、体育、旅游等各种消费活动，已经形成了日本的一种消费特色。

3. 英国

英国早在 19 世纪中期就已成为世界贸易中心。因此，英国基本上采用国际上通用的贸易方式和习惯。在对外贸易的支付方式方面，如信用证、汇付、托收等方式的采用都较为广泛。英国是自由竞争的市场，外商必须要有当地代理商或自行设立的据点，以负责行销、发货及售后服务等，并深入了解市场特性及掌握市场动态。英国厂商及国民很重视产品质量和设计水平。在英国搞国际营销，如能委托英国设计专家设计或提供咨询服务，可将生产符合并能巩固市场品味的商品，作为拓展英国市场的一条捷径。在英国举办专业展览，是商品促销的重要渠道，出口商利用参展机会与英国进口商、批发商及经销商等建立销售渠道。另外，利用英国专业性机构，如市场调查机构、营销公司、管理顾问公司及公关公司等，协助营销产品及收集市场商情。英国的营销服务条件比较好。英国厂商设立的发货仓库可提供办公室、仓库、保税工厂、装配和运输等服务，很好地利用这些设施可缩短供货时间、提高发货效率、增加销售机会。

4. 法国

法国市场保守性高。法国商人不擅长外语，对商业多持保守态度。同时，法国政府的有关法规烦琐复杂多变，刻意抑制进口贸易的发展。因而法国市场比较封闭保守，但一旦建立了商务关系则比较稳定。法国进口商高度集中于巴黎、里昂、马赛等三大城市。法国产品标准自成一体。法国民族性强，希望领导世界潮流而不喜欢跟随潮流。法国的研究及设计人才很多，在产品规格及造型上独树一帜。法国进口商对贸易伙伴的选择极为谨慎，要求严格，对细节也不放松。对一般自行寄来的推销信，大多不予理睬，并希望贸易往来均用法语。订单以少量多样为主，采购数量一般是从小逐渐扩大。初次采购就下大订单的可能性较小。法商对合同十分重视，他们对货样、交货期及售后服务等，均严格要求遵照合同规定。进口商重视商品质量与价格之间的合理配合。进口商一般要求供应商给予独家代理权，或至少要求某种程度的保障，并期望供应商能在广告促销上给以适当帮助。进口商看重其与供应商之间的长久关系，不轻易更换供应商。股份有限公司资本较多，管理决策比较民主科学。责任有限公司一般比较小，多数注册资本只有 5 万法郎（法定资本的最低限额）。外商到法国经销商品和开办公司，都要首先了解法国的商业传统和习惯。

5. 德国

德国市场是一个购买力强、很有吸引力的市场，它对制成品、半制成品的需求在增多，市场上可供消费者选择的商品品种繁多，价格合理。外商只有提供竞争力强的商品，并配之以长期的销售战略，才能在德国市场站稳脚跟。德国人的质量意识强，与价格相比，德国人更注重产品质量、款式及包装。技术性强的产品还需有保质期、售后服务，并符合德国技术标准。虽然德国青年也喜爱国际流行式样及时装，但他们更偏重保守、实用的款式、颜色。德国要求生产资料、消费品的包装不能对环境有害。德国专业进口商和经营进口的零售及批发商都很了解本国进口规定，能指导外商注意有关规定和标准。他们还可代办仓储，为进口筹措资金，并拥有自己的销售和代理机构。外商可以通过贸易代理商对德国出口，这特别适合于不准备在德国开设自己办事处的出口商。在德国，代理商往往代表好几家工业公司，这些公司的产品互为补充。外商应注意在不同的地区选择不同的代理商。德国贸易代理商及经纪人协会、联合会、总会可帮助介绍合适的贸易代理商。因距离远和法律规定不同等原因，卖方收不到付款的风险很大，当然进口商也会承担一定风险。按欧洲共同体统一进口规定，德国进口商从外国购进商品时，一定要收到必要的出口单证如原产地证、出口许可证等。

6. 意大利

意大利北部消费市场比南部大，南部是富有潜力待开发的市场。意大利人非常重视产品的品质，他们认为产品品质代表产品的设计风格、品牌、产品整体的外观以及技术水准，所以宁愿多花钱，购买品质较佳、寿命较长的产品。意大利人并不在乎产品是国产的或进口的，他们只在乎品质的好坏。意大利人对品质管制严格，近年来意大利政府根据消费者的要求，认真执行保护消费者安全的法令。对与工业相关的产品，像工作安全、运输、电气装备和电信器材，就常以国际或欧洲的标准为准。意大利南部地区虽然人均收入较低，但是对产品的需求仍然很旺盛，是一个十分有潜力的市场。

7. 瑞士

瑞士人均消费水平与购买力居世界前列，且市场十分开放，国产商品和进口商品供应充足，竞争十分激烈。瑞士的消费者和公司的采购员，不论是商品的质量，还是加工、包装、装潢以及交易条件都要求很严，十分挑剔。由于瑞士种族多、语杂，还有很多外籍移民和外国旅游者，他们的文化传统、生活习惯以及对商品的需求、爱好兴趣、品位又很高，所以瑞士市场需求比其他西方发达国家更加复杂。瑞士进口公司采购人员经常在国外旅行，参观专业展览，对各国产品进行综合比较、选择，所以瑞士的进口商是世界上最难对付的。瑞士进口商一般不愿轻易用新的供应商来取代老的传统供应商，所以外国出口商与瑞士商人的第一笔交易很重要。瑞士商人与新的供应商签订的第一个合同，一般是试销合同，用以检验出口商的综合服务质量，所以做好第一笔生意，对今后长期贸易交往很重要。瑞士广告宣传的主要媒介是报刊，此外还有招贴画、电视、电影等。瑞士全国有不少专门从事广告宣传的公司，可以向外国出口商提供服务。瑞士商人遵守契约，诚实不阿，且谨慎、保守，与瑞士商人打交道要有耐心。一旦对方决定买你的产品，会一直买下去，很少中断。要是对方不想跟你做生意，则很难改变他的主意。瑞士商人尊崇"老店号"。要是出口企业牌子老，处处要注意亮出老牌子，甚至可以在信封、信纸上注明本企业创立的年份。在瑞士，猫头鹰是死亡的象征，忌用做商标。

8. 瑞典

瑞典王国是高度发达的工业国家。消费者要求高质量、设计优良、包装完美且价格不太昂贵的商品。在杂货、五金、医药、家电、音响等方面，制造商或进口商必须把他们的产品广泛地发到批发商、零售商手中，形成连锁，再来影响消费者的购买。瑞典的进口税原则上为从价税，并以出口商的到岸价为计算基础。瑞典政府保护消费者主要有两个法案，即行销法和公平交易法。前者主要规范有关推销信息的报道、消费者所必须获知的信息、产品安全及其可使用性，后者则规范交易市场所有的定型化契约。瑞典进口支付通过指定银行进行。报关单据需要提供商业发票、包装单、原产地证明书和产品检验证明，农产品需要提供卫生合格证明。出口产品则大多数不受限制，但出口军火、钢铁、船舶、石油、粮食和油菜子等需要许可证。

9. 挪威

挪威市场不大，但人均收入高，购买力强。厂商一次采购的数量并不大，单价则较高，对消费品的质量并不十分挑剔。挪威进口商寻找贸易对象时，一般先考虑地理位置较近的欧洲国家，并不积极寻求欧洲地区以外国家的出口商。外商难与当地进口商建立贸易关系，但一旦建立了贸易关系，大都不会轻易更改。挪威一般工业水平和产品时尚略逊于周边的瑞典、德国、丹麦等国家，通常追逐上述国家的流行风尚，消费也崇尚邻国。挪威鼓励自由贸易，绝大部分产品可自由进口，但进口某些纺织品和服装、鲸肉及其提炼物、中国台湾鞋、海洋生物油等均需许可证。谷物、酒精饮料、药品和生药等由国家机构垄断经营，它们可直接进口或发放许可证。农业部有权禁止可能危害国内农业生产的食品进口。所有石棉产品和含有石棉的产品均禁止进口。

10. 芬兰

在习俗方面，芬兰人认为最重要的是准时和守约。如果不能按时赴会或交货，都会给对方留下很不好的印象。芬兰人一般较重视商业道德，谈生意认真、坦率，介绍产品实事求是，签约后信守合同，比较可靠，而且通常不轻易改变进口来源。芬兰将进口商品分为两大类，第一类商品从大多数国家可自由进口，第二类商品进口通过发放个别许可证或全球配额管理。全球配额由当局规定数额，进口商可自由选择供应者。这类商品包括农产品、鱼、燃料及其他石油产品、未经加工的金银等。个别许可证商品包括活牲畜、肉类和可食用的动物内脏、奶制品、鸟蛋、天然蜂蜜、可食用蔬菜和水果、谷物、磨粉工业产品、油籽和油果、动植物油、肉制品和糖及糖制品等。

案 例

为了赢得良好的信誉

管理人员在塑造企业文化过程中，要特别注意以身作则，通过实际行动体现企业精神，达到潜移默化地影响广大员工的目的。比如，美国联合包裹公司在这方面就做得很好。该公司倡导"一切为顾客着想"的价值观，公司经理们不仅要求员工，更要求自己处处把顾客放在第一位。例如，有一年圣诞节前几天，（美国）铁路局一个职工打电话到联合包裹公司说，装有联合包裹公司两辆拖车的铁路运货车厢，因作业上的疏忽，被遗留在伊利诺伊州中部的铁路支线上。公司经理决定尽全力把这些装有圣诞礼物的包裹准时运送到目的地。为此，他们雇了一辆高速柴油火车，把那辆铁路运货车厢拉到芝加哥，然后订了两架波音727客机飞往佛罗里达和路易斯安娜等目的地，及时地赶在圣诞节前将圣诞礼物送到顾客手中。虽然这样做花费不小，但却为公司赢得了良好的信誉。这样一件普通的事在公司里广为流传，对企业文化的形成和强化起到了很好的促进作用。

讨论题：

1. 包裹公司经理们的做法如何评价？他们如果不这么做，"一切为顾客着想"的企业文化能否真正建立起来？

2. 如果你是它的顾客，你信赖这家公司吗？下次邮寄包裹还会找它吗？请预测一下这家公司的前景如何？

小 结

企业文化是企业在长期生产经营活动中形成并得到全体成员信奉和遵守的价值观、信念、行为规范、传统风俗和礼仪等内容组成的有机整体。如果企业文化很浓厚，其员工能自如地应付各种突发事件，使顾客满意。作为服务企业，较制造业更应重视企业文化。

服务营销文化是以追求优质服务为导向，每个成员都把向内部顾客和最终的外部顾客提供优质服务并最终使顾客满意视为生活的自然方式和最重要的规范之一，服务营销通过优质服务维持现有顾客，培养其忠诚度，建立服务伙伴关系。服务营销文化发展包含三个层次。

服务企业更需要有一定导向功能的企业文化来引导员工的行为，以巩固和提高服务质量。服务文化具有导向功能、约束功能、凝聚功能和激励功能。塑造服务企业文化是一项艰巨的系统工程，要做好分析规划、组织实施工作。服务企业还应选择恰当的方式传播企业形象，获取公众的认同感。

习　题

1. 解释下列概念

企业文化　服务营销文化

2. 企业文化理论在哪些方面带来了管理理论的新突破？

3. 企业文化具有哪些特点？

4. 服务营销文化发展三个层次是什么？

5. 服务营销文化主要功能是什么？

6. 建设服务文化对领导体系有什么要求？

7. 如何建立服务文化？

8. 传播服务形象的方式有哪些？

9. 在传播服务形象时要注意哪些不利因素的影响？

第十六章

服务绩效评估

服务具有无形性和差异性的特征，是通过服务人员和顾客的交往在"真实瞬间"共同完成的活动。因此，服务质量和效果的评估并没有由服务提供者制定统一、具体的标准。但是，利用科学的方法与手段对服务绩效进行必要的评估与检查监督是营销管理的重要一环。建立健全一套对服务绩效评估与控制的方法，是提高服务质量的前提，是实现服务营销目标的重要保证。

本章知识结构图

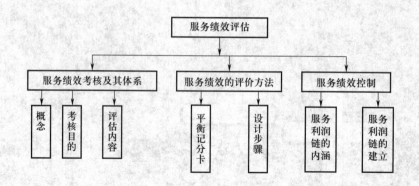

第一节 服务绩效考核及其体系

一、服务绩效评估的概念

服务绩效评估是指企业或服务人员以既定的标准为依据，对一定时期内服务工作状况的评定与估价。具体地表现为对服务质量和效果的情况进行收集、分析、评价和反馈的过程。服务绩效评估的目的在于分析服务工作的效果，总结经验教训，发挥员工潜力，促使顾客服务计划的实施，确保服务目标的实现。

考核是一个目标设定、记录、评估的过程。首先，由最高管理层拟定企业的服务目标；其次，再由各个部门、单位制定可促进整体营销目标的具体措施，而且要将企业服务目标与单位目标作为绩效考评的明确标准。标准确定后，将对实际绩效与标准之间的关系采取一定措施，促使服务绩效与既定标准和目标相一致。绩效评估的过程必须包括制定目标或标准、检查记录、考核评价等关键环节，其状况如图 16-1。

进行绩效评估工作，最重要的是要制定评估标准。一般来说，评估标准包括数量标准和质量标准两个方面。制定评估标准的主要目的是为了使员工明确：应该做什么？做到何种程度？因此，所定标准要合理、明确和具体。

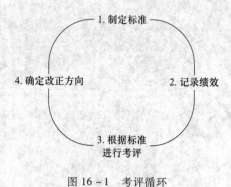

图 16-1 考评循环

二、服务绩效考核的目的

服务绩效是服务企业及服务人员完成工作的效率和效能。有效地进行绩效考核，可以充分了解服务人员的工作贡献或不足，检查服务目标的实现程度，为管理决策提供依据。一般来说，绩效考核的目的主要表现在以下几方面：

（一）服务绩效考核是检查和改进服务人员工作状况的有效手段

企业通过对每个工作岗位上的员工的工作绩效进行定期的考评，可以检查出企业员工的工作状况，发现招聘、培训和激励等方面存在的问题，确定培训目标和计划，明确高效的工作标准，以作为人事决策的主要依据。

（二）服务绩效考核有助于对员工的信息反馈

服务绩效考核的最积极目的，应该是使员工了解绩效目标与公司期望间的关系。经营者将考核结果反馈给员工，可以使员工了解公司的目标；可以帮助员工认识自己的潜力，从而努力改善工作；可以使员工认识努力与奖酬之间的关系，激励员工工作效率的提高。

（三）服务绩效考核对公司政策与计划的拟订、修正具有指导意义

服务绩效考核是服务企业营销管理的主要工作之一，通过服务绩效的考核，能够使营销管理者明确服务营销工作的状况，从而为调整服务营销策略提供充分的实践依据。

三、服务绩效评估的内容

服务绩效评估的具体内容是通过一定的项目或指标系列的考核与核算来实现的。服务绩效评估可以运用价值量指标、实物量指标和劳动量指标为计量单位进行记录、计算与反映服务效果。服务绩效的评估内容主要包括：

1. 服务质量

服务质量是指能满足规定和潜在需求的特征和特性的总和，是服务工作能够满足被服务者需求的程度。服务质量的好坏对服务营销中的顾客满意度起着决定性的影响，包括服务设施质量、服务产品质量、劳务质量（如服务态度、服务技巧、服务方式、服务效率、礼节礼貌和环境氛围）和顾客对服务的期望等，既有有形的部分，也有无形的服务。因此，既可以通过定量指标进行考核，又可以通过定性指标进行分析。

2. 服务效益

服务效益是指服务活动过程中所耗费与占用的社会劳动同所实现的经营成果之间的对比关系，反映的是投入与产出之间的关系，主要考核营业收入、成本费用、利润等经营状况，盈利能力，偿债能力及社会贡献等。

四、服务绩效评估的方式

服务业公司可以利用一系列方法来评估服务效果，评估方式则由服务的性质以及参与服务人员的数目而定，以下是五种常用的方式：

1. 销售相关系统

即以销售增长率、市场占有率、利润和重购率作为衡量顾客和员工满意度的指标。

2. 抱怨制度

服务业公司应该让顾客有抱怨的便利。但许多服务公司未给予足够的重视来建立

一套简易的机制，让顾客的问题和抱怨充分表达，并做出反应。一旦顾客得不到抱怨的机会，不但会导致减少生意，而且会通过口头传播影响现有的或潜在的顾客。

3. 建议制度

建议制度可用以寻求顾客和员工对服务公司表现效果如何的看法，将建议制度与奖惩制度相配合，更能对服务、系统和公司的改善提供宝贵的创意来源。

4. 审计访谈

审计访谈包括例行的、结构化的、事前宣布的，或者是非例行的、非结构化的和事前不做宣布的。例行审计的方式往往受服务业公司性质和服务市场形态的影响。

5. 顾客满意度调查

许多服务公司对顾客满意度做定期调查，以查明以往顾客对服务的满意与不满意之处。比如，有些饭店把问卷留在房间，让客人对食物、设施、服务及其他事项提意见和给予批评。顾客满意状况的调查一般由独立的商业研究代理机构来完成。其步骤是：

- 由代理机构独立选择顾客。
- 代理机构通过深入的电话交谈向顾客讲明每一个服务问题的相对重要性以及服务公司与人员能在多大程度上满足他们的需求。
- 问题被归入 5 类——关系、交易、沟通、价格和交货。
- 计算出用于关系、交易和沟通方面的指标值。
- 根据重要程度对满意度加权，从而为每个问题评出满意得分（用百分比表示）。

第二节　服务绩效的评价方法

一、服务绩效的评价工具——平衡计分卡

服务绩效的评价，可以借用 20 世纪 90 年代中期美国著名的管理大师罗伯特·卡普兰（Robert S. Kaplan）和复兴方案国际咨询企业总裁戴维·诺顿（David P. Norton）提出的"平衡计分卡"（BSC, Balanced Score Card）作为评价工具。平衡计分卡把企业的使命和战略转变为可衡量的四个方面指标：财务、客户、内部经营过程、学习与成长，各部分又可被细化为若干指标。"平衡计分卡"（BSC）是一个具有多维角度的绩效评价方法，即通过四个层面：财务、客户、内部流程及员工学习与成长能力来实施策略管理，以保持财务指标与非财务指标之间的平衡；长期目标与短期目标之间的平衡；内部衡量与外部衡量之间的平衡；成果与成果的执行动因之间的平衡；管理业绩与经营业绩之间的平衡等。

运用平衡计分卡作为服务绩效的评价工具，可以与服务利润链模型结合起来，通过对服务利润链中每个元素的记录和评价，形成一个整体的评价结论，并注意局部和整体的控制和协调。其评价指标为：

（一）财务指标

平衡计分卡在财务绩效衡量方面显示企业的战略及其实施和执行是否正在为最终经营结果的改善做出贡献。常见的指标包括：资产负债率、流动比率、资金利润率、销售利税率和在目标市场上所占的份额等。

（二）客户指标

通过对客户所获得的服务质量和成本等方面分析，了解客户的需求和满意程度。主要包括客户的价值评价、客户满意程度、对客户的挽留及客户忠诚度、获取新的客户等。

（三）内部流程指标

内部经营过程衡量所重视的是对员工满意度、客户满意程度和实现组织财务目标影响最大的那些内部过程的质量。

（四）学习和成长指标

平衡计分卡揭示人才、系统和程序的现有能力和实现突破性绩效所必需的能力之间的巨大差距，从而投资改进。主要包括员工士气、员工满意度、平均培训时间、再培训投资和关键员工流失率等。

二、设计平衡计分卡的步骤

（一）制定明确的战略和战略框架

卡普兰和诺顿在《战略导向的组织》一文中说："在设计一个平衡计分卡时，我们总是从询问'你的战略是什么？'开始。一旦我们理解了战略，我们就能建立一个新的描述战略的框架，我们把这个框架叫做战略地图。"

1. 制定战略目标

制定战略目标要考虑以下因素：企业的历史业绩；行业发展趋势；竞争态势；行业最佳实践；战略目标要用具体的术语来表达；战略目标要在整个组织内部得到沟通和广泛的认同。

2. 确定战略主题

基于战略总目标，确定 3～5 个战略主题。战略主题要具有以下特点：可实现的；支持战略总目标；对组织传达积极的影响；指向和聚焦于重要的事项；每个主题都具有独特性；在范围上是战略性的而不是战术性的；与组织的使命和远景保持一致；有助于实现企业财务目标。战略主题是实现战略目标的关键领域和主要推动力，它的作用是界定战略活动的范围和主要任务。制定战略主题通常从以下几个方面着手：参考企业收集的战略信息；征询企业高层管理者的意见；审视企业内部运作流程。

3. 制定战略框架

将战略主题同平衡记分卡的 4 个角度联系起来，形成逻辑上具有因果关系的体系，即战略框架。战略框架初步开发完成后，需要得到最高管理层的批准，以保证该框架能准确反映公司战略。

（二）设计平衡计分卡的衡量指标（measures）

对每一个战略主题目标，都需要一个衡量指标。衡量指标是用来检测和跟踪企业战略目标进展的工具，对满足战略目标提供反馈。设计衡量指标通常遵循以下准则：指标应能够驱动变革，为战略提供动力；衡量指标应该是可重复、可计量、可验证的；衡量指标用明确具体的术语定义目标。大部分组织会使用它们现有的衡量指标。需要进行重大变革的组织应采用一些驱动性的衡量指标。

（三）设计平衡计分卡的衡量标准（targets）

对每一个衡量指标建立一个衡量标准或称作目标值。目标值是对企业未来绩效水平的期望水平。它的作用是推动组织去达到要求的绩效水平。当组织达到它设定的目标值时，它就成功地执行了战略。目标值的设立通常是基于企业过去的绩效水平，考虑行业发展趋势和竞争态势，参照行业最佳水平来设立。目标值要具有现实性和挑战性，目标值是企业通过积极的努力能够达到的。

（四）设计平衡计分卡的行动计划（programs）

行动计划指明企业如何行动来实现战略目标。制定行动计划的关键是根据战略目标策划、评估和选择行动方案。行动计划需要得到企业高层管理的支持，并获得足够的资源。因而，行动计划不应过多。企业应优先选择对战略目标作用最大的行动计划。

（五）平衡计分卡的应用

平衡计分卡的应用必须有企业全体人员的参与，从企业高层领导团队开始，逐级向下宣传贯彻。高层领导团队在平衡计分卡应用中的主要作用是从总体上把握企业战略，与其他成员沟通公司的战略，对其他团队成员提供政策和资源配置方面的支持。

中层管理团队是应用平衡计分卡的核心团队。中层管理团队能够对公司的业务有全面的理解，能够抓住公司成功的关键因素。他们在沟通高层领导战略意图和基层员工意见之间起着不可替代的作用。因而，他们能把平衡计分卡贯彻到企业的各个职能领域中，并具有专业技能对战略执行结果做出正式总结和报告。

基层团队对企业的职能领域具有深入细致的理解。企业战略最终要落实到基层人员的工作中。他们能够把战略问题与自己的工作联系起来，收集到详细的企业运作数据，并加以分析，与公司其他成员沟通。

第三节 服务绩效控制——服务利润链的建立

一、服务利润链的内涵

（一）服务利润链模型

服务利润链从服务性和利润性两个方面，通过服务价值等式将内部员工、外部客户及企业绩效联系起来，从顾客的角度来看待服务结果，以获得企业长期的盈利目标和竞争优势。服务利润链的模型 1994 年由美国哈佛大学詹姆斯·赫斯克特（James L. Heskett），托马斯·琼斯（Thomas O. Gary），加里·洛夫曼（W. Loveman），小厄尔·萨瑟（W. Earl Sasser Jr.），伦纳德·施莱辛格（Leonard A. Schlesinger）五位教授提出。服务利润链建立了企业盈利能力、客户忠诚度、员工满意度和忠诚度之间的关系。服务利润链认为：企业的利润与收入增长，与顾客忠诚度、顾客满意度、顾客所获得服务的价值，以及员工的能力、满意度、忠诚度、劳动生产率之间存在着直接的关系（见图 16 – 2）。

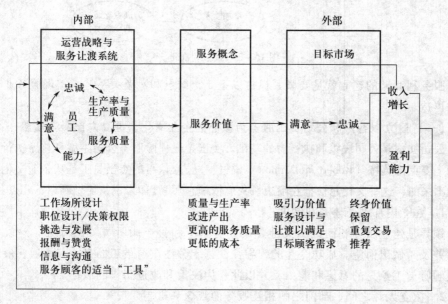

图 16 – 2　服务利润链模型

资料来源：赫斯克特，萨瑟，施莱辛格. 服务利润链. 牛海鹏，等，译. 北京：华夏出版社，2001.

（二）服务利润链的内涵

1. 服务与利润的关系链

（1）内部高质量的运作和服务，可以产生满意、忠诚的员工；

（2）满意的员工通过对外提供高质量的服务，来提高客户的服务价值；

（3）获得高服务价值的顾客将会提高满意度和忠诚度；

（4）满意而忠诚的客户将提高企业的盈利能力和成长能力。

2. 服务利润链的核心是提高顾客价值

顾客价值就是顾客所得到的结果与所付出的总成本（包括价格和获得服务过程中产生的其他费用）之间的比较。可以表示为：

$$顾客价值 = （为顾客创造的服务效用 + 服务过程质量）/$$
$$（服务的价格 + 获得服务的成本）$$

3. 服务利润链的关键是领导的以人为本观念

以人为本一是要以顾客为本，了解顾客的价值取向，为顾客提高服务价值；二是要以员工为本，使每一个员工能在理想的岗位上发挥自己的才干，并取得应有的回报。

二、服务利润链的建立

服务利润链是 4 条关系链，由以下 5 个关键的结点组成，如图 16 – 3 所示：

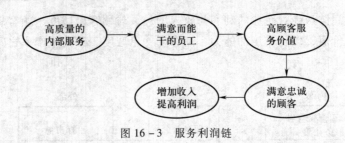

图 16 - 3   服务利润链

服务利润链的建立就是要紧紧抓住以上 5 个结点和 4 条关系链，实现服务业务流程的再造。

（一）建立以客户和公司员工服务为核心的企业文化，提高内部服务质量

公司文化是公司决策和执行力的基础。美国金融保险服务公司主席和首席执行官罗伯特·麦克德莫特（Robert McDermott）说过："公众认可的杰出员工是从企业文化自然产生出来的，这种文化总被挂在嘴边，我们依赖它。"具体来说，要做到以下几点：

1．建立内部沟通体系和制度

领导是建立服务利润链的关键。领导要乐于和善于倾听员工的意见、建议和要求，并及时做出回应。成功企业的领导往往都十分注重与员工的交往和沟通，展现出希望倾听员工意见的意愿和能力，并以此作为决策和改进工作的依据。

2．树立人际之间、部门之间相互服务的观念和机制

每一个员工、每一个部门都有义务为所服务的部门提供优质的服务，以此来提高整体的服务水平。

3．建立业务培训制度，提高员工为客户服务的能力

4．赋予每一个员工在他的工作范围内处理问题的职权

维护员工的尊严，发挥员工的能动性，以制度形式，最大限度地提高每个服务工作人员处理职责范围内问题的权利。

5．改善工作环境和员工待遇

（二）建立员工满意度和忠诚度测评制度，不断提高员工的满意度和忠诚度

满意的员工是实现顾客满意的前提。某保险公司的调查表明：当公司有一位员工流失，其客户满意度就会从 75% 急剧下降到 55%。在提高内部服务质量、促进员工满意的同时，还必须建立员工满意度和忠诚度测评制度，定期了解员工满意度和忠诚度的关系及其变化；了解影响员工满意度的原因及各原因的重要程度，以便进一步改进工作，提高内部服务质量。

如美国世界通讯公司的管理层通过调查，了解到影响员工的工作满意度的因素及其按重要性排序为：对工作本身的满意程度、培训、工资、提升的公平度、是否受到尊敬和具有尊严、团队精神以及公司是否关注员工的福利。掌握了这些信息，就能针对员工们最为关注的问题进行改进。

（三）建立顾客价值分析机制，不断提高顾客价值

顾客价值是影响顾客满意和顾客忠诚的重要因素。根据顾客价值等式，顾客价值等于顾客所得到的结果与所付出的成本的比值。要提高顾客价值，就必须分析和监控

顾客的服务需求和成本因素，从而提高顾客所需要的服务质量，降低顾客成本。

1. 提供给顾客的服务效用和服务质量分析

对服务过程和服务结果中的各个项目，按顾客的重视程度和服务质量两个维度进行分析，并按顾客重视程度对服务质量做出调整，如图 16 - 4 所示。

（1）顾客重视程度高、服务质量高的项目，继续保持高服务质量；

（2）顾客重视程度高、服务质量低的项目，应加强服务质量；

（3）顾客重视程度低、服务质量高的项目，适当调整服务质量，以降低服务成本；

（4）顾客重视程度低、服务质量低的项目，应监控服务质量与顾客需求的一致性。

图 16 - 4　顾客需求—服务质量分析图

例如，服务通常可根据其对顾客的重要性和公司绩效来予以评价。重要绩效分析可按服务项目和对各项活动的要求进行打分。在表 16 - 1 中，表示了顾客如何评价汽车经销商的服务，表明在重要性和绩效上有 14 种服务因素（属性）。重要性按"极重要"、"重要"、"稍重要"和"不重要"4 级计分法予以评价。经销商的绩效按"优"、"良"、"中"、"劣"4 级计分法予以评价。例如，"工作一次便完成"在平均重要性等级方面得 3.83 分，在平均绩效等级方面得 2.63 分，这说明顾客感到这项服务是非常重要的，但工作却做得不理想。

表 16 - 1　对汽车经销商在顾客重要性和绩效上的评价

属　　性	属性说明	表示重要性评价[1]	表示绩效评价[2]
1	工作一次便完成	3.83	2.63
2	收到批评意见迅速采取措施	2.63	2.73
3	迅速保修	2.60	3.15
4	胜任任何需要做的工作	3.56	3.00
5	如有需要即可提供服务	3.41	3.05
6	服务殷勤、有礼和友好	3.41	3.29
7	按商定时间将汽车准备好	3.38	3.03
8	只完成必要的作业	3.37	3.11
9	低价服务	3.29	2.00
10	服务完成后打扫干净	3.27	3.02
11	方便家庭	2.52	2.25
12	方便工作	2.43	2.49
13	优惠借用大客车	2.37	2.35
14	发出维修通知	2.05	3.33

说明：

[1] 按"极重要"、"重要"、"稍重要"、"不重要"4 个等级评价.

[2] 按"优"、"良"、"中"、"劣"4 个等级评价。本表亦提供"无法判断"这一栏.

这 14 种因素的评价等级在图 16－5 中表示，并区分为 4 个象限。象限 A 表示没有达到期望水平的重要服务因素，它们包括因素 1、2、9。经销商应在这些因素方面致力于改进服务部门的绩效。象限 B 表示服务部门目前做得很好的重要服务因素，其任务是将高水平的绩效保持下去。象限 C 表示所提供的次要服务因素质量低下，但由于它们不甚重要，所以不必理会。象限 D 表示次要服务因素如"发出维修通知"完成得非常出色，但属于一种不必要的过分行为。该公司也许应该较少地发出维修通知，并把精力集中于改进公司在重要绩效方面的薄弱环节。该分析也应该在每个项目上与竞争者进行对比。最坏的情况是与它最接近的竞争者在最重要的项目上比公司做得好。

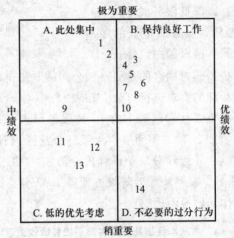

图 16－5　重要性与绩效分析

2．顾客获得服务的成本分析

顾客获得服务的成本是决定顾客价值的又一重要因素，可以从顾客付出的货币成本（价格）、时间成本、体力与精神成本等方面着手，调查顾客的成本需求；提高工作效率，全方位降低顾客的成本。

（四）建立客户关系管理制度

1．进行客户分类管理

根据客户的忠诚度和对公司的贡献进行分类，针对不同类型客户的不同特点，分别采取不同的管理方法。

2．建立顾客满意度和忠诚度测评和监控制度

雷德里克·赖克霍德与小厄尔·萨瑟估计，客户忠诚度增加 5% 可使利润增加 25%～85%。他们认为，以客户忠诚度来衡量的市场份额的质量应当像股票数量那样受到更多的重视。企业应定期进行顾客满意度和忠诚度的测评，把握其变化，分析其原因，为服务规制的修订提供依据。

（五）建立服务绩效测评制度

服务绩效的测评既要考虑盈利能力，又要考虑其成长能力。既要考虑财务绩效，又要考虑其综合绩效。

服务绩效指标是用来独立评估服务水平的指标，并根据公司确定的标准来衡量所取得的进展。这一项目很重要，因为经过一段时间后，顾客的期望会提高，为了吸引和留住顾客，我们必须达到或超过这一期望。

该指标使用 3 种技术——销售现场措施、电话措施和神秘购物，后者是最重要的技术，大约占该指标的 70%。神秘购物是这样进行的：

- 被选的部门每个月都要收到个人问讯电话以及每年 4 次的人际访问；
- 访问后，神秘购物者填写审核表，送给该部门一份，另外一份送给检查代理机构以便核对；
- 代理机构提出总结报告，给出总分数和各项标准。

服务效益指标包括：

1. 经营状况指标

（1）营业收入指标。进行营业收入指标核算，首先要了解有关服务产品的价格，然后再结合服务数量统计数据，换算成营业收入。

（2）营业成本及费用指标。反映企业和服务人员经营活动中活劳动和物化劳动消耗的指标，包括直接用于接待顾客的成本费用，人工、能源、物耗等营业费用，办公旅差、摊销等管理费用以及财务费用。

（3）经营利润指标。经营利润指标是在营业收入核算与营业成本及费用核算的基础上，通过对两者的比较分析来反映服务活动的经济效果。用公式可表示为：

$$经营利润 = 营业收入 - 营业成本 - 营业费用 - 营业税金及附加$$

2. 盈利能力指标

（1）资本利润率。资本利润率用于衡量投资者投入企业资本金的获利能力。用公式可表示为：

$$资本金利润率 = \frac{净利润}{资本金总额} \times 100\%$$

（2）营业利润率。营业利润率用于衡量企业的盈利水平。用公式可表示为：

$$营业利润率 = \frac{净利润}{营业收入总额} \times 100\%$$

（3）资本保值增值率。资本保值增值率用于反映投资者投入企业的资本完整性。用公式可表示为：

$$资本保值增值率 = \frac{期末所有者权益总额}{期初所有者权益总额} \times 100\%$$

资本保值增值率 = 100%，为资本保值；资本保值增值率大于 100%，为投入资本增值。

（4）总资产的报酬率。总资产的报酬率用于衡量企业运用全部资产获利的能力。用公式可表示为：

$$总资产的报酬率 = \frac{利润总额 + 利息支出}{平均资产总额} \times 100\%$$

3. 社会贡献水平

（1）社会贡献率。社会贡献率用于衡量企业运用全部资产为国家或社会创造支付价值的能力。用公式可表示为：

$$社会贡献率 = \frac{企业社会贡献率}{平均资产总额} \times 100\%$$

企业社会贡献总额即为国家或社会创造支付的价值总额，包括工资、劳保退休统筹及其他社会福利支出、利息支出净额、应交营业税金及附加、应交所得税、其他税收和净利润等。

（2）社会积累率。社会积累率用于衡量企业社会贡献总额中多少用于上交国家财政，包括应交增值税、营业税及附加、应交所得税和其他税收等。用公式可表示为：

$$社会积累率 = \frac{上交国家财政总额}{企业社会贡献总额} \times 100\%$$

4．服务劳效指标

服务劳效是服务人员从事服务劳动的效率，一般应根据具体的服务行业来设计。

专　论

打造全新的服务利润链

一、什么是服务利润链？

公司内部的业务流程，从上下游关系上看可以称为"供应链"，但在内部为了突出全员服务的意识叫做服务链更合适。

服务是一种成本，我们要求这种服务成本的付出必须要创造利润，那么我认为叫"服务利润链"可能更能表达我们需要的东西。

所以服务利润链包括了两个层面的含义，服务链基于服务领先战略，利润链基于成本领先战略。

二、如何打造服务利润链

（一）服务链如何建立

以顾客为中心，再造业务流程，并建立与之配套的利益目标一致的激励和约束机制。

服务链的建立应遵循以下几个基本原则。

1．每个服务人员在顾客服务问题上都是 CEO

和顾客直接接触的销售人员、维修人员、投诉处理人员，是我们的基层员工。他们有多大权利？小得可怜，任何事情都要请示、汇报、协调。当面对顾客投诉问题时他们如何处理？仅仅笑容可掬是不够的。应在事故发生前充分授权，让我们的一线员工在服务问题上都是 CEO，都有解决问题替顾客着想的能力，其他的人都要为他们服务。不能让员工在客户面前感到无法交待。这样的一线人员并不特指卖场，也包括配送中心的销售人员。

2．服务品种创新是公司利润的新动力

三联家电发展的过程也是一个服务品种不断推陈出新的过程，从一开始的微笑服务到优质服务到魅力服务，从保修终生到会员制到六项承诺，无不体现出三联家电在服务举措上的持续创新意识。

服务创新是公司赢得服务竞争时代胜利的关键，服务创新的途径很多，但其基本思路仍然是"以顾客为中心"，从顾客的需要出发，就会发现无数创新的途径。随着网络的普及，销售方式呈现出多样化、立体化的局面，如网络营销、电话营销、移动电话营销、目录营销、电视营销、公司营销等。

同时，未来的服务创新越来越依赖于技术的实现，假如我们没有 POS 系统、没有 CRM 系统，我们无论多么想都无法实现对顾客的一对一个性化服务，我们也无法实现网上的零售，所以技术已经成为服务创新的一个必不可少的手段。

3. 加强顾客关系管理，寻找会带来利润的顾客，留住老顾客

"顾客心理占有率"才是衡量公司能否永续经营的一个最重要的指标，也是我们能否将服务的功能发挥到极致的标准。我们要的不仅是顾客满意度，更重要的是顾客忠诚度。

提高顾客忠诚度我们应从以下几方面入手：

（1）加强顾客信息管理。我们也不可能服务于所有的顾客，必须细分顾客，找到属于自己的"上帝"，并制定相应的营销策略。

（2）加强与顾客沟通、与顾客结盟。比如电话回访制度、定期顾客见面、社会评议员等。

（3）留住老顾客。公司必须树立的一个观念是：老顾客是你最好的顾客；公司必须遵守的一个准则是：使第一次购买的人能成为你终生的顾客。

三联家电在济南的市场占有率一度接近70%，正在进行的三联电器家庭的策划案是对会员制的一次升级，同时也是顾客关系管理系统的一个重要组成部分，通过这项活动可以以家庭为单元进行顾客关系管理，提升顾客忠诚度，实现留住老顾客的目的。

4. 再造业务流程，建立与之相配套的约束和激励机制

这是打造服务链需要克服的一个主要困难。如前面所提到的在业务流程中存在着不协调的地方，存在着局部利益和整体利益不一致的地方，这就导致在具体工作中不能从全局出发，而是以团体小利益为重，使得服务目标缺乏一致性，导致服务问题的出现。所以必须打破部门与部门之间的壁垒，通过考核方式的调整，将利益目标一致起来，提高效率，这是服务链能否有效形成的关键。

（二）如何打造利润链

山姆·沃尔顿曾经说过：我们应该珍视每一美元的价值，我们的存在是为顾客提供价值，这意味着除了提供优质服务外，我们还必须为他们节约钱财，每当我们为顾客省下一元时，那我们在竞争中就领先了一步。

这是对成本领先战略的最好注解，只有我们的成本领先，我们才能比竞争对手更好地为顾客节约钱财。而这种成本领先战略的实施，关键在于采购体系和物流配送体系能否高效率、低成本地运转。在我们整个成本体系中，除了人工成本外（人工成本的降低需要通过人力资源战略的实施来解决），最大的就是采购成本和物流成本。

我们现在正在实施的电子商务与现代物流示范工程便是解决这一问题的很好的方案。在未来竞争中，市场价格是不可控的，我们只有降低成本才会给自己留出价格竞争的空间。

讨论题：

1. 以沃尔玛为例说明服务利润链的打造流程。

2. 如何理解"在服务企业中，企业管理的中心不在于利润和市场份额目标的实现，而在于如何全面地满足企业内部员工和企业外部顾客的需求"这句话。

3. 打造服务链需要克服的难题有哪些？

案例 1

DHL 的平衡计分卡应用

中外运敦豪国际航空快递有限公司（DHL，简称中外运敦豪）是中国第一家国际航空快递公司，作为德国邮政全球网络旗下的知名品牌。DHL 的服务网络覆盖全球 220 多个国家和地区，在全球拥有 285 000 名员工，为客户提供快捷、可靠的专业化服务。

大凡绩效卓越的公司，无不注重绩效的测评与管理。绩效测评是否准确、合理，关键要看企业使用的评测体系本身是否优良。在过去的 17 年时间里，中外运敦豪（DHL）的绩效测评体系，先后经历了两次变革。

第一次变革发生在 1998 年。这一年 DHL 的北京、上海和广州合资公司不再使用传统的会计方法分摊间接成本和支持成本，而是开始采用了更为先进的作业成本法。第二次变革发生在 2002 年，这一年公司决定开始实行平衡计分卡，本年被设定为"服务年"，这是为加强公司内部服务意识的一个项目。

中外运敦豪首先建立了公司的远景战略，要做市场的领先者，为了实现这个远景，必须向客户提供最佳服务。同时在保证质量的前提下做成本最低的服务提供商。公司领导希望把服务理念像基因一样移植到这家年均增长率 40% 的公司，使注重服务质量成为每个员工的第一反应。那么，这个移植手术该如何做？"你想获得什么，你就测评什么。"平衡计分卡创始人卡普兰和诺顿的这句名言就是答案。你想让顾客得到优质服务，你就要测评员工为顾客提供的服务到底有多优良。你想成本最低，速度最快，你就要测评你的效率有多高。但是，如果测评的结果不与薪酬挂钩，谁都不会在乎测评的结果。在 DHL 的薪酬政策中，如果某个分公司可以百分之百地完成所指定的每项指标，那么该分公司就可以获得相当于全员年度工资 8% 的奖金。

以前衡量分公司主要是用财务指标，看收入的增长是否达到标准，采用的是盈利和收款的情况等这些硬性的财务指标。后来觉得这样看待公司的经营是远远不够的。

在平衡计分卡里他们不但重新设计了财务指标，还涵盖了很多客户的指标进去。他们认为平衡主要体现在四部分的平衡：内部和外部、短期和长期、结果和动机、数量和质量。

DHL在其平衡计分卡体系中，设置3类测评指标。一类是诸如营业收入、运营利润等财务指标，一类是客户保有率、新增客户、员工离职率等效率指标。还有一类是客户满意度，客户服务水平等服务指标。这3类指标的加权平均值（权重为40：30：30）就构成了分支机构的总体绩效水平。对于DHL的总公司、3个区域公司以及39家分公司来说，今后经理和员工的奖金都要依据这3类指标的得分而定，而不仅仅是财务指标。

公司在总部成立了平衡计分卡小组，负责公司的策略制定、实施、考评和完善。他们邀请培训顾问设计整个课程，然后再培训39个分公司的内部培训师，内部的培训师再培训内部员工。这样的实施就非常有效。平衡计分卡小组相信，这种三维测评体系比原有的财务体系更加优越，并相信公司的员工也会理解这些优越性。

指标精练目标实际是平衡计分卡实施的一大难点，是关键指标的确定以及这些指标的目标值的设定。在设置关键指标时，最容易犯的错误是为了求全而把所有的指标一网打尽。卡普卡曾经举过一例，说一家公司为自己的平衡计分卡设计了数百个指标。这样做不仅平添了搜集数据的成本，而且还会让管理者因为信息泛滥而不知所措。

在DHL的3类指标中，每项指标的数目都在10个以下，其中财务指标有5个，效率指标有7个，服务指标有9个。这些指标应该是反映DHL经营全貌的关键指标。

在目标值的设置上，DHL一再强调要切实可行。中外运敦豪根据中国的国情对总部使用的指标进行调整。如果目标定得太高，大家明显达不到，就会挫伤士气；太低，太容易达到，又会让人觉得索然无味，也挫伤士气。DHL主要是依据过往的历史数据和现在的经营状况设定目标值，同时每3个月还要召开一次由39个分公司的关键成员参加的沟通会。在会议上讨论目标值是否切实可行，并且作出相应的修改。有了整套平衡记分卡的绩效考评指标，中外运敦豪的管理层得以及时跟踪并修正指标，提高了效率，增加了透明度，管理因此变得更加便捷有效。

对于一般公司难以做到的数据收集，DHL倒是没有遇到太大的困难。一方面是因为DHL本身就有一套完善的信息系统，另一方面是小组在考虑指标时，充分吸纳了以往行之有效的KPI（关键绩效指标）。这大大降低了实施的难度。为了做到数据的搜集和汇报责任到人，DHL在各个职能部门设置了"协调人"一职。由他们专门负责各个指标的数据采集和汇报工作。

对于可能导致责任推诿的跨部门性质的指标，DHL采取的原则是"谁的孩子谁抱走"。指标的数据从哪个部门提取，哪个部门就必须对该指标直接负责。DHL的企业文化，为责任到人提供了有利支持。在DHL，一旦某项指标处于不平衡状态，或者说实际值与目标值相差较大，相关的经理会毫不犹豫地站出来承担责任，并且提出改进方法，同时主动寻求其他部门的配合。

把客户指标和效率指标与财务指标结合起来的平衡计分卡绩效测评方法，有力地推动了公司提供优质服务和降低成本的竞争战略。比如，与实施平衡计分卡之前相比，DHL 的数据返回率提高了 20%。

另一个变化是，根据战略分解出来的目标、指标和目标值，引导着各个分公司找到战略方向配置自己的资源。在平衡计分卡实施之初，某个分公司花了很大的力气把检查点丢失率一直提高到了目标值的 120%（超过目标 20%）。由于在这个工程中占用了太多的资源，其他的指标自然表现欠缺，最终导致综合得分不理想。考核结果出来后，这家分公司调整了资源的配置，使之更能反映组织的战略需要。

当然，DHL 的平衡计分卡体系也在不断完善。比如，作为推动整个战略的"学习与成长"指标，在 DHL 的绩效体系中并没有得到完全的反映。

讨论题：

1. 平衡计分卡方法使执行层有机会在组织和战略意图上达成一致，这种方法能否运用于其他服务企业？

2. 如何解决指标分类体系中归属关系不当的问题？

3. 请根据所学知识讨论你所熟悉的服务企业的评估体系。

案例 2

人人相互评估

汉普顿退休服务公司（Hampton Penson Seed）是一家退休管理和咨询公司，位于俄亥俄州。

1988 年，公司组织了一个由来自高层次的员工所组成的小组，共同开发绩效考核标准，他们开发出了 10 条标准，其中有：

- 是否把组织利益放到个人利益之上；
- 是否尊重和体谅他人；
- 是否有勇于承担错误的责任；
- 是否表现出"如果我开始创业，我愿意雇用这个人到我的公司工作"。

在开发出 10 条绩效标准的基础上，公司的绩效考评方法是：公司的 40 多名员工对包括自己在内的每一位员工都要进行评估，看他是否符合这些绩效标准。

为了保密，所有的评价都用标准的表格形式在计算机中进行。首先，员工把评价意见复制到软盘上交给一个小组处理。然后，再给每位员工和每位主管人员（包括公司总裁）准备一份评价报告。这份评价报告包括公司对个人的评价等级，也包括根据考评者级别进行的分数统计等级。这样，每位员工都可以知道管理人员、同事对自己的评价如何。依据这些评价的等级来决定年终加薪和分红的比例。公司员工对这种考评制度都很满意，因此该公司的员工流动率远远低于同行业的平均水平。

讨论题：

1. 汉普顿退休服务公司评估服务绩效的方法有哪些特色？其理论依据是什么？

2. 你认为汉普顿退休服务公司的服务绩效评估方案需要改进吗？应如何改进？

小　结

　　服务绩效评估是指企业或服务人员以既定的标准为依据，对一定时期内服务工作状况的评定与估价。绩效评估的过程必须包括制定目标或标准、检查记录、考核评价等关键环节。评估标准包括数量标准和质量标准两个方面。服务绩效的评估内容主要包括服务质量和服务效益两个方面。

　　"平衡计分卡"（BSC）是一个具有多维角度的绩效评价方法。其评价指标为：财务指标、客户指标、内部流程指标、学习和成长指标。平衡计分卡要设计五个步骤进行逐步推进。

　　服务利润链从服务性和利润性两个方面，通过服务价值等式将内部员工、外部客户及企业绩效联系起来，从顾客的角度来看待服务结果，以获得企业长期的盈利目标和竞争优势。服务利润链的核心是提高顾客价值，即顾客所得到的结果与所付出的总成本之间的比较。

习　题

1. 解释下列概念

服务绩效评估　平衡计分卡　服务利润链

2. 服务绩效评估的目的是什么？

3. 服务绩效评估的内容主要有哪些方面？

4. 服务绩效的评价工具是什么？

5. 平衡计分卡的评价指标是什么？

6. 设计平衡计分卡的步骤有哪几步？

7. 试画出服务利润链模型。

8. 服务利润链是如何建立的？

第十七章

网上服务

现代顾客及其消费需求的变化需要公司提供便捷的个性化服务，而网络为顾客服务提供了全新概念的服务工具。这种工具的优势在于全天候、即时、互动，这些性质迎合了现代顾客的个性化需求。所以，越来越多的公司将网络顾客服务整合到公司的营销计划中，为新时代的顾客服务拓展了新的广阔天地。

本章知识结构图

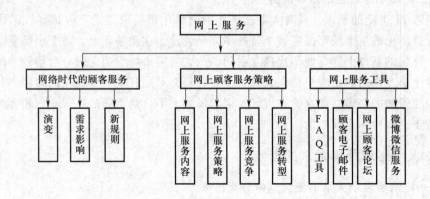

第一节　网络时代的顾客服务

一、顾客服务的演变

顾客需求是随着社会生产和消费的发展变化而变化的，在网络经济时代，顾客的服务需求更加趋于个性化。一般而言，顾客服务经历了以下几个演变阶段：

（一）前大众传媒、大众营销时代的个性化顾客服务

这个阶段的销售形式多为一个区域内的顾客均在一个小百货店购买所需日常用品。由于顾客少、购买地点集中，零售店主比较熟悉各位顾客的消费习惯和偏好，因此他在组织货源时不会购进人们不需要的物品，在顾客购买时，他也会根据各位顾客的偏好和习惯向他们推荐商品。可以认为，此时的零售店主是在自发地进行较低级的个性化顾客服务。

例如，在日本，化妆品零售商自 18 世纪起一直都延续着这种顾客服务方式。他们的销售代表和每一位顾客保持着联系，定期走访每一位顾客，根据她们的皮肤特征向她们推荐产品；适时补充已用完的化妆品，处理已过期的化妆品；反馈顾客意见等。在此阶段，这种个性化的顾客服务能取得顾客的信任，促使顾客建立对产品的忠诚。

（二）大规模营销时代的顾客服务

在 20 世纪 50 年代，大规模的市场营销活动是借助电视广告、购物商城、超级市场和大规模生产的工厂来进行的，它适应了大批量消费的社会，并改变着人们的消费方式。大规模市场营销使公司失去了和顾客的亲密关系，它们仅将顾客看成统计报表中的数字，而不是有需求差别的人。这种情况在今天仍然存在，甚至占主流地位。但这种大规模的市场营销方式必然会走向衰落，因为顾客需要的是满足其需求的产品和服务。如果市场上只有由企业到顾客的独白，而没有企业与顾客的对话，那么企业的产品就难以满足目标顾客的需求。现在，企业过多地依据市场调研、人口统计、样品市场测试等以偏概全的营销方法，而忽略了与顾客保持对话。企业应把顾客看成有特

殊需求的个体，而不仅是市场调研中的一个数字。

（三）回归个性化的顾客服务

随着 21 世纪的到来，具有大量选择性的全球化市场取代了有限选择性的国内市场。计算机化的生产使产品有着丰富的多样化设计，在此基础上，整个市场营销又回归到个性化的基础上。即使不出现互联网，从大规模市场营销向细分市场转移的趋势也会发生，互联网的出现只是大大加快了这种趋势，同时也使个性化的顾客服务日益成为企业营销的必须。现在，在市场营销的舞台上不再是企业的独角戏，顾客也正在渐渐地走上舞台和企业对话。

二、网络对顾客需求的影响

（一）消费者个人从消费大众中分离出来

传统营销模式中所界定的消费者，一般是具有相同或类似的消费习惯、兴趣、爱好的一类人或一个团体，是针对一般大众的。所以，在传统的营销理论中，企业的宣传、广告和营销策略所针对的对象就是大众，具有一定的盲目性，造成人力、物力的浪费。而网上服务系统为消费者提供了全方位的信息展示和多功能的商品信息检索机制。消费者一旦有了需求，就会立即上网主动搜寻有关商品的信息，于是消费者开始从大众中分离出来。所以，从某种意义上说，在网络经济时代，只有上网主动搜寻商品信息的人才是真正意义上的消费者。今后，企业的宣传、广告和营销策略就将更具有针对性。

（二）打破地理区域的常规划分

在传统营销模式中，一般是以一个地区为对象，将消费者按行政区划进行区分，企业开展营销活动有一定的地理限制。然而，网上服务不仅打破了国内区划的阻隔，也打破了国界的阻隔。无国界的市场使企业的市场营销活动更具有国际性，也对企业的营销能力提出了更高的要求。

（三）消费者的大范围选择成为可能

网络和电子商务系统具有巨大的信息处理能力和巨大的信息资源，这为消费者提供了一个更为广阔的购买选择范围。消费者能在更大范围内进行"货比三家"，精心挑选。

（四）消费者的购买更加趋于理性

消费者不再被那些优惠、打折的价格游戏弄得晕头转向，他们会利用网络迅速搜寻商品的实际价格，然后再做横向比较，以决定是否购买。消费者不再会以被动的方式接受商家所提供的商品，而是根据自己的需求主动上网去寻找最适合的产品。如果找不到，消费者会通过网上服务系统向厂家和商家主动表达自己对某种产品的欲望，因而在不知不觉之中参与了企业的生产经营活动。

三、网络时代顾客服务新规则

21 世纪的顾客能非常自由和轻易地获取和分享信息。互联网在带给顾客信息的同时，也给了顾客权力。当今的顾客比以往任何时候都更处于一种凌驾的地位。他们需要最好的服务、最低的价格，并要求在最短时间里得到利益。与此同时，互联网也赋予商家这样一种能力，使他们能在网络时代利用信息技术全方位地了解顾客，满足顾客的需要，提高顾客的满意度和忠诚度。

（一）商家与顾客实时沟通

提及互联网，我们首先想到的一个字就是"快"。现在的客户早已对传统商业模式中以"天"为单位的回应速度嗤之以鼻。他们要求的是在几分钟甚至几秒钟内，对他们的要求做出反馈。在他们的词典里，"及时"的意思就是"即时"、"随时"。

例如：思科公司（Cisco）针对互联网商业采取的核心措施就是思科在线（CCO）的建立。进入思科在线订单状态的客户，可以使用售货订单号码或者购入订单号码查阅订单。思科公司甚至将这部分信息与联邦快递（Federal Express）的查询服务系统连接起来，使客户能够随时知道订单在实际操作中的进展。

订单服务为客户提供具体服务的信息，包括交易号和协议号码、程序日期、运输日期及运货方式和查询号码。报价单则为财会部门、主管部门和会计提供快速简便的在线报价追踪服务。如果客户愿意加入思科公司的内部网络，思科甚至可以和客户合作，将其服务器与客户已有的系统相连接并与 CCO 链接，形成一种更加紧密的合作关系。

（二）企业之间的整体协作

企业在网络时代的顾客服务需要遵守的一个重要游戏规则是：系统化。

1. 企业内部的整体协作

互联网带来了前所未有的沟通速度，著名电子商务解决方案供应商 SAP 广州公司总经理杨滨认为："互联网带来了前所未有的沟通速度，物流的速度也会相应加快，对企业内部管理的要求也要更高。比如说原来一星期订货，三个星期交货是允许的。但现在是一秒钟订货，那你再用三个星期交货就显然不适合……你就会发现你内部的信息交换速度根本无法适应互联网和电子商务发展的要求。因此从这方面来讲，内部的管理系统必须与外部的顾客服务系统相一致。进入网络化客户服务并不意味着建立一个网页就足够了，那么整合整个公司的管理协作才是根本。"

2. 企业之间的整体协作

在企业内部的系统化完成，跨越企业界限的问题也就是企业间的兼容性和可伸展性是当今影响顾客抉择的新元素，"现在的客户看重的是你所提供的电子商务产品是否能和他本身的系统很好地结合在一起，同时能够不断延伸到他业务流程的各个方面"。

SAP 公司为互联网时代企业量身订做的解决方案 mySAP. com 正力图创造一个开放式、协作化的架构，使企业能够和外界建立不同系统间无缝的集成。杨滨颇为自豪地认为 mySAP. com 最大的优势就是"侧重内外系统一致，也就是从整体系统方面来为客户服务。它具有作为可靠集成平台所必需的灵活性、可扩展性、高性能和强壮性，尤其是跨越了企业的边界"。

（三）给顾客提供个性服务

互联网时代能让顾客获取详细信息，使企业有了提高顾客忠诚度的新法宝：个性化服务。互联网电子商务的蓬勃发展促进了客户与企业的动态交流，通过电子邮件和网络，顾客的所有信息历历在目，企业应该善用这份宝贵的资源。

以广受欢迎的亚马逊网上书店为例，当顾客对某一特定书名有兴趣时，亚马逊便会自动建议其他相关题材的书籍。如果你要求，亚马逊会以电子邮件的形式通知你某一本书的平装版何时到货，或者不断提供你选定的特定类型新书的信息。这种程度的个人化客户服务无疑提高了全球顾客所期望的服务水准。

Enterprise One to One：Tools for Competing in the Interactive Age（《一对一企业》）一书合著者之一 Don Peppers（贝培思）进一步指出："因人而异的待客之道并非只是一项可以随便掺进任何公司现有系统及营运模式的策略。相反，对企业而言，它代表全然独一无二的发展方向。"当今著名的电子商务解决方案供应商都非常重视这一点。

（四）让顾客运用简单方便

互联网带来的一个后果，就是把顾客淹没在无限的信息和技术之中。什么互联网、内联网、外联网、旧系统、前台、后台、个人应用等不一而足，结果是用户把大量时间浪费在重复输入密码，整理大量无用数据和文件上。

思科公司体现简单方便可谓是别出心裁。他们推行的是"自助式"服务。在他们看来，没有人比客户自己更愿意帮助客户；同时，只要客户能够得到适当的工具，他们非常愿意自己帮助自己。思科建立的自动化客户服务体系大受成功，既提高了客户满意度，又降低了成本。思科最初建立网络是为了自由传播技术信息，客户对这一自我服务模式作出的积极回应为思科公司节省了大笔开支。越来越多的公司采纳了思科的自我帮助模式，而思科的客户满意率也逐年上升。

（五）保证互联网客户服务安全可靠

伴随互联网出现的新名词是"Hacker（黑客）"。他们对互联网技术的了如指掌使得顾客时时担心自身利益被侵害。这其中包括：应用互联网进行支付时密码泄露以及随之而来的财产损失；重要机密和商业信息的暴露；系统遭到黑客的攻击而导致瘫痪，从而造成经济损失以及重要数据丢失或者被窃取。因此无论什么公司在利用互联网为顾客提供完善周到服务的同时，无不小心翼翼预防突如其来的破坏。杨滨就表示mySAP. com 采用了防火墙等各种安全措施，并且将不断采用最新技术来完善这方面的保障。CCO 的互联网产品中心在受理客户订单时也只允许那些被授权的直接客户才能通过密码使用这一程序。

在互联网时代保密与破坏将继续并存下去，安全性应该是所有客户永远警惕的一个问题，而在简单方便与安全可靠之间达到完美的平衡依然是网络时代公司的理想目标。

第二节　网上顾客服务策略

一、网上服务的内容

顾客对公司的需求是不同的，图 17-1 说明了顾客对公司需求的层次由低到高的情况。同时，我们认为顾客需求的层次实际上反映了网上服务的内容，具体来说有如下几种：

（一）了解公司产品和服务的信息

现代顾客需要了解产品和服务的详细信息，特别是要寻找能满足他们个性化需求的特定信息，这些要求是传统的营销媒体所难以满足的。在 Amazon.com 网上书店，顾客需要的信息可能个性化到如下程度：我喜欢的某位作家的所有在版图书及最近作品，或我研究的某个专题的最新著作等。过去，我们要寻找这类信息，需翻阅最近全国书目，定期到当地大型综合图书馆或书店寻找。但是，现在在 Amozon 设立了一个名叫 Eyes 的自动

图 17-1　现代顾客对
　公司的需求层次

搜索工具为顾客搜寻他所需的图书信息，并及时给顾客发送 E-mail，这样就可以十分方便地取得顾客所需要的个性化信息。

（二）帮助顾客解决问题

顾客服务的另一方面就是要公司帮助解决问题。从产品安装、调试、使用到故障排除、提供产品系统更深层次的知识等都是顾客服务所要求的范围。帮助顾客解决问题常常占据了传统营销部门大量的时间、人力，而且这其中的一些问题常常反复出现，服务人员重复着同一类问题的答案，效率低下而且服务成本高。现代顾客需要的不仅仅是一个问题的解决，同时还需要对产品知识进行自我学习、自我培训。Microsoft 公司和 lute. lv 公司都在它们的网络站点中设置了供顾客自我学习的知识库，这里不仅能提供常见问题的解决方案，还能将顾客自我教育为产品专家。

（三）接触公司人员

现代顾客不仅需要了解产品和服务的知识、解决问题的方法，同时还需要像传统顾客服务一样，在必要的时候和公司的有关人员直接接触，解决比较困难的问题，或询问一些特殊的信息、反馈他们的意见等。

（四）了解营销的整个过程

现代顾客不仅需要了解信息、接触人员，常常还要作为整个营销过程中的一个积极主动因素去参与产品的设计、制造、运送等活动，这一点充分体现了现代顾客个性化服务双向互动的特性。顾客了解的产品信息越详细，他们对自己需要什么样的产品也就越清楚。公司要实现个性化的顾客服务，应将它的主要顾客的需求，作为产品定位的依据纳入产品的设计、制造和改进的过程。

让顾客了解营销的整个过程，实际上就意味着企业和顾客之间"一对一"关系

的建立，这种关系的建立为小企业挑战大企业独霸市场的格局提供了有力的保证。小企业对市场份额的不断占领是大规模市场向细分市场演变的具体表现。这种市场格局正在渐渐地形成，比如在计算机市场或软件市场中，最大的市场份额占有者不再是 IBM，而是无数的小企业群体。

同时，值得强调的是，顾客需求的 4 个层次之间有一种相互促进的作用。本层次的需求满足得越好就越能推动下一层次的需求。需求满足得越好，企业和顾客之间的关系就越密切。整个过程是一种螺旋式的上升，不仅促使公司对顾客需求有更充分的理解，也会引起顾客对公司期望的增长，最终不仅实现了"一对一"关系的建立，而且不断巩固、强化了这种关系。这个过程被称为"顾客整合"，可用图 17 - 2 来表示。

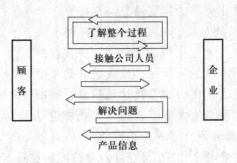

图 17 - 2　顾客整合

顾客整合实际上是现代顾客个性化需求充分发展的结果，它说明了现代顾客个性化需求不是一个静态的过程，而是一个双向互动的动态过程，这就为运用网络进行的顾客服务奠定了坚实的理论基础。

二、网上服务策略及其变化

（一）网上服务策略
随着互联网的大力发展，企业应该运用新的营销策略进行网络服务。

1. 服务和营销互通互融

服务与营销的关系发生变化，服务营销有了新的内涵，移动互联网的发展让服务和营销成为了双胞胎；利用智能跟进促进客户关系，针对每一位客户的需求、爱好、习惯，销售人员都可以制定跟进计划，也可以针对不同阶段的客户选择跟进计划模板，如初次见面的模板、长期跟进的模板、客户关怀的模板等，系统就会通过 QQ、短信、邮件等工具给客户发送信息，与客户保持最紧密的联系，不断推进客户关系。将服务和营销进行互通互融，才能促进企业的持续发展。

2. 充分利用自媒体

媒体、自媒体强盛起来，信息传播的路径发生了变化，信息传播的速度空前加快，任何的细小的服务瑕疵都可能演化为大的服务事件，因此服务管理的压力更大了；微博上的 V 们或微信上的众们都可能挟名气以令商家，由此将抱怨化为投诉的可能增加，这种投诉更不好处理；因此要充分利用自媒体的优点，例如建立社交媒体客服平台，运用微信服务解决顾客的投诉、抱怨等。

3. 从顾客的角度洞悉"服务的证据"

移动互联网的发展，客户在服务过程中取证的可能性加大，断章取义的"随手拍"很可能被广泛传播，负面服务的社会影响更大，造成的伤害也会增加。因此，服务策略就要清楚认识服务的实质：服务如戏——服务的有形设施是环境；服务的提供过程是表演；服务人员是演员；接收服务的客户是观众。

4. 远超他人的服务策略

（1）服务标准化。向客户许下公众承诺，将企业的核心价值和深度用户服务标准公诸于众。有效服务承诺的特性：承诺是无条件的，没有任何额外条件进行阻拦；在承诺援用和操作过程中要迅速快捷。

（2）服务个性化。以"特色"成为第一。做竞争对手想不到的事；做竞争对手还没做的事；比竞争对手做得更好。

（3）服务专门化。优质服务三大黄金标准是周密性、经济性、意外性。

（4）服务原始化。创造差异化的沟通模式。

（5）服务系列化。持续提供高质量的服务。

（6）服务娱乐化。这是开发客户满意度的前奏。服务娱乐化是指用户愉悦度，企业要不断思考，用户能否从我们的服务过程中，获得、实现和体验到乐趣。

（7）服务人性化。有效抓住 365 个不间断的服务良机。所有的规章、制度都是死的，只有服务的人，是活的。

5. 用好服务评价策略

移动互联网时代的 QOS（quality of servise，服务质量）已经不可能达到语音时代的水平，运营商应该与时俱进对服务标准和规范进行修订，制定好的服务标准，希望得到顾客在网络上的好的服务评价；用户的好的服务评价能发挥很大的效力，从而影响其他客户的购买。并且服务评价是公开的，对所有顾客起到推动作用，对企业来说起到广告作用。

（二）网上服务策略的变化

我们已经看到网络顾客服务的最大优势在于能够与顾客建立起持久的"一对一"的服务关系，也就是顾客个性化服务，这种优势的取得应归功于网络即时互动的特性。因此，网络顾客服务策略的思路可用如下过程来表示：

（1）提供信息，主要通过 FAQ（frequently asked questions，常见问题解答）的设计与使用来实现。

（2）反馈交互，通过 E - mail 和网上论坛等工具来实现。

（3）顾客整合，通过多种方法鼓励与顾客对话，将顾客整合到公司的营销管理中来。

这个过程与传统顾客服务的由公司到顾客，或由顾客到公司的单向特征相比，有着很大的不同，它实现了企业顾客服务的现代化。

由于电子信息和网络化环境彻底地改变了传统的商贸业务和实务操作赖以生存的基础，形成了对传统营销策略和市场理念的巨大冲击和挑战。传统的市场营销策略中的 4Ps 组合，即产品（product）、价格（price）、分销（place）、促销（promotion）转变成网络营销模式下新的组合 4Cs，即欲望与需求（consumer's wants and needs）、满足欲望的成本（cost to satisfy wants and needs）、方便购买（convinience to buy）、实时沟通（communication）。因而，网上服务与传统的顾客服务相比有着较大的区别。

1. 商务活动的变化

在网络经济条件下，生产厂商和消费者可以通过网络直接进行商品交易，这些交易避开了某些传统的商业流通环节。

（1）在商品流通中，信息流的地位日益突出。传统的商品流通中必然包括商流、物流、信息流。从三流来讲，主要是以物流为主，商流伴随其间。而随着商业信用的出现，商流与物流分离，信息流的地位就突现出来了。随着电子商务技术的高度发展，信息流已明显处于重要的地位，它处于三流之首，可以对整个商品流通过程进行控制。

（2）在网络经济条件下，中间商的地位日益减弱。直接交易的出现以及营销全球化、实务操作无纸化和支付过程的无现金化都表明，商务活动的客体已经开始由实物商品向信息化商品转化。人们不必亲眼见到实物商品就可以从事有关商品的商务活动，而这一定要以商品良好的信息化服务为基础。

2. 产品概念从物质到理念的变化

在传统的 4Ps 营销组合中，产品是很重要的一部分。但是，随着社会网络化与信息化的进程，产品中信息因素所占的比重越来越大。传统的产品策略开始发生倾斜，逐渐演变为满足消费者需求的营销策略。传统意义上的产品多是一种物理上的概念，即实实在在的东西。而信息化社会中的产品概念从物质演变成一个综合服务和满足需求的概念。它包括：

- 直接消费市场或生产资料市场中的各类商品；
- 产品的售后服务及纯服务类型（无形）产品；
- 产品形象、产品文化和后续产品的标准系列化；
- 围绕消费者需求的新产品开发策略。

例如美国微软公司，软件只是其产品中的一部分，公司透过软件产品还售出了一系列的技术标准、产品和公司的形象、完善的售后服务体系等无形产品。传统企业售出的是产品，现代企业售出的是理念和服务。

3. 产品生命周期的变化

在传统的营销模式中，产品寿命周期是指产品在市场上从上市、大量销售到被淘汰的过程。它一般分为 4 个阶段：投入期、成长期、成熟期和衰退期。在传统的市场环境中，由于厂家不能直接接触消费者，所以在掌握产品衰退期时总是不可避免地发生滞后。然而，在网络经济的市场环境下，这种情况会发生改变，产品生命周期的概念逐步淡化。由于生产者和消费者可以在网上建立直接的联系，厂家能在网上及时了解消费者的意见，从产品一投入市场，就知道了应改进和提高的方向。于是，当老产品还处在成熟期时，企业就可以开始研制下一代的系列产品，由此取代了原有产品的衰退期，使产品永远生机勃勃，保持着旺盛的生命力。例如，微软公司的办公软件系列产品从 Office 4.2 到 Office 95 到 Office 97，直至 Office 2000 就是一个很好的例子。

4. 定价由差异趋向一致

在传统的营销组合中，定价并不一定严格以产品成本为标准，而是更多的考虑市场供求状况和购买者的心理感受来制定，并且带有很强的技巧色彩。传统的商品定价策略是以"生产成本＋生产利润＋销售利润＋品牌系数"为基础，受产品价格需求弹性、市场竞争状况、企业的营销策略的影响。技巧方面有区别定价、折扣与让价技巧、心理定价技巧、招徕定价和声望定价之分。而在网络营销中，一切信息变得公开化，定价也变得透明起来。互联网先进的网络浏览和服务器会使变化不定且存在差异的价格水平趋于一致。

这些将对分销商在各地采取不同价格的公司产生巨大的冲击。同时，这也表明互联网将导致国际间的价格水平趋于相等或至少缩小国别间的价格差别。价格策略的制定将以消费者的需求、产品的功能、生产与商业成本为基础，进行价值功能的分析，即将功能与成本的比（$V = F/C$）作为制定价格的标准。

三、网上服务竞争

1996 年 1 月的美国《消费者报告》杂志透露，计算机用户对于计算机厂商为他们提供的网上服务并不十分满意，只有不到 40% 的顾客对服务感到"完全满意"或"非常满意"。《消费者报告》说，这是他们历年来所测到的对于一项服务的最低满意水平。其中，38% 的顾客说他们等待的时间超过了他们可以忍耐的限度，公司里的人员缺乏足够的知识帮助他们利用网站，还有 34% 的顾客抱怨说他们的问题至今还未得到解决。

当然，造成这种状况的原因是多方面的。个人计算机行业是个技术性较为复杂的行业，不同的用户把计算机用于不同的用途，一旦出现问题，则可能是硬件问题、软件问题、通信问题和联网问题，还有众多的配置问题。这也就是为什么厂商都说他们的每个部件都是正常的，但组装到一起就会出错的原因。

衡量企业的网上服务是否成功的一个有效的方法就是与企业的竞争对手进行比较。企业必须首先掌握竞争对手的服务情况，然后制定相应的措施保证在网上服务方面取得领先的地位。

1. 了解竞争对手的进展状况

企业的竞争对手在网络开发方面可能正处于以下的某一阶段：

（1）观察阶段，这种状况表现为我们还并不知道该如何进行网上服务，况且还不清楚这样做究竟有什么效果，所以先观察一段时间再说。

（2）筹建阶段，这种状况表现为我们正在尽我们的所能为顾客建立起一个功能强大的网站。

（3）传单阶段，这种状况表现为我们是一家优秀的公司，我们拥有优秀的产品。在这里点击一下，我们会把您感兴趣的广告用 E-mail 发给您。

（4）销售支持阶段，这种状况表现为您可以在本公司的网站上了解到可以作为购买决策依据的产品资料，所以不必再去和烦人的直销员打交道。

（5）零售阶段，这种状况表现为输入您的信用卡号便可以直接进行订购。

（6）关系零售阶段，这种状况表现为输入您的顾客号便可以进行订购。

（7）顾客服务阶段，这种状况表现为您可以在此即时得到解决各种问题的办法。

企业必须时刻观察竞争对手的进展情况，派专人负责调查企业的主要竞争对手在网站上增添了什么内容。如果他们所提供的功能不如本企业全面，应该想办法让消费者了解到本企业是这方面的领导者；如果他们已经提供了更新的服务功能，就应该马上研究，尽快采取对策。

2. 有步骤地提高企业自身竞争力

当企业对网上顾客服务有了更加深入的了解后，企业可能会对如何建立并提高网上服务的竞争力产生许多构想。然而，能够用于网络开发的资源是有限的，况且时间因素十分重要，谁抢先占领了新服务领域的先机，谁就能赢得顾客。所以，企业必须根据本公司网上服务的现状和竞争对手网上服务的现状以及本公司所掌握的竞争对手近期内网络开发活动的资料，确定本公司现阶段的主要任务。重要的是，企业能够做到把网络开发看做是一项长期不断的过程，能够产生众多的设想，并根据实际情况安排好进度。要做好这项工作，以下问题是关键：

（1）对顾客而言，什么最重要？要记住网站应该是顾客的网站而不是企业的网站。一个网站是否好，是否达到目标，对于企业而言是否是一项资产，全在于顾客如何看待企业的网站。询问消费者的意见，他们会告诉企业哪些对于他们是最重要的。

（2）让消费者发表评论。在页面上不能仅仅设置一个标有"反馈"字样的按钮，企业还得向他们提出具体的引导性问题。比如在产品介绍页面底部加一句，"您得到了所要的信息吗？"还可以在每一页的底部问他们是否还需要其他方面的信息。不要试图让他们耐心地填写一份长达10页的调查问卷，而是在一些页面上放置一个与该页面密切相关的问题。如果确实需要让他们填写调查问卷，最好给他们一些物质奖励。

（3）建立公司与顾客的联系。企业可以定期选一批顾客，直接与他们通电话，了解是什么原因使他们偏爱网上服务，了解本企业还可以从哪些方面着手提高网络服务。像朋友一样认识他们，并继续通过 E - mail 与他们联系，以增进顾客对企业的信任。

总之，一旦企业拥有了丰富的顾客资料，知道有多少顾客在使用本企业的网上服务，他们对此的感受如何，企业便知道了该如何改善和提高网上服务，从而迅速提高企业自身的市场竞争优势。

四、互联网时代服务升级转型——售后服务云平台

2014 年随着电子商务的高速发展，以及服务市场的升级转型，"售后服务代理平台"已经逐渐地被人们所熟悉和接受。

（一）售后服务代理云平台，是互联网时代，服务资源高度整合的产物

"1F5 要服务网"的网络拓展部谢建明总监表示，互联网就如同一根智能的纽带，将以往各自为阵地、互不共享的服务网点紧密地连接在了一起。在互联网时代，信息

就是资源，而资源重在整合。"1F5要服务网"以及像竞争对手"日日顺"这样的专业售后服务代理云平台高度整合了全国优秀的服务商资源，并运用互联网的思维，为服务产业升级及服务市场净化发挥了重要的作用。

（二）云平台三大客户群体

售后服务代理云平台，是一个开放式的服务平台，面向的客户群体大体可以分为三类。一是消费者，二是服务商，三是合作企业。

（三）对于消费者，云平台好比是服务市场的"天猫"

云平台就好比是服务市场的"天猫"，在平台中，消费者可以根据自身的需要，购买或定制各类所需的服务产品。除此之外，平台还能提供消费者各类增值服务，如免费咨询、投诉受理、资讯信息、常识查询、品牌信息查询等智能化服务。

（四）对于服务商，云平台好比是服务市场的"大联盟"

针对服务商，谢建明表示，云平台就如同一个"大联盟"，合格进入这个大联盟的服务商不仅能够共享及获得全国的服务业务信息，还能通过抱团式的方式采购到优质低价的服务耗材、人员保险等服务配套资源。除此之外，行业、人力资源等信息的共享，论坛服务，培训会议，交流活动等，都为服务商的成长、发展及经营能力提升搭建了一个公平竞争、相互交流及学习的平台。

（五）对于合作企业，云平台好比是服务市场的"全职保姆"

对于合作企业，云平台可以看成是一个"全职保姆"，能够提供企业多品类、全国性的安装维修服务代理；整体售后服务托管管理；服务系统建立健全；话务外包等多种类型的托管服务。企业不用再为自身网络不健全、销售区域受限、网点建设成本费用过高等苦恼，可以直接借助与平台整合的服务资源搭建、建立或健全自身的服务体系。

众信集团月兔空调售后总监接受记者电话采访时表示：选择"1F5要服务网"这个平台，就是看中了平台整合的全国网络资源。目前双方达成的是一种全面战略合作关系，集团只负责月兔产品的生产及销售，售后所有事项则以一种完全托管的方式，交由更为专业的第三方售后服务云平台全面进行管理。

（六）云平台未来的发展方向

互联网时代，家电服务不再是传统意义上处于低端的一种产业，手机在线报修，手机接派单等APP智能化服务，以及一些先进的互联网功能都将逐渐应用到平台的多元化服务中去。平台的敞开式服务，高端客服群体服务，体验式服务等多元化的服务模式也将逐渐予以推广和应用。平台未来将向专业化、多元化、智能化发展，为消费者、服务商以及合作企业提供更为专业和优质的互联网式智能服务。

第三节　网上服务工具

网上服务的主要工具包括FAQ顾客电子邮件和顾客电子论坛。充分利用这些网络工具，可以使顾客服务工作的效率大幅度提高，从而为企业整体营销活动的成功提供可靠的保证。

一、FAQ 工具

（一）FAQ 的涵义

FAQ（frequently asked questions）即常见问题解答，FAQ 是网上顾客服务的重要内容之一，是为顾客提供有关公司产品和服务等各方面的信息。面对众多公司能够提供的信息以及顾客可能需要的信息，最好的方法就是在网站上建立顾客常见问题解答网页。FAQ 是对公司基本情况的介绍，它既能引发那些随意浏览者的兴趣，也能够帮助有目的的浏览者迅速找到他们所需要的信息。

FAQ 原是公共论坛 Usenet 新闻组为了避免重复讨论某一问题而设计的。在新闻组里，一位用户提出问题，另一位用户就会提出他的看法，其他人又会提出自己的反对意见或其他意见。这样继续下去就形成了一条"讨论主题线"。过了几个月，这一论题基本讨论完毕，他们便进一步探讨其他的或是一些更深层次的论题。但是，当一个新成员加入时，他会提出许多基础性的问题，而其他成员则不愿老生常谈，他们甚至有可能取笑这些新手。为了遵守互联网上相互帮助这一基本原则，便产生了 FAQ。

（二）FAQ 的价值

1. FAQ 的价值

FAQ 是一种在线帮助形式，在利用一些网站的功能或者服务时往往会遇到一些看似很简单，但不经过说明可能很难搞清楚的问题，有时甚至会因为这些细节问题的影响而失去用户，其实在很多情况下，只要经过简单的解释就可以解决这些问题，这就是 FAQ 的价值。

在网络营销服务过程中，FAQ 被认为是一种常用的在线顾客服务手段，一个好的 FAQ 系统，应该至少可以回答用户 80% 的一般问题，以及常见问题。这样不仅方便了用户，也大大减轻了网站工作人员的压力，节省了大量的顾客服务成本，并且增加了顾客的满意度。因此，一个优秀的网站，应该重视 FAQ 的设计。例如社区软件 PHPWind 帮助中心，专门介绍 phpwind 的使用教程和技术分析。其实像百度知道和百度百科就是一个很庞大的 FAQ，spacebuilder 用户社区中的 FAQ 就采用了类似百度知道的社会化问答模式。

2. 保证 FAQ 的效用和简单易用

FAQ 针对的是客户常见的问题，设计的问题和解答都必须是客户经常问到和遇到的。为保证 FAQ 的有效性，首先要经常更新问题，回答客户提出的一些热点问题；其次是问题要短小精悍，对于提问频率高的常见的简单问题，不宜用很长的文本文件，这样会浪费客户在线时间。

而对于一些重要问题应在保证精准的前提下尽可能简短。为保证方便客户使用，首先 FAQ 应该提供搜索功能，客户通过输入关键字可以直接找到有关问题；其次是问题较多时，可以采用分层目录式的结构组织问题的解答，但目录层次不能太多，最好不要超过四层；再次是将客户最经常提问的问题放到前面，对于其他问题可以按照一定规律排列，常用方法是按字典顺序排列；最后对于一些复杂问题，可以在问题之间设计链接，便于方便地找到相关问题的答案。

3. FAQ 的设置

一般 FAQ 可以设置成两套：一套针对目标潜在顾客和新顾客，其中主要是一些基本性问题；另一套则针对老顾客，进入这一套 FAQ 需要进行登记。这样做的目的是，潜在顾客会感受到公司对他们的支持和帮助，因而会更快地转变为现实顾客；同时，另一套只让老顾客登记的 FAQ 对他们也会是不小的诱惑；而老顾客则会觉得自己受到重视和特殊待遇，因为在这套老顾客 FAQ 里有许多一般顾客无法获得的消息，如产品何时会增加新的功能、软件里的小问题何时能够纠正等。

二、顾客电子邮件

电子邮件是一种用电子手段提供信息交换的通信方式，其英文缩写为 E – mail。电子邮件是互联网上使用最为频繁的功能。除非网络用户使用的是他人的或是公共的上网许可，否则都会有属于自己的 E – mail 地址。电子邮件已经成为企业进行顾客服务的有力工具。

来自顾客的电子邮件也十分重要，因为它代表了顾客的心声。企业网站的其他部门都是从公司的角度去揣测顾客的需要并满足它，而 E – mail 则是直接来自顾客。因此，E – mail 是企业实现顾客满意的最为宝贵的资源之一。

（一）电子邮件的特点

1. 对顾客而言，E – mail 的优点是它没有任何时间上的限制

当顾客产生问题时，他们不必等到第二天早上八点半再给公司打电话，而且什么时候打也很有讲究。如果打电话给公司的顾客服务部，她可能告诉顾客有关负责人不在。有时，回答他们的会是自动应答机："感谢您拨打服务热线。由于本公司新产品很受欢迎，我们收到了许多顾客的热线电话。您排在第 60 位，估计需等待 35 分钟。请您别挂断电话，在等待期间，我们会告诉您关于本公司的其他消息。"

因此，许多公司采用了语音邮件（voice mail），但并不能解决问题。公司负责人不得不面对一大堆留言，25 个留言逐个听完就得花上一个小时，而在此期间，可能又来了新留言；然后，负责人还得花上不少时间来逐一回答这些留言。E – mail 则完全不存在这些问题。当顾客产生问题时，他们随时都可以把他们的问题发送给公司，而公司负责人可以在他方便的时候收阅这些信件，并且可以简单地浏览一遍，以决定哪些信件必须先处理，哪些可以稍后处理，哪些应该转发给其他部门处理。

2. 用 E – mail 作为对顾客答复时具有正式性

如果公司在采用口头答复的方式时对顾客说"需要两三天"，顾客会认为实际可能会需要三四天，并会较为耐心地等待。但是，如果在 E – mail 中告诉顾客同样的话，顾客则会当真，如果在两三天内企业未能实现承诺，顾客就会感到十分不满。因此，企业必须认真对待在 E – mail 中对顾客所做的承诺。

3. 电子邮件是一种快捷的沟通方式

来自顾客的信息反映在屏幕上，收件人在同一屏幕上进行答复，回信将以光速传给顾客。不需要装填打印纸盒，不需要粘贴信封。E – mail 能够提供比留言条或录音电话详细得多的信息；而且，关于常见问题的答复能够存储在计算机中以供随时调用。

（二）企业运用电子邮件服务要注意的问题

企业在应用电子邮件进行顾客服务以前，有两点问题需要注意：

1. 企业要告诉顾客正确使用公司 E - mail

沃尔沃汽车公司曾经在它的网站上设立了一块反馈区，希望顾客提出意见。然而，他们所获得的反馈意见却出乎意料。有的顾客提出这样的问题："我的沃尔沃94型车刚买了不到一年，发动机经常熄火，去特约维修站修了 5 次还没修好，你们打算怎么办？"这是十分严重的问题。根据美国有关消费者权益的法案，在这种情况下，消费者有权要求退款或是调换。沃尔沃公司的律师建议公司关闭该反馈区，因为如此继续下去将会引发一系列法律纠纷。

2. 企业必须迅速做出答复

当顾客向公司发 E - mail 时，往往碰到了不易解决的问题，因此应该尽快答复。顾客发来的 E - mail 会储存在计算机里直到有关人员有空阅读并答复，但顾客并不会那么耐心，他们往往期望能够在几小时内就得到回答。在很多情况下，拖延答复比不予答复更糟糕。因为不予答复可能是因为公司顾及不到此类问题；而如果等到顾客自己解决问题后才收到公司的答复，顾客的判断则只有一个：该公司组织涣散，不可救药，继续在贵公司购买将不会是明智之举。

因此，企业必须通过一定的组织与管理方法，确保每一位顾客的电子邮件都能得到认真而及时的答复。这也是顾客电子邮件管理的基本目标。否则，E - mail便不能发挥服务顾客的作用，甚至起到相反的效果。

三、网上顾客论坛

电脑可以实现人与人之间的自由讨论与交流，当互联网的技术和应用蓬勃发展之时，公共讨论这一功能始终保持着其独特的吸引力。互联网上有众多的布告栏（BBS）和新闻组（newsgroups），参加讨论的人用电子邮件进行交流，发表对某一问题的看法，因此称为电子论坛。在电子论坛之下又划分成不同的讨论区，每一个讨论区集中于某一特定的主题。在讨论区中，参加者可以看到其他所有人的信件；同时，自己的信件也处于众多人的关注之下。

电子论坛与面对面的讨论不同，在这里，每个人都有平等的发表意见的机会，不会出现由少数几个人左右讨论的局面；由于可以演化身份，每个人都敢于说出自己的真实想法；没有人种、年龄、贫富和地位的差别，是一个可以轻松自由地谈论与聊天的地方。网上的这些讨论区中，既有民间自发性质的，如校园布告栏、Usenet 等，也有许多商业性质的，如 CompuServe，American On line 等。不论是民间性质的还是商业性质的电子论坛，其中都会包含许多针对某一公司或某一类产品的讨论区，参加者自然是某一公司的顾客或是某一类产品的使用者。这些讨论区的存在进一步拓宽了企业顾客服务的范畴。因此，网上顾客论坛是联系公司和顾客、树立企业形象的有力手段。

市场营销人员迫切地需要了解顾客对本公司及产品的真实感受，他们往往采用散发问卷等市场调研的方法获得这方面的资料。然而，当顾客面对公司调研人员递来的一份设计成固定格式并有备选答案的问卷时，相当一部分顾客的真实想法就会发生变形。他们不得不去临时评价那些他们平时未曾考虑过的问题，不得不把他们的感觉变成具体的数字。在很多情形下，填写问卷时的感觉会使人联想起考试。而来自于顾客之间的讨论与聊天则用他们自己的语言反映了他们最朴实、最原始的感受。如果希望知道顾客的实际感受如何，就必须鼓励公众讨论。

在公共论坛中，会有许多顾客谈论他们对产品的良好印象，使用产品时的愉快经历，这无疑将会为公司带来美誉。然而，也会被人散布不利于公司的言论。这些人很喜欢在公众面前揭短。一旦某一天让他多等了些时候，或是不让他退货，他便会牢记在心，寻找机会在公众面前出口恶气。如果经常碰到这种情况，公司还要鼓励公众讨论吗？

我们的意见是：要坚持让公众在论坛上讨论！只要管理得当，这些言论会成为公司提高产品与服务的宝贵的信息来源。讨论区会使顾客形成一个相互帮助的群体，并向顾客证明公司对他们意见的重视。市场营销人员需要充分理解"一个不满意的顾客就是一笔财产"这句话的含义。

波科顾客满意协会在一项对 1200 名零售店顾客的调查中发现，忠诚的顾客投诉最多。同时，他们还发现，一个满意的顾客会把他的经验告诉 5～8 个人，而一个不满意的顾客则会告诉 10～16 个人。那些花时间投诉的顾客有 3 类：一类是提出意见和建议，希望帮助企业的顾客；一类是受到不公平待遇，希望能够得到补偿的顾客；还有一类则是怀有恶意的人。第一类顾客十分重视和关心公司的发展，当他们说"贵公司的服务态度不好时"并非想得到道歉或赔偿，而是真心希望公司能够有所改进。在第二类顾客身上所发生的要尽快予以改正。即使是第三类顾客，仍可能从中发现一些有益的启示。

因此，通过公共论坛了解顾客的真实想法，并在公众面前予以回答，以增进公司与顾客之间的了解。如 Usenet 新闻组是一个为解决个人联网及其他有关计算机技术方面问题而组建的讨论区。然而，关注这一讨论区的并非仅仅是那些计算机爱好者，像微软、IBM 这样的公司也在注视着它。当这些公司从讨论区中得知某些使用本公司产品的顾客碰到问题难以解决时，便会主动提供解决方案，因而改善了这些顾客对本公司的印象。

著名公司在网上会有许多与之相关的讨论区，如以 IBM 公司为主题的讨论区就有 84 个。因此，企业必须了解有哪些讨论区在讨论自己？讨论区里是否有一些尚未注意到的言论？如果有网上俱乐部谈论本公司及产品，将如何应付？去偷听吗？还是监视它们？是否要进一步介入其中来引导公众言论？如果选择介入，则要以普通成员的身份参加。企业可以表示关注，可以提出建议，可以提供信息，但是千万不能试图左右讨论区。新闻组是属于每一位成员的，他们在谈论某一公司并不等于该公司就可以把讨论区变成自己的工具。

企业需要对这些涉及本公司的讨论区予以持续的关注，需要不断的查看其中的内容，并把一些好的内容拷贝到本公司的网站上去。对于众多的讨论区不必用人力去完成这一繁重的搜寻工作，而可以使用 DejaNewes 软件。它可以根据输入的关键字，如本公司名称、产品名称等到网上去进行自动搜寻。

四、微博微信服务

(一) 微博服务

微博营销指品牌或个人通过新浪微博或腾讯微博等微博平台，进行一系列相关操作，产生一定的影响力效果，从而实现推广营销的目的。微博推广营销是一种新媒体营销，在自媒体时代，微博的影响力已经远远超过传统意见平台。目前新浪微博和腾讯微博用户数量都已超过5亿，这些微博用户是当前社会最主流、最有消费力、最有活动力的网民群体。把握好这个网络群体的市场，无疑就已经抓住了整个市场的关键核心。

1. 微博服务的产生

微博服务是在微博营销的基础上产生的。一般企业的微博服务会出一些规定，与用户签订协议，用户同意后，才开展服务。例如北京微梦创科网络科技（中国）有限公司要求在用户注册成功后，微梦公司将为用户基于微博服务使用的客观需要而在申请、注册微博服务时，按照注册要求提供的账号开通微博服务，用户有权在微梦公司为其开通并同意向其提供服务的基础上使用微博服务。该用户账号和密码由用户负责保管；用户使用微博服务过程中，须对自身使用微博服务的行为，对任何由用户通过微博服务发布、公开的信息及对由此产生的任何后果承担全部责任。用户提交、发布或显示的信息将对其他微博服务用户和第三方服务及网站开放（用户可通过设置功能自行控制、把握可查阅其信息的账号类型）。为提高用户的微博服务使用感受和满意度，用户同意微梦公司将基于用户的操作行为对用户数据进行调查研究和分析，从而进一步优化微博服务。

2. 微博服务的服务内容

微博服务的具体内容由各个企业根据实际情况提供，包括但不限于授权用户通过其账号使用微博服务发布观点、评论、图片、视频、转发链接等，同时有权对其提供的服务或产品形态进行升级或其他调整，并将及时更新页面和告知用户。

有些企业提供的部分网络服务为收费的网络服务，用户使用收费网络服务需要向企业支付一定的费用。对于收费的网络服务，企业会在用户使用之前给予用户明确的提示，只有用户根据提示确认其愿意支付相关费用，用户才能使用该收费网络服务。如用户拒绝支付相关费用，则企业有权不向用户提供该收费网络服务。

企业仅提供与微博服务相关的技术服务等，除此之外与相关网络服务有关的设备（如个人计算机、手机及其他与接入互联网或移动网有关的装置）及所需的费用（如为接入互联网而支付的电话费及上网费、为使用移动网而支付的手机费）均应由用户自行负担。

3. 微博服务的优点

（1）微博的促销优于其他方式。微博的广告服务效果比其他同样的广告更加实惠，微博的受众特别的广泛，而且微博只需要前期投入一次，后期的维护成本也比较低。

（2）微博的传播效果好。微博的覆盖范围比较广泛，传播效果好，速度快，可以发展很多潜在客户。微博在使用手段上多样化、人性化，微博可以方便地利用文字、图片甚至是视频来展现展品的优点，同时还可以有网址链接直接购买自己喜欢的商品。

（3）微博的互动性很强。商家可以通过微博与顾客进行及时沟通，迅速准确地了解客户的需要，以提供更加便捷的服务，特别能快速地解决顾客抱怨。

（二）微信服务

微信是一种更快速的即时通讯工具，具有零资费、跨平台沟通、显示实时输入状态等功能，与传统的短信沟通方式相比，更灵活、智能，且节省资费。微信已成为各年龄段人群喜爱的交友聊天工具，方便、快捷、富有新意，是闲暇时消遣的首选之一。无论在哪儿只要有手机、有网络就能拥有乐趣。

1. 微信服务的产生

微信是腾讯公司于 2011 年初推出的一款快速发送文字和照片、支持多人语音对讲的手机聊天软件。用户可通过手机、平板电脑等快速发送语音、视频、图片和文字。微信提供公众平台、朋友圈、消息推送等功能，用户可通过摇一摇、搜索号码、附近的人、扫二维码方式添加好友和关注公众平台，同时微信用户将内容分享给好友以及将用户看到的精彩内容分享到微信朋友圈。2012 年 3 月底，微信用户突破 1 亿，耗时 433 天。2012 年 9 月 17 日，微信用户突破 2 亿，耗时缩短至不到 6 个月。截至 2013 年 1 月 15 日，微信用户达 3 亿。2013 年 8 月 5 日，微信 5.0 上线，其游戏中心内置游戏《经典飞机大战》。2014 年 2 月 27 日，腾讯微信官方推出微信 Mac 版本客户端。2014 年 3 月 24 日，微信 5.2.1 上线。

2. 微信服务

（1）微信公众平台服务。

微信公众平台是一个自媒体平台，如商家通过基于微信公众平台对接的转介率微信会员管理系统展示商家微官网、微会员、微推送、微支付和微活动。微信公众平台是微信系统的重要组成部分，微信整个板块包含个人微信、二维码、公众平台。2013 年 10 月 29 日，微信发布了新版公众平台，新平台支持服务号进行新的微信认证。

微信公众平台主要有实时交流、消息发送和素材管理。用户可以对公众账户的粉丝分组管理、实时交流，同时也可以使用高级功能—编辑模式和开发模式对用户信息进行自动回复。当微信公众平台关注数超过 500，就可以去申请认证的公众账号。用户可以通过查找公众平台账户或者扫一扫二维码关注公共平台。

微信还开放了部分高级接口和开放者问答系统。此次微信开放的高级接口权限包括：语音识别、客服接口、OAuth2. 0 网页授权、生成带参数二维码、获取用户地理位置、获取用户基本信息、获取关注者列表、用户分组接口等 8 项。

（2）微信支付服务。

微信支付，是由腾讯公司知名移动社交通信软件微信及第三方支付平台财付通联合推出的移动支付创新产品，旨在为广大微信用户及商户提供更优质的支付服务，微信的支付和安全系统由腾讯财付通提供支持。无需任何刷卡步骤即可完成支付，整个过程简便流畅。

微信支付发展已超出预期。对于证券、保险等需要对支付环节定制化的行业，微信团队已对政策进行研究，包括购买合法性和过程安全性。微信将推出针对个别行业的明确解决方案。

2014 年 3 月 4 日，微信官方宣布，微信支付接口即日起向已通过认证的服务号开放。这是继微信开放九大接口之后进一步的开放。微信支付不是一个支付工具，而是整合微信整体开放能力的一整套商业解决方案。

企业运用了微信支付的功能，既能方便顾客又能加快资金周转。

（3）微信二维码服务。

微信二维码是腾讯开发出的二维码配合微信使用的添加好友的一种新方式。二维码是一种信息的表现形式，用某种特定的几何图形按一定规律在平面（二维方向上）分布的黑白相间的图形记录数据符号信息。微信二维码，则是含有特定数据内容、只能被微信软件扫描和解读的二维码。用手机的摄像头来扫描微信二维码，从而获得红人（例如杨幂、吴宗宪等明星）的名片、商户信息、折扣信息等。

在一线城市一线商圈内，随着移动互联网及微信的不断发展壮大，将有 90% 的用户装有微信客户端。二维码在最大程度上诠释了"方便"这个词。试想一下，当你在户外看到一个自己很喜欢的品牌，身边又没有纸和笔时，你怎么办？有些人会选择编辑手机记事本，有些人会选择向别人借用，或是临时记录在纸巾或手掌等一切能记录的地方，但是不管哪种方式，都是极不方便或是非常尴尬的。二维码就不一样了，只要轻松扫一扫，所有信息一秒呈现。以前是"好记性不如烂笔头"，现在是"烂笔头不如二维码"，一键扫描登录浏览，能够让我们在第一时间了解详细信息。二维码其实就是利用微信的消息触达能力为商家提供了一种更好的运营方式，而这种方式正体现了信息化技术与传统运营方式在本质上的不同。

微信二维码使商家和顾客实现零距离、零时间差的交流和服务，并且还能把商家的所有信息及时快速地传递给顾客，比如促销、新产品发布、节假日推广活动等。

案　例

小米云服务　为你保管好一切

大家都知道每次换手机、SIM 卡或刷机都要迁移、备份联系人，太麻烦了，小米云服务可以为大家解决一切困难。小米云服务开启联系人与云同步联系后，只要你在新手机登录小米账号开启同步，一切数据都出现。

小米云服务是小米公司为用户提供的、可实时在手机与 PC 端同步的服务。小米公司推出的这款用户 miui 的云端服务软件，通过手机终端为载体，通过服务器、网络、终端全部实时连接形成一个统一的生态系统，在这个系统内服务器进行大量的运算和信息存储，而高速的网络则负载整个信息的传输。目前，您可以在手机中查看小米云服务，然后将数据同步到服务器。之后就可以在 PC 端网页中查看同步的内容了。当然也可以将网页上设置的数据同步到手机。

一、小米云服务之"云短信"

当用户开启了短信同步之后，自动上传下载，便可以一目了然地在云端看到所有信息，包括在手机内收藏的短信。光是能够看到手机内现有的信息不足为奇，用户还能够在短信回收站中看到之前自己删过的信息，无论是发送的还是收到的，都能一并查找到，并且可以选择恢复到当前信息栏里，让我感受到了"小米云服务"短信功能的强大。

二、小米云服务之便签

小米便签还可以与云同步，当你忘记带手机、忘记做某事时，可以用个人电脑（PC）访问 i. xiaomi. com 找到便签，就能回想起重要的事，也可以用于留言，告知他人。

三、小米云服务之云相册

（一）云相册功能

当用户允许相册进行云同步后，在 PC 端就能随时随地在云相册上看到你手机拍摄的照片，PC 端还能够对照片进行时间上的分类，相比较在手机中查看照片要方便很多。除了以时间为依据来为照片分类之外，云相册还支持传统的文件夹分类。相信两种分类方式，都能够对应用户们的使用习惯。

（二）云相册随时随地分享照片

亲，你还在发彩信么？那么你就 OUT 了 小米云相册可以随时随地分享照片。

有两种分享方式：

（1）点击照片，发送到你的社交应用里：比如米聊 QQ 。

（2）二维码分享。点击新建相册输入名称，在创建云相册中点击右上角图标，即刻看到相册二维码，新建后可以通过短信和电子邮件方式激活成员，也可以发送相册地址到社交圈里。把你的小米随手拍、自拍照、卖萌照、分享给你的小伙伴、闺蜜乃至你仰慕已久的女神！

（三）小米云服务之查找手机

你丢了手机的心情是怎么样的？"十指紧扣、闭目疑神、心中默念、阿弥陀佛，万能的上帝啊，请找回我的小米手机吧！"激活这个服务，手机将会发送一条信息到云端来确定开启，点"激活"即可，激活成功后，云端便可以在几秒钟之内看到这台手机所在的位置，很精确的定位。

界面下"发声"、"锁定"、"擦除"三大功能，分别为远程控制手机发出最大的声音、通过云端远程锁住手机以及远程擦掉手机上的所有数据。三项功能所涉及的情况只有一种，就是当用户手机被不法分子窃取时就可以用到。尽管手机找回的几率非常小，但有远程控制这样的功能，便可以非常有效地保护自己的隐私。

曾经，人们的小米手机不见了，女神的照片，宝贵的短信记录，新认识的美眉的号码……阿弥陀佛、呼叫上帝也没用。有了小米云服务，数据都已经保存，在云端一条不少，天天轻松，大家必备的云服务，真是乐翻天！

资料来源：根据小米百科资料编写.

讨论题：

1. 小米的云服务功能中有哪几种是与其他品牌不同的？
2. 小米的云服务功能体现了怎样的用户利益？
3. 小米的云服务功能还可以从哪些方面进行扩展？

小 结

21 世纪的互联网在飞速发展，现代顾客的个性化需求越来越强烈，网络为客户提供了网上服务的优秀工具。网络使顾客从消费者大众中分离了出来，并打破了商务活动在地域上的限制。因此，从事服务营销的公司必须了解顾客需求的变化，通过网上服务更好地提高企业的整体营销水平。

网上服务要根据网络时代顾客服务的新规则，从服务内容入手、运用良好的服务技巧和策略以及全新的售后服务云平台来实施。

企业进行网上服务的工具主要是 FAQ、顾客电子邮件和顾客电子论坛。目前，最新的网上服务的工具微博服务和微信服务的兴起和开展，能够更加密切公司同顾客之间的联系。

这些网络手段能够高效率地传递公司的各种信息，从而为企业营销服务效率的大提高以及服务和营销互通互融提供了优秀的工具。

习 题

1. 解释下列概念

FAQ 电子邮件 电子论坛 微博服务 微信服务

2. 在网络时代，顾客需求发生了哪些变化？这些变化对企业营销服务将产生什么影响？

3. 网络时代顾客服务新规则有哪些？这些规则与传统规则相比有什么特色？

4. 网上服务的内容有哪些？如何根据顾客需求组织网上服务的内容？请举例说明。

5. 网上服务策略有哪些？

6. 互联网时代服务的售后服务云平台如何实施？

7. 如何利用 FAQ、E-mail 和顾客电子论坛等网络手段来进行网上服务？

8. 如何利用微博、微信等新型网络手段来开展网上服务？

9. 为什么说网上顾客服务代表了企业营销服务未来的方向？

参 考 文 献

1. 菲利普·科特勒著. 营销管理——分析、计划、执行和控制. 14 版. 北京: 中国人民大学出版社, 2012

2. 纪宝成. 市场营销学教程. 北京: 清华大学出版社, 2011

3. 王超. 服务营销管理. 北京: 中国对外经济贸易出版社, 1999

4. 熊和平. 关系营销实践操典. 广州: 广东经济出版社, 2002

5. A. 佩恩著. 服务营销. 北京: 中信出版社, 1998

6. 秦言等. 中国企业服务竞争. 北京: 中国计划出版社, 1999

7. 梁文光, 李鹏志. 服务营销. 北京: 北京师范大学出版社, 2012

8. 斯蒂文·阿布里奇著. 服务·服务·服务——企业成长的秘密武器. 长春: 吉林人民出版社, 1998

9. 英国市场协会. 优质顾客服务技巧. 北京: 宇航出版社, 科文 (香港) 出版有限公司, 1998

10. 杨圣明主编. 服务贸易: 中国与世界. 北京: 民主与建设出版社, 1999

11. 金碚. 竞争力经济学. 广州: 广东经济出版社, 2003

12. 李莉. 网络营销. 厦门: 厦门大学出版社, 2014

13. 王春和. 网络贸易. 石家庄: 河北人民出版社, 2000

14. 李品媛. 企业核心竞争力研究。北京: 经济科学出版社, 2003

15. 汪纯孝, 蔡浩然. 服务营销与服务质量管理. 广州: 中山大学出版社, 1999

16. 服务质量在市场竞争中的地位和作用. 质量与市场, 1998 (12)

17. 姜旭平. 电子商贸与网络营销. 北京: 清华大学出版社, 2001

18. [英] 布赖恩·罗瑟瑞. 服务业国际标准化手册. 北京: 宇航出版社, 科文 (香港) 出版有限公司, 1998

19. [法] 菲利普·布洛克. 西方企业的服务革命. 北京: 旅游教育出版社, 1989

20. 刘勃. 跨国公司的战略转移, 向服务要竞争优势. 中国外资, 1999 (4)

21. 凌涛. 咨询业为企业第二次腾飞插上翅膀. 企业经济, 1999 (6)

22. 林涛. 客户服务管理. 北京: 中国纺织出版社, 2002

23. 皮骏. 客户关系管理教程. 上海: 复旦大学出版社, 2011

24. 王忠江. 中美咨询业比较研究. 情报理论与实践, 1999 (1)

25. 李宗. 国内外咨询业人员状况分析. 情报资料工作, 1998 (6)

26. 耿俊辰, 申彩芬. 网络营销新特点. 市场营销, 2000 (1)

27. 张斌, 夏彦超. 网络营销的特征与产品分析. 国际商业技术, 2000 (1)

28．曹凤鸣．客户关系管理在市场营销中的应用．中国科技产业，2004（1）

29．瓦拉瑞尔·A．泽斯曼尔．服务营销．北京：机械工业出版社，2012

30．克里斯托弗·洛夫洛克．服务营销．北京：中国人民大学出版社，2012

31．周建民．知识经济时代营销革命．商业经济研究，2000（1）

32．张瑶．企业电子商务与 CRM 系统的共进．经济论坛，2004（5）

33．唐明义．服务营销：企业竞争的"宠儿"．行为科学，1998（11）

34．肖升，陈宝仁．我国企业营销现状分析．当代企业，1997（7）

35．王坤．服务是赢得顾客的关键．商业文化，1998（5）

36．胡俊侠．论超值服务．商业企业管理，1997（8）

37．叶万春．新世纪知识经济的发展与服务营销．武汉工业大学学报，1999 年
增刊

38．孙漫编译．服务贸易总协定：开启贸易新大陆通途．中国经营报，2000 - 08 - 29

39．俞劲松．网络革命——不容再错过的时代机遇．经济日报，1999 - 12 - 29

40．刘建友等．咨询策划：一个方兴未艾的知识产业．光明日报，2000 - 01 - 11

41．肖渭明．服务贸易如何开放．经济日报，1998 - 06 - 23

42．Valarie A, Zeithaml, Mary Jo Bitner. *Services Marketing*. McGraw-Hill, 1996

43．Cheris Argyris. *Integrating the Individual and the Organization*. Wiley Press, 1964

44．Chester I Barnared. *The Functions of the Executive*. Harvard University Press, 1968

45．Crosby P B. *Quality is Free*. McGraw-Hall Press, 1979

46．Charles Handy I. *The Making of Managers*. NEDD Press, 1987

47．Philip Kotler. *Marketing Management*. Prentice-Hall Press, 1979

48．Iror Ansoff, Corporate Strategy. *Strategic Management*. Macmillan Press, 1979

后　记

　　《服务营销学》教材为高等学校市场营销专业面向 21 世纪的系列教材之一，2006 年又列入普通高等教育"十一五"国家级规划教材。初版《服务营销学》是我国市场营销界首次编撰的教材，在编写中主要参考了国外的若干教材及专著，同时又结合我国的实际情况进行了创造性的架构、充实、调整与丰富，许多内容属创新性的观点和思路。本书为《服务营销学》第三版，在初版和二版基础上，根据读者的意见和服务业的发展进一步进行了调整与更新，如有偏颇，望读者不吝指教。

　　《服务营销学》的出版是集体智慧的结晶。在书稿的撰写和修改过程中，得到了许多专家和学者的指导和支持。中南财经政法大学的 周肇先 教授、武汉大学的甘碧群教授、中南财经政法大学的彭星闾教授、北京工商大学的兰苓教授在百忙中对本书的修改提出了许多有益的建议，使本书的结构和内容更加完善。

　　《服务营销学》全书由武汉理工大学叶万春教授设计及总纂；湖北经济学院王红教授参与总体规划并承担了原稿主要内容的撰写和修订工作；本次书稿的修订工作、各章知识结构图的构建及各章案例、数据资料的更新主要由湖北经济学院叶敏副教授、张莉副教授完成；中南财经政法大学万后芬教授、招商银行叶岚参与了部分章节的修订。武汉理工大学王海斌、吴小艳、徐立新、廖志琼、殷向洲、胡艳萍、吴蕾参与了原稿部分章节的撰写与资料整理工作；英文翻译由武汉理工大学徐立新完成。具体分工如下：

　　叶万春　叶　　敏：第一章、第二章、第四章

　　叶万春　叶　　岚：第三章、第五章

　　万后芬　叶　　敏：第八章

　　王　红：第七章、第十章、第十一章

　　万后芬　张　　莉：第九章、第十六章

　　王海斌：第十三章、第十四章

　　叶　敏：第十二章、第十七章

　　吴小艳：第六章

　　张　莉：第十五章

编　者

2014 年 11 月

教学支持说明

　　建设立体化精品教材，向高校师生提供系列化教学解决方案和教学资源，是高等教育出版社（集团）"服务教育"的重要方式。为支持相应课程的教学，我们向采用本书作为教材的教师免费提供教学课件。

　　为保证该课件仅为教师获得，烦请授课教师填写如下开课情况证明并寄出（传真）至下列地址。

　　我们的联系办法：

　　地址：北京市朝阳区惠新东街 4 号富盛大厦 21 层　文科中心　管理分社

　　邮编：100029　　　　　　电话：010 – 58581020

　　传真：010 – 58581414　　　E – mail：guanli@ hep. com. cn

证　　明

　　兹证明_____大学_____系/院第_____学年开设

的_____课程，采用高等教育出版社出版的

_____（书名和作者）作为本课程教材，授课教师为

_____，学生_____个班共_____人。

　　授课教师需要与本书配套的教学课件为：

　　地址：_____

　　邮编：_____

　　电话：_____

　　E – mail：_____

系/院主任：_____（签字）

（系/院办公室盖章）

20____年____月____日